バックランドの ウィッチクラフト 完全ガイド

レイモンド・バックランド 著
訳：佐藤美保

魔女力を高める15のレッスン

BUCKLAND'S COMPLETE BOOK OF WITCHCRAFT
Copyright © 1986 & 2002 Raymond Buckland
Interior illustrations © 2002 Lauren Foster-MacLeod pages 43,70,72,90,91,92,117,121,143,
178,179,250,251,254,257,326,327,337,340,352,353,354,356,358,360,408,414,439,440.
Interior illustrations © Raymond Buckland pages 24,54,64,71,81,82,83,84,85,
(all runes pages 94 − 98),132,200,230,239,246,247,337 (illustrations 1 and 2),
344,373,374,375,376,377,378,379,380,382,389,390,392,435,436,
and all music scores in appendix C.
Interior illustrations by the Llewellyn Art Department pages 74,140,343,385,386.

Published by Llewellyn Publications
Woodbury, MN 55125 USA www.llewellyn.com
through Japan UNI Agency, Inc., Tokyo

タラに捧ぐ

そしてスキーアとオルウェンを偲んで

謝辞

「手相占い」の知識で私を支えてくれたエド・フィンチ、「夢」と「直観的プロセス」に関する資料を集めてくれたマイク・F・シューメーカー、いつも励ましてくれたカール・L・ウェスチェック、そしてピクティ・ウィッタのすべてを詳細に語ってくれたエイダン・ブリーク＊に感謝します。

＊ エイダン・ブリークはスコットランド高地人である。スコットランド西海岸沖合いのプリースト島に住む代々クラフトの一家に生まれ育った。北西部（現ロス＆クロマーティ郡）にいたピクト人のカーノナシー族の子孫で、90歳過ぎまで健在だった。彼は晩年の30年を、険峻なスコットランド北西部にある隠れ家カーノナシー館でともに厳しい生活を送る弟子たちに、「ピクティ・ウィッタ」の奥義を伝えることに捧げた。

CONTENTS

第二版の序文 ……………………………………………………… 9

発売25年記念版の序文 ……………………………………………… 13

はじめに ………………………………………………………… 19

レッスン1
ウイッチクラフトの歴史と世界観 … 23

歴史と歩み／迫害／再出現／ウイッチクラフトの思想、哲学／ウイッカの
掟／内なるパワー／まじない

レッスン2
信 仰 … 49

神々／ウイッチクラフトの男神と女神／生まれ変わり（転生）／応報］／次に
生まれ変わるまでの時間／祈りの場（神殿）／祭壇をつくる／魔術——概論

レッスン3
ツール、衣装、名前 … 79

さまざまなツール／ナイフ／刃に印を刻む／剣／その他のツール／衣装／
宝石／角付ヘルメット／銘刻／ウイッチネーム

レッスン4
始めよう … 105

通過儀礼／魔法円／自己献身／カヴンのイニシエーション（入会儀式）

レッスン5
カヴンと儀式 …127

カヴンと階級／階級制と司祭職／カヴンステッド（カヴンの所在地）とカヴンダム（カヴン圏）／儀式の本／ツールを清める（ツールの聖別）／聖別の儀式——神殿の建立、神殿の消去／エスバットの儀式／満月の儀式／新月の儀式／ケーキとエールの儀式

レッスン6
サバト（季節の祝祭） …155

サーウィン／イモルグ／ベルテーン／ルーナサ

レッスン7
瞑想、夢、小サバト …175

瞑想 どのように作用するか／瞑想法／姿勢／場所／タイミング／方法

夢 その源／夢の解釈とシンボル／夢を記憶する／繰り返し見る夢／複数で見る夢／夢か体外離脱か

儀式（続き） 春分のサバト／夏至のサバト／秋分のサバト／冬至のサバト

レッスン8
結婚、誕生、死、チャネリング …215

ハンドファスティングの儀式／ハンドパーティングの儀式／誕生の儀式（あるいはウイッカになる儀式）／橋を渡る（死にさいして）

直観で認識する方法／チャネリングの種類／情報の通り道を拓く／外物を焦点にする方法（ペンドラム、サイコメトリー）／受け取った情報の解釈／オーラ／感覚の喪失／ウイッチの揺りかご

レッスン9
占い
…243

タロット／水晶占い／サクソンの杖／手相占い（キエロマンシー）／茶の葉（ティーリーフ）占い／数秘術／占星術／焚き火占い

レッスン10
薬草学（ハーバリズム）
…287

ハーブの知識／ハーブを最大限に活かすには／薬草、シロップ剤、膏薬、パップ剤、配合パウダー／薬剤としてのハーブ／医薬的作用の定義／薬種となるハーブ／植物性薬品――体質改善薬、駆虫剤または虫下し、収れん剤、苦味強壮剤、鎮静剤、駆風剤と芳香薬、下剤、緩和剤（鎮痛剤）、発汗剤、利尿剤、皮膚軟化剤、去痰薬、神経鎮静薬、興奮剤、解熱剤、鎮静剤、傷薬／ハーブに含まれるビタミン／薬の処方術／つくりやすい治療薬（薬用ドリンク、シロップ剤、煎じ薬、薬効のあるお茶、混合薬、膏薬）／ウイッチの薬種／供給先

レッスン11
魔術
…335

身体と魔法／魔法円／円錐型のパワー／ダンスとチャント／感情／パワーをまねく／パワーを放つ／タイミング／コードの魔術／キャンドルの魔術／愛の魔術／セックス・マジック（性魔術）／まじないをかける／悪意から身を守る／儀式の構成

レッスン12
文字のパワー
…371

ルーン文字／オガム・ベルスイスニオン／古代エジプトのヒエログリフ／テーベ文字／「川を渡る」文字／天使の文字／マラキム／ピクト文字／タリスマンとアミュレット／パワーを高めるダンス／一般的なダンス／音楽と歌／サバトのゲーム／自家製ワインとエール、手作りパン／ブレッドとケーキ

レッスン 13
ヒーリング … 403

オーラ／オーラ・ヒーリング／プラーナ・ヒーリング／遠隔ヒーリング／カラー・ヒーリング／宝石セラピー／パペット（人形）／瞑想とバイオフィードバック／動物と植物／ポジティブ・シンキング

レッスン 14
実践しよう … 425

儀式（の方式）／儀式の構成／見張塔の守護者／カヴンを結成する／カヴンの運営／団体（チャーチ）を立ち上げる／ウイッチのあいさつ／装身具（サンダル、クローク）／若きウイッカたちへ／ウイッチであることを打ち明ける

レッスン 15
ソロのウイッチ … 449

儀式——神殿の建立／エスバット／ケーキとエールの儀式／神殿の消去

今日のウイッカ ……………………………………… 465

付録A	ウイッカの宗派 ……………………… 467
付録B	理解度テストの解答 …………………… 477
付録C	音楽とチャント（歌）…………………… 491

推薦図書リスト ……………………………………… 507

【著者について】

　レイモンド・バックランドは1962年、英国から米国に渡った。英国ではコメディの脚本を手がけ、人気英国人コメディアン、テッド・ルーンの専属台本作家でもあった。レイモンドはこれまでに60冊以上の著作を出版（フィクションとノンフィクションを合わせて）、17か国語に翻訳されている。著作は高く評価され、米国内のブッククラブで大きく取り上げられている。映画のテクニカル・ディレクターとして、オーソン・ウェルズ、ヴィンセント・プライス、ジョン・キャラダイン、ウィリアム・フリードキン（映画『エクソシスト』の監督）らとともに映画制作に関わった。ロマ（ジプシー）の出身である彼は、ジプシーをテーマとした本を著し、タロットカードをつくってもいる。また、これまで全米のカレッジや大学で講演し、『ニューヨークタイムズ』、『ロサンジェルスタイムズ』、『ニューヨーク・デイリーニュース』、『ニューヨーク・サンデーニュース』、『ナショナルオブザーバー』、『クリーブランド・プレーンディーラー』、『ルックマガジン』、『コスモポリタン』、『トゥルー』など、多くの新聞雑誌で取り上げられている。

　レイモンドは非常に多くのテレビ・ラジオのトークショーに出演している。『ディック・カベット・ショー』、『ザ・トゥモロー・ショー』（トム・スナイダーと共演）、『ノット・フォー・ウーマン・オンリー』（バーバラ・ウォルターズと共演）、『ザ・バージニア・グラハム・ショー』、『ザ・デニス・ホーリー・ショー』、『ザ・サリー・ジェシー・ラファエル・ショー』、さらに、英国のBBCテレビ、イタリアのRAIテレビ、カナダのCBCテレビなどにも出演している。英国の舞台で幅広く活動し、米国では端役ながら映画出演も果たした。カレッジや大学で講座を担当、会議やワークショップで基調講演をおこなっている。ニューヨークのスピリチュアリスト・コミュニティー「リリー・デール」のワークショップでは、レギュラーの司会、および講演をおこなっている。また、"Contemporary Authors"、"Who's Who In America"、"Man of Achievement"、"International Authors' and Writers' Who's Who" など、多数の参考文献に掲載されている。

　最近レイモンドは、フィクションの執筆に力を注いでおり、ファンタジー "The Torque of Kernow" や、ビクトリア時代を舞台にしたミステリースリラー "Golden Illuminati"、さらに、第二次世界大戦を題材にした3つの小説を上梓している。現在は、ビクトリア時代のミステリーシリーズや自伝に取り組む。オハイオ州中北部にある小さな農場に、妻のタラ、チワワのチコとループとともに暮らす。

第二版の序文

　ウイッチになるのにハロウィーン生まれである必要はありません。手相に五つ星がなくても、7番目の子どものさらに7番目の子でなくても大丈夫。風変わりなローブを着たり、裸になる必要もないし、装身具をどっさり付け、爪に黒いマニキュアをする必要もありません。ウイッチは、自分にぴったりの信仰を見つけたごくふつうの人々です。彼らは古代の神々 —— 生と死をつかさどる神々、すなわち大自然と豊饒の女神を崇拝します。季節の祝祭をおこない、古代から伝わる技法で治療を施し、魔法をかけ、占いをします。

　ウイッチクラフトあるいはウイッカは、キリスト教以前からある古くからの信仰とその理念の実践です。それは反キリスト教ではなく、（それどころか、何に対しても反対していません）たんに非キリスト教といえます。何世紀ものあいだ、キリスト教徒の迫害によって、ウイッチクラフトは密かに、隠れて活動しなければなりませんでした。非常に長い間抑圧され、クラフトの存続はほとんど風前の灯火でしたが、20世紀まで、人里はなれた場所で、もがき続け、凌いできました。その世紀の半ばに、最後の反ウイッチクラフト法がついに廃止され、生き残った者たちはふたたび公の場に姿を現すことができるようになりました。とはいえ、名乗り出たものはほとんどいませんでした。

　ひとりの男性 —— ジェラルド・ブロッソー・ガードナー博士 —— が勇気をもってみずから表明しました。晩年に古き宗教と出会った彼は、（ａ）それがいまだに存続し、（ｂ）これまで評されていたようにネガティブでも、あらゆるものに反対するものでもないことを知っておおいに喜び、すぐにでも世間の人々に自分の信仰を伝えたいと考えました。しかし、彼がついに自分の所見を出版できたのは、最初にウイッチとなってから数年後でした。

　ガードナーがほとんど人の手を借りずに、古き宗教への関心を再燃させ、実用的で、既存の宗教にとって代わるものを創設したのは確かです。ありがたいことに、私自身、アメリカ合衆国にガードナーの教えを広めることによって、その復興に多少なりとも貢献することができました。今日、ウイッカは世界中で実践されています。

　ウイッカは入会も退会も自由ですし、中央集権的な支配組織もなく、さまざま

な宗派や流派があります。そうした宗派のほとんどは、1950年代にガードナーが最初に示したものに基づいています。儀式の形式、使用するツール、サバトの祭礼などあらゆるものは、ガードナーによって示された一般形式に準じています。

1970年代から1980年初めにかけて、突如としてウイッカについて多くの本が出版されました。よい本もあれば、それほどよいとはいえない本もありました。事実に基づき、価値あるデータが示され、ウイッカの信仰を求める人々にとってじっさいに役立つ本もありました。それ以外は、神話と魔法と迷信の寄せ集めで、論点をあいまいにするだけでした。信仰を実践するウイッチが名乗りを上げ始めましたが、彼らに会いたいときにいつでも「魔法で呼び出す」ことはできませんでした。これはとりわけ、ウイッカの真実を知り、活動したい者にとって不満だったのです。

1980年代半ば、私はこの最新の著作を発表しました。人々の役に立つ、基本的な「よりどころとなるもの」が必要だと切実に感じたのです。つまり、単独のウイッチ、あるいはカウンを始める人、クラフトをつくりたいと思う誰にとっても役立つものということです。私の目的は必要不可欠な基本をすべて提示することですが、さらに、それが十分な深さをもつ内容で、古びないようにすることです。大多数の派が、ガードナー派の手法にならっているので、本書でも儀式については、それに従っています。けれどもじっさいは、ガードナー派の儀式でも、サクソン派の儀式でもありません —— また、ケルト、北欧、ウェールズ、あるいはそれ以外の宗派の様式でもありません。本書ではかなり意図的に、どの宗派にも偏らない儀式にしています。つまり、本書のためだけに特別に書かれたものです。儀式がどのようにおこなわれるかを伝えるひとつのお手本として書いたのです。読者またはウイッカを求める人々が、この儀式を利用して古き宗教を実感し、その後それぞれのニーズにあわせて作り変えてくれることを願っています。というのも、宗教に求めるものは人それぞれですから……ここは妥協する余地はありません。神とかかわるとき、ひとりひとりが心から満足することが大切なのです。

この本が最初に出版されて以来、長年にわたり、非常に高い支持を得てきました。私の望みは完全にかなったことになります。それはおびただしい数の（いまや、世代を超えて）ウイッカの求道者にとっての入門書となっています。本書はどうやら（愛情を込めて、といわれていますが）「バッキーおじさんのビッグ・ブルー・ブック」あるいはたんに、「ビッグ・ブルー」とさえ呼ばれているよう

です。それではなぜ、新版を出すのでしょうか。

第二版は、とくに真新しいことが書いてあるわけではありませんが、新たな資料や、以前とは異なる素材が追加されています。すでに初版を買い、実践した読者にたいして、それはフェアじゃないという人がいるかもしれません。でもそれは違います。たんに版が新しいというだけであり、より読みやすいレイアウトになったと思います。写真やイラスト、推薦図書リストをさらに増やし、最新の情報を取り入れました。そして少々データを並び替えました（たとえば、新版では各レッスンのすぐ後にテスト問題があります。これは私がもともと希望していたレイアウトです）。

本書のように、関係機関（情報筋）を掲載しようとすると不都合なのは、名称や住所が古くなるということです。そういうわけで、さまざまな宗派を扱う項では、そうした特定の項目を削除しました。今日のようなインターネット社会では、ウイッカのグループについてもネットで入手可能な情報があふれかえっています。多くのカヴン、そして個人でさえウェブサイトを開設しており、さまざまな検索エンジンで探すことができます。しかし一言言わせてほしいことがあります。ウェブサイトを開設し、情報を公開しているからといって、それが「真実だと思い込んではいけません。出版された本は、やはり私が思うに、クラフトについての誤りのない、正確な情報源としてもっともふさわしいといえます。しかし本でさえ、すべてが完全に信頼できるというわけではありません。さらにたくさんの本を読んだうえで、どれが自分にふさわしいか決めましょう。自分にふさわしくない団体に無理に入ったり、受け入れてはなりません。とくに当世は、自分が最初に見つけたウイッカのグループが、実は受け入れてはいけないグループである可能性も十分にあるのです。

ウイッカは、生きとし生けるものをすべて愛するという教えに基づいています。このことを心に留めておきましょう。実生活においても、それを自分の理想としましょう。長年に渡って読者からの手応えを感じている私としては、本書を読むことが、読者が正しい道を歩き出す第一歩になると確信しています。本書を読み、学び、そして楽しんでくれることを願っています。

愛と光のなかで

レイモンド・バックランド

2002年　オハイオにて

謝辞

　この本を一新してくれたルウェリン・パブリケーションズ社に感謝しなかった
としたら、とんだ不調法でしょう。実に熱心な編集者のキンバリー・ナイチンゲー
ル、アートコーディネーターのホリー・キルロイ、校正担当のトム・ビルスタッ
ドにはおおいに感謝しています。3人のおかげでビッグ・ブルーに新たな息吹が
吹き込まれました。心からありがとう！

発売25年記念版の序文

　25年といえば……四半世紀！　どんな本であれ、これほど長い年月にわたって人気を保ちつづけることは難しいでしょう。その「ビッグ・ブルー」がこれまで読者に親しまれ、今なお古き宗教に不可欠なものの1つとされていることを喜ばしく思います。ところで、タイトルのウイッチクラフトという言葉にちょっと目を向けてみましょう。ウイッチクラフトとウイッカの違いは何でしょうか。

　1954年、ジェラルド・ガードナーが草分けとなる"Witchcraft Today"を著したとき、彼は、最初から最後までウイッチとウイッチクラフトという言葉を使い、ウイッカという言葉は数回使っただけでした（このガードナーの本は、ウイッチクラフトについて、じっさいに活動しているウイッチがウイッチクラフトについて書いた、まさに最初の本であり、このテーマで書かれたもっとも重要な本です）。彼の本が世に出てから数年後、ウイッチクラフトが復活しはじめたころ、呼称の変更を求める声が大きくなりました。「世の人はウイッチクラフトから悪魔崇拝や黒魔術を想起する」という嘆きが広がったのです。「私たちの呼び名を変えたらどうだろう」ガードナーと私はこの問題について何度も話し合いを重ねました。そして私たち2人が強く思ったのは、昔からの呼称を無理に変えるよりも、ウイッチクラフトがどんなものか、「無知の人々」に理解してもらう努力をするほうがずっと望ましいということです。

　つまり、ウイッチがじっさいに何を信じ、何を実践するかということについて伝えることです。こうした初期の頃（1960年代）、私は講演し、記事を書き、インタヴューを受け、具体的にいうと、人々に知識を与え、誤解を正そうとしました。ガードナーの死後、彼の著書が最初に絶版になったころ、私はその欠陥を補うために"Witchcraft From the Inside"（ルウェリン刊、1971年、1975年、1995年）を著しました。つまり、世の人にウイッチクラフトの真実を確実に送り届けようとしたのです。

　ウイッチクラフトを実践する人々のあいだで長年議論されてきた呼称の問題は、ウイッチではなく、ウイッカと呼ばれたいという声が優勢となってきました。しかし、実践する内容について議論されることはありませんでした。ウイッチクラフトが古き宗教であり、古からの男神と女神を崇拝するということではみなが一

致していました。さまざまな宗派が増えても、それらはすべて信仰を中心に据えていました。

　各宗派の補助的な活動については、個人と完全なカヴン（グループ）の双方で、相違が生じるようになりました。ヒーリングの魔術はカヴンに限定すべきだという者もいました。多様な占い、ハーブ研究、占星術にまで活動の幅を広げる者もいました。後者はすべて、個人の活動によって促進されてきました。というのも、これまで魔術は（ほとんどはヒーリングが中心）つねに、カヴンによって実践されてきたからです。本来は、グループでおこなうことでネガティブな魔術をしようとするメンバーに歯止めをかける意味もありました……たとえば、短気なメンバーが攻撃者を魔術で反撃したいと考えたとき、カヴンのほかのメンバーたちがウイッカの掟である「何人も害するなかれ」と説き、仕返しを思いとどまらせることができます。

　現在——21世紀の初期——時代は大きく変わりました。いずれにせよ、望ましいものが存続するでしょう。そしてそれは、個人の考え方しだいでしょう。今日、ウイッカという言葉は一般に、古き宗教の思想に今なお従う人々に向けられています。つまり、1年を通して集い、神々を崇拝する人々です。ウイッチクラフトという言葉はけっきょく、魔術を実践したい人、そして魔術さえできればよいと考える人に向けられるようになりました。彼らはグループの1人にせよ、個人にせよ、「魔法をかけ」、他人を支配しようとしますが、好ましい魔法ばかりではないのです。実のところ、こうした魔法をかける輩は、「ウイッチ」を名乗る権利はまったくないのです。というのも、彼らはたんなる「マジシャン（魔術師）」ですから。しかし彼らにとって、「ウイッチ」という呼称にはロマンチシズムがあるようです。パイオニアとして私たちは、自称ウイッチたちを懸命に切り離そうとしました。

　この「ビッグ・ブルー」には、古き宗教のもっとも重要なポイントとして、男神と女神の崇拝を取り上げています。ヒーリング、ハーブの研究、占いそして魔術のさまざまな実践法についても、詳しく紹介しています。私は、ウイッチは魔術をおこなわないと主張しているのではないのです。それどころか、その反対です。とはいえ、私はいつも、魔術はここぞというときにのみ実践されるものだと教えられてきました。面白半分でおこなうものではない。つまり、魔術が使えると証明するためにおこなうものではない。他人にひけらかすものではない。そし

て「真の」ウイッチによっておこなわれる魔術は、つねにポジティブなのです。「何者も害さない限り、汝の欲することをせよ」これが信条なのです。「何者も害さない……」の「何者」にはもちろん、自分自身も含まれます。現代の自称ウイッチたちは、集まっては「さて、今度は何の魔法をかけようか？」と手ぐすねを引いているようです。そしてその魔法が、他者の思考や行動に影響をおよぼす目的であることもおおいにあります。ある特定の人が誰かを愛するようにしむける魔術は、たとえば、憎しみをもたらす魔術と同様にネガティブなことだということを覚えておいてください。それは双方とも、個人の自由意志を妨げることになります。

　このことから私は、個人で実践している人……ソロのウイッチの行動に思い至りました。どうしたら彼らはお墨付きをもらえるのでしょうか。私の著書"Wicca For One"（シタデル・プレス、2004年）のなかで ―― 「彼らにかなわないと思ったら、その仲間になりなさい」という結論に注目した人がいるかもしれません。この本ではウイッチクラフトではなく、ウイッカと呼んでいます ―― 私は、じっさい、個人による実践は、カヴンによる実践よりも、ずっと歴史があるという点を強調したいのです。故マーガレット・マレー博士は古き宗教が復興し始めた当初は、かなり引き合いに出されています。私自身、彼女の研究をすべて、全面的に受け入れるという誤りを犯しました。ところが後にさまざまな学者の研究によって、マレー博士は発見したことを自説に引き寄せる傾向があることがわかりました。これは学者にあるまじきことです。彼女はカヴンと呼ばれるウイッチの集団という概念に飛びつきました。じっさい、カヴンという概念は、1567年にスコットランド・エアシャー州在住のベッシー・ダンロップの裁判まで存在しませんでした。ベッシー自身はカヴンという言葉こそ使わなかったものの、男性5人、女性8人のグループの一員であると語っています。その言葉自体が初めて使用されたのは、1662年のイゾベル・ゴーディの裁判で、このとき13人という特定の人数に言及したのです。マレーはその数字を取り上げ、すべてのウイッチのカヴンは13人のメンバーで構成されていると主張しました。セシル・レストレンジ・ユーアン（"Witch hunting and witch trials：the indictments for witchcraft from the records of 1373 assizes held for the home circuit, A.D.1559－1736"（1929）の著者）は、マレーの著書の数字を点検し、13人のメンバーという事例のどれもが「不当な省略、付加、あるいは首尾一貫しない結論」だと述べています。人騒がせな作

家のモンタギュー・サマーズらが、1つのカヴンに13人のウイッチという説を広めました。確かに多くのウイッチがグループを作り、それをカヴンと称する者もいました。しかしそのすべてが13人で構成されているとはかぎらなかったのです。

　それでも、「最初のウイッチは誰か」という疑問は残ります。もしウイッチがグループのみで活動し、志望者を入会させてきたとすれば、いったい誰が、どのようにそれを始めたのでしょうか。つまり、最初のウイッチは誰か。その答えは、グループあるいはカヴンができるずっと大昔に、個人で活動するウイッチがたくさんいたということです。彼らはひとりで熱心に神々に祈りをささげました。草原や、月光のもとで、みずからの境遇に感謝を捧げ、ときに、望みをかなえてくれるよう祈りました。そのさい、グループをつくる必要はありませんでした。だから、単独のウイッカ信仰は、「正当」であるばかりか、カヴンによる信仰よりもおそらく「ゆるぎない」といえるのです。本書に掲載されたレッスンは、個人による実践、カヴンによる実践のどちらにも応用できます。いまでは、個人よりもカヴンに所属する人のほうが多いと思いますが、前にも指摘したように、どちらも等しく正当なウイッチと言えます。あるグループがほかのすべてのグループに増して自分たちが優れていると思い込んだとしたら、大問題です。私たちはひとりひとりが異なる存在であることを理解すべきです。繰り返しになりますが、道は違っても、すべては1つの核心に向かっているのです。自分が選んだ道が一番だと思う人がいるかもしれませんが、その道はほかの誰かが選んだ道より優れているということではないのです。自分のほうが歴史ある宗派に属し、ある種の「名門」として、他宗派よりもずっと多くのウイッチから認められていると感じる人もいるでしょう。しかしだからといって、あなたの毛並みがよいということではまったくないのです。私たちはみな、ウイッカを信仰する仲間です。神々の目から見れば、誰もが平等なのです。

　ウイッカ全体としてみれば、大躍進といえるでしょう。私が「初期の頃」と称する1960年代、そして70年代初めは、ウイッカの信仰が「ありふれた宗教」として、いつの日か受け入れられることを夢見ていたものでした。それが完全に叶えられたとはいえないまでも、手の届くところまで来ています。今日、多くの州の矯正局（刑務所の運営など、犯罪者を管理する部門）にはウイッカのチャプレン（司祭）がいるし、ウイッカのプリースト、プリースティスは病院その他で活動しています。ウイッカは連邦政府に認められ、（サークル・サンクチュアリーの

セレナ・フォックスと女性解放同盟（レディ・リバティ・リーグ）の努力にはお
おいに感謝します）そしてペンタグラム（五芒星形）──ウイッカのシンボル
として広く認められている──は、米軍墓地でも公認の宗教シンボルとして使
用されています。ウイッチは国内および国際的な宗教会議のメンバーとなってい
ます。「米軍の厳選された宗教団体の資格と儀式：チャプレンのハンドブック」
にはウイッカが、通例とは異なる宗教グループのひとつとして掲載されています。
ウイッカの装身具を堂々と身につけても、後ろ指を指すような人はいません。ウ
イッカとペイガン（自然崇拝者）の会議は、今や公然とホテルや会議施設、そし
て野外集会場でおこなわれています。ネット上には、ウイッチクラフトの書籍、
講座、神像を扱うサイトがあふれています。確かに、地域によって状況は異なり、
ウイッカに対する反目や不寛容も見られます。しかしこれは、他の宗教や少数派
のグループにも当てはまるでしょう。

　最初に本書を上梓して25年、多大な進歩がありました。クラフトはよりいっそ
う受け入れられ、あらゆる年齢層、あらゆる階層の人々が、公然と古き宗教の知
識を求めています。本書がこれからもずっと、人々が進むべき道を見い出す一助
となることを望みます。願わくは、男神と女神がいつもあなたに寄り添わんこと
を。

愛と光のうちに
レイモンド・バックランド
2011年、オハイオ州にて

謝辞

　エド・フィンチ、マイク・F・シューメーカー、エイダン・ブラック、カール・
L・ウェシュカ、妻のタラ、そしてエリシア・ギャロ、そして「ビッグ・ブルー」
の出版を実現し、世に送りつづけているルウェリン社のすばらしい仲間に感謝し
ます。

はじめに
Introduction

　ウイッチクラフトはたんなる伝説ではありません。ウイッチクラフトは昔も今も、現存し、廃れてもいません。ウイッチはこの世界に存在し、ウイッカは盛んに信仰されています。ウイッチクラフトを禁ずる最後の法律が廃止されて以来（1950年代）、ウイッチたちは公の場で、自分たちの存在を明らかにするようになりました。

　ところでウイッチとは何者なのでしょうか。地域社会に密着して現代に生きる、聡明で、情け深い男女です。ウイッチクラフトを信仰することは、後退すること、神秘に満ちた時間に逃げ込むことではありません。それどころか、それは一歩前進することなのです。ウイッチクラフトは、大多数の国教会よりもずっと時代に即した宗教といえます。個人的、社会的責任を受け入れる信仰です。また、人間の心身を包括し、意識を高めることが認められています。男女平等、女性解放運動（フェミニズム）、環境保全（エコロジー）、環境との調和、兄弟（姉妹）愛、天体の動きに関心をもつこと —— これらは古くて新しい宗教であるウイッチクラフトのすべて、あるいは一部となっています。

　これまで述べたことは、きっと、ごくふつうの人がウイッチクラフトと聞いて思い浮かべることとは違うでしょう。いやむしろ、何世紀にもわたって誹謗目的で流された情報によって、誤解が深く根付いているのです。どのように、そして、なぜ、こうした誤解が生じたのか、後でじっくり考察することにします。

　ウイッチクラフトについて —— それはいったい何か、現代社会とどう関わっているのか —— 広く知られるとともに、ウイッチクラフトを求める者が現れます。こうした従来の宗教に代わる、この現代的で、人生に前向きにアプローチす

19

る宗教に加わるには、どうしたらいいのでしょうか。多くの人にとって、それが問題なのです。古き宗教についての一般的な知識、つまり、ウイッチ自身による確かな情報は入手できても、その仲間に加わるための情報が手に入らないのです。カヴン（ウイッチの集団）の大多数は、まだ警戒心が強く、誰彼かまわず手放しで歓迎するというわけではありません。彼らは進んで誤解を正そうとしますが、相手を改宗させようとはしません。それで、多くのウイッチ志望者は、まったく欲求不満に陥るのです。そして自分たちは「ウイッチ」だと名乗り、活動を始めてしまいます。そうすることで、ある程度の、ときにはあらゆる有益な情報を手に入れるのです。このとき危険なのは、何が正当で、何が重要か、そして、何がそうではないのか、彼女／彼らは理解していないということです。残念ながらいまだに、生かじりの悪魔崇拝の知識と中途半端なブードゥー教、さらにネイティブアメリカンの教えを喜々として一緒くたにし、ウイッチクラフトの儀式の大枠と組み合わせて利用しているカヴンが多いのです。ウイッチクラフトは、儀式をおこなうという点からみると、とても「おおらかな」宗教ですが、確固とした根本的教義があり、儀式の一定の形式を守る必要があります。

　本書の目的は、読者にとって必要な情報を伝えることです。それによって――個人であれ、（同好の志と一緒の）グループであれ――少なくとも、既存の宗派に劣らぬくらいウイッチクラフトについて理解したうえで、自分なりに判断できるし、あるいは、カヴンのメンバーと同等の（それ以上とは言えないにしても）訓練を積み、知識を得て、カヴンを設立することもできるでしょう。

　キリスト教には多くの宗派があります（たとえば、監督教会派、ローマカトリック派、バプテスト派、メソジスト派など）。ウイッチクラフトも同様です。すべての人にぴったり合う１つの宗教がないのと同じで、すべてのウイッチにぴったり合うウイッチクラフトの宗派はないのです。それは当然でしょう。１人として同じ人間はいないのですから。人種や社会によっても、個々の背景はまったく異なります。よく言われるのは、道はたくさんあるけれど、すべての道はひとつ所に向かっているということです。その数ある道のなかから、自分にぴったりの道、つまり、安心して、楽に歩ける唯一の道が見つかるはずです。

　読者が最大限に利用できるように、本書では、どの宗派にも応用できるトレーニングを紹介しています。さまざまな宗派（たとえばガードナー派、サクソン派、アレクサンドリア派、スコットランド派）の、全般的、具体的情報の双方を交え、

例示しています。

これは20年以上にわたってクラフトに参加し、活動した経験や、二度ほど神秘学のグループに加わった経験をもとにしています。

このトレーニングを終えた頃には、（おそらく読者は真剣に取り組むでしょうが）ガードナー派か、同じような派において、サード・ディグリー（第三階級）相当のレベルに達するでしょう。

そこから、（前述のように）各宗派に応じた、さらに特別なトレーニングに進むこともできます。ともかく本書によって基礎的な知識をすべて身につけることから出発しましょう。

まずは、このワークブックを最後までやり遂げなければなりません。本書は章立てではなく、レッスンで構成されています。それぞれのレッスンの終わりには、練習問題（エクササイズ）と理解度を確認するテストがあります。各レッスンを通読してください。読んで理解してください。必要なら、2、3回通読してみましょう。わかりにくいと感じたところは、じっくりと読み返しましょう。最終的に、レッスンの内容を理解したところで、テストに進みましょう。テキストに戻って調べることなく、自分の言葉で答えてください。そうすることで、理解できたことと、理解できなかったことが、はっきりします。1つのレッスンを完全に理解するまでは、次のレッスンに進んではいけません。テストの解答は巻末の付録Bにあります。

本書は念入りに、順序立てて編集されています。一足飛びに「より刺激的な」レッスンに進もうとしないでください。その前に必要な基礎知識が欠けていることに気付くはずです！　本書全体を入念に読み通したあとで、さかのぼり、復習してみてもよいでしょう。

本書は、世界中で1千人以上が受講し、大盛況だったサクソン派ウイッカの集中講座に基づいています。この経験から、この方法はうまくいく、それも非常にうまくいくと心得ています。付け加えたいのは、その講座を下敷きにしているとはいえ、まったく同じ内容というわけではないということです。サクソン派ウイッカの講座は、サクソン派に特化した講座です。しかし、本書はそうではありません。ウイッチクラフト全般については、重複する部分も確かにありますが、かつての集中講座の受講生が本書を楽しめないというほどではありません。

ウイッチクラフト、あるいはウイッカを真剣に学ぶ意志さえあれば、実践を目指す人であれ、純粋にアカデミックな関心をもつ人であれ、歓迎します。かつての受講生と同じくらい多くのことを本書から得ることができますように。輝かしい祝福を！

Lesson1 － レッスン１
ウイッチクラフトの歴史と世界観
The History and Philosophy of Witchcraft

　じっさいにウイッチクラフトに取り組む前に、その歴史を振り返ってみましょう。ウイッチは自らのルーツを知るべきです。たとえば、なぜ、どのように迫害が起こったのか。また、いつ、どこでウイッチクラフトが復活したのか。こうした事実を知っておく必要があります。歴史から学ぶことは非常に多いといえます。一方で、歴史の大半は無味乾燥で退屈だと思う人が多いのも事実です。しかし、ウイッチクラフトの歴史は、けっしてそうではありません。その歩みは実に生き生きとして、刺激に満ちています。

　ウイッチクラフトの歴史について、これまで数多くの本が著されていますが、その大半は、偏った見方をしています。それについては手短に説明するつもりですが —— より近年になって出版された本のなかには、正確に……あるいは、私たちが納得する程度に、正しく記されたものもあります。故マーガレット・マレー博士によれば、ウイッチクラフトの起源は２万５千年前の旧石器時代にさかのぼるとされています。彼女によれば、その歴史はほとんど絶えることなく現在まで続き、キリスト教に先駆けること、数百年間、西ヨーロッパのいたるところで、しっかりと組織された宗教だとされています。近年、学者たちは、マレーの見解の多くに異論を唱えてきました。しかし彼女が、いくつかの明確な根拠と、非常に示唆に富むデータを示していることも事実です。（ウイッチクラフトそのものというよりも）、宗教的魔術の発展を考える上で、彼女の理論はいまなお、高く評価されています。

　２万５千年前の旧石器時代、私たちの祖先は狩猟生活をしていました。狩りに

成功しなければ、食べ物を得ることも、暖をとり雨露をしのぐための毛皮を得ることもできません。さらには道具や武器の材料となる骨も手に入りませんでした。当時彼らは、大勢の神々の存在を信じていました。人間は到底自然には太刀打ちできません。突風や激しい稲妻、激流を畏怖し、このような現象は超自然的存在や神々が起こすのだと考えました。これがいわゆるアニミズムです。風を支配する神もあれば、空を支配する神、また川や海を支配する神も存在します。とりわけ人々が恐れたのは、重要な狩りを支配する神、狩猟の神でした。

　狩りの獲物の大半には、角がありました。こうした原始的宗教と魔術が出合ったのは、このときでした。もっとも初期の魔術はおそらく、共感の魔術でしょう。姿形が似ているものは、同様の効果があるとみなされていました。つまり、「類は友を呼ぶ」というわけです。粘土で等身大のバイソンのフィギュアを作り、それを襲撃して「殺した」とします。するとじっさいの狩りでも、バイソンは殺されることになります。宗教的魔術の儀式の始まりは、原始人の1人が獣の皮を被り、枝角で飾った仮面を着け、襲撃を指揮する狩猟の神の役を演じたことに遡ります。こうした儀式を描いた壁画が、槍の刺さったバイソンや熊の泥人形とともに現存しています。

旧石器時代の洞窟壁画

ウィレンドルフのビーナス

24

この共感の魔術が、近代までおこなわれていたことは、興味深いことです。た
とえば、百年近く前のペノブスコット・インディアンは、狩りの成功を祈る儀式
をおこなうさい、鹿のお面と角を身につけました。マンダン・インディアンのバッ
ファローの踊りも、その１例です。

狩猟の神に加えて、女神も存在しました。どちらが最初か、（あるいは双方がいっ
しょに現れたのか）知るよしもないし、それほど問題ではありません。狩りの獲
物は、繁殖力のある動物でした。部族が存続するためには（当時は死亡率が高かっ
たのです）、子孫を増やすことが重要でした。ここでまた共感の魔術が登場します。
交尾する動物を象った粘土の人形を用意し、儀式につづいて部族のメンバーが性
交をしました。

豊饒の女神を彫刻し、象った像も、数多く残っています。これらビーナス像と
称されるなかでも、ウィレンドルフのビーナスは、もっとも有名なものの１つで
す。ほかにもローセルのビーナスやシルイユ、レスピューグのビーナスなどがあ
ります。こうした像のすべてに共通するのは、過度に女性らしさを強調している
ことです。だらんと垂れ下がった乳房、大きなお尻、しばしば膨れた腹――ま
るで妊娠中のように――さらには誇張された性器が目を引きます。これらは決
まって、ほかの部分にはまったく個性が見られません。目鼻立ちもはっきりせず、
腕や脚は、申し訳程度についています。というのも、当時の人々にとって重要な
のは子孫繁栄だからです。女性は子を産み、育てます。女神は「大いなる生命の
源」「慰めとなるもの」。つまり、「母なる自然」あるいは「母なる大地」である
女性の象徴なのです。

農耕技術の発達にともない、女神はさらに人々の信仰を集めるようになりまし
た。女神は子孫繁栄や狩りの成功だけでなく、豊作の守り神とされました。やが
て１年はおのずと二分されました。農作物が育つ夏は、女神が支配し、狩りを始
める冬は、男神が支配します。それ以外の神々（風、雷、稲妻など）はしだいに
影を潜め、重要性は低くなりました。

私たちの祖先が進化するにつれ、信仰も変化していきました――それがかつ
て生じたように、ゆっくりと、自然に。信仰はヨーロッパ中に広まりました。様々
な国ができ、男神や女神にも様々な名称が付けられました（名称は国によって変
わるわけではなく、同じ名称の変形にすぎないこともありました）。それでも、
彼らは本質的に同じ神々でした。これはブリテン島ではっきりと例証されていま

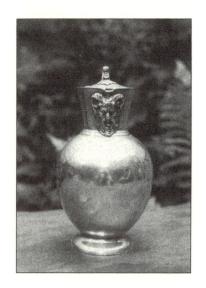

ケルヌンノス　　　　　　　　ワインピッチャー

す。イングランド南部で発見されたケルヌンノス（文字どおり「有角神」）です。北部では、同じ神が短縮形のサーンとなります。それ以外の地域では、ハーンとなりました。

　その頃は、人々は作物を育てるだけでなく、冬に向けて貯えるすべを身につけていました。そのため、狩猟は以前ほど重要ではなくなったのです。その後有角神は自然神、死の神となりました。女神は依然として豊饒の神であり、再生の神でもありました。それは人々が死後の世界を信じるようになったからです。これは、現代の埋葬の習慣によって立証されます。グラベット文化（紀元前2万2千年〜1万8千年）をつくった人々は、ここで新しいことを始めました。彼らは死者たちに正装させ、装身具で飾り、赤土（ヘマタイトあるいはアイアンプロキサイド）を散りばめ、生命の再生を祈ったのです。家族が亡くなると、家の床下に埋めることもしばしばでした。そうすれば故人が家族とともにいられると考えたのです。男性は武器といっしょに埋葬されました。おそらく彼の飼い犬さえも——故人が来世で必要とされるものすべてが副葬されたのです。

レッスン1　ウイッチクラフトの歴史と世界観

　なぜ来世の存在を信じるようになったのか、これはそれほど難しいことではありません。その起源は夢にあります。私の著書"Witchcraft From the Inside"（ルウェリン・パブリケーションズ刊、1975年）から引用しましょう。

　「眠っている人は、その家族や友人たちにとって、死んだ人も同然である。眠っているあいだ、たしかに彼は呼吸しており、時々動きもする。しかし他の点では、彼は死人のようだ。それでも、彼が目を覚ましたとき、森で狩りをしていたと言うかもしれない。すでに亡くなった友人たちと会って話をしたと言うこともあるだろう。彼に話を聞いた人は、その話を信じるかもしれない。その人自身も同じような夢をみたことがあるからだ。彼がじっさいに洞窟の外へ出てはいないが、同時に、彼が寝床にいなかったことを、その人は知っている。睡眠中の世界は、現実の世界のようだ。木々が生い茂り、山々がそびえ、動物や人もいる。そこでは死んだ人にさえ会える。そして死後何年たっても変わらない姿に見える。この、もう1つの世界では、この世で必要なものと同じものが必要とされるに違いない」

　種々の儀式 ── 豊作、狩りの大猟、季節の祝祭のための ── が行われるようになると、司祭が必要になりました。儀式において、よりよい結果をもたらす、少数の精鋭です。ヨーロッパのいくつかの地域では（たぶんマレーが指摘したほど広く普及してはいなかったが）、こうした儀式の指導者、あるいは、祭司（プリースト）や女祭司（プリースティス）はウイッカ ── 賢者（Wise Ones）と呼ばれるようになりました。じっさい、イングランドのアングロ・サクソン族の王は、重要案件は必ず、賢人集会に諮っていました。実に、ウイッカは賢明でした。彼らは宗教的な儀式を執り行うだけでなく、ハーブ、魔術、占いの知識が必要でした。医者、法律家、魔術師、そして祭司でもありました。人々にとってウイッカは、神々と自分たちのあいだを取り持つ全権大使でした。とはいえ、大きな祝祭では、ウイッカは神そのものに近い存在でした。キリスト教の到来がありましたが、よく言われるような大規模な転換がすぐに起こったわけではありません。キリスト教は人為的につくられた宗教です。古き宗教のように、数千年もの時間をかけてゆっくりと、自然発生したわけではありません。キリスト教が登場した最初の千年は、古き宗教は依然として、さまざまな形をとり、ヨーロッパ中で大き

27

な影響力をもっていました。

　大がかりな改宗を試みたのは、ローマ教皇、グレゴリウス1世でした。彼は、人々を新興のキリスト教教会に通わせる手立てのひとつとして、彼らが集まって祈りを捧げてきた礼拝堂の敷地に教会を建てさせようと考えました。彼は司教に対して、あらゆる「神像」を破壊し、礼拝堂に聖水をまき、それらをふたたび献ずるよう指示しました。グレゴリウスの企てはおおいに成功したかと思われました。しかし、異教の人々は彼が思うほど単純ではなかったのです。最初のキリスト教教会を建築するさい、異教徒の職人を頼るほかありませんでした。そのとき石工や木彫り師は自分たちの神々を巧妙にしのばせました。このようにして、教会通いを強いられた人々も、今までどおり、自分たちの神々に祈りを捧げたのです。

　今日でも、これらの像が数多く残っています。女神はたいてい、脚を大きく広げ、性器が誇張された豊饒の神として表現されました。一般にそうした像は、"シーラ・ナ・ギグ"と称されています。男神は頭の周囲に葉飾りをつけ、角をもっています。これは、葉飾のマスクと言われ、"ジャック・オブ・ザ・グリーン"、あるいは、"ロビン・オブ・ザ・ウッズ"と言われることもあります。ついでながら、これらの古代の神とガーゴイルを混同してはいけません。後者は、教会の塔の四隅に、悪魔を追い払うために彫刻されたひどく醜い顔や怪物の像です。

　とりわけキリスト教形成の初期には、さらに、古き宗教からの拝借がはっきりと認められる。たとえば、三位一体は、古代エジプト人のトライアドからの採用である。オシリス、イセト（イシス）、そしてホルスは、神と聖母マリア、そしてイエス・キリストとなった。キリストが生誕した12月25日という日は、ミトラ教からの拝借である。古代ペルシアに起源をもつこの宗教は再臨を信じ、「屠（ほふ）る神」を信仰した。多くの古代宗教には、聖母マリアの無原罪懐胎説と、神が人々を救うために犠牲になるという物語が見て取れる。

"Witchcraft Ancient and Modern"

（レイモンド・バックランド著、

ＨＣパブリケーションズ刊、N.Y.、1970年）

このように、キリスト教の支配がゆっくりと進んでいた初期のころ、古き宗教——ウイッカや他の異教は、ライバルとみなされていました。ライバルを蹴落としたいのはごく当然のことで、キリスト教徒は手加減しませんでした。古き宗教の神々は、キリスト教にとって悪魔なのだと、しばしば噂されました。ここで、その実例を挙げましょう。古き宗教の神は有角神です。キリスト教徒にしてみれば、その姿形は、悪魔のようでした。それで彼らは、「異教徒どもは、悪魔崇拝者だ！」と断じたわけです。キリスト教会のこうした論証法は、今日でも変わっていません。とりわけ宣教師は、原始部族を発見するたびに、悪魔崇拝者のレッテルを貼る傾向がありました。その部族がキリスト教の神とは異なる神、あるいは神々を崇拝するという理由だけで。部族の人々が善良で、幸福であり、しばしば大半のキリスト教徒よりも道徳的、倫理的によりよい生活をしているということは問題ではありませんでした……異教徒は改宗させなくてはならないのです！

悪魔崇拝にたいする非難は、馬鹿げたことに、しばしばウイッチにむけられました。まったくのところ、悪魔はキリスト教徒が考え出したものです。つまり、新約聖書が登場する前は、悪魔自体に言及したものはないのです。実のところ、悪の概念そのものが悪魔と結びついたのは、誤訳のせいだというのは、興味深いことです。オリジナルの古代ヘブライ語で書かれた旧約聖書のハーサタン「Ha-satan」と、ギリシャ語で書かれた新約聖書のディアボロ「diabolos」は、たんに「敵対者」あるいは「反対者」を意味します。至高神を善と悪の２つに分けるという考え方は、進歩的で複雑な文明世界の概念だということを心に留めておくべきです。古代の神々は、長い時間をかけて人々の生活にとけこみ、良い面もあれば悪い面もある「人間」に近い存在になっていました。

敵対者を必要としたのは、善神、全てのものを愛する神という概念でした。わかりやすくいえば、比較対象として反対色の黒が存在してはじめて、白が活きるということです。善神は、紀元前７世紀、ペルシアのゾロアスター（ザルツストラ）によって

バンベルクの魔女裁判で
使用された拷問の道具

作られました。その概念はのちに西方に広がってミトラ教に、さらに後年、キリスト教に採用されました。

『魔女に与える鉄槌』（原題：マレウス・マレフィカルム）は、三部構成となっている。第一部に「ウイッチクラフトに必要なものは、悪魔、魔女、そして全能の神の許し」という言葉がある。ここで読者はまず、ウイッチクラフトを信じない者は異端であると論される。それから要点が網羅される。夢魔によって子供は生まれるのか。魔女と悪魔の性交。魔女は人の心を操り、好意あるいは嫌悪を抱かせるか。魔女は子供を産む力を弱めたり、性行為を妨げたりできるか。魔女が大がかりな奇術によって、男性の陰茎を根こそぎ身体から切り離すのか。魔女が子宮に宿された子供を殺すさまざまな方法。その他もろもろ。

第二部、「魔女がどのような魔術を行い、差し向けるか、その方法および、その魔術を首尾よく解く方法論」では、「悪魔が魔女の手を借りて無垢の人々を誘惑し、恐ろしいウイッチクラフトや仲間に引き入れるいくつかの方法。悪魔との正式な契約の交わし方。魔女の移動法。魔女がどのように子供を産む力を妨げるか。いかにして男性の男根を奪うか。魔女の助産婦は実にけしからん魔術を操り、いかにして子供を殺し、または、悪魔に引き渡すか。いかにして魔女は家畜を傷つけるか。いかにひょうを伴う雨、暴風雨、稲妻を起こし、人や家畜も吹きとばすか」を扱い、その後、上記の対処法がつづく。

第三部は「教会、民間双方における魔女およびあらゆる異端者裁判における司法手続きに関わること」で、おそらくもっとも重要である。ここで裁判の順序が記されている。

「魔女裁判に適任の裁判官は誰か」これが最初の問いである。そして「被告召喚令状の提出法。正式な嘆願と、証人の再尋問。証人の資格と条件。不倶戴天の敵は証人として認められるか否か」と続く。ここで次のような記述がある。「評判の悪い者や犯罪者の証言、雇い主に対する使用人の証言も認められた……さまざまな悪意を理由として、証人が不適格とされることはないというのは、特筆すべきことだ」。つまり、ウイッチクラフトのケースでは、ほかの裁判ではけっして認められない証人でさえ、事実上、誰でも認められる。幼い子供でさえ、証言できたのだ。

以上のことから、『魔女に与える鉄槌』の著者が妄想にとりつかれていることは

明白である。たとえば、おびただしい数の章をウイッチクラフトの性的側面に関わることに割いている……この悪名高い本の著者は誰だったのか。それは2人のドミニコ会修道士、ヤーコブ・シュプレンガーとハインリヒ・クラーマーだった。

"Witchcraft Ancient and Modern"

（レイモンド・バックランド著、

ＨＣパブリケーションズ刊、N.Y.、1970年）

ルシェン城

キリスト教が次第に勢力を強めるにつれ、古き宗教はじりじりと後退していきました。16世紀に宗教改革がおこなわれる頃までは、古き宗教は辺鄙ないなかに残っていました。当時、非キリスト教徒は、異教徒（Pagans、Heathens）として知られていました。ペイガン「Pagan」はラテン語のPaganiに由来し、たんに「田舎に住む者」という意味です。同様にヒーザン「Heathern」は「ヒース（heath）の地に住む人」を意味します。だからこの言葉は、そのころの非キリスト教徒にぴったりでした。本来悪い含意もないので、今日そうした言葉を軽蔑的な意味で使うのは、まったくの誤りです。

　数百年が経過し、非キリスト教徒にたいする組織的中傷が続きました。ウイッカがとった行動は、逆手に取られることになります。彼らは豊作を祈り、収穫量を増やすために魔術を使いました。キリスト教会は、彼らが女性たちと家畜を不妊にし、作物を駄目にしたと主張したのです。ウイッチが本当に、非難されるようなことをしたのかどうか考えてみた人はいないようでした。自分たちの首をしめるようなことをしたのかどうかということです。けっきょく、彼らも生きるために食べなくてはならないのですから。豊作を祈る古い儀式のなかには、満月の月明かりのもと、村人が畑に出て踊り回るというものがありました。草原で輪になって、木馬にでも乗るように、干し草を積み上げるフォークや棒、ほうきの柄にまたがります。踊りながら彼らは空中に高く飛び上がり、作物にどれほど大き

くなってほしいか示すのです —— まったく悪意のない、共感の魔術です。それでもキリスト教会は、彼らが作物に働きかけただけでなく、じっさいに、棒に乗って空を飛んだと主張しました……悪魔の仕業に違いないと!

1484年、ローマ教皇インノケンティウス8世は、ウイッチに対する教皇教書を出しました。2年後、2人の悪名高いドイツ人修道士ハインリヒ・クラーマーとヤーコブ・シュプレンガーが反ウイッチの信じがたいでっち上げを創作しました。『魔女に与える鉄槌』です。この本によって、ウイッチを訴追するための明確な根拠が与えられます。しかし、この本がケルン大学の神学部に提出されたとき、任命された検閲官、教授陣の大半は、それと関わることを拒みました。クラーマーとシュプレンガーはくじけず、教授全員の公認を得たと偽りました。1898年に、その偽造文書が見つかっています。

クラーマーとシュプレンガーによって焚きつけられた集団ヒステリーは、広がり始めました。それは炎のように広がり —— 燃え盛って、突然意外な場所へ飛び火し、あっというまにヨーロッパ中に広がったのです。300年近くも、迫害の炎は猛威をふるいました。人々は正気の沙汰ではありませんでした。1人か2人の魔女がいると疑われた村の全住民の「皆殺しにせよ……主はご存知だ!」という要求によって、火あぶりの刑に処せられました。

当時、農作物の豊作と家畜の多産は、きわめて重要でした。自然宗教を信奉するウイッカは、確かに性的な儀式をおこなうこともありました。このような儀式は、キリスト教会の裁判官の目を不必要にひいたようでした。彼らはそうしたことに関わるごく些細なことをせんさくして喜んでいるようでしたから。クラフトの儀式は、本質的に喜ばしいものです。きわめて愉快な宗教でしたから、それをやめさせようとしている陰気な宗教裁判官や改革者にとって、多くの点でまったく不可解な存在でした。

ウイッチクラフトの罪で火あぶりの刑、磔刑、あるいは拷問されて死んだ人々の合計は、ざっと見積もって900万人に及びます。そのすべてが古き宗教の信奉者ではなかったことは、明白です。これは恨みをもつ

セーレムの魔女裁判が行われたセーレムの館

レッスン1　ウイッチクラフトの歴史と世界観

人間を抹殺したい者にとって、絶好の機会だったのです！　いかに集団ヒステリーが起こり、広がるかを示す好例が、マサチューセッツ州のいわゆる「セーレムの魔女」のケースです。そこで磔にされた犠牲者*のうちに、ほんとうに古き宗教を信じていた者がいたかどうかは疑問です。もしかしたら、ブリジッド・ビショップとサラ・グッドだけかもしれません。そのほかの人々はほとんどすべて、興奮して理性を失った子供たちが告発するまでは、地元教会の中心人物でした。

　ところで悪魔崇拝についてはどうでしょうか。ウイッチは悪魔崇拝者といわれました。これは本当でしょうか。いいえ、そうではありません。それでも、多くの非難があるなかで、人々がそれを信じる根拠がありました。初期のキリスト教会は、民衆に対して極端に厳格でした。農民の祈りの方法だけでなく、彼らの暮らしぶりや愛しかたまで支配しました。教会は夫婦間のセックスにさえ、眉をひそめました。その行為に喜びを見い出すべきではない、もっぱら子孫をつくるために許されると考えたのです。水曜日、金曜日、そして日曜日のセックスは法で禁止されました。また、クリスマス前の40日と、イースターの前の同期間。聖体拝領の前の3日間と懐妊から出産後40日間も違法とされました。つまり、1年のうちで、およそ2か月間は、連れ合いと性的関係を結んでもよいことになりますが、もちろんその行為によって快楽を得ることはなりません！

　このことが、ほかの厳格な規則とあいまって反抗――ひっそりと行われたとはいえ――につながったのも不思議ではありません。民衆――この頃はキリスト教徒――は自分たちの運命が、いわゆる神の愛を請うことによって、好転しないことに気づき、代わりにその敵対者に祈る決心をしたのです。神が自分たちを助けてくれないのなら、あるいは、悪魔が助けてくれるかもしれないと。つまり、悪魔崇拝は、キリスト教のパロディー、風刺として始まったのです。それは、キリスト教の厳格さに対する反逆でした。けっきょくは、「悪魔」も貧しい農民を救ってはくれませんでした。しかし少なくとも、農民は権威に対して侮蔑の態度を示しました。既成の権力に反旗を翻えそうとしたのです。

　本山の母教会がこの反乱に気づくのに、長くはかかりませんでした。悪魔崇拝は反キリスト教です。ウイッチクラフトもまた、教会側から見ると、反キリスト

---

*　ニューイングランドでは、イングランドの法律に基づき、魔女は磔刑にされた。火あぶりの刑にされるのはスコットランドとヨーロッパ大陸である。

33

教。故に、ウイッチクラフトと悪魔崇拝は、まったく同じものとされたのです。

1604年にジェームズ1世がウイッチクラフト法案を承認しましたが、これは1736年に廃止されました。これに取って代わった法令は、ウイッチクラフトなどというものは存在しない、魔力があるふりをする者は詐欺罪であると謳っています。17世紀の末までに、クラフトのメンバーの生き残りは姿をくらませました。その後300年間というもの、どうみてもウイッチクラフトは活動を停止していました。しかし、じっさい2万年も続いてきた宗教は、そう簡単には滅びませんでした。小さなグループ――生き残ったカヴンは、ほんの数人の家族単位ということもありましたが――クラフトは存続していたのです。

文学の分野では、キリスト教は全盛期を迎えました。ウイッチが迫害されているあいだに印刷術が発明されました。そのため、ウイッチクラフトについて出版されたものはすべて、キリスト教会の視点で書かれました。その後、出版された本は初期の作品を引き合いに出すため、当然ながら、古き宗教にかなりの偏見がありました。実に、1921年、マーガレット・アリス・マレー博士が"The Witch Cult In Western Europe"を出版するまで、ウイッチクラフトについて偏りのない見方をしたといえる人は誰もいませんでした。(著名な人類学者であり、ロンドン大学エジプト学教授である)マレーは、中世の裁判記録を調査し、キリスト教徒の主張というまったくの「でたらめ」の向こうに、明確かつ組織的なキリスト教以前の宗教が存在することを示す手がかりを得ました。彼女の理論はけっきょく、ある部分では、多少無理があることが判明しましたが、実に心にひびく説であったことに変わりありません。ウイッカはけっして、マレーが示唆したほど広範囲に及んだわけではありません(また、洞窟の住人から連綿とつづく直系との証拠もありません)。とはいえ、時期と場所については散発的であったとしても、ウイッチクラフトが確かに宗教的集団として存在したということは間違いないのです。1931年、彼女は2冊目の著書"The God of the Witches"でさらに詳しく見解を述べています。

1951年、イングランドで最後の反ウイッチクラフト法がとうとう廃止されました。ウイッチたち自身が遠慮なく名乗りを上げる環境がととのったわけです。1954年、ジェラルド・ブロッソー・ガードナー博士が自著"Witchcraft Today"でじっさい次のように述べています。「マーガレット・マレーが打ち出した理論はまったく真実といえる。ウイッチクラフトは宗教であったし、現に、今もそう

だ。私にはわかる、私自身がウイッチだからだ」。

　続いて彼は、クラフトが、ひそかにではあるが、依然として活発に活動していると述べています。彼は、ウイッチの立場から語った最初の人でした。彼が本を出版した頃、彼にしてみれば、クラフトは急速に衰えており、おそらく風前の灯火にすぎないと感じたようです。自著が世に出たことで、ヨーロッパ中の多くのカヴンから連絡が届き始め、彼らがいまだに楽しく信仰を実践していることを知ったガードナーは、おおいに驚きました。それでもこれらの生き残ったカヴンは教訓を得ていました。公に姿を現すことは望ましくないと考えていました。ふたたび迫害されることはないと、誰がいえるでしょうか。

　それからしばらくジェラルド・ガードナーは、クラフトの唯一の代弁者でした。彼は第二次世界大戦が始まる直前に、クライストチャーチの近くで、イングランドのカヴンに入会したと公言しました。彼は自分が見つけたことに興奮していました。彼は宗教的魔術の研究に人生を費やし、それが人生の一部となっていました。彼はすぐにでも公衆の面前に飛び出して、話したいと思ったのですが、許されませんでした。しかしついに、かなりの申し開きのあとで、ほんとうのウイッチの信仰と実践の一端を、小説"High Magic's Aid"として発表することを許されました。1949年のことです。事実に基づく表現をしたいと、彼がカヴンを説得するのに5年以上もかかりました。"Witchcraft Today"を補足した彼の3冊目の著書は、"The Meaning of Witchcraft"というタイトルで1959年に刊行されました。

ジェラルド・ガードナー博士

　生涯にわたる信仰と魔術の研究から、ガードナーは、ウイッチクラフトの生き残りとして彼が見い出したことは不完全で、所々に誤りがあると感じました。千年ものあいだ、古き宗教はまったく口伝えによって伝承されてきました。迫害にあって初めて、カヴンが離ればなれとなった結果、相互の付き合いが

失われたため、すべてを言葉に起こすことになったのです。当時、ウイッチは密かに集まらなければならなかったのですが、ついに、「影の書」といわれる儀式の記録が完成しました。その後、影の書は、カヴンのリーダーから次のリーダーへ、何年も繰り返し書写されました。そこにいつのまにか書き間違いが生じるのは、ごく当り前のことでした。ガードナーは所属するカヴンの儀式をおこない（基本的にイングランド人とケルト民族のグループ）、彼が書き直したほうがよいと感じたところを書き直しました。この版は、その後、ガードナー派ウイッチクラフトとして知られるようになりました。彼について、近年多くの見当違いや驚くような意見、非難が出ています。いわく「ガードナーがすべてをでっち上げた」。いわく「彼はアレイスター・クローリーに自分のために『影の書』を書くよう依頼した」。

　こうした非難は反応する価値もありません。しかし、ガードナーの初期の仕事は、スチュアート・ファーラーの著書、"What Witches Do and Eight Sabbats for Witches" に見ることができます。

　しかし、ガードナーにたいしてどのような感情を抱くにせよ、あるいは、ウイッカの起源についてどのような信念をもつにせよ、現代のウイッチとウイッチ志望者は、おおいに彼に感謝すべき恩義があります。彼はウイッチクラフトのために立ち上がり、堂々と意見を表明したのですから。今日私たちがさまざまな形式でクラフトを楽しむことができるのも、彼のおかげなのです。

　アメリカ合衆国において、立ち上がり、認められた最初のウイッチは、私自身、レイモンド・バックランドです。当時、この国のどこにもウイッチクラフトのカヴンは見当たりませんでした。私はスコットランドのパースで、ガードナーのハイ・プリースティスでもあったレディ・オーウェンによって入会の儀式を受けたのです。そして、永年の誤解を正し、ありのままのクラフトの実態を伝えようと、ガードナーを見習って努力しました。まもなくシビル・リークが現われ、ガヴィンとイヴォンヌ・フロスト、そしてその他の人々が続きました。カヴンがますます増え、わくわくするような時代でした。また、多くの異なる宗派の存在が公になり、ともかく名乗りをあげました。現在、ウイッチ志願者の選択の幅は大きく広がっています。ガードナー派、ケルト派（多くの種類がある）、サクソン派、アレクサンドリア派、ドルイド派、アルガード派、北欧派、アイルランド派、スコットランド派、シチリア派、フナ（huna）などなど。これら諸派の詳細につ

36

いては、付録Aを参照のこと。

　ウイッチクラフトの宗派の数が多く、多様であることはすばらしいことです。本書の「はじめに」でも触れたように、私たちはみな、それぞれに個性があります。すべての人にふさわしい宗教が存在しなくても、驚くにあたりません。同様に、すべてのウイッチにぴったりのウイッチクラフトのタイプなど、ありえません。儀式が多いほうが好ましいと考える宗派がある一方、地味なほうが好ましいという宗派もあります。ケルト族の背景をもつ派もあれば、サクソン、スコットランド、アイルランド、イタリアの諸民族、また、それ以外の数ある民族のどれかを背景とする派もあります。女性による支配を選ぶ人もいれば、男性による支配を選ぶ人もいますし、さらに双方のバランスがとれているほうがよいという人もいます。グループ（カヴン）で祈るのが好きな人もいれば、1人で祈りたい人もいます。多くの宗派があることで、今日ではすべての人がずっと自由に宗派を行き来することができそうです。

　宗教は先史時代の洞窟でささやかに始まり、長い道のりをたどってきました。ウイッチクラフトは、宗教のひとつの小さな側面として、これもまた長い歴史があります。それは全世界に広がり、法的にも認められています。

　最近では、アメリカ中の思いがけない場所、キャンプ場やホリデー・インのようなモーテルで、参加自由のウイッカのお祭りやセミナーが開催され、こうしたことはまったく珍しくなくなりました。テレビやラジオのトークショーに出演するウイッチもいるし、地元紙や全国紙、雑誌の紙面にもウイッチが登場します。大学ではウイッチクラフトの講座も受けられます。国軍からも、ウイッカは正当な宗教として認められています。陸軍のパンフレットNO.165-13「宗教上必要なものと、ある特定グループの活動 —— 軍付牧師のための手引き」で、イスラム教、シーク教、キリスト教、ネイティブアメリカンの宗教、日本の宗教、ユダヤ教徒の権利とともに、ウイッ

ウイッチの製粉所：
ガードナー派ウイッカ発祥の地

チの信仰上の権利について説明されているのです。

　そうです、ウイッチクラフトは歴史においても足跡を残し、今後も確固とした地位を保つでしょう。

ウイッチクラフトの思想、哲学

　クラフトは愛と喜びに満ちた宗教です。キリスト教のような陰気さもありませんし、原罪の概念や、来世においてのみ救われ、幸福になるという思想もありません。ウイッチクラフトの音楽は楽しく、生命感にあふれ、キリスト教のもの悲しい賛美歌とは対照的です。それはなぜでしょうか。その答えはウイッカが自然に共感していることとおおいに関係があります。原始時代、人々は必要にせまられ、自然と密接にかかわって暮らしていました。人々は自然の一部であり、それと分け隔てることはできませんでした。動物は兄弟、姉妹であり、樹木も同様でした。人々は野に出て、その日の糧を自然から貰い受けました。確かに、人々は食糧を得るために生き物を殺しましたが、多くの動物は生きるために、ほかの動物を殺すのです。いいかえれば、女性も男性も、人間は自然の秩序の一部で、それから切り離すことはできないし、それより上位でもないのです。

　現代人は、すべてではないとしても、自然界との結びつきのほとんどが失われてしまいました。文明によって、人々と自然は切り離されてしまいました。しかし、ウイッチはそうではありません！　今日でも、自然の一部であった人間がつくったこの機械化され、高度に複雑化した世界において、ウイッカは母なる自然とのきずなを保っているのです。ブレット・ボルトンの著作 "The Secret Power of Plants" には、植物が思いやりのある行動に示す、すばらしい、ごく健全な反応について記されています。また、植物が善悪の双方についてどう感じ、反応するか、さらには、植物がどのように愛、恐れ、憎しみを表現するかということについて（ひょっとしてベジタリアンが肉を食べる人に抱く批判的な感情のようなものかも）紹介されています。これは新発見ではありません。ウイッチは以前から知っていました。彼らはいつも植物に優しく話しかけていました。ウイッチが森を歩くとき、立ち止まって樹を抱きしめるのは、珍しいことではありません。また、彼らが耕した畑を、靴を脱いで裸足で歩くのも、特別なことではありません。これらはすべて、自然とつながる行為、私たちの伝統を失わないように

する行為なのです。すっかり疲れきってしまったと感じたとき、あるいは過度の怒りや緊張を感じたら、外に出て、樹に寄りかかって座ってみましょう。どっしりとした樹（オークや松がおすすめ）を選び、地面に腰をおろし、背筋をのばして幹にぴったりと背中をつけてください。目を閉じて、リラックスしましょう。ゆっくりと自分の内面が変化していくのがわかるでしょう。緊張、怒り、疲れが消えていきます。それらが身体から徐々に抜けていきます。そしてその場で、温かみがましていくのがわかるでしょう。愛と安心感を得られるはずです。それは寄りかかっている樹が与えてくれるものです。それを存分に受けて、満足しましょう。ふたたび完全に回復したと思えるまで、そのまま坐っていましょう。そしてその場を離れる前に、立ち上がって樹を抱きしめ、感謝してください。

　少しのあいだ立ち止まり、身の回りのすべてに感謝しましょう。土、木々、木の葉の匂いを感じましょう。自然のエネルギーを吸収し、みずからのエネルギーを送り返しましょう。私たちが自然と切り離された一因は、靴を履くようになったことです。機会を見つけて、裸足になりましょう。大地と触れ合うのです。それを感じ、吸収しましょう。自然界への尊敬と愛を示し、自然とともに生きましょう。

　同じように、他者とともに生きていきましょう。人生において出会った人から得るものはたくさんあります。いつも自分なりの方法で他者の手助けをする心づもりでいましょう。誰一人としてないがしろにしてはいけないし、助けが必要な人がいるのに見て見ぬふりをしてもいけません。できるときは、喜んで手を差し伸べましょう。同時に、他人の人生のめんどうをみようとしてはなりません。わたしたちはみな、自分自身の人生を歩まねばならないのです。もし誰かを手助けしたり、助言によって方向性を示すことができるなら、そうしなさい。それでその人はそこから前進する方法を決めることができるでしょう。

　ウイッチクラフトの重要な教義、「ウイッカの掟（おきて）」は、「何者も害さない限り、汝の欲することをせよ」です。

　自分の望むことをしなさい……しかしけっして、誰かを傷つけてならない。まったく単純なことです。

　1974年4月に、アメリカウイッチ協議会は、ウイッカの信仰上の信条を採択しました。わたしは個人的に、これらを支持し、ここに記します。よく読んでみてください。

1．わたしたちは、月相と季節、季節の境目によって示される生命力という自然のリズムと、みずからを調和するために儀式をおこなう。

2．わたしたちは、知性をもってわたしたちの環境を守る責任を受け入れる。わたしたちは、生の充足と、進化の概念を意識しつつ、生態系のバランスのなかで、自然と調和して生きるよう努める。

3．わたしたちは、ごくふつうの人々が認知するよりもずっと大きなパワーの源が存在することを認める。というのも、そのパワーは、ときに超自然といわれるありきたりのものよりもずっと強力だからだ。しかしわたしたちは、それがすべての人のうちに潜在的に備わっていると考える。

4．わたしたちは、宇宙の創造力は、相反するものの存在——男性と女性——の現れと捉える。この創造力はすべての人に備わっており、男らしさと女らしさの相互作用を通じて発揮されると考える。わたしたちはどちらかに重きを置くことはしない。それぞれが補いあうことを知っているからだ。わたしたちは、喜びを与えるもの、生命を象徴し、具体的に表現するものとして、セックスを重んじる。またセックスは、魔術の実践と宗教的祈りに必要とされるエネルギー源の1つとしても重要である。

5．わたしたちは外界と、ときに霊的な世界といわれる内なる世界、あるいは精神的世界の双方が、集合的無意識、精神的（霊的）次元であるとみなす——そしてわたしたちは、これら2つの次元の作用に、超常的現象と魔力が働く根拠を認める。わたしたちは双方とも、充実感を得るために欠かせないものと見なし、どちらもおろそかにすることはない。

6．わたしたちは、いかなる権威主義の階級制も認めない。しかし、指導者は尊敬し、有用な知識や知恵を分け与えてくれる人には敬意を払う。また、リーダーシップを発揮し、勇気を持ってできるだけのことをした人の功績は認める。

7．わたしたちは、宗教、魔術、そして知恵を、生きていく上で結びつけ、ものの見方と生き方を統合したものと見なす。それがウイッチクラフト、ウイッカの道と称する世界観であり、人生観である。

8．ウイッチを名乗る者が、ウイッチになれるわけではない。ウイッチの子孫がウイッチになれるわけでもないし、肩書きや階級も、入会の儀式も関係ない。ウイッチというものは、他者や自然と調和し、できるかぎり賢明に、豊

かな人生を送るための内なるエネルギーをコントロールしようと努めるものだ。

9. わたしたちは、進化し、意識を広げながら、この世界を意味あるものにし、そのなかで自分自身の役割に意味を与えるために、人生を肯定し、充実させようと考える。

10. キリスト教、あるいはその他の宗教や人生観にたいしてわたしたちが敵意をもつのは、他者の自由を否定し、他宗教の実践や信条を押さえつけようとしたときに限る。

11. アメリカ在住のウイッチとして、わたしたちはクラフトの歴史における論争、さまざまな用語の起源についての論争、各宗派のさまざまな点の正当性に関する論争によっておびやかされることはない。わたしたちの関心は、今現在と未来にある。

12. わたしたちは、キリスト教に定められた、絶対的な悪の概念も受け入れないし、いかなる悪魔という存在も崇拝しない。他者を苦しめるためにパワーを使うことはないし、他者を否定することでのみ得られる個人的利益を認めることもない。

13. わたしたちは、自然のなかに、みずからの健康と幸福に影響を与えるものを見い出すことを信じる。

内なるパワー

どう見ても、ある種のサイキックパワーがあると思われる人は大勢います。じっさいに電話のベルがなる前にそれを察知し、受話器をとる前に、電話をかけてきた相手がわかるような人です。ユリ・ゲラーのような人は、鍵やスプーンに触れることなくそれらを曲げることで、より劇的にこのパワーをはっきりと示すことができます。未来が見える人、何かを起こすことができるように思われる人もいます。こうした人々はとりわけ動物に親近感をもちます。

読者のみなさんは、このようなことはできないかもしれません。サイキックパワーをもつ人々をなんとなくうらやましいと思う人もいるでしょう。それでも、そんなふうに考えてはいけません。というのも、こうした人々がもっているパワー——そしてそれは真に現実のパワーである——は、わたしたち皆に本来備わっ

ているものだからです。確かに、人によってはそのパワーをごく自然に発揮することができますが、だからといって他の人がそれを持ち合わせていないということではありません。オーラ（後のレッスンで幅広く取り上げます）は、このパワーが目に見える形で現われたものです。オーラが見える人は —— そして本書の読者もその1人となるでしょう —— あらゆる人のオーラが見え、それはすべての人のうちにパワーが存在することをはっきりと示しているのです。ウイッチは常にパワーを備え、それを活用してきました。彼らの大半は生まれつきそれが備わっているように思われますが、けっしてすべてのウイッチがそうなのではありません。そのため、ウイッチはパワーを引き出し、さらに効果を高める独自の方法をそれぞれもっているのです。

1932年9月発行の "Everyday Science and Mechanics" 誌に、次のような記事が掲載されました。

「人体の組織は、ものすごい放射エネルギーを作り出す」

コーネル大学のオットー・ラーン教授によれば、血液、指先、鼻、目から放射されるエネルギーは、イーストや微生物を死滅させる。パン作りに使われるイーストは、人の指先が発する放射エネルギーだけで、5分で死んでしまう。あいだに1.5センチの水晶版をはさんだ場合、イーストが死滅するまで15分かかった。実験の結果、左利きの人でも、右手のエネルギーが左手より強力であることがわかった。

ラーン教授は実験を続け、その成果を "Invisible Radiations Of Organisms"（ベルリン、1936年）として刊行しました。アメリカ科学振興協会の席で彼は、指先、手のひら、足の裏、わきの下、性器、そして女性のみ、乳房から、いかに強烈な放射エネルギーが出ているかを語りました。エール大学のハロルド・バー博士は第3回国際癌会議で、同様の実験と結果について発表しています。

ウイッチはいつも、この体から生じるエネルギーの存在を信じ、それを大きくし、集め、わたしたちが魔術と呼ぶ行為に活用してきました。ラーン教授とバー教授は、このパワーの破壊的な用法を示しましたが、それは同時に、実に建設的なことに利用できるのです。

ここで、友だちと一緒にできる簡単な実験を紹介しましょう。友だちに上半身

裸になってもらい、背中を向けて座ってもらいます。次に、あなたの手のひらを下にして、指をそろえ、腕をまっすぐに伸ばし、友だちの背中に向けます。指先は肌の表面から3センチかそこら離してください。それからゆっくりと、友だちの背骨に沿って、腕を上げたり下げたりしてください（イラスト参照）。腕はまっすぐに保ち、腕から手や指に自分のエネルギーをすべて送るよう意識を集中させましょう。パワーを送ると、友だちからかなり反応があるはずです。その人はとてもぞくぞくするように感じるかもしれないし、熱、あるいは涼風さえ感じるかもしれません。とにかく、何かを感じるはずです。

さあ、実験をしてみましょう。左手から試してみましょう。指をそろえて、背中からの距離を変えてみてください。あなたが手の位置を変えたときに、その人が気づくか確かめましょう。腕を上げ下げしたとき、それを感じ取るでしょうか。パワーの強さがあなたの身体の健康状態によって変化すること、また、1日のうちの時間帯、1か月のうちの時期でも異なることがわかるでしょう。記録をつけて、自分にとってエネルギーを生み出すのに最高なのはいつか、心に留めておきましょう。

まじない

まじないはウイッチクラフトの一部で、ウイッチが単独で使うことがもっとも多いです。まじないは確かに、カヴンにおいても使用されますが、ひとりでおこなうほうが、より効果的な場合もあります。まじないでもっとも重要な要素は感情です。たとえばあなたが何かを実現したいとします。あなたは存在をかけて、その願望を通じて、みずからのエネルギーのすべてをまじないに注ぎこむはずです。つまり、誰かほかの人に頼むよりも、自分自

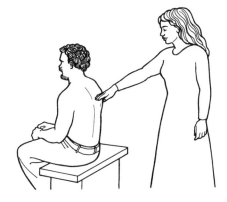

人の体から感じる放射エネルギー

身でまじないをおこなうほうがずっとよいのです。もし他の人のためにまじない
をおこなっても、自分のためにおこなったときほど感情を注ぐことはできないの
です。

　まじないはウイッチクラフトの宗教的側面とは必ずしも一致しません。魔法円
のなかでまじないをおこなうには、その直後に儀式をおこなうと、まず間違いな
く大きな効果が得られるでしょう。とはいえ、魔法円を描いただけで、ほかのど
んなときにまじないをおこなったとしても、やはり効果があります。

　じっさい、まじないをかける、魔術がはたらく仕組みは何でしょうか。これに
ついては、読者が宗教的側面をさらに深く理解するまで答えずにおきましょう。
けっきょく、ウイッチクラフトは宗教なのです。

［レッスン1］　練習問題

1．自分が興味をもつ哲学、あるいはテーマについて、思考や意識を掘り下げることは有益なことです。ウイッチクラフトにたいするあなたの解釈、考えはどのようなものですか。自分が抱くイメージ、先入観、偏見などを吟味しましょう。人生を通じて、ウイッチクラフトについての受けとり方はどのように変わりましたか。

2．ウイッチクラフトには多くの宗派があります（付録Aに解説があります）。現時点で知っていることをふまえ、どの宗派で活動したいと思いますか。それはなぜですか。

3．もっとも古い原始的魔術の始まりでは、共感魔術をおこないました。いまの自分にとって共感魔術はどのように役立つと思いますか。どんな方法でそれを利用できると考えますか。自分ができそうなことを挙げてください。

4．自分が信奉したいと思うウイッチクラフトの原則のあらましをレコーダーに録音しましょう。今後データを保管し、好みの儀式をつづけて録音しましょう。声に出してはっきり話すことで、考えがまとまり、より明確になります。

45

［レッスン１］　理解度テスト

　自分の言葉で答えましょう。テキストに戻ってはいけません。自分が完全に納得するまでは、けっして次のレッスンに進まないように。問題の答えは、付録Bにあります。

1．古代の人々にとって、もっとも重要な２つの神を挙げてください。

2．「共感」魔術とは何でしょうか。一例を挙げてください。

3．教皇グレゴリウスは初期の教会をどこに建てたでしょうか。それはなぜですか。

4．「ジャック・オブ・ザ・グリーン」とは誰、あるいは何者でしょうか。

5．『魔女に与える鉄槌』とは何ですか。また、それを書いたのは誰ですか。

6．1930年にウイッチクラフトが組織的な宗教だという説を提唱した人類学者であり、エジプト学者でもある人物は？

7．英国で最後の反ウイッチクラフト法が廃止されたのはいつですか。

8. クラフトを弁護した最初のウイッチは誰ですか。
　（1）英国で　　（2）アメリカ合衆国で

9. ウイッチがキリスト教あるいは他の宗教や主義にたいして唯一反感をもつのはどんなときですか。

10. 魔法を使うためには、カヴンに属する必要がありますか。

◎推薦図書
　　"Witchcraft From the Inside"（レイモンド・バックランド著、第1章〜第6章）
◎補助読本
　　"The God of the Witches by Dr.Margaret A. Murray"（マーガレット・マレー著）
　　"Investigating an Ancient Religion"（T・C・レスブリッジ著）
　　"The Devil in Massachusetts"（マリオン・スターキー著）

Lesson2 － レッスン2

信仰
Beliefs

神々

　世界には多くのさまざまな宗教がありますが、本質的に、それらはすべて同じといえます。昔からよく、すべての宗教はたんにたどる道が違うだけで、ひとつの中心に向かっているといわれていますが、これは真実でしょう。基本的な教えはまったく同じで、違うのは教える方法だけということです。それぞれの宗教で、儀式も、祝祭も、そして神々の名前さえ異なっています……ここで、たんに「神々が異なる」ではなく、「神々の名前が異なる」と述べたことに注意してください。

　フリードリヒ・マックス・ミュラーは、宗教というものは、人間が生まれながらにもっているある種の気高い力に「すがらずにはいられない感情」だと看破しました。そしてジェームズ・ジョージ・フレーザー卿は（『金枝篇』のなかで）宗教について、「人間より崇高な存在による慰め、あるいは宥めることであり、その存在は事の成り行きや一生を導き、支配すると信じられている」と定義しています。

　この崇高な存在——「偉大なる神」は、あまりにもわたしたちの理解を超えており、性別さえ定かでありません。そのため、ごく漠然としかその存在を理解できないのです。それでもわたしたちは、神の存在を感じ、神と対話したいと思うことがあります。個人として、現在の生活に感謝し、願い事をしたいと思うこともあります。このような不可解な存在に、どう接したらよいのでしょうか。

　紀元前6世紀、哲学者のクセノフォンは、神々は民族的な要素で決定付けられ

ると述べました。彼は、黒人のエチオピア人はごくあたりまえに自分たちの神を黒人としてとらえるが、トラキア人にとっての神は、赤毛で灰色の目をした白人だと指摘しました。彼は、もし馬や牛が彫刻をすることができたら、たぶん自分たちの神を動物の姿で表現するだろうと皮肉っぽく述べています。およそ750年後、テュロスのマクシムスがほとんど同じことを言っています。つまり、人は何にせよ、自分が理解しうる形の神を信仰するということです。

　レッスン1で、古より人々がどのようにして根本的な神々、狩猟の神である有角神と、豊饒の女神を崇拝するようになったか、理解したことでしょう。そのころ、双方の神々はじっさいに生活を左右する偉大な存在を人々が思い描いた姿──人々がわかりやすい姿──でした。文明が発祥したさまざまな地域で、こうした神々の姿を認めることができます。古代エジプト人にとってのイシスとオシリス、ヒンドゥー教徒にとってのシヴァとパールバティー、キリスト教徒にとってのイエスと聖母マリアなどです。ほぼすべての例で（例外はあるものの）男性も女性も、偉大な神は、同等とみなされ、男神と女神に分かれたのです。これまで見てきたように、ウイッチクラフトもまた、その発展とともに、男神と女神の双方を崇拝してきました。

女神

男神

神々の呼称

　レッスン１でも触れたように、神々の呼称は地域によって変わりましたが、それは土地の違いだけではありませんでした。とりわけ、女神の場合、呼び名の問題はかなり複雑でした。たとえば、恋愛に悩む若い男性は、若く美しい女性としての女神を崇拝するかもしれません。しかし、出産する女性は、より成熟した「中年の」女性としての女神に安心感を抱くことでしょう。さらに、年配の人々は、女神を自分と同年配とみなす傾向がありました。つまり、同じ女神でも、まったく異なる３つの側面を見ていることになります。それぞれ名前が異なっても、すべて同じ神なのです。それでは不十分とばかりに、神々には一般の信者に広く知られた名前だけでなく、司祭職だけが知る秘密の名前（２つか３つであることが多い）がありました。これは他の人に神の名前を知られないようにする保護対策でした。

パン —— 古代ギリシャの森林と豊饒の神で、もともとアルカディアに生まれた。牧羊神。ふつうは好色で、上半身は毛深い人間、とがった耳、山羊の角と脚をもつ生物として描かれる。山々や谷を歩き回り、美しい乙女の姿の精霊、ニンフを追いかけ、あるいはダンスに誘う。音楽の才能はかなりのもので、シュリンクスまたは「パンの笛」を発明した。ヘルメスの息子といわれる。

"Putnam's Concise Mythological Dictionay"
（ジョセフ・カスター著、プットナム刊、N.Y.、1963年）

　現在ウイッチクラフトでは、こうした多様な呼称を継続して使用している宗派がたくさんあります。たとえば階級制度をもつ宗派では、より高位の階級で異なる神の呼称がひんぱんに使われます。ガードナー派はその一例といえます。
　偉大なる神、無限のパワーを信じ、それを語るさいに、２つの重要な存在、男

性と女性に分けたのです。こうした観点から、わたしたちは呼称を与えました。そして無限の存在を定義することで、その存在を明確にしたと思われます。しかし「それ」が無限の存在だと認識し、いつも心の奥に留めているかぎり、呼称を与えることがもっとも簡単な方法だと気づくでしょう。けっきょく、何者かを思い描くことなしに、「神」、崇高なパワーに祈りを捧げることは非常に難しいことです。

　ユダヤ教では、この問題があります（ユダヤ教は神を中心とする信仰ですが）。最高神は、口に出すことも書くこともできない名前をもっています。ヤハウェ（ヤーウェ）はよく使われますが、これは「YHWH」（神名を表す4文字）に由来し、「その名はあまりに神聖で、口に出すのもはばかられる」という意味です。

　キリスト教では、人間の男性、イエスから発展させ、「神の息子」という役割を与えました。イエス・キリストは、要するに、神というものがわかりやすい形、キリスト教徒が受け入れやすい形をとっているのです。理想化された母親像である聖母マリアを加えることで、二元性が完結しました。神、あるいは絶対者の延長としてイエスに祈りを捧げるほうがずっと気楽でした。けれども常に、彼の向こうに、いわく言いがたいもの、理解できないものの存在を感じていました。イエスとマリアは、キリスト教徒と神の橋渡しとなってくれたのです。

　だからウイッチクラフトにおいて、わたしたちが男神、そして女神として認識している存在は、仲介者です。すでに述べたように、宗派が異なると、その名前も変わります。至高のパワー、究極の神を「理解しやすい形」にするための名前です。それがウイッチクラフトの儀式で崇められ、崇拝される神々です。

ウイッチクラフトの男神と女神

　キリスト教についてウイッチが抱く不満といえば、女性を除外して、男性を崇拝することです。じっさいこれは、人々（とくに女性）がキリスト教を離れ、古き宗教に回帰する主な理由の1つといえます。けれども、多くの —— 大多数ではないとしても —— ウイッチクラフトの宗派がキリスト教と同じ誤りを犯しているのは奇妙な逆説です。たとえその逆だとしても……そうした宗派は男神をほとんど、あるいはまったくといっていいほど排除し、女神を褒め称えるのです！

　ウイッチクラフトは、どのウイッチも認めるとおり、自然崇拝です。自然界の

いたるところに男性と女性の存在があり、両性が不可欠です。だとすれば、男神
と女神の双方が重要であり、等しく崇められるべきです。バランスが必要なので
す。しかし悲しいことに、キリスト教と同様に、クラフトの大半の宗派で、その
バランスが失われつつあります。わたしたちはすべて ―― わたしたちひとりひ
とりが ―― 男性的なものと女性的なものの双方から成り立っています。非常に
屈強な、男らしい男性が、女性らしい側面をもっていることがあります。同様に、
古風でいかにも女らしい女性が、男っぽい面をみせることもあります。それは男
神と女神を有しているからです。男神は男性らしさと同時に女性的な面があり、
女神も男性的な面をもっています。これについては、後のレッスンでより詳しく
考察します。

　あなたが崇める神々をどのような名前で呼ぶかは、個人的な好みの問題です。
サクソン派では、男神をウォーデン（Woden）と呼んでいます。ガードナー派
はラテン語のケルヌンノス（Cernunnos）、スコットランド派ではデブラ（Dev'la）
です。各宗派が固有の呼称を用いています。しかし呼称はたんなる記号、識別の
方法にすぎません。自分がほんとうに気持ちよく受け入れられる呼称によって識
別したほうがよいのです。というのも、けっきょく宗教というのは、根底におい
てもっとも個人的なものであり、そして ―― 真の目的であるがゆえ ―― できる
だけ個人的なレベルで受け入れるべきです。たとえ既存の宗派に入るとしても、
これと同じことが言えます。まずは自分に合うと思える宗派を見つけましょう。
しかし、それをじっさいに自分にぴったり合うものにするために、必要だと思っ
たところは思い切って改めましょう。たとえば自分の選んだ宗派では、男神の呼
称がケルヌンノスで、その名前を受け入れ難いとしましょう。その場合、個人的
に別の名前を選べばよいのです。つまり、グループで祈るときや、カヴンに関わ
る場面では、ケルヌンノスという呼称に敬意を払います。しかし、心の中では
―― そして個人的な儀式のときは ―― 代わりにパン、あるいはマナナン、レア
あるいはそれ以外のどんな呼び方をしてもよいのです。何度も言うように、呼称
は記号なのです。神自身は、あなたが自分に「語りかけている」ことを知ってい
ます。神が混乱することはありません！（もちろんこれはすべて、女神にも同様
に当てはまります。）

中世のアストロジカル・カレンダー

他の宗派で用いられる呼称を知って驚くことがあります。ある有力なウェールズ派では女神を「ディアナ」、男神を「パン」と呼んでいます……ディアナはもちろん、ローマ神話の女神で、パンはギリシャ神話の神です！この神々とウェールズ派との結びつきは謎のひとつに違いありません！

上記のような理由から、ケルヌンノスという呼称がクラフトの非常に多くの宗派で使われているのも無理はないのでしょう。前述のとおり、それはたんに「角のある者」を意味するラテン語です。だから、個人的な呼称を加えても、けっして支障はないのです。

昔から、1年の「暗黒の半年」（図2.1参照）は、男神と結びつけられました。しかしこれは、1年の「光の半年」は、彼が「死んでいる」、もしくは連絡を断たれるということではありません（あるいは、そう捉えるべきではありません）。それは、女神の場合も同じです。光の半年のあいだ、彼は女性的な面で十分に活動しています。暗黒の半年のあいだ、女神が男性的な面で活動しているのと同じです。つまり、双方の神は1年を通じて活動しているのです。たとえある一定の期間、一方が他方に服従することがあるとしても。

死と復活は、世界中の神話に共通するテーマです。あの世に旅立った

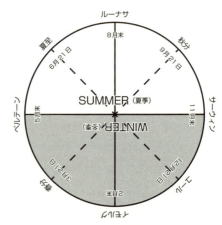

図2.1　ウイッチの季節暦

者が、やがて戻ってくる話が、象徴的に表現されることが多いようです。イシュタルの堕落とタムズの探索、金髪を失ったシフ、金のりんごを失ったイドゥン、イエス・キリストの死と復活、シヴァの死と復活、数えれば切りがありません。基本的にそれらはすべて、秋と冬の到来、その後ふたたび春と夏が巡ることを象徴しています。主要人物は植物の生命力を表しています。ここでウイッチクラフトの（ａ）ガードナー派ウイッカ、そして（ｂ）サクソン派ウイッカに見られる「女神の神話」を紹介しましょう。

　　これまで女神はだれも愛したことがなかった。しかし彼女はあらゆる神秘を解き明かした。死の神秘さえも。そこで彼女は冥界に旅立った。

　　地獄の門番が要求した。「着ている物を脱ぎ、宝石をはずしなさい。われわれの地に何ひとつ持ち込んではならん」

　　そこで彼女は宝石をはずし、身にまとっているものを脱ぎ、拘束された。死の国に足を踏み入れる者はみなそうであるように。彼女はあまりに美しかったので、死はひざまずき、彼女の足にくちづけをして言った。「そなたをはるばる連れてきたそなたの足に幸いあれ。われの所にいるがよい、われの冷たい手をそなたの胸で温めておくれ」

　　彼女は答えた。「わたしは汝を愛してはいない。何ゆえ汝はわたしが愛するものや大きな喜びを与えるものすべてを弱らせ、死なせるのですか」

　　「レディよ」死は答えた。「それは寿命であり、天の定めだからだ。われにはどうにもならない。寿命がくれば、あらゆるものは衰える。しかし人の寿命が尽きたとき、われは安らぎと平和、そして彼らが戻れるように強さを与える。しかしそなたは、うっとりするほど美しい。戻ってはならない。われのそばに居てほしい」

　　しかし彼女は答えた。「わたしは汝を愛していない」

　　すると死は「われの手をそなたの胸で温めてくれないのなら、死のむちを受けよ」

　　「それが運命です。そのほうがまだましです」彼女はそう言ってひざまずいた。そして死が彼女をむち打つと、彼女はこう叫んだ。「わたしは愛の苦しみを感じる」

　　すると死は言った。「幸いあれ」そして彼女に５倍のキスをし、「これで

そなたは喜びと知識を得るだろう」と言った。

　そして彼はあらゆる神秘を彼女に教えた。やがて彼らは愛し合い、ひとつになった。彼は彼女にあらゆる魔術を教えた。

　人の一生には3つの大きな出来事がある。それは愛、死、そして新たな肉体を得ての復活である。そして魔術はそれらをすべて支配する。愛をまっとうするために、同時に復活しなければならない、そして愛した人を見分けなければならないが、きっと憶えていて、ふたたび愛することができるだろう。だが復活するためには、死ななければならない。そして、新しい肉体を準備しなければならない。そして死ぬためには、生まれてこなければならない。そして愛がなくては、人はこの世に生を受けることはできない。そしてこれらはすべて魔術のなせる業である。

"The Meaning of Witchcraft"

（ジェラルド・B・ガードナー著、アクエリアン・プレス刊、ロンドン、1959年）

　たいへん美しい女神フレイアは、1日中草原で遊びまわっていた。そして休息しようと、身をよこたえた。

　彼女が眠っているあいだに、手際の良いロキ、神々の仲をさくいたずら者が、ブロシンガーメン（輪飾り）の放つ光に気づいた。それは魔法によってつくられた彼女にとってなくてはならないものだった。

　夜のように密やかに、ロキは女神のそばに忍び寄り、熟練の手際よさで、雪のように白い彼女の首から銀製の輪飾りを外した。

　フレイアはそれが無くなったことに気づいて、すぐに目覚めた。ロキは風のようにすばやく立ち去ったが、ドロインに通じる塚に入っていく彼の姿が彼女の目にちらっと映った。

　フレイアは絶望した。彼女のまわりに

フレイアとロキ

レッスン2 信仰

夜の帳が降り、その涙を隠した。その苦痛はたいへんなものだった。光という光、生きとし生けるものすべてが、ともにその悲嘆に寄り添った。

　ロキを探し出そうと、いたるところに探索者が送られた。しかし彼らはロキを探すことができないと知っていた。誰がドロインに下り、ふたたび戻ってくるというのだろう。

　神々でなければ、そして、ああ悲しいことに、災いをなすロキでなければ。

　そこで、まだ悲しみから立ち直っていないフレイア自身が、ブロシンガーメンを探しにいくことにした。塚の入口で呼び止められたが、通過することを認められた。

　彼女を目にしたおびただしい数の魂が喜々として声を上げたが、立ち止まってはいられなかった。彼女は盗まれた光を探しに来たのだから。

　忌まわしいロキは、手がかりを残さなかった、しかしいたるところに彼を見かけた者がいた。彼女が尋ねた人はみな、ロキは何1つ宝石をもっていなかったと言い切った。

　それではいったい、どこへ隠したのか。

　失望しながらも、彼女は長い間探し続けた。

　神々の中でも屈強な鍛冶屋のハーデンは、フレイアの悲嘆を感じ、眠りから覚めた。仕事場からひと歩きして、悲嘆の源を探そうとした。すると、ドアの前の岩に、いたずら者のロキが置いた銀の輪飾りが置いてあった。

　すべてが明らかになった。ハーデンがブロシンガーメンを手に取ると、ロキが彼の目の前に現われた。その顔は怒り狂っていた。

　それでもロキはハーデンを攻撃しなかった。彼の強さはドロインにまで知れわたっていた。

　ロキはハーデンから輪飾りを取り戻そうと、手練手管の限りをつくした。姿を変え、ここかと思えばあちらへ動き、姿を現したかと思えば、消えてしまうという具合だった。それでもロキはハーデンを支配することはできなかった。

　戦い疲れたハーデンは巨大なこん棒を振り上げた。そしてついにロキを追い払った。

　ハーデンがフレイアの雪のように白い首にふたたびブロシンガーメンを着けたときの彼女の喜びは計り知れなかった。

ドロインから大きな歓声が沸き起こった。

ブロシンガーメンが戻ってきたことで、フレイアとすべての人間が神に捧げた感謝はたいへん大きかった。

"The Tree：The Complete Book of Saxon Witchcraft"

（レイモンド・バックランド著、サミュエル・ワイザー刊、N.Y.、1974年）

神々の呼称といえば、シークス派ウイッカのために選んだ呼称の説明をさせてほしい。時折ウォーデンとフレイアは本来のサクソン（ゲルマン）の神々の「ペア」ではないという趣旨の批評を耳にする。

もちろんこの神々はそうではないし、誰も —— とりわけ私自身 —— そうだと主張してはいない。以下、1973年に遡り、シークス派の創設について、当初どのように説明されていたか、振り返ってみよう。—— ウイッカ好きな人々の大半は、宗派本位でもある（だから「もっとも歴史のある宗派」の称号をめぐる争いがおこるのかもしれない）。こういうわけで、わたしは自分の宗派に拠り所となる歴史的背景を取り入れた。つまり、サクソン人（ゲルマン人）の背景である。とはいえ、けっして、サクソン人の直系のような礼拝をおこなう正当な資格があるといっているのではない。……とはいえ、たとえば、神々の呼称は必要である……サクソン人にとって主要な男神と女神は、ウォーデンとフリッグである。残念ながら「フリッグ」は今日、見当違いの、ある言外の意味をもつ。それゆえ私は、古代スカンジナビアの変形であるフレイアを採用した。だからウォーデンとフレイアは、シークス派ウイッカが崇拝する男神と女神に用いられる「記号」なのだ。

"Earth Religion News"

（レイモンド・バックランド著、

1973年ユール号所収）

シークス派ウイッカは本来のサクソン・クラフトの復興を主張するものではない。そんなことは不可能だろう。サクソンの枠組みに基づいて創設された実用的な宗派にすぎない。そして神々の呼称は、とりわけ先に述べた理由で選ばれた。神々の名が「不正確」との批判は、だから、まったくの誤りである。

レッスン2　信仰

生まれ変わり（転生）

　生まれ変わりは古くからの信仰です。多くの宗教（たとえばヒンドゥー教や仏教）の一部であり、もともとは、キリスト教の教義でさえありました。553年に開かれた第2回コンスタンチノープル公会議で断罪されるまでは……。人間の魂は神の断片と信じられ、いつかは神のもとへ帰ります。しかし、自身の進化のために、魂は人生であらゆることを経験する必要があります。

　人生における多くの出来事は、そう考えることでもっともよく理解できるし、もっとも理にかなっているように思われます。なぜ、裕福な家庭に生まれる人もいれば、貧困家庭に生まれる人もいるのでしょうか。なぜ、障害をもって生まれる人もいれば、健康で丈夫に生まれてくる人もいるのでしょうか……わたしたちがけっきょくあらゆることを体験しなければならないからでないとしたら？　生まれ変わりは天才児のもっとも論理的な説明だと思われます。5歳にして協奏曲を作曲する音楽の天才（モーツァルトがそうでした）には、明らかに、前世の知識が引き継がれています。こうしたことはふつう起こらないのですが、起こりえることなのです。同様に、同性愛も生まれ変わりによって説明がつくでしょう。ある人生で男性だった人が、次の人生で女性に生まれた場合、（あるいはその逆も同じです）感情や好みが前世から次の人生に引き継がれたのかもしれません。

　生まれ変わりを信じない人にとっては、子供の死は理解しがたいものです。わずか数年しか生きられないとしたら、その子どもの人生の目的はいったいなんでしょうか。生まれ変わりを信じる人にしてみれば、子供がその人生に課せられたことをすべて学んだため、次の段階に進んだということは明白です。これを学校の学年に例えると、わかりやすいでしょう。学校に入るとまず、初級の学年で基礎を学びます。これを習得したら卒業し、短い休暇をとります。そして上級学年に戻り、より多くのことを学び、経験します。それが人生でもおこなわれるのです。それぞれの一生で、学び、経験する量が決められています。それを為し終えると、卒業します（たとえば、死んでしまいます）。より上級に戻るため、新たな肉体に生まれ変わるのです。ときどき、前世の記憶、あるいはその一部がよぎりますが、ふつうはまったく憶えていません（もちろん、催眠退行などによって前世に戻り、その記憶を引き出すことも可能です）。おそらくもっともありふれた神秘的体験のひとつは、デジャヴュ体験——初めてなのに、すでにどこかで

経験したような感覚——でしょう。これはかなりの頻度で生まれ変わりに起因します（デジャヴュのすべてが生まれ変わりのみで説明がつくというわけではけっしてありませんが）。前世で体験した何かの記憶が一瞬ひらめく感覚です。

　現世に戻るときはどのような姿をとるのでしょうか。たとえばヒンドゥー教徒のように、毎回人間の姿で生まれ変わるとはかぎらないと考える人もいます。あるヒンドゥー教の宗派は、霊魂は植物あるいは動物に生まれ変わるかもしれないと教えています。しかし、このような信仰はふつう、西洋文明においては受け入れられません。最下等の生物から、人間を頂点とする高等生物まで階段を上るのだという人もいます。しかしそれでは誰が順位をつけるのでしょうか。犬は猫より高等なのでしょうか、あるいは猫のほうが犬より高等なのでしょうか。ムカデはハサミムシより高等なのか、下等なのか。つまり、すべての魂が最終的に階段を上がって卒業したとき、来世から植物も動物も虫もいなくなるということでしょうか。それはありえないでしょう。ウイッチクラフトでは、あらゆるものに魂が宿ると考えています。たとえばサクソン派では、犬は何度も生まれ変わりますが、いつも犬の姿です。猫はいつも猫に、人間はいつも人間に転生します。すべてのものは、ここに存在する理由があります……いわゆる「自然の平衡」です。同じ人間であっても、男性と女性のどちらになるかという点では、たしかに選択しているようです。それは経験を積み、その違いを十分に理解するためでしょう。

　生まれ変わりを信じない人からよく出される反論のひとつが、「生まれ変わりが真実なら、世界人口が増えつづけている事実をどう解釈するのか」ということです。確かに、世界人口は増えています。魂の数も同様です。ただし、同時に進化を始めたすべての魂は、追加されることはぜったいにありません。つまり新しい魂がつねに送り出されているのです。だからこの世には、いわゆる「ニュー・ソウル」——初めて人間の姿で現れた魂——と、「オールド・ソウル」——何度も生まれ変わりを経験した魂が存在します。いつか神が、魂を十分に送り出したと判断したとき、人口は安定化し、オールド・ソウルが最後の一生を終え、やがて人口が減少し始める可能性もあるでしょう。

　さらにここで考えなければならない問題がもう１つあります……そもそもこれらの魂はどこからやって来て、最後の一生を終えた後、どこへ向かうのでしょうか。もちろん、１つの可能性として、私たちがこの地球だけでなく、別の天体やさらにほかの宇宙での一生を経験することがあげられます。それは誰にもわかり

レッスン2 信仰

ません。わたしたちはここで十数回、あるいはもっと経験したサイクルを、他の
天体でも経験するのでしょう。どうみても考えるべきことが多く、新説に優位な
証拠やそれを広める余地は（たとえあったとしても）少ないといえます。

応報

　生まれ変わりはさらに、カルマ思想に結びつきます。カルマは、一般的に、生
まれ変わりで経験するすべての人生におよぶ、因果応報の理と考えられています。
ある人生で悪事をはたらいたら、次の人生でその報いを受けるということです。
しかし、つねに語られるのは「カルマの罪」や「カルマの罰」で、「カルマの善
い報い」についてはめったに語られることはないようです。ウイッチクラフトの
見解は、より道理にかなっているように思われます。
　まず何よりも、ウイッカは、それぞれの一生のうちに応報があると考えます。
つまり、その一生で為したことに対し、死後に報いや罰がある（旧来のキリスト
教の見解）というよりはむしろ、現世において応報があるということです。ウイッ
チは、ひとりひとりが今生でどう生きるかによって、よい報いも罰も受けると信
じているのです。善い行いをすれば、善いことが返ってきます。しかし悪事をは
たらくと、災いがふりかかります。それどころか、3倍の応報があると考えます。
よいことをすれば、よいことが3倍になって返ってくる、悪事をはたらけば、3
倍の災いがふりかかるというわけです。これでは、誰かに危害を加えようという
気はまったく起こらないでしょう。もちろん、文字どおり3倍返しということで
はありません。もしあなたが誰かの目を殴ったとして、あなた自身の目がその3
倍殴られるということではありません。それは違います。しかしそのうちいつか、
あなたは「たまたま」脚を折るかもしれません……目を殴られるより3倍は不幸
と思われる災いに見舞われるかもしれないのです。
　ウイッチクラフトは、ひとつの人生で経験することは次の人生で経験すること
と切り離すことができないと考えます。たとえば、今生で身体的虐待を受けた人
がいるとして、必ずしもその人が前世で虐待者であったということではないので
す。確かに、そうであった可能性もあります。しかし、そうでなかった可能性も
同じくらいあります。とはいえ、次の人生では、そうなるかもしれません。つま
り、それがあらゆることを経験するということなのです ―― 虐待をする人、受

ける人双方になることですが、一方が他方についてまわるわけではありません。1つの経験と明確な相関関係のある経験のあいだに、いくつかの人生がめぐることもありえます。

　ある人生において経験することはひととおり決まっているという理由で、「すべてはあらかじめ定められている。あとは便乗するだけだ」と、ふんぞり返っていればよいということではないのです。男神と女神は、あなたがすべての個別経験を確実に積めるようにしてくれます。それでもあなたの務めは進歩すること、つまり、みずからの人生は、みずからつくるものだということを肝に銘じ、懸命に努力することです。やりたいことは何でも成し遂げられるのです。とはいえ、いつでも、ウイッカの掟「何者も害さない限り、汝の欲することをせよ」を憶えておきましょう。

　いつでも、可能なときは、自分より不幸な人を助けましょう。「助ける」ことは、「干渉する」ことではありません。思いやりを示し、たんに助言を与えることも、助けることになります。ときには、直接援助することを断ることさえ、相手を助けることになるのです。というのも、後者の場合、助けようとする人々にさらに努力を促すために、彼ら自身に考えさせることが、もっとも大きな援助であり、彼らのためになることも時としてあるからです。

次に生まれ変わるまでの時間

　ある一生が終わり、次に生まれ変わるまでの時間は、その人が学んだ教訓と、前世で得た教訓を統合した結果によって異なります。また、次の「学期」のための準備も必要です。次に生まれ変わるまでのあいだ、地上の魂を助けることに関わることもあるでしょう。今生とまったく同様に、こうした「幕間」の時間でも、魂は成長を遂げ、進化するのです。守護天使や守護霊といった言葉を聞いて、そうした存在がほんとうにいるのかどうか知りたいと思った人もいるでしょう。ある意味では、彼らは存在します。スピリットというものは、いつも地上の発展途上の魂を見守っているということです。この「幕間」には時間というものが存在しないので（時間とは、人間が便宜的につくった概念です）、地上の魂の一生を通じて見守ることは、じっさい、見守る側の進歩を妨げることにはならないのです。それは事実上「教育実習生」としての経験を積む意味もあるのです。

ウイッチはいつも、今生での知り合いや愛した人々といっしょに生まれ変わり、次の一生を送りたいと願っています。超自然体験などから判断して、これはよくあることのようです。夫婦は数多くの人生をともに過ごします。ただし、2人の関係や役割は変わります（たとえば恋人、夫婦、兄弟姉妹、母娘）。

祈りの場（神殿）

多くのウイッチは屋外で集い、活動します —— おそらく草原の隅や森の空き地で —— すべての人がいつも同じようにできるわけではありません。都市部に住む人が多く、直接大地に触れることができないのです。だからといって、その人たちが活動できないというわけではありません。祈りを捧げる場所（神殿）は、屋外でも、屋内でもよいのです。それでは屋内でそれを実現する可能性を探ってみましょう。

儀式をおこない、魔術をおこなうのに必要な場所は、建物全体でも、1つの部屋でも、あるいは部屋のほんの一角でもかまいません。その形や大きさがどうであれ、それがあなたの祈りの場所です。儀式の部屋はおそらく、地下室や屋根裏部屋につくるのが理想でしょう。もしこのような部屋を祈りの場に変えることができ、しかも専用にできるとしたら、ほんとうに幸運です。まずはそのような可能性を探り、その後、通常の居住空間のごく一部のみ使えるという人に応えていくつもりです。

まず、コンパスを用意し部屋を調整します。東西南北を確認してください。祭壇は部屋の中心に据えます。祭壇の前に立ったとき、自分が東向きになるほうがよいといえます。祭壇上にはいつも、儀式用キャンドルと神々の像を置きますが、儀式によって、さらに追加されることになります。祭壇の周りには魔法円を描きます。この正確な寸法と構造は、後のレッスンで紹介します。

儀式の前後に魔法円を出入りするときは、東から行います。だから、部屋が正方形というより長方形に近い場合は、東側に余分なスペースを残したほうがよいかもしれません（たとえば図2.2参照）。クラフトの必需品を保管するためのクロゼットも、そのスペースに置くことになるでしょう。ひとり暮らしの人、あるいは家族全員と信仰を分かち合っている人でなければ、鍵付のクロゼットが必要になります。キャンドルやインセンス、炭、ワイン、それからもっとも大切な魔

術のツールと本を保管しましょう。もちろん、部屋のドアに施錠できれば、祭壇を永久にセットしたままにしておけるし、ツールをオープンな棚に置いておくことができます。じっさい、そのほうが望ましいのです。

祈りの部屋の飾りつけは個人の好みの問題です。壁をすべて中間色にしてもいいし、目のさめるようなリアルな壁画を描いてもいいのです。大昔の洞窟画を復元した、先史時代の洞窟のような部屋や、天井に星々が描かれ、あたり一面木々が茂った森に囲まれたような部屋もあります。それ以外に（ふつう正確に南北、東西に合わせて配置されます）、北の壁は緑、東は黄、南は赤、西は青というように、魔術を象徴する色を配した部屋もあります。*

神殿の浄化は、新月の夜に行わなければなりません。

鉢（ソーサーでもよい）に水を満たし、ひざまずいてそれを自分の正面の床に置きます。右手の人差し指（左利きの人は左手）を水に浸します。上方から白く輝く光が差し込み、頭の天辺から流れ込む様子をイメージしてください。光が体全体で沸き立ち、その後腕に流れていくのを感じましょう。光のエネルギーをすべて腕に送り出すことに集中してください。腕から指へ、さらに水へと送りだしていきます。そのさい、目を閉じたほうがよいかもしれません。すべてのパワーをうまく水に送り込んだと感じたら、指を水に浸したまま、次のように唱えましょう。

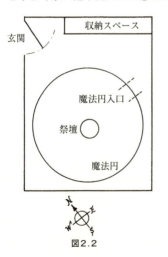

図2.2

ここに私はパワーを送る
男神と女神を仲立ちとして
この水のうちに
それは汚れなく清い
男神と女神に捧げる
わが愛のごとく

今度は、ティースプーン1杯分の海塩を水に入れます。時計回りに9回、指で水をかき混ぜます。そして次のように三度、唱えます。

---

* 宗派によって、四方の配色が異なることもあるが、これが一般的である。

レッスン2　信仰

塩は生命。これぞ生命、
神聖かつ新生で、諍いを寄せ付けぬもの。

　塩水の入った皿を持ち、それをまいてください（水をまくときは指を使います）。
祈りの部屋のすべての角にそれぞれまきます。もし部屋にくぼんだ部分（アルコー
ブ）やクロゼットがあって不規則な形なら、すべてのアルコーブとクロゼットの
すべての角にもまいてください。塩水をまくときに、下記の詩文のどちらか（あ
るいは、詩文に従って、自分自身で創作してもよい）を唱えましょう。

　　道を歩くといつも私は
　　神々の存在を感じる
　　どんなことをしていても
　　神々が一緒にいてくれる
　　神々は私の内にとどまり
　　私は神々の内に在る
　　永遠に
　　邪悪なものはいっさい受け入れられない
　　私の内と周りに住まう方は清浄であるから
　　私は善行に励み
　　善のために生きるのだから
　　万物を愛する
　　それでよいのだ、永遠に

（シークス派ウイッカの詩歌）

　あるいは、

　　雨がしとしと　草原に降りそそぐ
　　それは心を落ち着かせ、風を静め
　　私が求める孤独を与えてくれる。
　　雨がぱらぱらと降り落ちる　それは実におだやかで

葉を倒すことはない、
けれども　その雨水は　悲しみをすべて洗い流してくれる。
そのあと　平穏が訪れる、
そして至るところに　静寂と平和、愛が
あらたに、すがすがしく、
天の雲から降りてくる。
すべて邪悪なものはここから押し流される
そしてすべてが一新され　鮮明になる
敵対するものを二度と
この部屋に入れてはならない。
いたるところ、なんとも心地よく、静かで、確かな愛に満ちていると感じた
とき
私の儀式を執り行おう
平和と静けさがつづくあいだに。

　次に、インセンスに火を点けましょう。スティック状のインセンスか、コーン
型のインセンスでもよいのですが、儀式や魔法を使うときは、つり香炉に炭を入
れ、パウダー状のインセンスを燃やすほうがよいことがわかるでしょう（これに
ついては後でさらに詳しく述べます）。今度は、角という角で、つり香炉を揺ら
しながら、ふたたび部屋を歩いて回ります。このさい、水をまいたときに唱えた
詩文をもう一度唱えます。

　ところで、祈りの場としてまるごと一部屋を使えない場合はどうしたらよいの
でしょうか。だいじょうぶ。どんな部屋でも ―― 居間、寝室、台所など ―― そ
の一角を自分の祈りの場にすることができます。まずは、理想の条件を見ていき
ましょう。
　少なくとも5フィート（約152センチ）四方のスペースが必要です。カーテンを
取り付け、ほかのスペースと仕切ろうと考える人もいますが、これは必ずしも必
要ではありません。この部分の壁を好みに合わせて塗り替えてもかまいません。
このスペースは東側にとるほうが望ましいといえます。儀式用のツールや備品は、
都合のよい場所にしまって置きます。とはいえ、この祈りの場では、祭壇はその

ままにしておきましょう。未使用時に壁側にたたみ上げておきたければ、そうしてもかまいません。祭壇上にはいつも祭壇用のキャンドル（通常は白ですが、レッスンが進むにつれ、他の色や使用時間について学ぶことになります）、さらに、神々の像を置きます。これは小像か絵画のどちらでもよいのですが、後段で外形についてはっきり示すつもりです。このスペースは、新月の神殿の項で詳述したように、清潔にし、水で清め、香を薫いてください。

　最後に考えなければならないのは、おそらく、ごく小さなアパートに住む人、あるいは、ウイッチクラフトに必ずしも共感しないルームメイトと同居している人でしょう。これも、じっさいは何の問題もありません。重要なのは、ウイッカのツールをどこかにしまっておくことです。祭壇を常設し、その上にキャンドルと神々の像を置いたままにしておけるなら、部屋のどこでも都合のよい場所に置いてよいのです。やはり東側に置くほうが望ましいです。できればルームメイトには、祭壇をコーヒーテーブルやガラクタ置き場として使われないようにしてください。専用の祭壇を置くことができない場合——とくに儀式用にセッティングしたもの——コーヒーテーブルやそれに類する家具を使ってもよいのです。その場合、神々の像をどこでも都合のよいところ——テーブル、棚、サイドボードに置いてください。神々はルームメイトからも敬意を払われるべきです。あなたが十字架、聖母マリア像、あるいはなんであれ、ほかの人が信仰するものを敬うのと同じように。儀式を行うとき（おそらく１人で）やるべきことは、どこでも利用できるスペースをすっかり片付け、魔法円や祭壇などを準備するだけです。その後、ふたたびすべてのものを片付けることになります。

　正式のカヴンで、ワンルームマンション（アパート）で定期的な会合をおこなっているグループもたくさんあります。小さな軽い家具を動かせば、魔法円を描き、儀式をおこなうことができます。だから、祈りの場をもつことを妨げるものは何もないのです。最後に一言。前述したように、ウイッチやカヴンのなかには屋外で儀式をおこなう者もいます。大多数がこちらのほうを好むのも事実です。とはいえ、（１）場所の不足、あるいは、（２）悪天候のために、いつもそれが可能とはかぎりませんが。幸運にも、森の小さな空き地、あるいは１人になれる地面を見つけたら、ためらわずに、それを利用しましょう。上記のような儀式前の浄化は不要です。レッスン４「魔法円」で示されるとおりに始めましょう。

祭壇と祭壇用の素材

　ほとんどのものは何でも祭壇として利用することができます。魔法円を外に描くつもりなら、大きな岩や木の切り株が理想です。室内でおこなうなら、小さなコーヒーテーブルや木の箱、あるいはレンガの上に渡した板だって利用できます。

　鋼を含んでいない祭壇をしつらえるほうが望ましいので、既成のテーブルは実は最適とはいえません（接着されたり、木釘で留められたものを除いて）。祭壇用に金属製のテーブルを使うとしたら、真鍮は許容できます。その理由は、伝導性と関係があります。ウイッチのナイフや剣（必要なら杖も）は、エネルギーを蓄え、送り出すためのツールにすぎません。そういうわけでそれらは、伝導性のある金属——鉄あるいは鋼なのです。それ以外のすべてのアイテムは、伝導性のない銀、金、真鍮、石、木で作られているほうがよいのです。

　とはいえ、祭壇をつくるなら、少し耽美主義を取り入れ、本式にしつらえてみてはいかがでしょうか。魔法円のなかで活動するのですから、円形の祭壇にしたらどうでしょうか。魔法円のなかに長方形の祭壇があるのは、どことなく不釣合いに思えます。これが木の切り株が非常に理想的だという理由のひとつです。じっさい、木の幹の一部を切り出し、脚をつけると、美しい祭壇ができます。この脚は接着剤でつけます。私がかつて見たその祭壇は、職人によって作られ、両方の条件を満たした本当に見事な出来栄えでした。祭壇の脚には男神と女神の像が彫られていたのです。

　「祭壇」を構成するものは、キャンドルが１つ、または複数。香炉（「つり香炉」あるいは「提げ香炉」といわれています）。鉢が２つ、１つは塩を入れるため、もう１つは水をいれます。献酒用の器。ゴブレット（１つ、あるいは複数）。神々の像。もちろん、このとおりでなくてはならないというわけではありません。必要に応じて自由に加えたり、省いたりしてよいのです。（言うまでもなく、宗派によって一定のアイテムが必要となります。たとえばガードナー派は、コードと鞭を使用します）。

　大多数のウイッチが「やるべきことをする」のは夕方で（もちろん、強制ではありません）、魔法円の周囲と祭壇上をキャンドルで照らします。祭壇上のキャンドルは儀式用の本を読むさいにも役立ちます。キャンドルを１本にするか２本

レッスン2 信仰

にするかは、その人しだいです。

　香炉はほぼ必需品といえます。インセンスは何千年ものあいだ、宗教的儀式で使われてきました。古説ではインセンスの煙が、神々に祈りを届けてくれるとされました。確かに、儀式のさいインセンスによって醸し出される独特の雰囲気は計り知れません。魔法円の周辺で香炉を動かさなくてはならないことがしばしばあるので（たとえば浄化のため、あるいは、儀式の神聖な場面で魔法円そのものを「芳香で満たす」ため）、コーンやスティックのインセンスをたんなる皿に入れて使用するのは望ましくありません。ぶらさげ式の（揺り動かせる）香炉を用意するほうがずっと望ましいといえます。これらは購入することもできるし、作ることもできます。特別な炭のブリケットを香炉に入れ、火をつけます。そして炭にパウダー状のインセンスをふりかけます。このほうがコーンやスティックのインセンスを燃やすより経済的だし、ブリケットは2時間かそこらは持ちます。ブリケットとパウダー状のインセンスはどちらもほとんどのチャーチサプライストアで購入できます。もちろん、コーンやスティックを使いたいのであれば、そ

祭壇の図解

69

模範的祭壇

れでもかまいません。好みのインセンスを使いましょう。ただし鼻につくような香りや不快なものは避けてください。特定の儀式に特別なインセンスを使いたいと思う人もいるかもしれません。それはかまわないのですが、どのインセンスを使ってもとくに違いはないのです。個人的には、質のよい白檀（サンダルウッド）あるいは乳香（フランキンセンス）あるいは、キリスト教会の高級な「主祭壇」用とミックスしたものの1つを使っています。ところで、ほかになにももっていない人は、ソーサーのような器なら何でも、インセンスを燃やしてよいのです。炭のブリケットを使うとき器が割れる心配があるなら、砂を敷きさえすれば、熱を吸収してくれます。

ほとんどのウイッチの祭壇には、塩と水を入れる鉢があります。塩水は生命を表し（塩そのものはザーメンを象徴します。詳しくは、アーネスト・ジョーンズの"The Symbolic Significance of Salt"というタイトルの面白いエッセイを参照のこと）、洗礼の水、あるいは「聖水」は、塩水にすぎません。使用する鉢はどんなものでもかまいません。貝殻を容器として使う人もいます。

儀式のあいだはふつう、ワインを飲みます（アルコールが飲めなければ、フルー

祭壇をつくるためのメートル法換算表		
¼" — 6.35 mm	3 ¾"— 95.25 mm	11" — 279.40 mm
¾" — 19.05 mm	5 ½"—139.70 mm	13" — 330.20 mm
1 ½" — 38.10 mm	5 ¾"—146.05 mm	15 ¼"— 387.35 mm
1 ¾" — 44.45 mm	8" — 203.20 mm	20 ½"— 520.70 mm
1 ⅞" — 47.63 mm	9 ⅝"— 244.40 mm	22" — 558.80 mm
2 ½" — 63.50 mm	9 ¾"— 247.65 mm	（インチーミリメートル）
2 ⅝" — 66.68 mm	10" — 254.00 mm	

レッスン2 信仰

祭壇の作り方

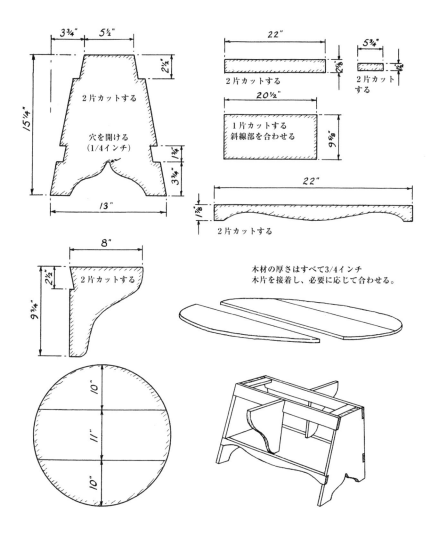

ツジュース)。神々に敬意を表し、いつでも、まっさきに献酒を注ぎます。屋外でおこなうときは、大地に注ぎさえすればよいのです。しかし、屋内の場合、献酒用の鉢に注ぐのがふつうです。

　儀式が終わった後、鉢を外に持ち出し、ワインを大地に注いでもよいでしょう。塩と水を入れる鉢同様、献酒用の鉢はどんなタイプを選んでもかまいません。

　プリーストとプリースティスのゴブレットは、祭壇上に置きます。儀式に参加するメンバーのグラスはそれぞれの足元に置きます。ほかのアイテム同様、グラスも自分の好きなものを選びましょう。ガラス製でもよいし、装飾的な角杯でもよいのです。後者は、牛の角から作られ、独立した、あるいは付属の台がついています。台は銀、銅の針金、あるいは木でできています（ハンドクラフトの店で入手可能）。ウイッチのなかにはゴブレットを「聖杯」と称するものもいます。しかし私としては、この言葉はキリスト教の聖餐式の杯のように思われ、できるだけ使わないようにしています。祭壇上に神々の像を置きたがらないウイッチもいます。しかし、大半は置いています。現物の像を探すこともできますが、よいものはなかなか見つかりません（ボッティチェリのビーナスの誕生 —— 不敬にも「ハーフシェルのビーナス」といわれていますが —— のコピーは、理想の女

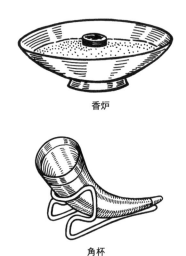

香炉

角杯

女神の肖像

神像です)。多くのウイッチは、自分が描く神のイメージにぴったりの小像を、何年もかけて探します。アンティークショップやフリーマーケット、不用品即売会はそれを探すのにうってつけです。ウイッカのなかには、女神には貝殻、男神には枝角といったシンボルを用いるものもいます。私はキャンドルにシンボルが使われているのを見たことがあります。さまざまなチェスの駒、岩、植物などがありました。ひとつできそうなことは、肖像です。以前美しい女神の肖像をみたことがあります。それは木のピースをデクパージュで装飾し、彩色した肖像画でした。もちろん才能がある人は、彫刻や絵画など、自分なりの神像を創作しない手はないでしょう。

女神像

魔術 — 概論

　魔術については後で詳しく、レッスン11で扱います。そこでは実に多くのさまざまな魔術の方法やその作用について学ぶことになります。ここではしかし、魔術の基本、基礎をいくつか見ていきましょう。

　その第一は、タイミング、もっともよい時機を選ぶことです。月はウイッチクラフトとしばしば結び付けられますが、その理由はご存じないかもしれません。ひとつは、月相がじっさい魔術の作用に大きな影響を与えるからです。主要な月相は2つあります。新月から上弦、そして満月までの期間は「満ちていく月」とされます。満月から下弦、そして新月までの期間は「欠けていく月」とされます。月が大きくなっていくとき、月は満ちています。除々に小さくなるとき、月は欠けていきます。

　魔術の基本の第一は、有益な魔術（成長につながる）は、月が満ちていく期間

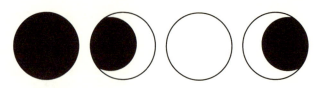

月相
新月、満ちていく月、満月、欠けていく月

におこなわれ、破壊の魔術は月が欠けていく期間におこなわれることです。有益な魔術には、愛、成功、保護、健康、多産などが含まれます。破壊的な魔術には、まじないをかけること、引き離すこと、取り除くこと、根絶することなどが含まれます。ちょうどこの時機におこなうことは、ある程度、共感魔術の要素もあります。たとえば、月が満ちるにつれ、マジックの好機も大きくなります。もしくは、月がだんだん欠けていくと、同様にその人が克服しようとしている悪癖も影を潜め、取り除こうとしている疣(いぼ)も小さくなるといったことが起こります。

　基本の第二は、感情です。何にせよ、自分が努力していることは、実現させたいと思うはずです。それをとことん手に入れたいと願うでしょう。莫大なパワーをすべてその願望に注ぎ、実現に向けて行動するはずです。だから、自分自身のために魔術をおこなうほうが、ほかの誰かのためにおこなうよりもずっと効果があるといえます。直接利害関係がある人以上に、ほかのだれかの感情が強く動かされることはまずありません。この強力な「感情」こそ、じっさい、魔術で使われる「パワー」を高めるのです。パワーを引き出す助けとなるもの、後押しする増幅器（アンプ）の役割を果たすものは数多くあります。1つはチャント（詠唱）で、もう1つはライム（詩歌）です。まじないの文句を、一定のリズムで調子よく歌うことで、感情をさらに高めてくれます。それによってパワーも大きくなります。同様に、ダンスもパワーを高めます。さらにセックスを含む数々の表現方法も同じ効果がありますが、個々についてはレッスン11で詳しく論じます。

　ここでもう1つ言っておきたいことがあります。魔術をおこなうときは、体を清潔にすることが必要です。これは、目に見えるところだけでなく、精神的にも清めるということです。スプーン1杯の海塩を入れた水で、沐浴します（海塩はほとんどのスーパーで買えます。ない場合は健康食品の店にあります）。また、体内の毒素を取り除き、体の内部を整えてください。魔術をおこなう前に、24時

レッスン2 信仰

間断食をします。アルコール、ニコチン、そして性行為も禁止です。

　魔術をおこなうときはいつでも、ウイッカの掟を念頭においてください。あなたは誰かに危害を加えようとしていませんか。もしその答えが「イエス」なら、それはやめましょう。続きは後ほど。

［レッスン２］　練習問題

1．このレッスンでは信仰を扱っています。現在あなたが生まれ変わりを信じて
いるかどうかじっくりと考えてください。前世の記憶がありますか？

2．儀式用のテーブルを作図あるいは描いてください。何をどのように置くか、
配置を示してください。

3．あなたにとって理想的な神殿の設計図を描いてください。自分の好みをもっ
とも表している場所を示してください（屋外、屋内とも）。じっさい、どの
ようなアイテムを取り入れたいですか？　自分の神殿がどのようなものに
なるか、じっさいのレイアウトを作りましょう。

4．月が満ちていくサイクルに試したい、あなたのニーズにあった魔術の例を挙
げてください。

5．月が欠けていくサイクルで試したい魔術の例を挙げてください。

［レッスン2］　理解度テスト

1．レッスンに登場した2つの女神の神話を調べ、彼女たちの象徴的意義を考えましょう。フレイアが出てくるサクソンの神話で、ブロシンガーメンの輪飾りは何を象徴していますか。

2．魔術における3つの本質的要素とは？

3．キリスト教徒はこれまで生まれ変わりを信じていたことがあったでしょうか。

4．ウイッチクラフトの信仰によれば、誰かにけがをさせたとき、（a）死後に罰せられるまで猶予されますか。（b）来世で同様のけがを負うことになりますか。

5．あなたがウイッチクラフトに入っていないルームメイトとアパートに同居しているとします。個人の寝室はありますが、台所と居間は共用です。あなたは自分の神殿を持つことができますか。もしそうなら、最適な場所はどこでしょうか。

6．儀式のさい魔法円に入るには、どの方角から入りますか。

7．北、南、東、西、……青、緑、赤、黄色。どの方角とどの色が調和しますか。

8. 以下にあげるもののうち、祭壇に使えるのはどれですか。

　（a）金属製の折りたたみ式小型テーブル

　（b）木製の荷造り用枠箱

　（c）2つのコンクリートブロックとベニヤ（合板）

　（d）木の切り株

9.「ウイッカの掟」とは？

10. ガラスの灰皿は香炉として使えますか。

◎推薦図書

"The Lost Gods of England"

　（ブライアン・ブランストン著、1章、2章、3章、5章、6章、8章、9章）

◎補助読本

"Witchcraft Today "（ジェラルド・ガードナー著）

Lesson3 - レッスン3

ツール、衣装、名前
Tools, Clothing, and Names

ツール

　ウイッカのツールは宗派によって異なります。たとえばガードナー派は、アサメイ（ナイフ）、剣、杖、むち、コード、白い柄のナイフ、そしてペンタクル（五芒星形）を含む8つのツールを使用します。サクソン派（シークス派）は、それほど多くなく、シークス（ナイフ）、剣、そして槍を使用します。新たに宗派をつくる場合は、どれを使用し、どれを使用しないか、自分自身で決めることができます。すべてのツールは、つくられた後、使用する前に儀式において清め、浄化し、ネガティブな影響を取り除きます。これでツールは、使用者にふさわしいエネルギーがチャージされ、神聖なものとなります。これについては、次のレッスンで詳しく説明します。それぞれのツールを作り終えたら、みずからを浄化し、準備ができるまで、ひとまず清潔な白いリネンで包んでしっかりと保管しておきましょう。

ナイフ

　すべてのウイッチは個人用のナイフをもっています。多くの宗派では、アサメイ（athame）と呼ばれています。スコットランド派ではヤグダーク（yagdirk）、サクソン派ではシークス（seax）です。通常は、鋼鉄製で両刃のナイフを使用します。フロスト派は例外で、真鍮製の片刃のナイフを使用します。G・ストーム博士が様々なアングロサクソン人の古い写本を注釈付で訳した"Anglo-Saxon

Magic"（ゴードンプレス刊、N.Y.、1974年）を引用しましょう。

> 「鉄がその威力を確実に発揮するのは次のような事実による。1つは、もの
> をつくる素材として、木や石より便利で希少であること、2つめは、石質隕
> 石に含まれていることで、初めて発見されたという神秘的な点による。鉱石
> から鉄を取り出し、加工するには、専門家と熟練工が必要だった。じっさい、
> 人々にとって鍛冶屋が魔法使いに見えたことは想像に難くない……そのなか
> で、鍛冶の名人としてウェーランドが登場する。金属加工技術という驚異を
> 象徴するこの驚くべき（サクソンの）鍛冶屋……この人物像が英雄伝説の
> テーマとなった」

　だからナイフの素材としては、鉄、あるいは鋼がもっともふさわしいといえま
す。

　ナイフは自分にぴったりのサイズにするべきです。なんであれ、しっくりと手
になじむものにしましょう。これは自分専用のツール ―― 魔法のツール ―― で
あり、非常に特別なものです。だから、ただ店に行って既製のナイフを買うとい
うのは、けっして好ましくありません（これについては後ほど詳述します）。

　断然ベストな方法は、最初から自分で手作りすることです。もちろん、すべて
の人ができることではありませんが、手作りしたい人のために、まずはその作り
方を紹介しましょう。

　もしちょうどよい大きさのスチール片が入手できなかったら、古いやすり、あ
るいは彫刻刀を使って実践してみましょう。どんな鋼であれ、しだいに固くなっ
ていきます。だから最初にやるべきことは、使い物になるように柔らかくするこ
とです。鋼が赤茶色になるまで、焼きを入れてください。ほかに方法がなければ、
ガスバーナーか電気ストーブにかざしてみましょう。完全に熱をコントロールで
きるなら、数時間その場を離れてもかまいません。でも、いつかは温度が上がっ
て鋼は赤茶色になります。ひとたびその色になったら、熱を止め、自然に冷まし
ます。それだけのことです。これでナイフは柔軟性を増し、扱いやすくなるはず
です。

　自分が好きなように鉛筆で金属に線を引きます（図3.1参照）。電動のこぎり
（持っていれば）あるいは、ふつうの胴付きのこ（バックソー）で輪郭を切り出

レッスン3　ツール、衣装、名前

し、ざらざらしたところを削り取ります。その後、切れ味がよくなるよう刃を研ぎます。どんなところも、やすりがあれば作業できますが、そのさい砥石車(といしぐるま)があれば役立つでしょう。刃は両刃にするので、刃の横断面は、ダイヤモンド形になるようにします（図3.2参照）。2番のウェットタイプの紙やすりとドライタイプの紙やすりで磨いてください。

　次に、刃を硬くするために、焼き戻します。今度は刃が赤く焼けるまで、ふたたび熱します。それをペンチでつかみ、ボウルに入れたぬるま湯（冷水ではない、さもないと刃がひび割れる）あるいは油に沈めます。そのまま冷まし、濡れた紙と乾いた紙でふき取ります。

　次に、それを焼き戻すために、ふたたび刃が赤茶色になるまで熱します。刃先を下にし、ふたたびぬるま湯か油にそれを沈め、液体のなかで上下に動かします。

　濡れた紙と乾いた紙でふき取り、ふたたび焼きを入れます。今度は刃先の色の変化に注目してください。鮮やかな、明るい麦わら色になり、その後白っぽい麦わら色になります。直ちに刃先をぬるま湯に入れて冷まします（麦わら色に変化するのを見過ごさないように。加熱しつづけると青、そして紫、さらに緑色に変化します）。最初に色が変わる瞬間を見逃さないように。最初の兆候、あるいは刃先が「青み」がかってきたらすぐに、刃をぬるま湯に沈めましょう。注意してほしいのは、色が急激に変化することです。刃先は火からもっとも離れるようにしてください。

　刃先がさめたら、外へ持ち出し、土のなかに数回差し込みます。これで刃は

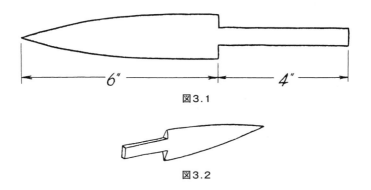

図3.1

図3.2

81

気　を通過し、
火　で熱せられ
水　に浸され
地　と出会いました。

　柄を作るには、木片を2つ用意します。それぞれの木片に、中子（刃の柄に入る部分）の輪郭を描きます（図3.3、3.4参照）。次いで木片の印をつけた部分を、中子の半分の厚さまで彫ります。そうすれば、木片のあいだに中子を差し込んだとき、2つのピースがぴったり合わさるはずです。それを確認したら、少し木の内側のでこぼこを均し、良質のエポキシ樹脂接着剤を木片一面に広げます。中子を差込み、2つの木片を合わせて、クランプで締めます。そのさい、接着剤が十分に広がるように、ゆっくりと圧力をかけましょう。少なくとも3日間はクランプしてください。
　クランプからはずしたら、木に自分の好きな柄の輪郭を描き、その形に切り出すか彫り出します。
　宗派によって、柄に特定のサインを彫る必要がある場合もあります。自分の派がそうでなくても、何か装飾を施したいと思う人もいるでしょう。私は少なくとも、クラフトネーム（これについては後述します）、あるいはモノグラム（組字）

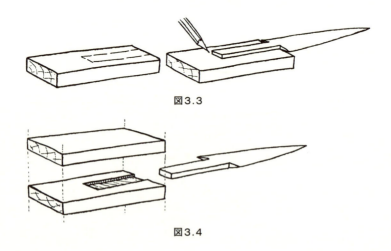

図3.3

図3.4

レッスン3　ツール、衣装、名前

を彫ることをおすすめします。刃にエッチングしたい人もいるかもしれませんが、これはそれほど難しくはありません。

刃に印を刻む

蜜蝋を溶かし、刃に塗りつけます。望みの銘刻になるよう、先の尖った道具でワックスに刻み付けます（尖った釘でも十分です）。ワックスを通して刃が見えているか確かめましょう。それからその部分に硝酸、ヨードあるいは、同様のエッチング用溶剤を掛けます。数分置いたのち、水を掛け流します。印を刻み付けた部分を酸が侵食——エッチング——します。でもワックスが刃の残りの部分を保護してくれます。酸を洗い流した後、ワックスを剥がすと、エッチングを施したナイフの完成です。最初に刃と同じ種類のくず金属で練習し、酸を洗い流す前にどの程度の時間が必要か、正確な時間を知っておいたほうが確実です。

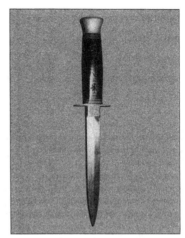

アサメイ

「エッチングペン」を購入してもよいでしょう。これはボールペンのように見えますが、マークを付けるための酸を内蔵しています。鋼、真鍮、アルミニウム、銅に使用でき、詰め替え用カートリッジもあります。ファウラー社製のこうしたペンが、ホームセンターなどで入手できます。

エッチングに代わる方法として、刃に彫り込むこともできます。これはエッチングほどしっかりと銘を入れることはできませんが、有効な方法です。ペンや鉛筆で書くように彫り込むのですが、代わりに専用のツールを利用してもよいでしょう。ツールはホームセンターで購入するか、あるいは前述のとおり、釘の先端を砥石で尖らせて彫ってみましょう。このとき注意すべき点は、ツールがすべって、刃の別の場所に傷をつけてしまうことです（刻印をするのに、ツールを強く押さえつけなければなりません。だからコントロールするのはそれほど簡単ではないのです）。これを防ぐ方法としては、透明なテープを刃に貼り、それにまずペンでガイドラインを引きます。その後彫り込み用のツールでなぞるだけです。

エッチングを施したナイフ

——テープは邪魔にもならず、ツールの滑り止めになります。

「ドレメル」(米国製のホビー用小型電動工具)のような電動の彫り込み用ツールは、非常に使い勝手がよいでしょう。

どうしてもナイフを作れないという人も大勢います。心配は要りません。すでにあるナイフを使うこともできます。ここで肝心なことは、ナイフに何か自分の手を加えることです。そこで、狩猟ナイフのような両刃のナイフを買い(あるいは片刃のナイフを買い、研ぐかやすりで削り、もうひとつの刃をつくってもよい)、柄を外します。柄の取り付け方法はさまざまです。直接ねじで取り付けられているのもあれば、先端の柄頭で留められているものもあります。また、リベットで留められているものさえあります。それでもこの作業は避けて通れません。とにかく柄を外してください。そして、自分自身がつくった柄と作りつけの柄を取り替えるのです。そのさい、すでに示した柄の作り方に従ってもよいし、あるいは、外した柄をまねて作ってもよいでしょう(図3.5参照)。

また、希望する人は、柄や刃にクラフトネーム(後述する魔術的なアルファベットのどれかを使用して)、あるいは、魔術的な組字を彫刻し、エッチングすることができます。これまで実に美しいアサメイが作られ、使われてきました。たとえば、18世紀の短い銃剣が、見事なアサメイとして使用されているのを目にしたことがあります。鹿のひづめで作った柄もありました。さあ、今から自分用のナイフを作りましょう。

宗派によっては(たとえばガードナー派のように)、ナイフは儀式のさいに魔法円で使用するだけという宗派もあります。他の宗派(たとえばスコットランド派)では、ウイッチは可能な限り頻繁に(使いたいだけ)使用を奨励されている派もあります。使えば使うほど、マナ(あるいは「パワー」)を得るとの考えからでしょう。

レッスン3　ツール、衣装、名前

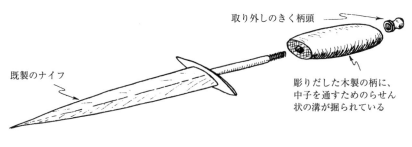

図3.5

剣

　剣は必要不可欠というわけではありません。いつでもナイフで代用できます。とはいえ、すべてのウイッチが個人用のアサメイをもつ一方で、カヴンの剣——グループ全体で1本——を所有するカヴンが多いのです。剣はふつう、集会の始めにプリーストかプリースティス、あるいはメンバーが、魔法円を描くさいに使用します。剣もナイフと同じ方法でつくることができるし、購入することもできます。最近は、古代の剣のレプリカを扱う会社が数多くあります。既製品を買うなら、やはり、自分自身の手を加えてください。じっさいには、剣はカヴンのツールなので、メンバーが共同で1つの剣を作り、それに彫刻や装飾をほどこすのはよいことです。

その他のツール

　ほかの儀式のツールは杖、鐘、ビュランあるいは白い柄のナイフ、そしてコードです。

　近年のウイッチクラフトをめぐる議論で、ある問題が持ち上がった。「ウイッチはいつも裸で活動するという証拠は何か？　これは昔からの慣わしか、あるいは新たに採りいれたのか？」
　サバトに出かける前に、体に油を塗る裸のウイッチが描かれた古い絵が多いのは

確かだ。しかし、衣服を着てサバトに参加するウイッチもある。興味をもった私は、古い時代に描かれた裸で集まっているウイッチの絵がどのくらいあるのかちょっと調べてみた。結果は明らかだった。

16世紀のドイツ人、ハンス・バルドゥングは、ウイッチを描いたどの作品も（"Witches at Work"と"Witches' Sabbat"が典型的）すべて参加者は裸であった。アルブレヒト・デューラーの"Four Sorcerers"は裸のウイッチが描かれている。オックスフォード大学のボルドレアン図書館のドゥース・コレクション所蔵の、"The Witches Sabbat On the Brocken"（「ブロッケン山の魔女集会」）は、参加者の多くが裸である。そしてとくに興味深いのは、ピエール・ド・ランクレの"Tableau de l'inconstance des mauvais anges"の1613年版（パリ）で、裸で輪になって踊るウイッチの大集会が描かれる一方、他方に目を転じると、裸の母親が同様に裸の子どもを有角神に捧げている。

つまり、厳密なルールはないようだ。現在知られているように、魔術をおこなうとき以外は、ゆったりとしたローブを着るカヴンがある。ほかのカヴンは儀式のあいだずっと裸である。

"Witchcraft Ancient and Modern"

（レイモンド・バックランド著、

ＨＣパブリケーションズ刊、N.Y.、1970年）

15世紀を通して女性たちのあいだで人気があったのは、円錐形の、背の高い「ダンツハット」で、つば付きのもあったが、ないもののほうが多かった。しかし16世紀初頭には、宮廷でも、大都市や地方都市でも、それは流行後れであった。その流行、実にその帽子そのものが、けっきょく村や農村に追いやられることになる。新しい宗教であるキリスト教が古い宗教を追放するという役回りは、それがもう時代遅れであることを示すことになる。だからウイッチは、当時、流行後れの帽子をかぶって描かれた —— ウイッチたちが「時代後れ」つまり流行後れであることを知らしめるために。

"Witchcraft from the Inside"

（レイモンド・バックランド著、

ルウェリン刊、ミネソタ州、1971年）

レッスン3　ツール、衣装、名前

剣

これらのどれを使用するか——何も使わないか、いくつか選ぶか、すべて使用するか——それは自身が選んだ道しだいです。既存の宗派の1つを選ぶなら、使用するツールはおのずと決まります。自分で最初から始めるなら、どれが本当に必要で、どれが不要か見極めるのにしばらく時間を要するでしょう（数週間、数か月、あるいは数年かかることも）。

杖が必要なら、いくつかの選択肢があります。ナナカマドの木でつくるべきだという人もいれば、トネリコ、あるいはヤナギ、あるいはハシバミを推す人もいます。自分で選びましょう。ここで問題なのは、多くのセレモニアル・マジック（儀式的魔術）がウィッチクラフトと間違われてしまったことです（杖だけでなく、ほかのツール、そしてウィッチクラフトのそれ以外の側面も）。たとえば、「杖は水瓶座の日（水曜）の水瓶座の時間に、まだ実をつけたことがないハシバミの木で、きっかり21インチ（約53センチ）でなくてはならない、うんぬんかんぬん」と言い張る人々がいます。また、地元のホームセンターに行って、ある長さの細くて丸い棒を1本買い、金色に塗る人もいます。じっさいは、どちらの杖も同じようによく働き、真の魔術はツールではなく、魔術を実践する者——つまりこの場合は、ウィッチから生ずることを示しています。だから杖はそれを扱う人の延長にすぎないのです。どんな方法であれ、自分にふさわしいと感じるようにつくりましょう。神秘的な文字やシンボルを彫りたいと思ったら、そうすればよいのです。他人がいうことは気にしないように。わたしは「はじめに」で、同じ人間は1人としていないと述べました。自分がよいと思えば、それが正しいのです。杖にかぎっていえば、21インチ（約53センチ）という寸法は確かに便利です。自分の

杖

肘から指先までの長さと同じ寸法の杖にしてもよいでしょう。何の木を選ぶにせよ、根元から先端に向かって少しずつ先細りになるようにします。削ってもよいし、ストーブなどで燃やして作ることもできます。塗装し、着色してもいいし、そのままでもかまいません。銀や銅で装飾を施した杖は魅力的です。フロスト派のように、杖の端から端まで穴を開けて、金属の棒を入れる宗派もあります。

　杖について述べたことは、スタッフについても同様にあてはまります。スタッフは要するに長い杖のことで、スコットランド派などの宗派で使われます。革、羽根、宝石で装飾され、彫刻をほどこした見事なスタッフを目にしたことがあります。どれもみな、その持ち主にふさわしく思えました。スタッフの理想的な寸法は、持ち主の身長と同じです。硬材のほうが軟材より好ましく、よく乾燥させた、できるだけまっすぐな木材を選びましょう。

　ベルを使う宗派もあり、じっさい本書で紹介する儀式でも使用しています。数世紀にわたり、それは確かに魔術的な性格を備えていると考えられてきました。私の著書 "Color Magick"（ルウェリン・パブリケーションズ刊、1983年および2002年）では、音の影響力について触れています。儀式で使われる小振りのベルの澄んだ高音は、多くの面で、パワーを高めるバイブレーションを生じるとともに、参加者の調和も創りだします。小振りで心地よい音色のハンドベルを選びましょう。なかには――とくに安く作られたもの――耳障りな音を出すものもあります。これは避けましょう。ベルに彫刻しても、かまいません。木製のハンドルだったら、その部分に手を加えてもよいでしょう。

　ビュランは、儀式で使用するツールに、名前やシジル（シンボル）を刻む金属彫刻刀にすぎません。ガードナー派のように、セレモニアル・マジックから借用して、白い柄のナイフを使う宗派もあります。個人的には、やすりやのこぎりと同様、この道具を魔術の儀式用ツールとみなす必要があるとは思いません。

　とはいえ、自分のツールに加えたい人は、ぜひそうしてください。ビュリンは、柄がある彫刻刀にすぎません。そして尖らせた釘か同様のものを木製のハンドルに取り付けて作ることができます。柄の作り方は、アサメイの刃に２つの木片から作った木製のハンドルを取り付ける方法と同じです。アレクサンドリア派のように、階級によって異なる色のコードを使う派もあります。しかし、より重要なコードの使用目的は、魔術の実践にあります。だから、コードについての詳細は後のレッスンにとっておきましょう。そこで魔術、すなわちコードの魔術につい

レッスン3　ツール、衣装、名前

て述べるつもりです。

衣服

　多くのカヴン、そして確かに大多数のウイッチ──は衣服を着けずに活動します。ウイッチクラフトでは「蒼穹のみを着たる」と表現します。これを望ましいとして勧めているようです。しかし、気温によって、ローブを着たいと思うこともあるでしょうし、もしかするとほとんどの時間はローブを着ていたいと思う人もいるでしょう……それでもかまいません。

　ローブはシンプルなものでも、念入りにつくっても、どちらでもよいのです。ここではシンプルなものをおすすめします。裁縫が得意な人は、思う存分凝ったローブをつくってもいいのです。

　素材はなんでもかまいません、ポリエステル（どうしてもというなら）、シルク、コットン、あるいはウール──好きなものを選びましょう。とはいえ、重さを考えるようにしてください。重くて暑すぎないか、あるいは軽くて涼しすぎないか。また、しわになりやすいかどうかも考慮しましょう。伸縮性がありすぎないか。洗濯ができるか。皮膚がかゆくならないか。ウイッチはローブの下に何も着ないので、最後の項目は真剣に検討しましょう！

　両腕を広げ、手首から手首までの長さを測ってください。（図3.6、寸法A）次いで、うなじから床までを測ります（寸法B）。布地を買うときは、Aの幅と、Bの2倍の長さが必要です。図3.6のように、布地を半分に折ります。裏表がある場合は、裏返しにして折り重ねましょう。図で示したように、両側を裁断します。図3.7のような形が残ります。ほとんどT字型です。

　正確にどれくらいの分量で裁断するかは、自分で決めましょう。Xに、ゆったりとした袖の分量を残し、脇の下の部分があまりきつくならないようにYの位置を決めます。まずは紙で試してみることをおすすめします（型紙は手芸用品店などで購入できます）。Zが、頭を出す開口部になります。後は図示したとおり、そで下と、身頃脇を縫ってください。あとは、ふたたびひっくりかえして表面を出すだけです。ちょうどいい丈になるよう、へり縫いをしてください（たとえば、床上2、3センチ程度）。

　もし頭巾を作りたければ、ガウンに使った生地の残りがたくさんあります。先

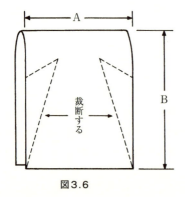 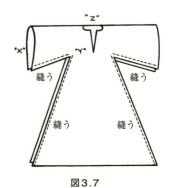

図3.6　　　　　　　　図3.7

のとがったもの、あるいは丸みのあるもの、どちらでもよいでしょう。

　最後に、ウエストにコードを巻きます。マジカル・コードを巻く人もいますが、私の考えでは、マジカル・コードは魔術に使用するもので、ローブをおさえるものではありません（迫害された時代はマジカル・コードを隠す必要がありましたが、今は状況が違います）。

　ローブの色は慎重に考えましょう。以前はほとんどのウイッチが白いローブを着ていましたが、うれしいことに今では、フェスティバルで色とりどりのローブを目にすることができます。サクソン派では、プリーストあるいはプリースティスは、白、紫、あるいは深緑のローブ、それ以外のメンバーは、緑、茶、黄、そして青のローブを着ますが、厳密なルールはありません。もちろん、色を組み合わせてもよいものです。基本の色を銀や金、または別の色で飾ることもできます。

　少数ながら、黒のローブをまとうウイッチもいます。しかし白は非常に「強力な」色とされています（実質無色）。私個人としては、黒はウイッカ信仰が悪魔崇拝とみなされる誤解を招くと考えます。だから、たとえその理由だけでも、黒は避けるべきです。わたしたちは自然を崇拝しているのですから、自然の色……明るい、もしくはくすんだアースカラー（じっさい自然界に黒はほとんど見当たらない）を身にまといましょう。とはいえ繰り返すようですが、黒を選択するのもまた、個人の自由です。

宝石

宗派によっては、ある種のジュエリーが階級を示すために使われています。たとえば、ガードナー派では、全階級の女性ウイッチはネックレスを着けています（再生の循環を意味します）。第3階級のハイ・プリースティスは幅広の銀のブレスレットを着けますが、それには特定の意味をもつ銘が刻まれています。ハイ・プリーストは、古代ゴール人のトークのような金あるいは真鍮のブレスレット（これもまた、ある種の刻印があります）。そして女神（クイーン）は、銀製の三日月の冠をかぶり、銀のバックル付きで緑色のガーターベルトを着けます*。ほかの宗派は、これとは異なる慣わしがあります。一般的に、多くのウイッチは——とくに女性ですが——ヘッドバンドをつけます。

宝石

ネックレスとペンダントは非常に人気があります。ネックレスの素材には、どんぐり、豆類、木製のビーズなどがあります。指輪にはよく神々の姿や銘が刻まれます。宝石細工におおいに才能を発揮するウイッチがいるのも確かで、信じられないほど美しい、見栄えのするアイテムを創作するものもいます。

しかし、魔法円にジュエリーは無用と考える人々もいます。パワーを高める邪魔になると感じる人もいます——私はほぼ四半世紀にわたる実践において、それが正しいと思ったことはありません。それでも私は、このように考える人を尊重します。彼らがほんとうに差し障りがあると信じるなら、そういうこともあるのでしょう。だから、ジュエリーを積極的に使用するか、使用を制限するか、地位を示すために用いるか、あるいはまったく使用しないかを、自分自身で決めてください。

---

* かつてある作家が書いたような「ガーターベルト」ではない。

角付のヘルメット

　プリーストとプリースティスがそれぞれ、三日月、太陽あるいは同様のものが前面についた銅あるいは銀のバンドを着けるのは、とくに神々の代わりを務める儀式のときです。プリーストは角付のヘルメットをかぶり、プリースティスは女神の冠をかぶります。これらをつくるのは、それほど難しいことではありません。角付のヘルメットをつくる方法を2つ、3つ紹介しましょう（頑丈な造りの既製品を購入してもかまいません。最近は、「バイキングのヘルメット」の複製も作られています）。まずはじめに、自分の頭にちょうど合うサイズのステンレスか銅のミキシングボウルを用意します。取っ手、フック、下げ金具は取り除き、楕円に近くなるよう、両サイドを内側にややしぼります。牛の角を2本用意し、開口部に木片を入れ、接着します（図3.8参照）。次に、ボウルの左右にひとつずつ穴を開けます。角に接着した木片の内側から、ねじ釘を差し込みます。角、木片、そしてボウルのあいだにエポキシ樹脂接着剤を塗り、角をしっかり支えられるようにします。ボウルと接合する角の根元は、革を巻いて隠してもよいでしょう。もう1つは、革の帽子をつくり、角を接合する方法です。帽子の型紙は、デパートや専門店などで買えます。その大半は、カットされたものが入っており、縫い合わせることができます。

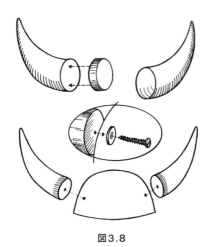

図3.8

　先に述べた方法で角を固定することもできますが、大きな正方形あるいは丸い「座金」を内側にあて、ねじ釘をしっかり締める必要があります。
　頭髪を覆わずに、銅などの金属の飾り輪に角を接着する方法もあります。これまで述べた方法はすべて、牛の角の代わりに、シカなどの枝角を使ってもかまいません。とはいえ、角の根元にねじ釘が入る穴を開けることが必要です。

レッスン3　ツール、衣装、名前

角付ヘルメット

銘刻

　彫刻やエッチングによってツールにクラフトネームを入れることについては、以前にも触れています（ネームとその選び方については後に詳述します）。これに使用される魔術的なアルファベットには実にさまざまな種類があります[†]。もっとも人気があるのは、各種のルーン文字と、セレモニアル・マジックで使用するテーベ文字です。まずは、ルーン文字を見ていきましょう。

　ルーンは古代英語や同族語で「神秘」あるいは「秘密」を意味します。これには相当な含みがあるのは明らかで、もっともなことです。ルーンはけっして実用的な文字ではありませんでした。その昔ゲルマン語族が使い始めたときから、占いや儀式用の文字として役割を果たしてきました。シークス派では次のページに紹介したルーン文字を使います。

---

† こうした筆記法は、まじないやタリスマン（神秘的な力をもつとされる模様や文字）に使用される。これに関しては、後のレッスンで詳述する。

ルーン文字アルファベット一覧表

どの文字も逆さになっていることがわかるでしょう（しばしば鏡文字と称されます）。一語のなかで文字が重なる場合（merry、bossなど）そのうちの1つは、鏡に映った像のようにひっくり返ります。

MERRY =

BOSS =

「th」と「ng」は1文字で表記するので、たとえば、「thing」のような5文字の言葉を、たった3文字で書くことができます。

ルーン文字による名前の例

DIANA =

MERLIN =

NAUDIA =

ISSBIA=ᛁᛃᛚᛒᛁᚠ

THRENG=ᚦᚱᛖᛉ

　ルーン文字はほかのどの文字にも増してバリエーションが豊富であるようだ。ウイッチとマジシャンがともにルーン文字を使用し、神秘的な筆記法として広く普及した。ルーン文字は大きく３種類に分かれ、ゲルマン、スカンジナビア、そしてアングロサクソン族のタイプがある。さらにそれぞれが分類でき、バリエーションがたくさんある。

　最初にゲルマン族のものを見ると、基本的に24のルーン文字から成り、地域によってバリエーションがある。ゲルマンのルーンの通称は、最初の６文字にちなんだフサルク（fthark）である（「th」は　ᛢ　１文字）。スカンジナビアは、（デンマーク、スウェーデン＝ノルウェーまたは北欧）16のルーン文字からなるが、これも非常に多くのバリエーションがある。

　アングロサクソン族のルーンは、28文字から31文字まである。事実、ノーサンブリアでは９世紀まで、33文字のルーンがあった。アングロサクソンのルーンはやはり、最初の６文字からフソルク（futhorc）と呼ばれていた。

"The Tree：The Complete Book of Saxon Witchcraft"

（レイモンド・バックランド著、

サミュエル・ワイザー刊、N.Y.、1974年）

　自分のクラフトネームとして、いくつかのルーン文字を重ね合わせ、おもしろい魔術的な組字）をつくることができます。たとえばダイアナは、次のようになります。

$$ᚼ + ᛁ + ᚠ + ᛏ + ᚠ$$

　最初の文字　ᚼ　は

95

すでに2番目の の一部を含んでいるので、

3番目の文字 ᚠ を加えると

ᚴᚼ = ᚼ となります。

次に4番目の文字 ᛏ を加えると

ᚼᛏ = ᛗ となります。

そして5番目の文字 ᚠ、

これは3番目と同じなので、すでに含まれています。

そういうわけでダイアナの魔術的な組字は

この1文字には名前がまるごと含まれ、そのパワーのすべてを秘めています。

……ある人物の名前を知ることは、その人を支配し、意のままにすることを意味する。名前がわかれば、それをまじないに用いることができるからだ。ジェームズ・フレーザー卿は、イシスが偉大なエジプトの太陽神ラーの最高機密とされた名前を獲得し、それによって自ら女神となった物語を伝えている。イシスはラーの魂から蛇をこしらえ、それを地上に落とし、彼の通り道に這わせ、彼に噛み付かせた。彼は助けを求めてこう叫んだ。「この傷を癒し、哀れみ慰める言葉をかけてくださる神の子よ、その力が天界におよぶ神の子よ……そこへイシスが仲間とともに現れる。彼女が口にする言葉は生き生きとして、まじないを唱えれば痛みを追い払い、語りかければ死者もよみがえるという女神である」。ラーはイシスに、外歩きしているときに噛まれたことを伝えた。するとイシスはこう言った。「汝の名を告げよ、神よ、この名で呼ばれた者は生きるであろう」。ラーはイシスに多くの呼称を告げた。そ

のあいだ彼は衰弱していった。それでもイシスは、彼の治療を拒否し、こう繰り返した。「汝がわれに告げた名は、汝の名ではない。ああ、それを告げよ、そうすれば毒が消えうせるだろう。正しい名を口にした者は生きるのだから」ついにラーが、イシスに本当の名を告げると、彼女は毒を洗い流した。そして彼女は「ラーと彼の本名を知る、神々の中で最高位の女神」となった。

"Witchcraft from the Inside"
（レイモンド・バックランド著、
ルウェリン・パブリケーションズ刊、
ミネソタ州セントポール、1971年）

その他の例：

MERLIN ᛗ＋ᛖ＋ᚱ＋ᛚ＋ᛁ＋ᛏ ＝ ᛗ

この場合、私はE ᛖ の中心部を、このように ᛖ

「持ち上げ」、少し変えています。

そうすると、M ᛗ とぴったり重なり合い、このようになります。

また、常にどの文字でも、向きを変えて、モノグラム（組字）の体裁を整えることが可能です。目的はモノグラムをできるだけシンプルにして、名前のルーン文字をすべて組み入れることです。さあモノグラムを作ってみましょう。これ以上できないくらいシンプルにすることを目指しましょう。

ひとつ、ルーン文字を書くときに心に留めておきたいことは、文字をまっすぐにすることです。

よい例　ᛗᛖᛗᚱᛚᛁᛏ

悪い例　ᛗᛁᛗᛖᛚᚷ

　理由は（文字を傾斜させると不正確になることに加えて）、混乱を招くということです。たとえば、シークス派のルーン文字では、傾斜させたNのルーン文字は、Gのように見えます。

　テーベ文字はウイッチクラフトにおいてかなり多く使用されています。たとえばガードナー派では、ハイ・プリースティスの名をブレスレットに書くときに使用します。それは魅力的な字体です。ルーン文字は曲線がなく、角張っていますが、これはルーンが木や石に彫るために使用されたからです。一方テーベ文字は、タリスマンに彫刻やエッチングをほどこすだけでなく、羊皮紙に書かれた文字です。だから、より複雑な形にすることができたのです。テーベ文字は図3.9に描かれています。これに加え、いくつか他の文字についても、チャームやタリスマンに関する後のレッスンでさらに述べるつもりです。

図3.9　テーベ文字のアルファベット

ウイッチネーム

　あなたは新たな人生を始めようとしています（実質的に）。このさい、両親が
くれた名前（ひょっとしたらあまり好きではない名前）ではなく、自分自身で選
んだ名前を名乗ってもよいのではないでしょうか。多くのウイッチたちは、自分
たちの個性を表し、またはある意味で、興味やセンスを表現できる名前を選びま
す。名前というのは大事です。かつて誰かの名前を知ることは、その人を支配す
ることでした —— もし敵の名を知ったら、それでまじないをすることができる
からです。ボルネオ島のダヤク族は、名前のもつパワーを固く信じています。そ
こでは、母親は日没後、家で子どもを本名で呼ぶことはけっしてありません。子
どもの名前を知った悪霊に呼ばれる恐れがあるからです。母親はニックネームで
呼ぶだけです。もったいぶってウイッチネームを秘密にする必要はありませんが、
少なくともそれを尊重しなくてはなりません。ほかのウイッチといっしょにいる
とき、あるいは、少なくとも親しい人々とのあいだでのみ、使うようにしましょ
う。

　もちろん、普段使っている名前に十分満足している人もいるでしょう。それを
ウイッチネームに使用したいなら、それでもかまいません。とはいえ、これから
登場する数秘学にのっとって調べた後、最終的に決断してください。歴史や神話
に由来する名前を選ぶウイッチもいます。とくにそうした名前は、ウイッカ信仰
の宗派に結びつくものです（ウェールズ派はウェールズ人の名前、サクソン派は
サクソン人の名前など）。みずから名前を創作する人もいます。ウイッチに呼び
かけるときは、名前だけで呼びます。つまり、安っぽい読物によくあるように、「ウ
イッチ　モルガン」あるいは「ウイッチ　ヘーゼル」（！）などと、名前の前に「ウ
イッチ……」を付けるということはありえません。

　宗派によっては、女神の名につける敬称の「レディ」、あるいは男神への呼び
かけに用いる「ロード」さえ、使用されます。ガードナー派では、ハイ・プリー
スティスに直接呼びかけるときはつねに、「レディ…（名前）…」と称されます。「わ
たしのレディ」でもよいです。その宗派において、そう呼ばれるのは、彼女だけ
です。そしてガードナー派では、これまでいかなる男性にたいしても「ロード…
（名前）…」という呼称を使用したことはありません。

　どの名前を選ぶにしても、あるいはとくに魅力を感じる名前にしても、自分に

ふさわしいかどうか調べ、確かめることです。これは数秘術によってできます。数秘術には、さまざまな方式があります。これから紹介するのは、おそらくもっとも一般的な方式です。順を追ってやってみましょう。

1）自分の誕生数を見つけましょう。誕生日のアラビア数字（0〜9）を足していきます。たとえば、1956年6月23日生まれなら、誕生数は次のような計算でわかります。

6.23.1956 = 6 + 2 + 3 + 1 + 9 + 5 + 6 = 32

一桁の数字になるまで数字を足していきます。

3 + 2 = 5

つまり、誕生数は5となります。
注意：1956年の西暦の部分「19」を足すのを忘れないように。
1800年代生まれの人もいれば、2000年代生まれの人もいるので、これは重要です。

2）選んだ名前の名前数（ネームナンバー）を見つけましょう。これは、アルファベットをすべて、0から9までの数字に対応させることでわかります。

ネームナンバー用チャート

1	2	3	4	5	6	7	8	9
A	B	C	D	E	F	G	H	I
J	K	L	M	N	O	P	Q	R
S	T	U	V	W	X	Y	Z	

　たとえば、あなたのお気に入りの名前がDIANAだとしましょう。上記のチャートに従うと、D = 4、I = 9、A = 1、N = 5、そしてA = 1です。つまりDIANA = 4 + 9 + 1 + 5 + 1 = 20 = 2となります。ところが、あなたの誕生数は5です。ウイッチネームのネームナンバーは、誕生数と合わせるべきです。上記の例では、DIANAに「3」の文字、すなわちC、L、あるいはUを加える

レッスン3　ツール、衣装、名前

とよいでしょう。

　つまり、DICANA、DILANA、またはDIANAUで、これらはすべて、ネームナンバーが5になります。どの名前も気に入らなかったら、ほかの名前を考え、ネームナンバーを調べましょう。

　自分の好みの、数秘学的にもふさわしいネームを見つけるまで、または絞り込むまでに、しばらく時間がかかるかもしれません。それでも十分にやる価値があります。おそらくもっとも良い方法は、適切な文字の組み合わせを見つけ、ぴんと来る配列にたどり着くまで、文字を並べ替えることでしょう（上記の「DIANA」の例では、NAUDIAに見込みがあるかもしれません）。レッスン9で数秘術（数占い、数霊術）についてさらに掘り下げます。

　なぜ名前と誕生数が一致していなければならないのでしょうか。それは誕生数が不変だからです。名前や住所を変えることはできますが、誕生日を変えることはできません。自分の誕生数と一致する名前を選ぶことで、出生時のバイブレーションと同調することができます。

　前述のとおり、数秘術にはいくつかの種類があります。ここで紹介した方法はもっとも一般的で、しかも正確です。とはいえ、ほかの方法がしっくりくるという人は、それを使用してもかまいません。肝心なのは、どの方法を選ぶにせよ、新しい名前を誕生数に合わせることなのです。

101

［レッスン３］　練習問題

1. レッスン３では、ツールの作り方を扱っています。どのようにツールをつくるか決めましょう。素材は何を使用しますか？　自分自身で作ってもよいし、既製品を選んでもよいのです。使用するツールについて書いてください。

2. 自分のアサメイ（ナイフ）をどのように作る、または入手するつもりか説明してください。それを自分だけのものにするために、何をするつもりですか。

3. どんな名前（ウイッチネーム）を選びますか。

4. 数秘術を用いて現在のネームナンバーと新たなネームナンバーを見つけましょう。

5. 自分のローブをデザインしましょう。色や素材はどのようにしますか。それを選んだ理由はなんですか。下部にイラストか略図を描いてください。

[レッスン3]　理解度テスト

1. ウイッチのナイフは、特定の長さに決められていますか。

2. あなたは、かつて殺人に使用されたと思われる時代がかったナイフをもっています。これをアサメイとして使うことは可能ですか。

3. 既製のナイフをそのままアサメイとして使うことはできますか。

4. 金属にマーク（文字）をつける主な方法を2つ挙げてください。

5. 剣は不可欠ですか、それとも何かほかのもので代用できますか。

6. ビュリンとは何ですか。

7. ジェシカ・ウェルズは1962年3月15日生まれです。彼女はロウィーナ（ROWENA）というネームが気に入り、それをクラフトネームに使いたいと考えています。これはよい選択でしょうか。もしそうでなかったら、彼女にどのような提案をしますか。

8. 自分のクラフトネームを選んでください。数秘学的に調べましょう。
   さまざまな魔術的文字で、それを書く練習をしてください。

9. サクソン派ルーン文字で、「GALADRIEL」はどう書きますか。この名前の
   魔術的な組字はどのようになりますか。

◎推薦図書

"Witchcraft From the Inside"（レイモンド・バックランド著、7、8、9、10章）

"The Meaning of Witchcraft"（ジェラルド・B・ガードナー著、1章〜5章）

◎補助読本

"Numerology"（ビンセント・ロペス著）

Lesson4 – レッスン4

始めよう
Getting Started

通過儀礼

　「通過儀礼」とは、人生においてある段階から新たな段階へ移る過渡期（節目）のことです。出生、結婚、死亡などがそれにあたります。1909年に、はじめてこのような儀礼を名づけたのはフランスの人類学者ファン・ヘネップです。みなさんが最初に関わる通過儀礼は、イニシエーション（入会の儀式）でしょう。その流れとそれぞれが象徴する意味を押さえ、理解することは重要なことです。

　ごく一般的に、イニシエーションとは、儀式を受ける者の宗教的、社会的地位の双方に劇的な変化をもたらす一連の儀式と口頭教授を意味し、カタルシス、つまり精神の浄化をももたらします。それを受けた人は実質的に、別の人間になるのです。イニシエーションの根幹は（ウイッカ信仰、原始社会、部族、あるいはキリスト教でさえ、どのようなイニシエーションにおいても、形としては）パリンジェネシス、つまり再生といえます。人は誰しもいつか死を迎える。これは自明の理ですが、その後「よみがえる」のです……しかも、あらたな知識を得て。

　第一段階は「分離」期です。多くの人々にとって、これは文字どおり、友人、とくに家族、つまり、これまで自分と知り合ったすべての人と離れることを意味します。しばしば特別な小屋、洞窟、あるいは建物が用意され、新参者はそこで訓練（教育）を受けます。

　浄化は、身体的なものと精神的なものがあり、それに次ぐ重要な要素です。ある文化圏では、体毛をすべて完全に剃ることがあります。また、ある一定期間、あるいは相当期間の断食や禁欲がおこなわれます。地域によっては、断食に先立

105

ち、さまざまな食べ物を禁じることもあります。

象徴的な死は、イニシエーションの重要な要素のひとつです。原始的社会の人々のなかには、それが象徴的な意味をもつにすぎないということを理解せず、ほんとうに殺されたと思い込む人もいます。部族によっては、じっさいに手足を切り取ること、あるいは割礼、入れ墨、指の切断、歯を折ることもあります。死の象徴として、儀式的なむち打ちもよく見られる形式のひとつです。あるいは、死は新参者を飲み込む「怪物」―― その部族のトーテム ―― の形をとることもあります。

典型的な入会の儀式は、ガードナー派でおこなわれるもので、4つの要素からなる。第一は、「吟味」。入会者は、本心から入会したいのか、問いただされる。これは単純で不要な質問に思えるかもしれないが、ウイッチ志望者が最初にカヴンに接触してから、入会式にたどりつくまでに、1年ほどかかることもある。ウイッチクラフト側としては、これは志望者をふるいにかけるのに必要な時間なのだ。宗教としてのウイッチクラフトに心から関心を寄せる人々と、それと反対に、誤った考えをもつ人々すべて ―― ウイッチクラフトを悪魔崇拝だと信じる人、狂気じみた乱行を求める人、「ただ面白半分に」参加したい人などを選別するのだ。非常に長い時間、読書や勉強をしながら待った後、入会者はついに、出発点に立つ。そしてはじめて、神聖な場所で、ゆらめくろうそくの炎、煙るインセンス、いかめしい顔つきで、彼女に剣先を向けるプリーストを目にする。それは彼女にとってなんとなく不気味で、恐ろしいことかもしれない。彼女が、けっきょく入会しないことを、ただちにその場で決断したとしても、それほど不思議ではないだろう……その代わりに、彼女はマクラメレース編みを始めるかもしれない！　そう決めたのなら、彼女はすぐにきびすを返し、立ち去ってもよいのだ。とはいえ、長い間待った後、そのような決断をする人は、たといいたとしても少数である。そして吟味の後、入会者は目隠しをされ、しばられ、魔法円に導かれる……宗派の大多数が見守るなか、入会者が秘密の宣誓をおこなう。一度これが終わると、目隠しが外され、次いで紐が解かれる。これは断固として、秘密の宣誓なのだ。入会者は以前の信仰を否定されることもない。十字架につばを吐きかけることもなければ、血の署名をするような契約もないし、やぎの尻にキスをすることもない！　宣誓の後、ツールが提示され

る。それぞれのカヴンには、いわゆる「ワーキング・ツール」といわれるものが数多く存在する。それらはプリーストによって1つ1つ入会者に示される。そのさいにそれぞれの使用法が説明され、入会者はその説明を理解すると、少しのあいだツールに手を触れる……儀式の終わりに、入会者はハイ・プリーストに導かれ、魔法円の東西南北をまわる。それぞれの方角で、入会者は神々に拝謁する —— 神々はそこに存在し、儀式を見守っているとされる —— 新たに誕生したプリースティスとウイッチとして。

"Anatomy of the Occult"

（レイモンド・バックランド著、

サミュエル・ワイザー刊、N.Y.、1977年）

「死」後、新参者は胎内で、新たな誕生を待っていることに気づきます。新参者を宇宙を象徴する小屋の中心におく例もあります。つまり、彼あるいは彼女は聖なる小宇宙に存在するのです。新参者は、地下に住む大母神 —— 母なる大地のうちに宿っています。偉大な英雄、男神たち、女神たちが母なる大地に姿を現し、意気揚々と戻って行く神話は数え切れないほどあります（レッスン2に登場したシークス派の女神の神話を思い出してください）。大地という胎内で、神々は決まって英知を見い出します。というのも、昔からその場所は未来を見通すことができ、すべてを知る死者の居場所だからです。これはコンゴで重視されています。たとえば、イニシエートされていない人は「知識のない者」、そしてイニシエーションが済んだ人は「賢明なる者」と呼ばれています。

新たな知識を授かった後、新参者はふたたび生まれます。彼あるいは彼女が怪物に飲み込まれたのなら、そこから生まれるか、あるいは怪物の口から吐き出されます（口はしばしば膣の代わりとなります）。アフリカの部族のなかには、男性の新参者が、脚を広げて立つ大勢の女性たちの脚をくぐるように四つんばいで出てくることがあります。そして新たな名前を名乗り、新生活を始めます。非常に面白いことに、ローマカトリック教会でも、この名前をつけなおすことに相当するものがあります。堅信式や、修道女になるとき、新たな名前を授かります。また、新たに選ばれた教皇も同様です。

ポンペイの遺跡発掘のさい、「秘義の館」といわれる建物が発見されました。

これは古代イタリアの人々が、もともとオルフェウス教秘義の伝授に使用した館です。室内の壁のいたるところに見られるフレスコ画には、秘儀参入のさまざまな段階を経る女性が描かれています。このケースでは、象徴的な死はむち打ちです。知識を披露する段階は、磨かれたボウルを水晶に見たてた占いで描かれています*。最終段階では、生まれ変わることを喜び、裸で踊っている女性の姿が描かれています。こうした場面は、イニシエーションの転生の典型といえます。

　ウイッカ信仰の正式な入会式は、上記の要素がすべてふくまれています。最初の時点で完全別離はありませんが、当然入会者は、これまでウイッチクラフト研究への没頭という点で、他者との距離が生じたことでしょう。また、長い時間、これから始めようとすることについて、１人でじっくり考えることになるでしょう。身を清めるため、沐浴と断食——じっさいの入会式の24時間前は、パン、蜂蜜、水のみが許されます——さらに、禁欲が求められます。

　儀式自体は、象徴的な死として苛烈な仕打ちや、手足を切断することも一切ありません。入会者は目隠しをされ、ひもでしばられますが、これは胎内が暗く、身動きできないことを象徴しています。「誕生」のとき、こうした束縛から解放されます。一定の事柄が明かされたとき、入会者は新たな知識を得、そして新たな名前を授けられます。ウイッカ信仰の仲間たちが、新たな人生を喜んで迎え入れてくれるでしょう。正式な入会の儀式は非常に感動的な経験です——多くの人が、これまでの人生でもっとも感動的だったと語っています。

　一般的な順序として、まずはカヴンを見つけ、試用期間の後、そこに受け入れられ、入会します。しかし、あなた自身が最初から始めるとしたら、友人を集めて自分たちのカヴン、そして自分たちの宗派を立ち上げるとしたら、どうすればよいのでしょうか。

　最初に始める人は、いったい誰が入会の儀式をおこない、他者を入会させることができるようになるのでしょうか。同様に、グループに属さず、１人で活動したい人は、どう対処したらよいのでしょうか。その答えは、セルフ・イニシエーション（自己参入）です。

　数年前、大多数のウイッチ（私自身を含めて！）は、まさにこのセルフ・イニシエーションという概念に、難色を示しました。わたしたちは次のようなことを考えつづけました。（１）どのカヴンからも数マイルも離れたところで暮らす人々

---

*　レッスン9「占い」参照のこと。

108

は、「昔」どのようにしていたのか。そして、（2）最初のウイッチは、どのように入会の儀式をおこなったのか。今日わたしたちの一部は、少なくとも、以前より賢明になっています。

　自己献身は、まさに、みずからを神々への奉仕に捧げることです。それには、すでに述べたすべての要素はふくまれていません。それでもやはり、感動的な経験です。もちろん、自分が望めば、正式なカヴンの入会儀式をいつでも受けることができます。とはいえそれは、義務ではないことを心に留めておきましょう——あくまで個人の好みの問題です。

　よくある質問は、「セルフ・イニシエーションはどれほど正当だといえるのか」ということです。宗派のなかには、まったく正当性を認めない派もあります（そうした宗派そのものの「正当性」を問題視する人もいるかもしれませんが！）。たとえば、ガードナー派としては間違いなく、自己参入は認められません。しかしここで問題なのは、あなたにとって、それがどれほど正当か否かということです。もしあなたが誠実な人間なら、ウイッチになって昔からの神々を信仰したいのなら、邪な動機を秘めていないのなら……それは正当といえるし、それを否定する人々に耳を貸す必要はありません。

　ある特定の宗派に所属したいと考え、その宗派に定められた入会儀式があることがはっきりしている人は（さきほど言及したガードナー派のように）、その宗派に参加するための特定の儀式を受けなければなりません。ほかの派について何が正しい、あるいは間違っているなどと言う権利は、どの派にもありません。私には、あまりにも多くの人々が、信仰にかかわることよりも、「血統」にこだわりすぎているように思えます。つまり、誰が誰を入会させたとか、誰を通じて入会したとかいうことです。現代の宗派でもっとも歴史があるものの1つはガードナー派ですが、それでも現時点で、創設から35年にすぎません。ウイッチクラフト全体としてとらえると、それほど歴史があるとはいえません。たとえば、ガードナー派の入会式が「正当」とされるなら、あなたの宗派も正当と考えてよいのです。

魔法円

　古代ローマの使節団は、外国へ行くと、すさ石膏で自分たちの周りに円を描き、攻撃から身を守ることができることを示しました。また、バビロニア人は、病人のベッドまわりの床に小麦粉で円を描き、悪魔を遠ざけました。中世のドイツ系ユダヤ人は、分娩中の女性のベッドのまわりに円を描き、悪霊から守りました。聖域との境界を示す円の使用は、太古の昔からあります（ストーンヘンジなど）。しかし、その円は、望ましくないものを締めだすだけでなく、求めるもの——高まったパワー、すなわち魔術的なエネルギーを閉じ込める役割も果たします。

　魔法円の大きさはもっぱら、誰が何の目的でそれを描くかによって変わります。セレモニアル・マジックでは、実践者が実在するものに魔法をかけますが、円（そしてその内にあるすべてのもの）の正確さが決定的に重要となります。しかし、つねにそうだとは限りません。その昔、村人たちが神々に感謝を捧げるために集まるとき、彼らはただ、大ざっぱな円を地面に描いたものでした。たいていは、かなりぞんざいに描かれ、正確さなど気にしませんでした。その目的はたんに、儀式に先立ち、その場が清められたことを示すことでした。その目的のための「特別な」場所ということです。あなたが円を描くときは、セレモニアル・マジシャン（レッスン11「魔術」で詳述）ほど徹底して正確に描く必要はありません。とはいえ、ある程度の注意と正確さをもって描きましょう。カヴンで使用する円は、直径9フィート（約2.74メートル）、個人で使用する円は、5フィート（約1.52メートル）です。円を描くときの始点と終点は、東になるようにします。そしてつねに、時計回りに描きましょう。野外で集まる場合、円は、プリーストまたはプリースティスが歩きながら、剣で地面に描きます。室内の場合、円は最初、ある長さの白いひも、チョークあるいは、常設の神殿があれば、白いペイントで床に描くこともできます。しかし、それでもプリーストとプリースティスが剣を手に歩きながら、東から始めて東に終わる「境界線を引き」、そして剣先からそこにパワーを導きます。

　魔法円に沿って、火が点いていないキャンドルを4本立てます。北に1本、東に1本、南に1本、西に1本ずつ立てましょう。照明が必要なら、これら4本のあいだに火の点いたキャンドルを追加してもかまいません。追加分は魔法円上ではなく、円の外側に立ててください。

110

最初におこなわれるのは、つねに、サクソン派で「神殿の建立」と称される儀式です。ほかの宗派では、「円を開く」「円を描く」などと称します。この儀式では、円とその内側にあるものすべてが、確実に浄化され、清められます。この段階では、あなたの自己献身／参入に必要十分な魔法円を描くことについて話すにとどめます。あなたがまだアサメイさえ作っていないとしても、魔法円を描くことはもっとも基本的なことです。祭壇に並べるもの、つまり、キャンドル、つり香炉、ゴブレットあるいは角杯、塩と水、献酒用の器、そして（お望みなら）神々を表す像が必要です。ゴブレットにはワインを注ぎます。

現在、円をつくる方法はいくつかある。ひとつは、別にカーペットを用意し、消えない円を描いて、儀式がないときは巻いて片付け、必要なときに床に広げて使用するというもの。もうひとつは、6×12インチ幅の布地に、儀式の円をそれに描く。これも必要なとき取り出して、床に敷くことができる。こうすれば、部屋に敷き詰めたカーペットよりもかさばらないし、ずっと保管しやすい。

自己献身

この儀式は、新月後の月が満ちていく期間、できるだけ満月に近い日におこないましょう。儀式のさいは、一糸まとわぬ姿で、装身具の類もいっさい身に付けないようにします。

祭壇に必要なものに加えて、聖油（レッスン13、416ページのレシピ参照）を入れた小さな器を、水と塩のあいだに置いてください。

祭壇は中央につくられますから、それを背にして立つと、東向きとなります。魔法円は（ひも、チョークまたは塗料）で描かれています。目を閉じて、祭壇の前に座るか、ひざまずきましょう。自分自身が白い光に包みこまれていることを意識し、それを心に描くことに集中しましょう。その光をふくらませ、すっかり円を満たすように、自分のエネルギーを注ぎます。しばらくのあいだその状態を保ち、リラックスします。目を開けて立ちあがり、東に移動します。右手（左利きなら左手）の人差し指で円のラインを指します。時計回りにゆっくりと円周を

111

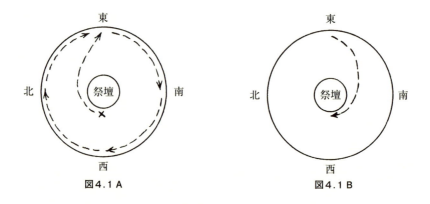

図4.1 A　　　　　　　　　　　図4.1 B

歩きながら、腕から人差し指に伝わった自分のパワーによって、円を「描き」ます（図4.1 A）。1周したのち、祭壇に戻ります（図4.1 B）祭壇のキャンドルとインセンスに火を点けます。次に祭壇のキャンドルを手に、祭壇に沿って移動し、東のキャンドルに火を点けます。南、西、そして北と続けて火を点けます（図4.1 A）。

東まで後戻りし、それから祭壇の前に立ち、祭壇にキャンドルを戻します（図4.1 B）。そしてふたたびエネルギーを腕、そして指に集中させます。人指し指の先を塩の中に入れ、次のように唱えましょう。

> 「塩は生命。この塩を清め、そして私の生命をそれによって浄化してください。私が信じる男神と女神に捧げるこの儀式において、それを用いるときに」[†]

塩を一つまみ、水に入れます。それを3回繰り返します。時計回りに3回、指でかき混ぜます。

> 「聖なる塩が、神々に仕える儀式に使われる水とともに、いかなる汚れも追い払うように。私がそれを用いる儀式のあいだ、そしていかなる時も、いかなる方法によっても」

塩水の入った器を持って東に移動し、時計回りに歩きながら、円に沿ってまきます。それを祭壇に戻し、つり香炉を手に取ります。ふたたび東から、香炉を揺

[†] お望みなら、あなたが選んだ神々の名前を入れてもよい。

らし、円に沿ってもう1周します。祭壇に戻り、それをもとの位置に置きます。それから次のように唱えましょう。

　　　「聖なる円が私のそばに存在する。私はみずから進んで、自発的にここへ来た。平和と愛のうちに」

　人差し指を塩水に浸し、額の、第三の目の位置（眉間）に、円と十字を描きましょう。

　それから、心臓の上、胸にペンタグラム（五芒星形）を描き、次のように唱えましょう。

　　　「私はいま、神々のためにおこなうこの儀式に立ち会ってもらうため、彼らを招く」

　指を立てて片手を高く上げて挨拶をし、こう唱えます。

　　　「男神と女神、ロードとレディ
　　　　すべての生命の父、そして母よ
　　　　この円の内外において、また万事において、
　　　　私を守り、導きたまえ。
　　　　そうあれかし」

　男神と女神にキスを送った後、ゴブレットを手に取り、神々への供物として少量のワインを地に（または献酒用の器に）注ぎます。そのさい次のように呼びかけます。

　　　「男神と女神に！」

　ワインを飲んで、ゴブレットを祭壇に戻し、次のように唱えましょう。

　　　「今や神殿が建立された。私は故なくしてその場を去るまい。
　　　　かくあるべし」

　祭壇の前に座るかひざまずき、頭を垂れ、数分間考える時間を持ちましょう。男神と女神、ウイッカの信仰、そして自分にとって古き宗教が意味するものについて、静かに思いをめぐらせます。それから立ち上がり、両手を高く上げ、祭壇

にかざし、次のように唱えます。

> 「男神と女神よ、私の言葉に耳を傾けてください！
> ここにいる私はあなた方を崇拝するひとりの自然崇拝者（ペイガン）です。
> はるばる旅をし、長い間自分が何より望むものを捜し求めてきました。
> 私は木々であり、野辺です。
> 森であり、泉でもあります。小川であり、丘でもあります。
> 私はあなた方であり、あなた方は私なのです」

腕を下ろしてください。

> 「私が望むものを授けてください。
> 私が神々と、神々が体現するすべてのものを崇めることを許してください。
> 万物に宿る生命を愛することができますように。
> 私のうちに愛の輝きがなければ、どこにもそれを見い出すことはない。
> それを私は深く理解しています。
> 愛は法、そして愛は絆。
> これはほかの何にもまして、ひとえに私が尊ぶものです」

右手にキスをし、高く上げましょう。

> 「私の男神と女神よ、私はここに、あなた方の面前に立っています。
> 生まれたままの、飾らない姿で、あなた方を崇めることに身を捧げるために。
> いかなるときも、私はあなた方とあなた方のものを守ります。
> 何人たりともあなた方を悪し様に言わせはしない、永遠にあなた方を守ります。
> これから先、あなた方は私の生命、そして私はあなた方の生命。
> 私はウイッカの格言を受け入れ、永遠に信じる。
> 『何者も害さない限り、汝の欲することをせよ』
> かくあるべし」

ゴブレットを手に取り、残りのワインをゆっくりと大地に注ぎます。そのさい次のように唱えます。

レッスン4　始めよう

「もし私が神々、あるいは神々が愛するものたちを害することがあれば、
　このワインがゴブレット（角杯）から注がれるごとく、
　私の血が身体から流れ出るように。
　そうあれかし！」

　人指し指を聖油に浸し、ふたたび、第三の目に円と十字のしるしをつけ、胸にはペンタグラムを描きます。それから、また聖油に指を浸し、性器、右胸（乳頭）、左胸（乳頭）そしてふたたび性器に触れます（この最後の形は聖なるトライアングルで、その源からパワーが引き出されることを象徴しています）。そして次のように唱えましょう。

「新たに生まれ変わるしるしとして、私は新たな名前を名乗る。
　今後ウイッチクラフト間では、私は生涯（名前）として知られることになる。
　そうあれかし！」

　さあ、目を閉じてゆったりと気楽に座り、ウイッカの信仰が自分にとって意味するものについて静かに思いをめぐらせましょう。おそらくこのとき、神々とほんとうに触れ合ったことを示す、何がしか（の徴候）を感じるでしょう。しかしそれがあってもなくても、神々、そして古き宗教にたいする感情を、ただ生じるがままにしておきましょう。「故郷に帰ったような」気持ち、ついに古き宗教とひとつになったという気持ちに浸りましょう。
　静かに考える時間が終わって、歌いたい、または踊りたい、あるいは別の方法で祝いたい気分になったら、どうぞそうしてください。その後、準備ができたら、立ち上がり、両手を高く上げて、唱えましょう。

「私は付き添ってくれた神々に感謝します。
　神々を慕ってここに来たけれど、
　もうわが道を行くとしよう。
　愛は法、そして愛は絆。
　そうあれかし！　神殿はいま閉じられる」

上記はシークス派の自己献身の儀式をもとにしています。

115

私はまだ正式な「神殿の建立」の儀式について詳細を述べていませんが（まだツールの聖別も済んでいません）、自己献身はしばらくのあいだ さておき、このテーマについて完全なものにするために、正式なカヴンのイニシエーション（入会）の儀式に転じます。次のレッスンで、ここで終わったところから話を続けるつもりです。

カヴンのイニシエーション

　このワークブックの儀式は、ひな形——読者がそのままの形で採用するか、または自分に合わせて作り変えることができる青写真——として紹介しています。このイニシエーションの儀式には、私がすでに述べたすべての要素が含まれています。自分用の儀式をつくる場合は、このひな形に沿ってつくることを強くお勧めします。

　この儀式は、プリーストが女性を入会させるという設定になっていますが、もちろん、状況に応じて役割が逆転します（ほとんどすべての宗派では、男性が女性を入会させ、女性が男性を入会させます）。

　一般的に、入会希望者は裸で、この儀式に臨みます。そのカヴンがふだん裸で活動する場合はもちろん、それでかまいません。しかし、ふだんローブを着て活動するカヴンの場合、入会希望者のみ裸で、または、指示されたときにフロント部分が開くローブを着ることになります（ローブを着るカヴンでも、ローブの下はふつう何も身につけません）。

　イニシエーションには、いくつかのパターンがあります。カヴンの全員参加型。プリースト、プリースティス、入会希望者のみでおこなわれるパターン。あるいはプリースト、プリースティス、そして1人か2人のアシスタント、そして入会希望者によっておこなわれるパターンの3つです。カヴンはどのパターンでイニシエーションをおこなうか、決定しなくてはなりません。これから紹介する儀式は、プリースト、プリースティス、2人のアシスタント（私はメイデンとスクワイアと呼びます）、そして入会希望者です。祭壇上には通常置かれるものに加え、水と塩のあいだに聖別されたオイルの皿、9フィート（約2.7メートル）の赤いひも、そして目隠し用の布があります。プリースティスの女神の冠とプリーストの角付のヘルメットが祭壇のわきに置かれます。入会希望者は、一切装身具は付

レッスン4　始めよう

けず、ノーメイクで、神殿の外の部屋で待ちます。自己献身の項で述べたように、聖油を塗っておきます。両目のあいだの少し上、第三の目の位置にケルト十字を描き、心臓の上にペンタグラムを描きます。性器、右胸、左胸、ふたたび性器に触れることで、逆三角形が描かれます。

神殿建立の儀式は、通常の方法でおこなわれます（次のレッスンを参照）。ベルが3回鳴らされます。

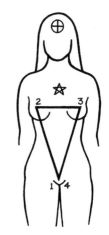

逆三角形が描かれる

プリーステス：孤独に苦しむ人がいなくなるように、寄る辺なく、兄弟姉妹もいない人が誰もいなくなるように。円のなかでは皆、愛と平和を見い出すのだ。

プリースト：男神と女神は両手を広げ、皆をあたたかく迎えてくれる。

スクワイア：我々が享受するものを求めて、はるばる旅をしてきた者がいます。

メイデン：道のりは長かったのですが、いま彼女はそれが終わりに近づいていると感じています。

プリースト：あなたは誰のことを話しているのか。

スクワイア：入会を求めて、今も我々の神殿の外で待つ女性です。

プリーステス：だれが彼女をここに連れて来たのか。

メイデン：彼女はみずから進んで来ました。

プリースト：彼女は何を求めているのか。

メイデン：彼女は男神や女神と1つになることを求めています。神々を崇拝する我々に加わることを求めています。

プリーステス：この人物を請け合う者は誰か。

スクワイア：私です。彼女の教師として‡、これまで彼女に道を示してきました。彼女が正しい方向に進むように。

そして彼女は、この道を選び、今入会を希望して、あなたに懇

---

‡ この部分はあきらかに、この段階まで入会希望者と一緒に努力をしてきた人物が担っている。

願しています。

プリースト：彼女を連れてくることができるか。

スクワイア：もちろん、できます。

プリースティス：では、そうなさい。

スクワイアはひもとアサメイ、メイデンは目隠し用の布とキャンドルを持ちます。ふたりは時計回りに円を周って東に向かい、そこで円から出ます[§]。神殿を出た彼らは、入会希望者のもとへ行きます。スクワイアが彼女を縛っているあいだ、メイデンは彼女に目隠しをします（121ページのイラスト参照）。入会希望者を真ん中にして、2人は神殿のドアに近づきます。スクワイアがアサメイの柄でドアをノックします。

プリースト：ノックするのは誰か。

スクワイア：我々の仲間に加わる者を連れて戻ります。

プリースティス：彼女の名前は。

入会希望者：私の名前は…（名前）…私は入会を求めます。

プリースティス：我々の神殿に入りなさい。

3人が神殿に入り、円の外側、東に立ちます。メイデンはキャンドルを持ち、スクワイアはアサメイを持ちます。ベルが一度鳴らされます。

プリースト：…（名前）…、あなたはなぜここに来たのか。

入会希望者：私が信じる神々を崇拝し、彼らと、そしてウイッチクラフトの兄弟姉妹とひとつになるためです。

プリースティス：何を携えてきたのか。

入会希望者：この身一つで参りました。生まれたままの、飾らない真の姿で。

プリースティス：それでは、この信仰と魔術の円に入ることを命じる。

スクワイアが彼女らを円に入れます。彼らは円の内側に立ちますが、まだ東側にいます。プリーストとプリースティスは円を周って、彼らのもとに向かいます。

---

§　円の出入りの詳細はレッスン11を参照のこと。

レッスン4　始めよう

プリーストはつり香炉、プリースティスは塩水を持っています。

> **プリースト**：我々の聖なる円に入れるために、男神と女神の名のもとに、汝
> をここに正式に聖別する。

　もし入会希望者がローブを着ていたら、プリースティスがローブを開き、プリーストは、彼女に聖水をまき、香を薫きしめます。その後ローブを閉じます。プリーストとプリースティスは祭壇に戻り、スクワイア、入会希望者、メイデンがそれに続きます。プリーストとプリースティスは祭壇の前に立ちます。スクワイアとメイデンは円を周って、入会希望者を間にはさみ、お互い反対側のはなれた位置に立ちます。彼らはプリーストとプリースティスと向かい合います。ベルが2回鳴らされます。

> **プリースティス**：私はいま、女神に代わって訊く。汝はなぜここにいるのか。
> **入会希望者**：男神や女神とひとつになり、彼らの崇拝に加わるためです。
> **プリースト**：私は神の代弁者である。汝をここへ連れてきたのは誰か。
> **入会希望者**：誰でもありません。みずから望んでここにいるのです。
> **プリースト**：これまでの人生を終わりにしたいと思うか。
> **入会希望者**：はい、そう望みます。
> **プリースト**：それでは、そうしなさい。

　スクワイアはアサメイで彼女の髪の毛を1房切り、つり香炉に投げ入れます。スクワイアとメイデンは、入会希望者とともに円の東側に移動します。

> **メイデン**：東の門の汝らよ、みな耳を傾けよ。ここに我々に加わる者がい
> る。彼女を迎え、喜びを与えよ。

彼らは南に進みます。

> **スクワイア**：南の門の汝らよ、みな耳を傾けよ。ここに我々に加わる者がい
> る。彼女を迎え、喜びを与えよ。

119

彼らは西に進みます。

> **メイデン**：西の門の汝らよ、みな耳を傾けよ。ここに我々に加わる者がい
> る。彼女を迎え、喜びを与えよ。

彼らは北に進みます。

> **スクワイア**：北の門の汝らよ、みな耳を傾けよ。ここに我々に加わる者がい
> る。彼女を迎え、喜びを与えよ。

　スクワイアとメイデンは、ふたたび入会希望者を導き、祭壇の裏に立たせます。
彼らはプリーストとプリースティスと向かい合います。プリーストとプリース
ティスは冠をかぶり、アサメイをもって並んでいます。アサメイをもつ右手を高
く挙げ、敬意を表します。
　スクワイアがベルを３回鳴らします。

> **メイデン**：さあ、いま汝が求める方々に対面しなければならない。

メイデンは入会希望者の目隠しを外します。

> **メイデン**：見よ、２人のプリーストのうちに、神々を見い出すだろう。そ
> して、我々と彼らはひとつであることを知るのだ。
> **スクワイア**：我々が神々を必要とするように、神々も我々を必要とするのだ。
> **プリースト**：私は男神の代弁者である。それでも汝と私は対等である。
> **プリースティス**：私は女神の代弁者である。それでも汝と我は対等である。

　プリーストとプリースティスはアサメイを下ろし、入会希望者に剣先を向け、
彼女はそれにキスをします。

> **入会希望者**：男神と女神に敬意を表します。彼らの代理を務めた方々と同様

120

イニシエーションのための縛り方

ステップ1：9フィートの赤いひもを、入会希望者の背面で左手首に巻き付けます。ひもの中心に、本結び、または、こま結びで、結び目を1つ作ります。
ステップ2：入会希望者の右手首を左手首の上に重ねて、もう1回結びます。
注意：両腕は、頭を頂点とした三角形の底辺になるようにします（イラスト参照）。
ステップ3：ひもの両端を持ち上げ、身体の前で交差させ、片方を首にまわします。
ステップ4：ひもの片端を首の後ろに巻き付け、右肩で蝶結びを作ります。

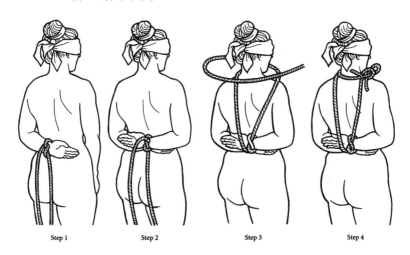

に。私は神々、そしてクラフトの皆を愛し、支持することを誓います。

プリースト：汝はウイッカの掟を知っているか。
入会希望者：はい、知っています。何者も害さない限り、汝の欲することをせよ。
プリースティス：では、その掟に従うか。

入会希望者：はい、従います。

プリースト：よくぞ言った。束縛を解かれよ、そうすれば新たに生まれ変わるであろう。

スクワイアがひもを解きます。メイデンが入会希望者をプリーストとプリースティスのあいだに立たせます。メイデンはスクワイアの隣に戻ります。

プリースティス：汝は新たな人生を始めるにあたり、それにふさわしい名前をみずから選ぶことになる。そのような名をもっているか。

入会希望者：持っています。それは…（クラフトネーム）…です。

プリースト：今後汝は、クラフトの皆に、その名前で呼ばれることになるであろう。

プリーストは聖油を手に取ります。入会希望者がローブを着ているなら、プリースティスがローブを開けます。プリーストが聖油を塗り（十字、ペンタグラム、そしてトライアングル）、次のように唱えます。

プリースト：この聖油で私は汝を聖別し、清め、神々の子どもたちの1人として新たな人生を与えた。今後汝は、この円の内外で、クラフトの皆によって…（クラフトネーム）…と呼ばれることになる。そうあれかし。

全　　員：そうあれかし！

プリースティス：いま汝は真に我々の一員となった。我々の一員として、汝は神々の知識を分かち合うことになる。そしてヒーリング術、占い術、魔術、あらゆる秘術を共有するであろう。これらは汝の進歩にともなって学ぶことになるだろう。

プリースト：しかし我々は、いかなるときもウイッカの掟を胸にきざむよう汝に忠告する。何者も害しない限り、汝の欲することをせよ。

プリースティス：何者も害しない限り、汝の欲することをせよ。さあ、来るがよい、…（名前）…、そして仲間に会いましょう。

レッスン4　始めよう

　入会希望者はプリーストとプリース
ティスに挨拶をしてから移動し、円内の
皆に挨拶します。イニシエーションがほ
かのカヴンのメンバーの立会いなしにお
こなわれる場合、彼らはそのとき円に戻
り、儀式に加わります。新たな入会者に
贈り物をする習慣があるカヴンなら、こ
のときに贈ります。ベルが3回鳴らされ
ます。

　　プリースト：さあ、今こそ祝福のと
　　　　　　　　きである。

　その後、神殿が消去されるまで、陽気
な祝宴となります。

儀式

　次のレッスンでは、今後儀式で使うことができるように、ツールの聖別につい
て述べます。

123

［レッスン4］ 練習問題

1. あなたはどのようにイニシエーションを受ける心の準備をしましたか？

2. もしあなたが既存の宗派に参加するつもりなら、所属するカヴンのメンバー、プリースト、プリースティス、そしてそのカヴンの目的について書いてください。なぜあなたはそのカヴンに参加するのですか？

［レッスン4］　理解度テスト

1．イニシエーションの主題に使われる言葉は何ですか？

2．イニシエーションの一般的なひな形について短くまとめなさい。

3．目隠しと身体を縛ることの意味は何ですか？

4．ウイッカの掟は何ですか？　そしてそれは何を意味しますか？

5．女性がほかの女性を入会させるのは一般的なことですか？

6．あなたにとってウイッカの信仰とは何か、そしてその一員になりたい理由について、小論文を書いてください。

◎推薦図書

"Witchcraft Today"（ジェラルド・B・ガードナー著）

"Rites and Symbols of Initiation（Birth and Rebirth）"（ミルチャ・エリアーデ著）

　　——邦訳『生と再生―イニシェーションの宗教的意義』（堀一郎訳、東京大学出版会）

◎補助読本

"The Rites of Passage"（アルノルト・ファン・ヘネップ著）

　　——邦訳『通過儀礼』（綾部恒雄ほか訳、岩波文庫）

Lesson5 - レッスン5

カヴンと儀式
Covens and Rituals

カヴンと階級

　いつの時代も、単独の、または「ひとりぼっちの」ウイッチ……1人で活動する（その多くは1人暮らしの）ウイッチは存在しました。そのほうが集団より快適だと感じる人はいまだに多いのです。そうしたソロのウイッチに限定して、後章で述べるつもりです。これに対して、大多数のウイッチは、カヴンと称されるグループで活動します。その言葉の起源ははっきりしません。マーガレット・マレー（"The Witch Cult in Westen Europe"）は、「集まる（convene）から派生した」と示唆しています。カヴンはごく小さなグループで、ふつうは12人ほどです。「伝説によれば」13人とされますが、その人数を厳守しなければならない根拠は何一つありません。これまでの経験上、もっとも快適なのは8人くらいでしょう。カヴンの人数を左右する要素の1つは、彼らが儀式をおこなう魔法円の大きさです。これは伝統的に、直径9フィートです。だからその範囲内で支障なく活動できる人数は限られることが、おのずとわかります。しかし直径が決まっているというのは、まったく本末転倒です。円の大きさは何よりも、メンバーの人数に基づいて決めるべきなのです。理想的な大きさを知るためには、全員が円内で、内側を向いて手をつなぎます。それからゆっくりと、腕が伸びきるくらいまで手を伸ばし、輪を外側に広げていきます。そのとき、ちょうど全員が楽に入りきる大きさが、魔法円の大きさとなります。それが直径7フィートでも、8フィート、10フィート6インチ、あるいは15フィートでも、かまわないのです。重要なのは、グループで魔法円に沿ってダンスするときなどに境界を越える心配がなく、全員

が十分に余裕をもって円内に収まることです。

　カヴンは小ぢんまりとした、固い絆で結ばれた集団です。じっさい、カヴンのメンバーと実の肉親以上に親しくなることも珍しくありません。このためウイッカ信仰は、「家族的宗教」といわれることがよくあります。だから、メンバーを選ぶときは慎重になるべきです。みなが古き宗教に興味があるというだけでは不十分です。ほんとうにお互い気が合って、仲良くやっていけて、安心できる関係でなくてはなりません。そうなるまでにはふつう時間がかかります。だから、カヴンをつくろうとあせってはいけません。

　友人たちとともにウイッカの信仰について学びましょう。手あたりしだいに関連本を読み、お互いに議論し、検討してください。入会したウイッチの知り合いがいるとか、興味のある著者と連絡がとれそうだったら、恐れずに質問することです。

　こうしたことすべてに真剣になりすぎて、ユーモアを解する心を失わないようにしましょう。確かに、宗教には真剣さも必要ですが、神々は笑うことを知っていますし、ウイッチというものはいつでも、さまざまなことを楽しんで実践してきました。もちろん、カヴンの儀式は軽々しくおこなうべきではありませんが、もし誰かがミスをしたら（たとえばキャンドルに座ってしまったら！）人間らしくあることを恐れず、くすっと笑ってもよいのです。宗教的儀式は、自分がおこないたいから、それをおこなうこと自体楽しいからするのであって、義務としておこなうものではありません（それは他の宗教にまかせましょう！）。

階級制と司祭職

　グループにはリーダーが１人、または２人必要です。リーダーたちは、グループの司祭として、男神と女神の代わりを務めます。だから、男性ひとり、女性ひとりのリーダーが理想的です。サクソン派（そして少数の他宗派）では、リーダーは民主的にカヴンのメンバーによって選ばれます。任期は１年で、再選もあります（再選された場合、その呼称が同時に広がったかどうかは定かでありませんが、ハイ・プリースティスまたはハイ・プリーストと呼ばれます）。こうした制度にメリットがあるのは確かです。

　１）司祭職によるいかなる自己顕示や、権力による強圧行為も締め出すという

メリット

2）グループのリーダーとなり、カヴンを運営する経験を積むことを望むすべての人に与えるメリット

3）有能なリーダーがふたたびその地位に就くことができる一方、その地位を悪用する者を除外するメリット

しかし多くの宗派では、階級制度 —— 昇級を通じた序列制度があり、そこでは、必要な階級に達しない者がリーダーとなることは不可能です。残念なことに、こうした制度は、よく権力による強圧行為（「私はあなたより階級が上 —— ゆえに『より優れた』ウイッチである！」）や、えこひいき、乱用、自己賞揚といったあらゆる問題を招きます。取り急ぎ付け加えて言えば、階級制度のすべてが問題だと言っているのではありません。ただ、常にその可能性があるということです。このような制度で、何年も非常にうまくやっているカヴンも多いのです。

多くの階級制度では、あなたは徒弟（ファースト・ディグリー（第一階級））に入ります。典型的な例として、ガードナー派を見てみましょう。そこでは、ファースト・ディグリーは「コーラス」の役割として儀式に参加します。そして上位のメンバーから学びます。その階級には、少なくとも１年と１日とどまらなくてはなりません。セカンド・ディグリー（第二階級）に進むと、儀式ではより活動の範囲が広がります。たとえば、セカンド・ディグリーのガードナー派の女性は、ハイ・プリースティスのために魔法円を描くことができます。しかし彼女は、誰も入会させることはできません。少なくとも１年と１日を経た後、準備ができたと認められれば、サード・ディグリー（第三階級）に進むことができます。ガードナー派では、サード・ディグリーのウイッチは、独立して新たにカヴンをつくることができます。彼女はそのカヴンを運営し、古巣であるカヴンのハイ・プリースティスから干渉されることなく、誰でも入会させることができます。カヴンは、独立しているのです。もちろん、サード・ディグリーのウイッチがみな独立して新たなカヴンを始める必要はありません。その階級の多くは現在のカヴンにとどまることで十分満足し、そこで先輩格とみなされているのです。

宗派が違えば、制度も異なります。階級が３つ以上の派もあれば、１つの階級から次の階級に昇るまでの期間をできるだけ長くしたほうがいいと強く主張する派もあり、プリーストがプリースティスと同等の権限をもつ派もあります。

プリースティスまたはプリーストとは、どのような人間であるべきなのでしょ

うか。1963年、私がスコットランドのパースで最初にレディ・オルウェンに入会の儀式を受けたとき、彼女は真にカヴンのリーダーにふさわしい人物像についてのアウトラインを示してくれました。作者は不明ですが、彼女はこのような話をしてくれました。

プリーストとプリースティスの愛

　あなたが彼らにちょっとのあいだ近づいて、その後立ち去ったあげく、どんなことをしたとしても、彼らの愛が変わることはない。

　彼らに面会することを拒絶しても、あるいは彼らに居留守をつかっても、そして誰かに彼らの悪態をついたとしても、彼らの愛が変わることはない。

　あなたがもっとも軽蔑されるような人間になって、彼らの元に戻ったとしても、彼らの愛が変わることはない。

　あなたが神々を敵に回し、その後彼らの元に戻っても、彼らの愛が変わることはない。

　行きたいところに行き、そこにどれほど長くいて、その後彼らの元に戻っても、彼らの愛が変わることはない。

　他者をののしり、みずからをののしり、彼らをののしり、その後彼らの元に戻っても、彼らの愛は変わることはない。

　彼らはけっしてあなたを非難することもないし、見くびることもないし、けっして裏切らない。それは彼らにとって、あなたはすべてであり、彼ら自身は無だからだ。彼らはけっしてあなたを欺かないし、あざ笑うこともない。彼らはけっして見捨てはしない。なぜなら、彼らにとってあなたは、仕えるべき男神や女神に本質的に等しく、彼らはあなたの僕だからだ。

　あなたに何が起ころうと

　あなたがどうなろうと

　彼らはいつも、あなたを待っている。

　彼らはあなたを理解し、あなたを助け、愛する。

　変わりゆくこの世界で、彼らは変わることなく、あなたを愛し続ける。

　彼らの愛、最愛の人は、変わりはしない。

ウイッチではない者（入会を許されていない者）は、カウアン（cowan）と称されます。一般的に、カウアンは儀式に参加することはできませんが、宗派によっては、見学を許されることもあります。私としては、カウアンは宗教的儀式への参加を許されてしかるべきだと考えます（ただし、魔術を伴わない儀式）。その場合、カヴン全員の同意があり、かつ、ローブを着て活動するカヴンであればという条件つきですが。古き宗教の信仰の真髄を学び、進むべき道を決めるよりよい方法とは何でしょうか。それはまた、図らずも、世間に広まった誤解を正すことになるし、すばらしいピーアールにもなります。

宗教において、参加することは重要なことです。キリスト教に対する非難のひとつは、私が思うに、一般の信者はせいぜい傍観者にすぎないという事実です。信者はいわば観客席に座り、ほかの群集とともに儀式のほとんどを見物するだけなのです。あなたがカヴンの「家族」の一員として、その中心にあって参加するウイッカ信仰との違いは歴然としています。

この考えについて詳しく述べましょう。カヴンのメンバーにはできるかぎり多くの役割が与えられます。集会ごとに（あるいは交代制で）各メンバーには、インセンス担当、ゴブレットにワインが足りているか目配りをする者、あるいは本のページをめくる者といった役割が与えられます。魔法円のなかではすべての人が平等です。儀式のリーダーたち（カヴンのプリーストとプリースティス）は指導者にすぎず、支配者ではありません。司祭職はリーダーシップを発揮するだけで、権力を持つわけではありません。これから紹介する儀式には、実に多くの人々が登場することに気づくでしょう。

一度入会を許された者は、ウイッチであり、プリーストであり、プリースティスでもあります。ウイッチクラフトは司祭職あっての宗教です。つまり、ソロのウイッチがみずから司祭職を務め、自分自身で儀式をおこなうことができるのです。ここで呼称について一言。入会を許されたものはウイッチですが、レッスン3で少し触れたとおり、主な宗派ではこの言葉で呼びかけることはありません。つまり、ウイッチ・レマ、またはウイッチ・スカイアなどと呼びかけず、たんにレマ、またはスカイアと呼びかけます。しかし宗派によっては「ロード」「レディ」という呼称を使用こともあります。ガードナー派とサクソン派では、ハイ・プリースティス（のみ）がレディ・フレイア（あるいはその名前）で呼ばれ、彼女に話しかけるときは「マイ・レディ」と呼びかけます。しかしほかの女性がそのよう

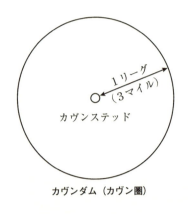

カヴンダム（カヴン圏）

に呼ばれることはありません。それ以外の宗派は「ロード」と「レディ」の双方を見境なく使用しているようです。このことについては、歴史的な先例の有無はわかりませんが、多くのことと同様に、それほど重要ではありません……これもまた、あなたが好ましく思うかどうかという問題です。

「クイーン」と「キング」という呼称は、論外でしょう。カヴンはそれぞれ独立しており、ウイッカで認められているとおり「すべてのウイッチのリーダー」というものは存在しません。それでもそれに反する主張が時々見受けられます。

カヴンステッド（カヴンの所在地）と　カヴンダム（カヴン圏）

　カヴンの拠り所（毎回、またはもっともよく集まる場所）はカヴンステッド（covenstead）と称されています。もちろんカヴンステッドのなかには祈りの場、神殿があります。カヴンダム（covendom：カヴンの勢力範囲）は昔から、カヴンステッドを中心として全方位へ１リーグ（およそ３マイル＝4.8キロ）の範囲とされています。これは古くからカヴンのウイッチが住む範囲でもあります。かつてはカヴンダム同士が重なることはなく、隣り合うカヴンステッドの距離が６マイルを切ることはけっしてありませんでした。いまでは、そうした昔の境界線はほとんど重要視されていません。とはいえ、自分たちの集会の場所はカヴンステッドと呼ぶことが望ましいし、そうしたければ、隣のカヴンステッドまでの距離を、カヴンダムの範囲の中間までとみなしてもよいでしょう。

儀式の本

　ウイッカの信仰は本来、まったくの口承でした――それまで記録に残されたものはなく、すべては口伝えでした。しかし迫害の時代が始まり、ウイッチとカヴンは身を隠さなければならなくなり、その結果、互いの連絡が途絶えてしまい

ました。そこで儀式の方法を残すために、ウイッチはそれを書き留めるようになりました――すべてではなく、基本的な儀式のみです。ウイッチたちは密かに――いわば「物陰で」――集まっていました。そして儀式を書き留めた本は「影の書」と称されるようになり、いまだにそれは変わりません。

かつては、それぞれのカヴンにそうした本が1冊だけありました。カヴンのメンバーはそれぞれの得意分野（たとえば薬草学、占星術、ヒーリング）について覚え書きをした本をもっていたかもしれません。しかしすべての儀式について記された本は1冊のみで、それはプリーストまたはプリースティスが保管していました。これはもちろん、ウイッカ信仰に敵対する人々に発見されないようにするためでした。

近年、すべてのウイッチが、すべてを記した影の書をもつようになりました。まずは、自分専用の本を用意しましょう。文房具やオフィス用品の店で白紙の本を買うこともできますし、これは申し分ないといえます。宗派によって、表紙の色は黒、緑、茶色とさまざまですが、これも、自分の好みの色でけっこうです。

最初から自分だけの本を作ろうとするウイッチが多いようです。羊皮紙でページを仕上げ、細工した皮で装丁したり、彫刻を施した木版で製本する人もいます。このような本を作ることは趣味の領域といえますが、間違いなく、自由に芸術性を発揮する格好の機会といえます。自分で製本することは、それほど難しくありません。それについては参考図書がいくつもあります（"Hand Bookbinding"（オールドレン・A・ワトソン著、ベル・パブリッシング刊、N.Y.、1963年）もその1つです）。メインとなるカヴン用の本を1冊決めたら、それにどれか個人のウイッチの本を加え、その後数人でカヴンの本に取り組むのもよいでしょう。

好きなように、自由に自分の本に手を加えてよいのです。私は実に美しい本を見たことがあります。ページごとに飾り文字が並び、精巧に作られた力作でした。もちろん、シンプルなほうが好きな人は、それでかまいません。本は持ち主を表すのです。ひとつ心に留めてほしいことは、本はじっさいに使用するものだということです。魔法円のなかで儀式をおこなうさいに読むものだということです。文字は装飾過多にならないようにしましょう。そうでないと、ゆらめくキャンドルの火の下では、判読できないかもしれません！

本書で異なる儀式を見つけたら、自分の本に書き写してください。この本をすべて読み終えるころには、あなたの影の書が完成するでしょう。

ツールを清める（ツールの聖別）

　手製のツール、さらに手製の装身具は、さまざまな霊気を帯びています。だからツールを使用する前に、儀式によって清め、それを使う対象に捧げることが必要になります。これは、「聖水をまくことと香を薫くこと」でできます。塩を器に入れて水と混ぜ合わせると、それは本質的に「聖水」となります。インセンスの煙とあいまって、これは精神的な浄化をもたらします。最初に清めるのはナイフまたはアサメイです。繰り返し魔法円を描くアサメイは、通常の儀式における必需品です。この後につづく「聖別の儀式」は、アサメイのために書かれています。あとは、アサメイの部分を、聖別しようとするほかのツール（たとえば剣、タリスマン）にあてはめればよいだけです。聖別は一度おこなうだけで十分で、魔法円を描くたびに繰り返す必要はありません。

　レッスン４の「自己献身」で詳述した魔法円を描くところから始めましょう。「いま神殿は建立された。故なくしてここから去ることはない。そうあれかし」まで、儀式をおこなってください。そこから続けます。

聖別の儀式

　自分のアサメイを手に取り、高く掲げて挨拶し、次のように唱えましょう。

　　「男神と女神、ロードとレディ、あらゆる生命の父と母よ。
　　　私はお二方の承認を求め、ここに私だけのツールを捧げます。
　　　自然の素材から生まれ
　　　お二方の面前にあるごとく形を与えられた。
　　　今後それは、お二方の助けをかりて、
　　　ツール、そして武器として私の役に立つだろう」

　アサメイを祭壇上に置き、立ちあがるか、ひざまずきます。しばらく頭を垂れ、アサメイ（剣、タリスマン、その他何でも）の聖別と、それを真に自分のものとするためにおこなったことを振り返りましょう。その後、塩水に指を浸し、アサメイにまきます。アサメイを裏返し、反対側にもまきます。それを取り出し、インセンスの煙にかざします。向きを変え、アサメイ全体に煙がゆきわたるように

レッスン5　カヴンと儀式

します。それから次のように唱えましょう。

「聖なる水と聖なるインセンスの煙が、
　このアサメイのあらゆる汚れを取り除きますように。
　そうすればアサメイは清く、浄化され、
　どんなことを願っても
　いつでも私と私の神々の役に立つだろう。
　そうあれかし」

両方の手のひらでアサメイをはさみ、みずからのエネルギー —— みずからの
パワー —— をすべてアサメイに集中させます。そしてこう唱えましょう。

「男神と女神の知恵と力が、私によって、このアサメイに満たされる。
　すべてにおいて、我々によく仕えるように、
　災いから私を守り、神々の助けをもって、その役目を果たすように。
　そうあれかし」

もしこのとき他のツールも聖別するなら、それぞれ同様に、上記を繰り返して
ください。その後、魔法円を閉じます。あらたに清められたアサメイを右手にもっ
て掲げ（左利きなら左手）、次のように唱えます。

「神々の参列に感謝します。私のなすことすべてにおいて、神々がいつも私
　を*見守り、付き添い、私を*導いてくださるように。
　愛は法、愛は絆。
　そうあれかし」

聖別されたツールは、聖別の儀式のあと24時間は、肌身離さず持ち歩きます。
そして3日間は、夜枕の下に入れて眠りましょう。それ以後は、自分のアサメイ
をこれから紹介する儀式で使うことができます。これは自分だけのツールです。
ただ誰かに触らせたり、見せるだけなら害はありません。しかし、魔法円を出入
りするために誰かに貸してはいけません。

カヴンでおこなわれたように、ふさわしいツールを用いて儀式を始め、終わら
せる手順を見ていきましょう。サクソン派では、それらの儀式を「神殿の建立」

---

* 魔法円にあなた以外の人がいる場合、「我々を」となる。

135

様々なツール

と「神殿の消去」と呼びます。ほかの派では「神殿を開く」「神殿を閉じる」といいますが、ここではサクソン派の呼称を使います。

本書の儀式は、カヴンに属する多くの人々に向けて書かれています。しかし、少数の人に向けて思い切って変更してもかまいません。私が「プリースト／プリースティス」と記したところは、どちらか一方が言葉を発する、あるいは行為をするということです。そうでない場合、どちらかを明記しています。

神殿の建立

　魔法円を床に描きます。四方にキャンドルが置かれています。東に黄色、南に赤、西に青、そして北は緑のキャンドルです。祭壇は円の中心に設置し、その正面に立ったとき、自分が東向きになるようにします。祭壇上には、白いキャンドルが1、2本、香炉、塩と水の入った器、ベル、神々の像（オプション）、聖油の器、ワイン（またはフルーツジュース）の入ったゴブレット、献酒の器、剣（もしあれば）、そして（または）プリーストのアサメイがあります。

　つり香炉を担当する人はインセンスと祭壇上のキャンドルに火を点し（魔法円

のキャンドルではない）、その場を離れ、カヴンの他のメンバーとともに北東の方角で待ちます。

プリーストとプリースティスが東（東のキャンドルのちょうど北側）から入り、—— 彼らの後に、全員がつづく —— 祭壇の前に移動し、東を向いて立ちます。プリーストがベルを3回鳴らします。

> **プリースト／プリースティス**：いま神殿は建立されようとしている。魔法円は描かれようとしている。参加を願う者は東に集い、召集を待て。みずから進んで来た者以外は何人もこの場にいないように。

プリーストとプリースティスはそれぞれ祭壇のキャンドルを手に、時計回りに祭壇を回りこみ、反対側の東側に移動します。プリースティスは手にしたキャンドルで、東のキャンドルに火を点します。

> **プリースティス**：今私は東に火を点し、気をもたらす。
> 我々の神殿を照らし、生命をもたらすために。

彼らは円に沿って、東へと向かい、そこでプリーストが南のキャンドルに火を点します。

> **プリースト**：今私は南に火を点し、火をもたらす。
> 我々の神殿を照らし、温もりをもたらすために。

彼らは円に沿って、西へと向かい、そこでプリースティスが西のキャンドルに火を点します。

> **プリースティス**：今私は西に火を点し、水をもたらす。
> 我々の神殿を照らし、洗い清めるために。

彼らは円に沿って、北へと向かい、そこでプリーストが北のキャンドルに火を点します。

プリースト：今私は北に火を点し、土（地）をもたらす。
我々の神殿を照らし、強固にするために。

彼らは円に沿って東に向かい、それから祭壇に戻り、キャンドルを元に戻します。プリースティス[†]は剣（またはアサメイ）を手に取り、東に戻ります。今度はゆっくりと、剣先で円のラインをなぞるようにして歩きます。彼女または彼は歩きながら、みずからのパワーを集中させ、円のラインに注入します。それが終わったら、祭壇に戻ります。ベルが3回鳴らされます。プリーストはアサメイの剣先を塩の器に入れ、次のように唱えます。

プリースト：塩は生命。我らがそれをもちいるすべてにおいて、我らを清めたまえ。
我らが儀式で男神と女神の栄光に身を捧げるとき、
我らの心身を清めたまえ。

プリースティスは塩の器を手に取り、アサメイの刃先を使って塩を3杯、水に落とします。アサメイで塩水をかきまぜ、次のように唱えます。

プリースティス：聖なる塩にこの水の汚れをすべて払わせ、我らの儀式を通じて役立つように。

プリーストは香炉、プリースティスは塩水を手に取ります。彼らはふたたび祭壇を回って東に向かいます。そこから時計回りにゆっくりと円に沿って歩き始め、プリースティスは塩水を円のラインにまきます。プリーストは香炉を、ラインに沿って進ませます。そして出発点に戻ります。2人は祭壇に戻り、ツールを元に戻します。プリーストはオイルに塩をひとつまみ入れ、指でかき混ぜます。そしてプリースティスを聖別します（注意：ローブを着ている場合、円にケルト十字のみ描かれます。ローブを着ていない場合は、続いてペンタグラムと逆三角形を描きます）。

---

† 「光の半年」はプリースティス、「暗黒の半年」はプリースト。

レッスン5 カヴンと儀式

プリースト：男神と女神の名において、私は汝を聖別し、この神々の神殿に
喜んで迎えよう。

　彼らはあいさつのキスをし、プリースティスは、先ほどと同様の言葉をもって
プリーストを聖別し、あいさつします。その後、プリースティスはオイルを、プ
リーストはアサメイを手に、ともに円に沿って東に向かいます。プリーストは円
のラインを断つようにして2箇所「カット」します。これで円の入り口ができま
す（図5.1 A－B参照）。
　カヴンのメンバーが1人ずつ入ります。そのさい、男性はプリースティスによっ
て、女性はプリーストによって聖別されます。そして次のような言葉で迎えられ
ます。

プリースト／プリースティス：男神と女神の名において、私は汝を聖別し、
この神々の神殿に喜んで迎えよう。この集いを楽しもう。

　カヴンのメンバーは円を回って、祭壇の周りに集まります。できるだけ男性と
女性は交互に並びましょう。最後のメンバーを受け入れたら、プリーストは、ふ
たたびアサメイを円のラインに当てて、2箇所の切れ目を結びます。プリースティ
スはそこに少量のオイルをまき、プリーストはアサメイを掲げ、ペンタグラムを
描いてそれを封印します（図5.1 A－D参照）。

プリースト／プリースティス：ここに集う皆が愛と平和とともにあるように。
我らは喜んで皆を迎える。さあ四方にあいさつし、神々を迎え
よう。

　東にもっとも近いカヴンのメンバーは向きを変えて移動し、東のキャンドルに
向かって立ちます。彼女／彼のアサメイを掲げます。彼女／彼は祈願のペンタグ
ラムを描き（ペンタグラムの描き方参照）、次のように唱えます。

139

ペンタグラムの描き方

メンバー：我らは気のエレメント、東の守り神に挨拶する。いかなる時も我らの円がしっかりともちこたえるよう見守りたまえ。

彼女／彼は彼女／彼のアサメイの刃にキスし、円に戻ります。南にもっとも近いメンバーは、南のキャンドルに向かいます。アサメイを掲げ、彼女／彼は祈願のペンタグラムを描き、次のように唱えます。

メンバー：我らは火のエレメント、南の守り神に挨拶する。いかなる時も我らの円がしっかりともちこたえるよう見守りたまえ。

彼女／彼は彼女／彼のアサメイの刃にキスし、円に戻ります。西にもっとも近いメンバーは、西のキャンドルに向かいます。アサメイを掲げ、彼女／彼は祈願のペンタグラムを描き、次のように唱えます。

メンバー：我らは水のエレメント、西の守り神に挨拶する。いかなる時も我らの円がしっかりともちこたえるよう見守りたまえ。

彼女／彼は彼女／彼のアサメイの刃にキスし、円に戻ります。北にもっとも近いメンバーは、北のキャンドルに向かいます。アサメイを掲げ、彼女／彼は祈願のペンタグラムを描き、次のように唱えます。

メンバー：我らは地のエレメント、北の守り神に挨拶する。いかなる時も我らの円がしっかりともちこたえるよう見守りたまえ。

彼女／彼は彼女／彼のアサメイの刃にキスし、円に戻ります。プリースト／プリースティスはアサメイを掲げ、ペンタグラムを描き、次のように唱えます。

プリースト／プリースティス：
　　　　ごきげんよう、4つのエレメントよ！
　　　　ごきげんよう、神々よ！
　　　　我らが神々のためにおこなう儀式に立ち会い、見守ってくださるように。
　　　　ようこそ！
全　　　員：ようこそ！
プリースト：友愛の杯を分け合おう。

プリーストは神々の名を呼びながら、ゴブレットのワインを少量、大地、または献酒の器に注ぎます。その後彼はワインを飲み、プリースティスにゴブレットを渡します。彼女もワインを飲み、自分の左側でもっとも近いメンバーにそれを渡します。そのメンバーが飲んだら、その隣に渡します。ゴブレットがメンバー全員に回り、皆が口をつけたら、祭壇に戻します（注意：全員が献酒用の器に注ぐ必要はない。最初の人物、この場合はプリーストのみ）。ベルが3度鳴らされます。

プリースティス：いま我らはここに集い、神殿が建立された。何者も故なくして立ち去ることはできない、神殿が消去されるまでは。そうあれかし。
全　　　員：そうあれかし！

神殿の建立は、集会の始まりごとに行われます。基本的に、それは集会の場所と参加者双方の聖別です。集会が──エスバット、サバト（祝祭）、何であれ

―― このあとに続きます。そして、あらゆる集会の後は、神殿の消去がおこなわれます。

魔法円の出入り

魔術をおこなっている最中は、魔法円の出入りは禁止です。それ以外は、円を出て、ふたたび戻ることもできます。とはいえ、円の出入りには常に注意を払うべきで、ほんとうに必要なときに限られます。その方法は次のとおりです。

円を出る

アサメイを手に、東に立ちます。アサメイで円のラインを切るような動作をします。最初は自分の右側、ついで左側の順です（図5.1 ＡとＢ参照）。その後、カットしたラインのあいだから円を出ることができます。東にアーチ型の門をカットして、そこを通過することをイメージすることもできます。

ふたたび入る

円に戻るときは、同様に東の入口を通って入り、円のラインを「ふたたび結ぶ」ことで「閉じ」ます。じっさい、円はもともと三重に引かれています ―― 1つは剣、1つは塩水、もう1つはインセンスによって ―― だから、3つのラインをふたたび結ぶ必要があります。これは、ラインに沿って、刃を前後に動かすことでできます（図5.1 Ｃ参照）。ちなみに、これがアサメイの刃を両刃にする理由です。この場合や、同様の魔術をおこなうさい、両刃であれば、どちらの方向にも「カット」することができるわけです。

最後に、カットしたところを「封印」します。これは、アサメイの刃でペンタグラムを描きます。頂点から始め、刃を左下に下ろし、左斜め上に上げ、まっすぐ左へ引き、右下へ下ろし、最後に頂点に戻ります（図5.1 Ｄ参照）。

アサメイの刃にキスをし、元の場所に戻ります。通常は、ひとたび円を描いたら、神殿を消去するまで、誰も出てはいけません。つまり、ほんとうに必要な時でなければ、円を出ることはできません（たとえば、誰かがどうしてもお手洗いに行きたくなった場合！）。そのメンバーが円を出てしばらくのあいだいなくなる場合、彼女／彼は5.1 ＡとＢをおこない、出口を通り、円の外側から5.1 Ｃ

レッスン5 カヴンと儀式

図5.1 A−D

をおこない、一時的に円を閉じます。戻ったら、彼女／彼はふたたび円に入ります（同じ場所で、5.1 AとBをおこない、円に入り、いつものように5.1 Cによって円を閉じ、5.1 Dによって封印します）。注意してほしいのは、いったん魔術が始まったら、円を出入りすることができないということです。

神殿の消去

  プリースト／プリースティス[‡]：愛と友情のもとに集った我らは、同じように別れよう。この円で得た愛を、我らが出会う人々と分かち合い、すべての人に広げよう。

プリーストあるいはプリースティスは剣またはアサメイを掲げ、挨拶します。カヴンの全員がそれぞれのアサメイを掲げます。

  プリースト／プリースティス：男神と女神よ、我らを見守り、付き添い、導いてくれたこと、そして、ともにこの時を過ごしてくださった

[‡] 時季により異なる。

　　　　　　ことに感謝します。愛は法、愛は絆。楽しき出会い、楽しき別
　　　　　　れ、そしてふたたび楽しき出会いを。

全　　　員：楽しき出会い、楽しき別れ、そしてふたたび楽しき出会いを。

プリースト／プリースティス：神殿はいま消去される。そうあれかし。

全　　　員：そうあれかし！

　メンバー全員が各自のアサメイの刃にキスをします。その後神殿から移動し、互いにお別れのキスをします。

エスバット（集会）とサバト（祝祭）

　一般的なウイッチの集会は、エスバットと呼ばれています。どんなことをおこなってもよい（たとえば魔術、ヒーリングなど）のは、こうした集会です。ほとんどのカヴンは週に一度集まりますが、じっさい厳密なルールはありません。しかし少なくとも月に一度、満月の日には集まるべきです。1年間に満月は13回ありますから、間違いなく、少なくとも13回は集会があるはずです。満月に加え、多くのカヴンでは新月も祝います。

　さらに、エスバットに加え、サバトと呼ばれる祝祭があります（フランス語が起源、「浮かれ騒ぐ」「お祭り騒ぎ」の意味）。1年を通じて8回、ほぼ等間隔でおこなわれます。4つの大サバト、つまりサーウィン、イモルグ、ベルテーン、ルーナサと、4つの小サバト、春分、秋分、夏至、冬至があります。マーガレット・マレーは、"God of the Witches"のなかで、もっとも重要な2つ——サーウィンとベルテーンが野生動物と家畜双方の繁殖期と重なることを指摘しています。ペイガンの祝祭は後に、キリスト教に不当に利用されました。たとえば、イモルグは聖燭祭、ルーナサは収穫祭となりました。

　8つのサバトではそれぞれ、季節に応じて異なる祝祭が行われます。1年に一、二度、サバトの日が満月または新月と重なるときがあります。そうなったときは、エスバットはその日、サバトに続いて行われるのがふつうです。

　本質的に、サバトは、喜びと祝いの機会とされています。サバトでは、ヒーリングのような緊急を要することがなければ、ほかに何もおこないません。それでは、エスバットとサバトの儀式を紹介しましょう。

レッスン5　カヴンと儀式

エスバットの儀式

　これは基本的なエスバットの儀式です。毎週集会があるカヴンは、その都度利用できます。満月の日のために、満月の儀式もこれから登場します。新月の儀式も同様です。神殿の建立は、すでにおこなわれています。

　　　プリースト／プリースティス：ふたたび我らはともに集う。生きる喜びを分
　　　　　　　　　　　　かち合い、神々にたいする我らの思いを再確認するために。
　　　メンバー１：男神と女神は我らに情け深くしてくださった。いま持っている
　　　　　　　　　　　ものすべてを与えてくれた神々に感謝するのは当然です。
　　　メンバー２：神々はまた、我らが必要とするものを知っており、求めれば耳
　　　　　　　　　　　を傾けてくださる。
　　　プリースト／プリースティス：さあ、男神と女神が我らに示した厚意にみな
　　　　　　　　　　　で感謝しよう。
　　　　　　　　　　　そしてまた、我らが必要とするものをお願いしよう。
　　　　　　　　　　　神々はみずから助くる者を助くということをつねに忘れずに。

　この後３、４分間は、それぞれが自分なりの方法で、神々に感謝したり、助けを求めたりして静かな時間をすごします。ベルが３回鳴らされます。

　　　プリースト／プリースティス：何者も害さない限り、汝の欲することをせよ。
　　　全　　　員：何者も害さない限り、汝の欲することをせよ。
　　　プリースト／プリースティス：こうしてウイッカの掟は続く。それをしっか
　　　　　　　　　　　りと憶えておこう。何を望んでも、神々に何を求めても、それ
　　　　　　　　　　　が絶対に、何者も —— 自分自身でさえも、害さないことを。
　　　　　　　　　　　そして、与えれば、それは３倍になって返ってくる。
　　　　　　　　　　　自分自身を与えよ、みずからの愛を、生命を —— そうすれば、
　　　　　　　　　　　その３倍報われるだろう。しかし害を与えれば、それも３倍に
　　　　　　　　　　　なって返ってくるのだ。

　このとき音楽と歌があるとよいでしょう。好きな音楽、または神々をたたえる

145

聖歌がある人は、それを使います。あるいは、即興で何か作ってもかまいません。楽器をもっている人は、それを演奏します。もっていない場合、少なくとも手をたたくか、男神と女神の名前を唱えましょう。数分間これを楽しんでください。

> **プリースト／プリースティス**：男神と女神はともに、美しさと強さを兼ね備えている。
> 忍耐強さと愛、知恵と知識も。

（もしエスバットが満月か新月のどちらかにおこなわれるなら、それにふさわしい節をこの部分に入れましょう。そうでない場合、そのままケーキとエールの儀式に進みます。）

満月の儀式

プリースティスは脚を広げて立ち、両腕を広げ、天に向かって挙げます。プリーストは彼女の前にひざまずきます。カヴンのメンバーも、同様にします。全員が両腕を高く挙げます。

> **メンバー１**：月が高く上がるとき、女神が空を横切るとき、彼女のガウンについた星々はその後を追いかける。そして地上の我らウイッカン（ウイッカ信奉者）は愛と情熱をもち、祭られ、こうこうと輝く彼女を眺めるのみ。
> **メンバー２**：満月の夜、我らを空から見守る女神の調べにあわせて歌おう。
> 力強く、すべるような動きにあわせ、
> 我らは高らかに歌おう。
> そうすれば我らは愛の光を受けるだろう。

全員腕を下ろします。プリーストは立ち上がり、プリースティスにキスをします。そしてふたたびひざまずきます。

> **プリースト**：高貴な女神よ、あなたは多くの人々に、なんと多くの名前で呼

レッスン5　カヴンと儀式

ばれてきたことか。アフロディテ、ケリドウェン、ディアナ、フレイア、ガナ、イシス、そしてさらに多くの呼び名があった。それでも我らはあなたを（名前）[§]として知っているし、愛しています。そしてその名において、あなたをあがめ、崇拝します。

あなたの傍の男神とともに、我らはあなたに当然の敬意を払い、特別なこの夜に、あなたが儀式に参列してくださるように。

　プリーストはアサメイ —— または杖、もし使うなら —— を手に立ち上がり、プリースティスの額にペンタグラムを描きます。メンバーがベルを3回鳴らします。

　　　プリースト：現れよ、私の女神よ、我らはあなたが現れ、あなたの子である我らに話かけてくださることを祈願します。

　プリーストはふたたびひざまずきます。プリースティスは、カヴンのメンバーに向かって、腕を広げます。彼女が胸にじんときたら、そのとき言葉を発する —— あるいは、彼女を通じて、神々が話すかもしれません。もし彼女が「神の存在を感じ」なければ、たんに次のように唱えます。

　　　プリースティス：私は汝を見守る彼女、あなた方みなの母。
　　　　　　　　　　あなた方が私を気にかけてくれて、喜んでいることを知ってほしい。
　　　　　　　　　　満月のとき、私に敬意を払うのはもっともなことであり、あなた方に喜びをもたらし、私も同じように喜ばしい。
　　　　　　　　　　男神とともに、私はあなた方ひとりひとりのために生命の糸を紡いでいることを知ってほしい。
　　　　　　　　　　私は人生の幼少期にも、晩年にも存在する。つまり少女であり、母であり、しわくちゃの老婆である。
　　　　　　　　　　あなたがどこにいようとも、私を求めるなら、いつでもここに

[§]　あなたのカヴンが使用する女神の名前。

147

いる。

私はあなたの奥底に居るのだから。

だから私を求めるなら、自分自身を見つめてごらんなさい。

私は生命、私は愛。

私を見つけ、喜んでほしい。愛はすなわち私の美しい調べ、笑い声はすなわち私の歌だから。

私に忠実であれ。そうすれば永遠にあなたに忠実でいよう。

愛は法、愛は絆。

そうあれかし。

　プリースティスは胸の前で腕を交差させ、目を閉じます。1、2分間の沈黙の時があり、ケーキとエールの儀式がおこなわれます。

新月の儀式

　プリースティスは頭を垂れ、胸の前で腕を交差させます。カヴンのメンバーは、女神の名前を唱えながら、時計回りに円をまわり始めます。3周したら、止ります。プリーストはプリースティスの前に立ちます。

プリースト：この転換期を迎える時、漆黒の闇夜となる。死の時、いや、誕生の時が来た。

全　　　員：終わりは始まり。

全　　　員：衰えていくこと、そして満ちていくこと。

全　　　員：ひとつの旅が終わり、新たな旅が始まる。

全　　　員：今は年老いた ── 陰鬱であるが神々しい母をたたえよう。

全　　　員：我らの力を与える代わり、その復活を見せてください。

プリースト：見よ、母であり祖母である暗闇の女神を。老いてなお、永遠に若々しい。

　プリースティスはゆっくりと頭を上げ、両腕を広げ、天に向けます。全員がひざまずきます。

レッスン5 カヴンと儀式

プリースティス：私の言葉を聞け！ 今このとき、そして永遠に、私をたたえ、愛しなさい。

時の輪が回るにつれ、誕生、死、そして復活を目にするのだから。

このことから、あらゆる終わりは始まりであると知るべし。

すべての終わりは新たな出発点となる。

乙女、母、老女……これらすべて、いやそれ以上、すべてが私なのだ。

必要なときはいつでも、私を求めなさい。

私と男神はここにいる——私はあなた方すべてのうちに在るのだから。

これ以上ないほど暗い時も、暖をとる火もまったくない、漆黒の闇夜に思えるときも、私はここにいて、愛と勇気をもって、あなた方の成長を見守り、期待している。

私は、始まりと終わりの時、つねに存在する女神である。

そうあれかし。

全　　員：そうあれかし！

　プリースティスはふたたび腕を胸の前で交差させます。1、2分の静寂があり、ケーキとエールの儀式が続きます。

　ケーキとエールと称される儀式があります。これは集会の儀式的な時間と、魔術の時間、そして社交的な時間……腰を落ち着けてウイッカ信仰、あるいはそれ以外のことについて語りあい、魔術、ヒーリング、占いについて議論し、個人あるいはカヴンの問題について考える時間を結びつけるものです。ウイッカでは、神々をたたえることが何より優先されます。

　この儀式を「ケーキとワイン」と呼ぶ宗派もありますが、それ以外は「ケーキとエール」と呼びます[1]。後者のほうがおそらく、より信仰の起源に根ざしていて「親しみやすい」ように思われます（農民と農奴は、たとえあったとしても、めったにワインを飲む機会はありませんでした。エールは彼らの割り当てであり、そ

---

[1]　エールはビールと同様の蒸留酒である。その成分は、発芽処理した後の穀類から抽出される。もっとも一般的なのは大麦である。

149

れで満足だったのです)。しかし今日のウイッカの集会では、儀式の呼称にエールを留めてはいても、ウイッチはエール、ビール、ワイン、フルーツジュースなど、好きなものを飲みます。

こうした儀式は世界中にさまざまな形で見られます。それは生命に必要なものを与えてくれる神々への感謝、生きていくために必要な食糧、飲み物を与えてくれることへの感謝です。1皿のケーキ(または皿にのせたクッキー)を、祭壇のゴブレットの脇に置きます。ゴブレットにはワイン(または何でも)が注がれています。

ケーキとエールの儀式

カヴンのメンバーの1人がつねにゴブレットを満たす役割を担います。この儀式の始めに彼女／彼はそれを満たし、こう唱えます。

メンバー:さあ、今こそ我らを養ってくれる神々に感謝する時だ。
プリースト:そうあれかし。我らが神々に恩恵をこうむるあらゆることに、いつも気づくことができるように。

プリースティスは2人のメンバーの名を呼びます。1人は男性、もう1人は女性です。彼らは祭壇の前に立ちます。女性メンバーはゴブレットを胸のあいだに両手でしっかりと持ちます。男性はアサメイの刃を下に向け、柄をてのひらではさみます。彼はゆっくりと刃先をワインに浸し、次のように唱えます。

男性メンバー:かくして男性は女性とひとつになろう、双方の幸福のために。
女性メンバー:その結果、実を結んだ果実が、人生を深めるように。その豊かさが天下に広がりますように。
女性メンバー:ここにある食物は我らの身体をつくる神々の恵みである。ともに自由にいただこう。そして、分かち合うとき、つねに我らは何も持たざる人々とあらゆるものを分け合うことを忘れないようにしよう。

彼女はケーキをとり、それを食べます。その後ケーキの皿を男性メンバーに渡し、彼はそれを取って食べます。ケーキは円内のメンバーに回され、プリーストとプリースティスは最後に食べます。男性と女性のメンバーは円内の定位置にもどります。

プリースティス：我らがこうした神々からの贈り物を楽しむとき、神々がいなければ、我らは何ひとつ得ることができないことを思い出そう。

プリースト：さあ食べて、飲み、楽しもう。分かち合い、感謝しよう。そうあれかし。

全　　員：そうあれかし。

次に全員が座り、それぞれのゴブレットを満たし、ごくふつうの食事を楽しんでもよいでしょう。これはみなで話をし、議論するいい機会です。おおいに助言や質問をしましょう。これがエスバットで、魔術がすでに行われているなら（今後のレッスンを参照）、すでにおこなわれたことや、その実践法のあらゆる側面について話しあう好機です。とはいえ、これ以上話しあうことがない場合、お望みなら、音楽、歌、ダンスとともにごくふつうの会話をしてもよいのです。それは神殿を消去するまでつづけられます。

次のレッスンでは4つの主要なサバト、サーウィン、イモルグ、ベルテーン、ルーナサの儀式を紹介します。

［レッスン5］　練習問題

1．所属するカヴンの階級制度について説明してください。

2．所属するカヴンの所在地について述べてください。カヴンダムはどの範囲まで広がっていますか。図で示してもかまいません。

3．あなたの影の書がどのようなものか説明してください。

4．これまでの人生で特別な儀式をふりかえるのは楽しいものです。そのために、こうした出来事の録音（録画）や、それについて書き留めたものをもっていると役立ちます。ここで、ツールを聖別する儀式における出来事を述べてください。

5．ペンタグラムの描き方を練習しましょう。

6．今年のエスバットとサバトがおこなわれる日はいつですか。どの儀式に参加しますか。

［レッスン5］　理解度テスト

1．あなたのカヴンのメンバーが11人で、入会希望者があと４人いるとします。
　　彼女／彼たちは入会できますか？　どんな選択肢がありますか？

2．あなたの影の書のカバーは何色ですか？　儀式の文面をタイプで打って、そ
　　れに付け加えることができますか？

3．カヴンのメンバーはどのくらいの頻度で集まるべきですか？

4．あなたの次のエスバットの集会は満月の日と重なります。下記の儀式のうち、
　　どれをおこなうべきですか？　また、順番はどうなりますか？
　　　　　ケーキとエール
　　　　　神殿の建立
　　　　　満月の儀式
　　　　　神殿の消去
　　　　　新月の儀式
　　　　　エスバットの儀式

5．4つの大サバトの名称を挙げてください。

6．魔法円のなかで踊ることは許されますか？

153

7. ケーキとエールの儀式は何を意味しますか？　アサメイの剣先をゴブ
　　レットの中に浸すことの象徴的意義は何ですか？

◎推薦図書

　　"The Meaning of craft"（ジェラルド・ガードナー著、6章〜12章）

◎補助読本

　　"Aradia,Gospel of the Witches"（チャールズ・G・リーランド著）

　　"Tne Witches Speak"（パトリシア＆アーノルド・クラウザー著）

Lesson6 － レッスン6

サバト（季節の祝祭）
Sabbats

　レッスン5でも触れましたが、1年間に8つのサバトがおこなわれます。サバトはお祝いのひととき、神々とともに喜び、楽しく過ごす時間です。このとき魔術はおこなわれません。どうしてもヒーリングが必要とされるような緊急事態をのぞいては。とはいえ、なんとも陽気で楽しいお祭りです。

　迫害される前の時代は、多くのカヴンがともに祝うために集まったものです。神々に感謝し、サバトを祝うために、方々に点在するカヴンから一つ所に集まったウイッチは、数百を数えたかもしれません。現代でも、同じような集まり——特別なサバトのためではありませんが——を見たことがあります。1981年にミシガン州で開催されたパン・ペイガン・フェスティバルには、800人近いウイッチが参加しました。しかし、連れ立って集団に加わろうが、1つのカヴンだけで祝おうが——あるいは単独のウイッチ（これについては後で詳述します）であろうが——キーワードは「祝うこと」です。

　女神が月相でたたえられるように、男神も太陽がある位相にあるとき、たたえられます。それは、夏至と冬至、そして春分と秋分におこなわれる「小サバト」です。4つの「大サバト」は、特に太陽の影響を受ける祝祭というより、もっと季節的なものです。だから、男神と女神の双方をおおいにたたえる一般的な祝祭といえます。

　ジャネット＆スチュワート・ファーラーは、彼らの著書"Eight Sabbats for Witches"（ロバート・ヘイル刊、ロンドン、1981年）のなかで、繰り返し現れる有角神という主題の奥に、オークの王とホリーの王が隠されているという二重

155

性を指摘しています*。私は、この説を高く評価しますが、言わば基本に忠実に従い、読者それぞれの判断にまかせたいと思います。

　今日でも、ダンスと歌は宗教的な狩猟の儀式に不可欠な要素として、ほとんどいたるところで目にする。たとえば、シベリアのヤクート族、多くのアメリカ・インディアンやエスキモー族は、狩りの前にいつもダンスをする。ダンス、あるいはリズミカルな動きは、エクスタシス──「脱我状態」に入る第一歩だ。食糧を得る目的でダンスする場合、踊り手は、自分たちが影響を及ぼそうとする動物の動きや、植物が生長するようすを取り入れる……フランス・ドルドーニュの"悪魔の炉"と呼ばれる岩に描かれた仮面をつけたダンサーは、楽器を演奏する姿を表現している。これはマレー半島のジャングルに住む狩猟採集民セマン族の儀式に似ている。セマン族は今も、ダンスと歌によってココナッツでできたサルを狩猟する演劇をおこなう。それはみなで楽しむ余興も兼ねているが、主な目的は、これから狩りをするサルに魔術的な働きかけをすることだ。劇ではじっさいにサルを追い回し、最終的にはサルを吹き矢で殺す。ここで面白いのは、歌のなかでサルの感情と、殺されたサルの家族の反応を表現していることである。

"Witchcraft from the Inside"

（レイモンド・バックランド著、

ルウェリン刊、ミネソタ州、1971年）

　わかりやすく言えば、わたしたちは男神が冬（1年の「暗黒の半分」）を、そして女神は夏（1年の「光の半分」）を支配しているとみなすことができます。これはもちろん、レッスン1でおおまかに述べたことに戻りますが──冬は狩りの成功、夏は作物の生育状況を頼みにしなければならないことに端を発します。しかし、話はそれだけでは終わりません。たとえオークとホリーの王と入り混じることにならなくても。どちらの半年も、一方の神が最高であり──パートナーなしでそこに存在するとみなすべきではありません。キーワードは「優勢」です。いいかえれば、一方に重きをおくものの、他方を完全に除外してはいないという

---

*　この本はすばらしい本で、有角神の二重性に関する興味深い説と、サバトの儀式の構成を全体的に学ぶことができる。

ことです。もちろんそれぞれの神が――すべての人がそうであるように――男女両方の性質を備えていることも、心に留めておくべきです。

　サバトは、魔法円でおこなわれるすべての儀式と同様、神殿の建立から始まります。もしその日がサバトにふさわしい場合、そのあと満月あるいは新月の儀式がつづきます（もしサバトが上弦または下弦の時期に当たるなら、これは省略してください）。その後特定のサバトの儀式がおこなわれ、ケーキとエールの儀式に移ります。ついで、ゲームと（または）余興があり、宴会となります。

　これから紹介する大サバトの儀式は、自分専用の儀式を書き記すさいにお手本となる、ひな形とみなすことができます。それは、「行列で歌う」ことから始まります。それから神への賛歌があります。次は季節のモチーフを取り入れた「演劇」で、その後「宣言」があります（これら２つのパートは、あなたの表現の幅を広げてくれます。演劇は独演からカヴンのメンバー全員参加による小劇、マイム、ダンスまで、さまざまな形でおこなわれます）。「宣言」は実質的に、特定のサバトの重要性や意義の説明なので、マイムあるいはダンスに語りを付けた形の演劇と結びつけることは可能です。それから連祷――先導と唱和――があり、ダンスまたは歌、あるいはチャントが続きます。もし供物が十分あるなら（収穫期などで）、ケーキとエールの儀式の前に彼らは来るでしょう。

　わたしたちは男神を１年の暗黒の半分を支配し、女神は光の半分を支配するとみなしています。だから、サーウィンとベルテーンに見られる一方から他方への転換は、儀式のなかで重要な要素となります。それではここで、４つの大サバトの儀式を紹介します。まずはサーウィンから始めましょう。４つの小サバトは次のレッスンで触れます。

　メモ：サバト用に祭壇や魔法円を飾るのもよいでしょう。こうした時期に祭壇用のクロスを選びましょう。キャンドルと同色にしてもよいし、あるいは、これから示される色のクロスを使用し、キャンドルは白にしてもかまいません。

サーウィン ―― 大サバト

　１年のうちで、それぞれの弱さを追い出す時です（昔は、越冬は難しいと判断された家畜が１頭、群れから離されて、ふるまわれたものです）。カヴンのメンバーは、小さな羊皮の紙片に克服したい欠点や悪い習慣を書き、魔法円に持ち込みま

す。

　円の外周は秋咲きの花々、小枝、松かさ、小さなかぼちゃなどで飾りつけてもよいでしょう。祭壇には花々を飾ります。祭壇の布またはキャンドルは、オレンジ色にします。角付のヘルメットは祭壇上に置きます。北には焚き火の燃料を入れた大釜を置きます（魔法円が戸外にある場合、ふつうに焚きつけますが、屋内で集まる場合は、キャンドルか固形燃料を燃やします）。

　神殿の建立がおこなわれます。満月あるいは新月の時であれば、そのあととその儀式が続きます。そして呼びかけ役のメンバーによって、ベルが3回鳴らされます。

> **呼びかけ役**：急げ、急げ！　一刻の猶予もない！　我らはサバトに向かうのだ、遅れてはならない！
> **プリースト／プリースティス**：サバトへ！
> **全　　　員**：サバトへ！

　プリーストとプリースティスの先導で、カヴンのメンバーは時計回りに歩いたり、それぞれが感じるままにダンスしながら、円を回ります。リズムをとるために小さなドラムやタンバリンがあるとよいでしょう。カヴンのメンバーは好きなだけ円を回ります。回っている途中で、プリースト／プリースティスは神々の賛歌を歌い始めます（これはシンプルに神々の名前を繰り返し詠唱するものから、無意識に口をつく賛美歌まで、どんなものでもかまいません。あるいは付録Cにある歌やチャントから選んでもよいのです）。行進がつづいているあいだは、すべてのメンバーが参加できます。お好みで、相当数円を回った後、その場に立ち止まったまま歌い始めてもよいのです。

> **プリースト**：さあ、変化のときが来た。今こそ光の時期を終え、暗闇の時期に入るのだ。けれども我らは心からうれしく思う、というのもそれは、巨大な時の輪が回っているにすぎないことがわかっているからだ。
> **プリースティス**：1年中でこの時、2つの世界の門が開く。我らは先祖を訪ねる。我らの愛する者たちは門を通り抜け、この時我らに加わ

レッスン6　サバト（季節の祝祭）

る。我らは彼らを招き、愛する者とともに祝い、喜ぶ。

　それから季節をモチーフとした演劇が続きます。これは非常に種類が多く、その土地で信じられていることや慣行を含む数多くのテーマのどれかに基づいています。ここにいくつか例を挙げましょう。人生 —— 死 —— 新しい生命、年老いた王の死と新王の戴冠、時の移り変わり、越冬できない動物（家畜）を殺してしまうこと、死者がつかの間帰還し生者と祝う、冬のために作物を集め、蓄える、混沌から秩序が生まれる天地創造などです。この演劇は、マイム、ダンスの形をとることもあります。演劇の最後、ベルが7回鳴らされます。そしてメンバーの1人が次のように語ります。

　　メ ン バ ー：我らは時の狭間にある、今日という日は行く年でもなく
　　　　　　　　来る年でもないのだから。
　　　　　　　　そして2つの年のあいだには区別がない、
　　　　　　　　2つの世界に違いがないのと同じように。
　　　　　　　　かつて我らがよく理解し、愛した人々は、この会合で、自由に
　　　　　　　　我らのもとに帰ってくるのだ。
　　　　　　　　手を差し伸べよう、あなた方ひとりひとりが、それぞれの方法
　　　　　　　　で、そしてかつて知り合い、失ったはずのその存在を感じよう。
　　　　　　　　再会することで強さを取り戻そう。
　　　　　　　　みなが、終わりも、始まりもないということを知ろう。
　　　　　　　　すべては変わり続ける、行きつ戻りつしながら前進するダンス、
　　　　　　　　それでも永遠に続く。
　　　　　　　　その変わり目において、サーウィンは、夏の終わりと冬の始ま
　　　　　　　　りを告げる聖なる祝祭。
　　　　　　　　いまこそ祝いのとき、
　　　　　　　　男神を迎えるときだ。彼は旅立ち、暗闇のトンネルに入ったと
　　　　　　　　ころで、その出口に、女神の光が見える。
　　プリースト／プリースティス：行く年は終わる。
　　全　　　員：新たな年が始まる。
　　プリースト／プリースティス：時は巡る。

159

全　　　員：そしてふたたび巡る。

プリースト／プリースティス：いざさらば、女神よ。

全　　　員：ようこそ、われらが男神よ。

プリースト／プリースティス：女神——夏は終わりに近づく。

全　　　員：男神——冬が始まろうとしている。

プリースト／プリースティス：ごきげんよう、そして、いざさらば！

全　　　員：ごきげんよう、そして、いざさらば！

　プリーストとプリースティスは円に沿ってメンバーのダンスを先導します。このあと、またはダンスと同時に、歌、またはチャント（レッスン12と付録Cのダンス、歌、チャントの項参照）がおこなわれます。プリースティスは角付のヘルメットを持ち、祭壇の前に立ちます。

　　プリースティス：慈悲深い女神よ、喜ばしい夏を与えてくださったことに感謝します。
　　　　　　　　あなたの恵み深さ、農作物、畜産物、収穫のすべてに感謝をささげます。
　　　　　　　　時が巡り、ふたたびあなたが戻り、我らとともにあらんことを。
　　　　　　　　男神がマントを受けるときでさえ、暗闇の中で彼に寄り添い、光の中からふたたび現れんことを。

　プリーストは立ち上がり、プリースティスと向かい合います。彼女は彼の頭上にヘルメットを高く掲げます。メンバーの1人が大釜の焚き火を用意します。

　　プリースティス：ここに男神のシンボルを掲げる。彼は死をつかさどり、その後に闇の住人、すなわち光の夫または兄弟が後につづく。
　　　　　　　　この円の内外で我らがなすことすべてにおいて、守り、導きたまえ。
　　　　　　　　女神とともに、我らを困難から救い出し、希望とともに光へと導きたまえ。

レッスン6　サバト（季節の祝祭）

　プリースティスは角付のヘルメットをプリーストの頭にかぶせます。そのとき、メンバーが大釜の焚き火に火をつけます。

メ ン バ ー：いま男神は我らとともにある。お話しください、我らはあなたの子どもたちなのですから。

プ リ ー ス ト：見よ、我は時の始まりでもあり、終わりでもある。我は灼熱の太陽であり、冷たい風でもある。我のうちに、生命の輝きがある。暗黒の死があるように。

我は時の番人なのだから。

海に住まう男神、我が地響きを鳴らして海岸を駆け、通り過ぎるとき、海は泡立つだろう。有り余る力で、我は世界を持ち上げ、星に触れる。

けれども恋人であるときは、いつも穏やかだ。

すべての者は、時がきたら、我と向き合うことになる、

しかし、恐れることはない、我は汝の兄弟であり、恋人であり、息子である。

死は生命の始まりにすぎず、我はあの世に通じるドアの鍵を回す。

　プリースティスはプリーストに挨拶のキスをします。メンバーひとりひとりが交代でそれに続きます。祭壇の上か前に、供物をおいてもよいでしょう。彼らはプリーストと抱擁し、そして（あるいは）キスし、所定の位置に戻ります。燃え盛る大釜のそばを通るとき、それぞれの欠点を記した羊皮の紙片を火にくべます。プリーストはその場に立ち、しばらくのあいだ来る半年について思いをめぐらせます。彼はヘルメットを脱ぎ、ふたたび祭壇の脇に置きます。ベルが9回鳴らされます。

　それからケーキとエールの儀式がつづきます。おおいにゲーム、余興を楽しんだあとで、神殿の消去がおこなわれます（ゲームや余興は祭壇付近でおこなってもかまいません）。その夜は祝宴でしめくくられます（たいていは、メンバーが食べ物を持ち寄ります）。

161

イモルグ ── 大サバト

　これは「光の祝祭」です。火の祭りでもあり、北に火種を入れた大釜を据え、その隣にほうきを置きます。イモルグは1年のうちの暗黒の半年、つまり男神が優勢な期間の中間点です。とはいえ、女神（アイルランドの守護聖人ブリギット、ケルト神話のブリガンティア、そのほかのバリエーションがある）寄りの祭といえます。

　祭壇のわきに「光の冠」── キャンドルの輪飾りを置きます[†]。祭壇のクロスとキャンドルの色はブラウンにします。

　神殿の建立がおこなわれます。満月あるいは新月の時であれば、そのあとその儀式が続きます。そして呼びかけ役のメンバーによって、ベルが3回鳴らされます。

> **呼びかけ役**：急げ、急げ！　一刻の猶予もない！　我らはサバトに向かうのだ、遅れてはならない！
> **プリースト／プリースティス**：サバトへ！
> **全　　　員**：サバトへ！

　プリーストとプリースティスの先導で、カヴンのメンバーは時計回りに歩いたり、ダンスしながら、円を回ります。カヴンのメンバーは好きなだけ円を回ります。プリースト／プリースティスは神々の賛歌を歌い始め、全員がそれに加わります。

　最後に、全員が立ち止まり、歌をやめます。

> **メンバー1**：これまでに、男神は旅の頂点にたどり着いた。
> **メンバー2**：いま、彼は女神の方を向く。
> **プリースト**：離れていても、2人はひとつ。
> **プリースティス**：2人はともに、闇であり、光である。

[†]　これには注意が必要だ。プリースティスの髪の毛に火が点く危険があるだけでなく、キャンドルのろうで火傷する恐れがある。小さなケーキ用のキャンドルか短くカットしたキャンドルを、カップ状のホルダーに念入りにセットしよう。キャンドルの数は、1年の月数と同じ13本である。

レッスン6　サバト（季節の祝祭）

　そのあと、季節をモチーフとした演劇がつづきます（たとえば、冬を旅する太陽の中間点、古いものを一掃し新たに始める、プリーストが古代ローマのルペルカリア祭を演ずる、春にまく穀物の種を準備する、豊饒の女神を家に招き宿泊してもらう、など）。そしてベルが7回鳴らされます。

メンバー：男神はこれまでに旅の半ばに達した。彼の前方に女神の光が見
　　　　　えるだろう。そしてこの休息を終えたら、ふたたび歩き始める。
　　　　　これはケルト族の年始の祭であった。子羊が生まれ、雌の羊が
　　　　　乳を出す時季である。
　　　　　遠くに春の気配を感じ、男神と同様に女神に思いを馳せる。
　　　　　さあ、常緑植物を燃やそう――ツタ、ヤドリギ、ホリー、ロー
　　　　　ズマリー、そしてゲッケイジュ。
　　　　　古いものを取り除き、新しいものを取り入れよう。
プリースト／プリースティス：光から闇へ。
全　　　　員：闇から光へ。
プリースト／プリースティス：光から闇へ。
全　　　　員：闇から光へ。
プリースト／プリースティス：いざさらば女神よ、ようこそ男神よ。
全　　　　員：いざさらば男神よ、ようこそ女神よ。
プリースト／プリースティス：ようこそ！
全　　　　員：いざさらば！
プリースト／プリースティス：いざさらば！
全　　　　員：ようこそ！

　プリーストとプリースティスは円に沿ってメンバーのダンスを先導します。このあと、またはダンスと同時に、歌、またはチャントが続きます。
　プリースティスは胸の前で手を交差させ、祭壇の前に立ちます。プリーストは彼女の前にひざまずき、彼女の足にキスをします。それから彼は冠を手に立ち上がり、彼女の頭上にのせます。そして彼はダンスしながら時計回りに円を3周します。2周目に大釜のそばを過ぎるとき、メンバーの1人が焚き付け（キャンド

163

ルあるいは何でも）に火を点けます。プリーストが3周目に大釜の前に来たとき、彼はそれを飛び越えます。そして円を回りプリースティスの前で止ります。祭壇のキャンドルのうち細いキャンドルで、彼はプリースティスの冠のキャンドルに火をつけます。プリースティスは脚をひろげて立ち、両腕を広げ、天に向けます。

> プリースト：ようこそ、光の女神よ！
> 全　　　員：ようこそ、光の女神よ！
> メンバー：三重の歓迎を、三重に生きる女神を迎えよう。
> メンバー：太陽の母、我らはあなたを歓迎する。
> メンバー：火の女神よ、我らはあなたを招きいれる。

　プリーストとプリースティスは円を回って大釜に向かいます。メンバーがプリースティスにほうきを手渡します。彼女はそれをプリーストに渡し、キスをします。プリーストは時計回りに円を回り、不要なものを掃きだします。そして北に戻ってほうきをプリースティスに返し、キスをします。彼女は最初のメンバーにそれを渡し、キスをします。メンバーは円の周りを掃きます。すべてのメンバーが交代でこれをくりかえします。全員が済んだら、プリーストとプリースティスは祭壇に戻ります。ベルが3回鳴らされます。その後、ケーキとエールの儀式が続きます。おおいにゲーム、余興を楽しんだあとで、神殿の消去がおこなわれます（ゲームや余興は祭壇付近でおこなってもかまいません）。その夜は祝宴でしめくくられます。

ベルテーン —— 大サバト

　円の外周と祭壇は、花々で飾りましょう。祭壇のクロスとキャンドルは深緑色にします。祭壇のそばに冠を置きます。これは花冠でもいいし、あるいは銀の三日月か同様の飾りをつけた銀製の冠でもよいでしょう。北の方角には、焚き火の材料（ふつうの焚き付け、キャンドル、固形燃料など）を入れた大釜を据えます。東の方角には、メイポール（五月柱）を置きます。円はそれに合わせて、特別に大きく描きましょう。

　神殿の建立がおこなわれます。満月あるいは新月の時であれば、そのあとその

164

レッスン6 サバト（季節の祝祭）

儀式が続きます。そして呼びかけ役のメンバーによって、ベルが３回鳴らされます。

    呼びかけ役：急げ、急げ！　一刻の猶予もない！　我らはサバトに向かうのだ、遅れてはならない！
    プリースト／プリースティス：サバトへ！
    全　　　員：サバトへ！

　プリーストとプリースティスの先導で、カヴンのメンバーは時計回りに歩いたり、それぞれが感じるままにダンスしながら、円を回ります。リズムをとるために小さなドラムやタンバリンがあるとよいでしょう。カヴンのメンバーは好きなだけ円を回ります。プリースト／プリースティスが神々の賛歌を歌い始めたら、全員がいっしょに歌います。ついに全員が止まり、歌をやめます。

    プリースト：男神は旅の終わりにたどり着いた。
    プリースティス：女神ははじめの一歩についた。

　それから季節をモチーフにした演劇が続きます（たとえば、あの世とこの世の狭間にある国からの女神の凱旋、創造性あるいは再生、野生動物と家畜の繁殖期の始まり、ダンスしながらメイポールを回る、２つの焚き火のあいだに牛を連れていき、乳の出がよくなるようにするなど）。ベルが７回鳴らされます。

    メンバー：門扉が前後に揺れ、誰もが自由に通過できる。
            我らの男神は旅の終わりにたどり着き、温もりと慰めをもって彼を待つ女神を見つける。
            これは喜びと分かち合いのとき。
            肥沃な土は種を受け入れる。
            さあ今こそ種をまくときだ。
            一体になることは喜びをもたらし、大地は豊かさで満たされる。
            たくさんの種をまいて祝おう。
            時は巡り、女神の季節がきた。

闇に別れを告げ、光に大声であいさつしよう。
時は巡り、男神と女神は、女神と男神となる、
そして我らは絶えず前進する。

プリースト：時は巡る。

全　　　員：絶えることなく。

プリースティス：時は巡る。

全　　　員：そして、ふたたび巡る。

プリースト：さらば男神よ。

全　　　員：ようこそ女神よ。

プリースティス：男神——冬は彼の支配を終える。

全　　　員：女神——夏は光に向かおうとする。

プリースティス：ごきげんよう、そして、いざさらば！

全　　　員：ごきげんよう、そして、いざさらば！

　プリーストとプリースティスはカヴンを先導してダンスしながら円を回り、メイポールに向かいます。メンバーはそれぞれリボンを持ち、互いに腕を組み、ダンスしながらポールを回ります。ダンスはすべてのリボンがポールに絡まるまで続きます。これは男性と女性の結びつき、みなが一緒に参加することを象徴しています。ダンスにふさわしいチャントあるいは歌がガードナー派の本に紹介されています。それはジェラルド・ガードナーがラドヤード・キプリングの詩を作り変えたものです。

　あぁ、司祭にわたしたちの術のことを話してはならない、
　彼らはそれを罪つくりというから。
　それでも私たちは一晩中森にいて、
　魔法で夏を呼び出す。
　そして私たちは口伝えで、
　あなたによい知らせをもたらす。
　女性たち、牛、とうもろこしのために、
　いま太陽が南から昇る
　オーク、トネリコ、サンザシとともに。

レッスン6　サバト（季節の祝祭）

　プリーストとプリースティスは、祭壇に戻ります。プリースティスは頭を垂れ、両腕を胸の前で交差させて立ちます。プリーストは冠を取り、彼女の頭上にかざします。

　　プリースト：我らが男神は、女神とともに、我らを闇から光へと連れ出した。
　　　　　　　　その道のりは長く、楽なものではなかった。
　　　　　　　　けれども神々は力を発揮し、そのおかげで我らは成長し、栄えた。
　　　　　　　　だから2人がいつまでも在りつづけるように。
　　　　　　　　女神が男神と並んで、光を放ち、闇を押しのけて道を進むように。

　プリースティスは足を広げて立ち、両腕を上げ、大きく広げます。プリーストは冠を彼女の頭に載せ、そのときメンバーの1人が大釜の焚き火に火をつけます。

　　メンバー：女神が我らのなかにおられる。話したまえ、女神よ、
　　　　　　　我らはあなたの子どもたちなのだから。

　プリースティスは両手を下ろし、カヴンのメンバーたちに向けて大きく広げます。

　　プリースティス：私は時の輪を回す女神、この世に新たな生命をもたらし、
　　　　　　　　　　道行くものたちを差し招く。
　　　　　　　　　　冷たい風に、私の吐息が聞こえるだろう、私の心臓は激しく吹きつける風のなかにあるのだから。
　　　　　　　　　　のどが渇いたときは、おだやかな雨のように、私の涙を降らせよう。
　　　　　　　　　　疲れたときは、足を止め、私の胸である大地に横になるがよい。
　　　　　　　　　　温もりと慰めを与えよう、しかし見返りはいっさい求めない、
　　　　　　　　　　ちょうど自分を愛するように、すべてのものを愛してくれれば

167

それでよい。

愛は生命の輝きであると知ってほしい。

それはいつもそこにある、たとえ目には見えずとも、いつもあなたの傍にある。

だから遠くで探そうとする必要はない、愛は内なる輝きなのだから。

ゆらぐことなく燃える炎、その奥の琥珀色の輝き。

愛はあらゆるものの始まりであり、終わりでもある……

すなわち私は愛である。

　プリーストはプリースティスにキスをします。1人ずつメンバーがプリースティスにキスをし、祭壇に供物を置きます。全員が所定の位置に戻ったら、プリーストはプリースティスと手をつなぎ、みなを先導し、円に沿ってダンス（1人あるいは2人組で）をします。大釜の前に来たら、彼らはそれを飛び越えます。何度か繰り返した後、立ち止まります。ベルが3回鳴らされます。その後、ケーキとエールの儀式が続きます。おおいにゲーム、余興を楽しんだあとで、神殿の消去がおこなわれます（ゲームや余興は祭壇付近でおこなってもかまいません）。その夜は祝宴でしめくくられます。

ルーナサ ── 大サバト

　祭壇と円の周りは夏の花々で飾ります。祭壇のクロスとキャンドルは黄色です。

　神殿の建立がおこなわれます。満月あるいは新月の時であれば、そのあととその儀式が続きます。そして呼びかけ役のメンバーによって、ベルが3回鳴らされます。

　呼びかけ役：急げ、急げ！　一刻の猶予もない！　我らはサバトに向かうのだ、遅れてはならない！

　プリースト／プリースティス：サバトへ！

　全　　　員：サバトへ！

レッスン6　サバト（季節の祝祭）

　プリーストとプリースティスの先導で、カヴンのメンバーは円に沿って時計回りに歩いたり、ダンスをします。何周してもかまいません。プリースト／プリースティスは神々の賛歌を歌い始め、全員がそれに加わります。最後に、全員が立ち止まり、歌をやめます。

　　メンバー：活かすも殺すも、神々しだい。
　　メンバー：偉大なるは全能の神々の力。
　　メンバー：神は老いてなお、若々しい。
　　メンバー：その力は彼のもの。

　その後季節をモチーフとした演劇が続きます（男神の死と復活が大収穫につながる、収穫を増やすための間引き、力強さとその吟味、年配の神が若い神に殺され、死者をたたえる葬式をおこなうなど）。ベルが7回鳴らされます。

　　メンバー：女神の支配する半ばにあって、彼女の兄弟あるいは恋人、ある
　　　　　　　いは夫を思い出そう。女神と結びついた彼の力は強大である。
　　　　　　　年若い息子である彼の死と復活によって、収穫は保証される。
　　　　　　　そして、その力は大きくなり、さらに彼の愛する者たちに広がっ
　　　　　　　ていく。
　　　　　　　男神を思い出そう、彼にはまだ女神の姿が見えないけれど。
　　　　　　　女神をたたえよう、そして彼女を通じて、男神をたたえよう。
　　プリースト：円に在る女神をほめたたえよ。
　　全　　　員：そして男神をほめたたえよ。
　　プリースティス：余分なものが大地から取り除かれますように。
　　全　　　員：肥沃な大地が作物で満たされますように。
　　プリースト：男神に力を。
　　全　　　員：そして、女神に力を。
　　プリースティス：古いものは衰えるにまかせよう。
　　全　　　員：若いものが新たに大きく育つために。
　　プリースト：永遠に時は巡る。
　　全　　　員：絶えず、前へ。

169

プリーストとプリースティスの先導で、カヴンのメンバーはダンスしながら、円を回ります。この後に、またはダンスしながら、歌を歌ったり詠唱してもよいでしょう。

プリーストと男性メンバー1人を除いて、全員が腰をおろします。プリーストは時計回りに、座っているメンバーたちと円周のあいだを、ダンスしながら回ります。男性メンバーは、太陽の進路と反対方向に、メンバーたちと祭壇のあいだをダンスしながら回ります（つまり、1人は円の外側を時計回りに、もう1人は円の内側を反時計回りに進む）。彼らはすれ違いざま、メンバーの頭上で手を打ち合わせます。メンバーは、彼らのダンスに合わせて手拍子を打つときに「ルー！」と、掛け声をかけてもよいでしょう。彼らは12周し、同じ数だけ手を打ち合わせます。12回目に手をたたくとき、プリーストは地面にばったりと倒れます。メンバーは座っているものを飛び越えて、今度は時計回り、プリーストが歩いたとおりに円を1周します。彼はプリーストのもとに戻り、彼が立ち上がるのを助け、抱擁します。全員が歓呼し、立ち上がります。

> **プリースト**：女神と男神よ、我らは大地にはぐくまれたすべての恵みに感謝
> をささげる。
> いまから収穫のときまで、それが勢いよく育つように。
> 大地の実りがここに見込まれることに感謝する。
> 男神の力が我らひとりひとりに及ぶように。
> 今このときも、そして1年を通じて。
>
> **全　　員**：そうあれかし。

ベルが3回鳴らされます。その後、ケーキとエールの儀式が続きます。おおいにゲーム、余興を楽しんだあとで、神殿の消去がおこなわれます（ゲームや余興は祭壇付近でおこなってもかまいません）。その夜は祝宴でしめくくられます。

［レッスン6］　練習問題

1．サバトは、神々とともに祝い、喜び合う祝祭です。8つのサバトを挙げ、今年はいつにあたるか、日付を記してください。また、それぞれのサバトが何を祝っているか、また自分なりのお祝いの仕方について書いてください。

2．あなたが選んだ儀式にふさわしい賛歌あるいは歌を創作してください。

3．お気に入りの儀式を、自分なりに作り変えてみましょう。

4．季節をモチーフとした演劇を自分なりに書いてください。また、お気に入りのサバトの儀式に出てくる宣言を書いてください。

［レッスン6］　理解度テスト

1. カヴンメンバーの1人が、次の集まりで愛の魔術をおこないたいと願っています。しかしそれはたまたまイモルグに当たっています。彼女／彼はそれができますか？　できないとすれば、その理由は何ですか？　彼女／彼は、いつそれをおこなうことができますか？

2. 男神さらに女神をともにたたえるサバトは何ですか？

3. 夏の盛り、他方をさしおいて優勢なのはどちらの神ですか？

4. サバトの日がたまたま満月と重なったら、儀式のどのあたりで、満月の儀式をおこないますか？

5. 女神から男神に重点が移されるのはどのサバトですか？　男神から女神に重点が戻るのはどれですか？

6. ユールは4つの大サバトに入りますか？

レッスン6　サバト（季節の祝祭）

◎推薦図書

　"Eight Sabbats for Witches"（ジャネット＆スチュワート・ファーラー著）

　　　──邦訳『サバトの秘儀』（秋端勉監修・ヘイズ中村訳、図書刊行会）

◎補助読本

　"Seasonal Occult Retuals"（ウィリアム・グレイ著）

Lesson7 - レッスン7

瞑想、夢、小サバト
Meditation, Dreams, and the Minor Sabbats

瞑想

　サバトはひと休みして、瞑想に目を向けましょう。瞑想は、現在の形で東洋から西洋に入ってきました。何百年も前から、東洋の求道者は習慣的に、瞑想によって得られるパワーとメリットを理解していました。彼らはそれを巧妙な術に発展させました。それによって、彼らは精神をコントロールし、病気を克服し、悩みや恐怖心を遠ざけ、霊能力を開発しただけでなく、悟りを開き、万物の法則の知識を得ました。

　今日、西洋では、このような瞑想の効用に気づく人が増え続けています。ＴＭ（超越瞑想）、ヨーガ、シルバメソッド——これらすべて、そしてさらに多くが、今では広く知られ、ウイッカやその他のオカルティストだけでなく、ごくふつうの人々の日常会話で耳にします。問題は、その会話を聞いていると、大多数の人がこの分野をかじっているだけだということが、すぐにはっきりすることです。大半が混乱しています。「どの方法がいちばんいいのか？」「なぜ私は何も感じないの？」「私のやり方は正しいのだろうか？」

　ところで、瞑想とは何でしょうか。ごく簡単に言えば、それは耳を傾けることです……高次の自分、別の表現をすれば、内なる自分、創造的な力、高次の意識、神々そのものの言葉さえ聞くことができます。耳を澄ませば、これらすべてを聞くこともできるでしょう。瞑想を巧く利用すれば、ひとりひとりが成長と向上の扉を開けることができます。サイキック、スピリチュアルの分野で進歩するあらゆる技術のなかで、瞑想はこれまででもっとも効果があるといえます。ついでな

がら、これはもっとも簡単な方法でもあります。また、個人でも、グループでも
実践できます。有名な霊能者、故エドガー・ケイシーは、彼の読物のひとつのな
かで（"Edgar Cayce Readings" #281-13）、「瞑想は、身体的、精神的、霊的な
活力を生み出す核であり源を経由し、身体の経絡を通じて全身に行き渡る創造力
の妨げになるあらゆるものを自分の中から追い出すことである。つまり瞑想がう
まくできれば、人は精神的にも肉体的にも、より強くなれる……われわれはこの
物質的世界でよりいっそう活躍するために、それぞれにふさわしい強さとパワー
を受けとるだろう」と述べています。つまり、瞑想によって私たちは、人生を実
質的に、肉体的に、精神的に、霊的に向上させることができるのです。あなたも
東洋の達人のように精神を養い、感情を抑え、病を克服し、悩みを解決し、さら
に、みずからの本質を創り始めるでしょう。あとは願望をもって、みずから努力
すればよいのです。

瞑想はどのように作用するか

　瞑想がどのようなものか理解するためには、意識レベルにおける人体構造を調
べる必要があります。また、私たちが肉体をもつ存在であると同時に、霊的な存
在であることも自覚しなくてはなりません。肉体と霊体は、サンスクリット語で
チャクラと呼ばれる生命に必要な中枢で結ばれています（図7.1参照）。瞑想を
しているとき、神秘に満ちた霊的エネルギーがこれらの中枢から送られます。こ
の非常に強力なエネルギーはクンダリーニ、あるいは「蛇のパワー」と称されま
す。この強力なエネルギーが流れ始めるとき、生命に必要な霊的中枢 —— チャ
クラ —— が、順を追って続けざまに開くのです。

　意識レベルについて、意識全体がサンドイッチのようなものだと考えてくださ
い。片側には、意識があります。日常の世界や活動、肉体的あるいは物質的存在
である自分と関わっています。それは自分の意識が覚醒している状態です。サン
ドイッチの反対側は、高次の意識、あるいは超意識です。高次の自己は、霊的幸
福にかかわり、すべての記憶をとどめています。その中心は、しばしば潜在意識
といわれるものです。これは受身で、大半は意識にしたがっています —— それ
は本来そういうふうにできているからです。潜在意識は無意識に身体のなかで機
能している部分をつかさどっています。記憶、反射作用、そして意識と無意識の

176

あいだを橋渡ししています。

　生命に必要なエネルギーが神経系統を通って流れだすと、幸福感や安心感を得られます。潜在意識が、これまでの人生に組み込まれたネガティブで望ましくない思考パターンやイメージを一掃し始めます。クンダリーニの無限のエネルギーが、静かにリラックスした、瞑想的な環境で、自然に作用するようになります。チャクラが次々に開きつづけると、意識と認識が、内からよどみなく流れます。その結果、正しいときに正しいことができるようになります。あなたという存在に新たな活力がみなぎります。

　瞑想をすることで、落ち着きのない、物質志向の意識をコントロールし、それに支配されている潜在意識をプログラムし直すことができるようになります。それによって霊的志向の高次の意識が、あなたに働きかけるようになります。それは高次の自我への道を開くことになるでしょう。

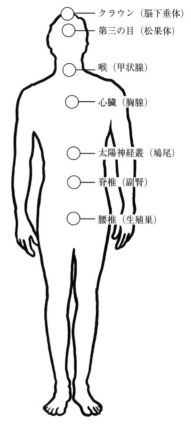

図7.1　チャクラと器官

瞑想法

　瞑想がうまくできない人が多い理由は、間違った方法でおこなったか、たんに方法を知らないかのどちらかです。東洋哲学の達人は、瞑想のあいだ、意識を第三の目の「千の花弁をもつ蓮」に集中させることを指示しています（図7.2参照）。これは第七チャクラという最高のチャクラです。これによって、まったく物質にとらわれた自分を乗り越え、精神と一体化し、自分自身に新たな方向性を与えることができます——そして真実の源に気づくでしょう。腰を下ろし、第三の目に意識を集中させて瞑想しているとき、自分自身が意識を飛び越え、潜在意識が

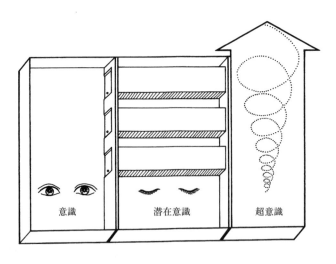

意識、潜在意識、超意識

肉体に働きかけるようになります。

　気分がよく頭がさえているときは、目やその他の感覚器官を通じて、周りの状況がよく把握できていることに注目しましょう。あなたの焦点は外側にあり、物質界に向けられています。反対にネガティブあるいは憂鬱な気分のときは、どれほど内向きで、物質界に引きずられているか、注意してみましょう。目を下に向けたとき、あなたの焦点は潜在的な思考や問題を映します。今度憂鬱になったり、ふさぎこんだときは、目を上げてみましょう。意識を外へ、そして上方――水平線より上のレベルに向けます。周囲の状況に気づき、それに通じてください。気分がよくなってくるでしょう。憂鬱が消え、楽観的になってくるはずです。

　目を下に向けると、潜在意識とつながりやすいことがわかるでしょう。正面を向いたときは、低俗な物質界志向の意識とつながりがちです。上を向いたときは、高次の霊的意識と物質を超えた領域に通じる傾向があります。

　ごく自然に目の焦点の合わせ方に注意すると、いわゆる「第三の目」瞑想法といわれる瞑想の助けとなります。高次の自己と焦点をあわせるためには、ごく自然な動きにしたがって、目と意識を、上方と内側に向け、第三の目に焦点をあてるだけでよいのです。第三の目は眉の約３センチ上、額の表面から約３センチ内側にあります。

レッスン7　瞑想、夢、小サバト

図7.2

図7.3

姿勢

　瞑想は心地よく、安らかな気持ちでおこないましょう。そのためには姿勢も、心地よく、安定していなければなりません。確実に背骨をまっすぐに保つことができれば、どのような姿勢をとってもかまいません。私としては、すわり心地のよい背のまっすぐな椅子に座ることをおすすめします。深く——背骨をまっすぐに——足裏を床につけて腰掛けることができるとよいでしょう。椅子は、肘掛があるほうが好ましいといえます。背もたれが高い椅子である必要はなく、じっさい、そうでないほうがよいのです。床に座るか横になるほうがよいという人もいるでしょう。床に座る場合、蓮華座(れんげざ)は、その姿勢でもごく快適だという熟練者でなければおすすめできません。何か支えになるものを背中にあてて、よりかかることができる場所を選ぶべきです。床面はやわらかで心地よいものにしてください。必須条件ではありませんが、できるかぎり化学繊維を減らすことが助けになります。理想を言えば、やわらかな羊皮、あるいは重い毛織物のブランケットや敷物の上に座るか、横になるとよいでしょう。脚を閉じて、体側に両腕を付け仰向けになる姿勢を好む人もいます。その唯一の難点は、そのまま眠ってしまう人がいるということです！

179

場所

　瞑想は静かな場所でおこないましょう。車の騒音や子どもの歓声など外の雑音が聞こえないところを選びます。もちろん、最適なのは、清められ、聖別された魔法円です。もし何らかの理由で別の場所でおこなうときは、魔法円と同様に清め、聖別しなければなりません。

　瞑想は東向きでおこなうべきだと主張する達人もいます。ある場合には、多少メリットがあるように思えることもありますが、一般的には、身体の向きはあまり重要ではありません。瞑想をおこなう場所の東側に壁がなく、西側に窓がある場合、おそらく窓に向かっておこなったほうがずっと心地よいでしょう。重要なのは、できるだけ気持ちよくいられることです。

　瞑想の邪魔になりそうなものは、できるだけ取り除きましょう。時計が時を刻む音、あるいは耳障りな電話や玄関のベルで瞑想が台無しになってしまうことがあります。できれば電源を切っておきましょう。もちろん、ラジオやテレビは消しておきます。服装はゆったりとして、とにかく身体をしめつけないものにしてください。ローブを着て、その下には何も身に付けないというのはどうでしょう？もっと望ましいのは —— 室温がほどよく調節できれば —— 裸でおこなうことです。

タイミング

　瞑想に最適な時間は、ふつう個人の都合によって決まります。ほとんどの人にとっては、早朝か夜遅い時間のどちらかになります。少数の人 —— ふつうは日中家に居る人々 —— にとっては、昼下がりがもっとも都合がよいようです。自分が生まれた時間に近い時刻が最適だと主張する人もいるようです。確かに、占星学の影響はまったく度外視することはできません。とはいえ、星の動きに合わせるメリットはわずかで、隣人の騒音や重要な予定と重なるといったネガティブな影響で相殺されるでしょう。だから、自分にとってもっとも好都合な時間におこなえばよいのです。大事なのは、じっさいに瞑想をすること、そして継続してそれをおこなうことです。だから、どの時間帯を選んだとしても、毎日同じ時間におこないましょう。

180

レッスン7 瞑想、夢、小サバト

続けること

　瞑想を成し遂げ、ずっと思いどおりの結果を得るためには、欠かさず瞑想しなければなりません。1日2回、1回15分から20分おこなうことをすすめる人もいます。私としては15分という時間は、最小単位として十分だと思います。けれども、瞑想をおこなう時間帯、そしてその長さは、毎日一貫していなくてはなりません。たまにしかおこなわない人は、うまくいくはずがないのです。

方法

　できるだけ身体をリラックスさせて、楽に座りましょう。前かがみになったり、背骨がまがったりしていないか注意してください。以下のエクササイズで、こわばった筋肉をほぐしましょう。

1．首を前に（胸のほうに）倒します。深く息を吸って、吐き出し、これを3回繰り返してください。まっすぐな姿勢に戻ります。

2．首を完全に後ろに倒します。深く息を吸って、吐き出し、これを3回繰り返してください。まっすぐな姿勢に戻ります。

3．首をできるだけ深く左に倒します。深く息を吸って、吐き出し、これを3回繰り返してください。まっすぐな姿勢に戻ります。

4．首をできるだけ深く右に倒します。深く息を吸って、吐き出し、これを3回繰り返してください。まっすぐな姿勢に戻ります。

5．首を前に倒します。その後、反時計回りに回し、これを3回繰り返します。

6．5のエクササイズを繰り返します。今度は首を時計回りに3回回し、まっすぐな姿勢に戻ります。

7．鼻から息を吸います。肺いっぱいに、短く勢いよく息を吸い込みます。少しのあいだ止めて、一気に口から息を吐き出します。そのとき「はー」と声に出しましょう。これを3回繰り返します。

8．右の鼻孔から、ゆっくりと十分に息を吸い込みます（必要なら、左の鼻孔をおさえます）。おなかが風船のようにふくらむのを感じながら、おこないましょう。

　少しのあいだ止めて、おなかがぺちゃんこになるまで、口からゆっくりと

181

息を吐き出します。このエクササイズは、よどんだ空気をすべて肺の底から出します。これを3回おこないましょう。

9. 8のエクササイズを繰り返します。今度は左の鼻孔から息を吸い込み、右の鼻孔から吐き出します。これを3回繰り返しましょう。

　身体がリラックスし、深く、自然に呼吸をしている状態で、自分の身体が白い光の球体にすっぽりと包まれていることがイメージできるよう、意識を集中させます。身体全体が輝くエネルギーに満たされていくのを感じましょう。

　つま先に注意を集中させ、リラックスするよう命じます。緊張や疲れがつま先から除々に消えるにまかせましょう。同様にこのプロセスを、足、土踏まず、かかと、くるぶしなどで繰り返します。体中のそれぞれの部位を完全にリラックスさせましょう。ふくらはぎ、ひざ、もも、股間、尻、背骨、胃、胸腔、肩、上腕、下腕、手首、手、首、喉、あご、口腔（そうしたい人はあごを下げて少し口を開けます）、目、頭蓋骨、そして頭皮です。身体の上部に向かって、筋肉、血管、神経、繊維のすべてをリラックスさせましょう。額まできたら、リラクゼーション法をやめます。あとは、第三の目に心を集中させるだけです。

　第三の目に注意を集中させながら、できる人は、目をくるくるさせてください。より深く、さらに深く第三の目に集中していきます。偽りの物質界、つまり自我（エゴ）を捨ててください。内なる領域と高次の自己への入口を見つけることができるのは、物質主義のエゴを超越したときだけです。自分自身をそれにゆだねましょう……物質主義から自分を引き離すのです。祈ることも、何かを思いうかべることも必要ありません。ただリラックスして、心の中で高次のパワーに向かっていくだけです。

　どんな感情、内なる光、あるいは音が聞こえても、それに近づき、その源へと進みましょう。そうした現象に身をすくませたり、おびえてはいけません。自分が「霊能者になった」という思い違いをしないように。何を見たとしても、それに身をゆだね、さらに上へ、さらに奥へと進みましょう。

　最初は、意識をおとなしくさせておくのに苦労するかもしれません。意識は甘やかされた子どものようなもので、注目してほしいとねだりつづけます。一度しつけを始めると、好ましい結果に気づくでしょう。劇的な、根本を揺さぶられるような経験はないかもしれませんが、洞察力が深くなったことに気づくはずです。

以前理解していなかったことを「理解し」はじめるでしょう。これは瞑想がうまくいって、クンダリーニのパワーが目覚めた証拠です。

　最初に瞑想を始めたとき、数分以上じっと座っているのが難しいことがわかるでしょう。取り留めのないことを考えたり、そわそわしたり、あるいは急にどこかがかゆくなって、どうしてもかきたくなるかもしれません！　少し時間がかかりますが、肉体と精神を律するのは自分だということに気づくでしょう。かゆみは無視しましょう。落ち着いて、意識に口を閉じるよう言い聞かせるのです。あなたはもっと重要な仕事で手一杯なのです。かゆみは消え去り、意識はしつけられ、あなたが高次の自己に順応しているあいだ、おとなしく隣に座っているでしょう……あなたが根気強く続けるなら。自分の心と感情に、これまでの人生の問題をゆだねてきたことを思い出してください。今度は、心と感情を自分のために働かせることを学ばなければなりません。少し訓練が必要かもしれませんが、習得できるでしょう。続けることです。あなたは人生でもっともすばらしい航海に出ようとしているのです。

　グループ瞑想は、非常に大きな満足感を得ることができる。集団のバイブレーション（霊気）が相互に作用し、それぞれ補い合う形で、霊的に大きな結果をもたらす。1人で瞑想する場合、ときどき「オフ」の日（まったく効果がないこと）がある。これはグループでおこなう瞑想では、けっしておこらない。じっさい、こうした理由で、グループでしか瞑想を行わない人も多いのだ。

　グループ瞑想では……、グループは車座になり、各人がそれぞれに、呼吸法や軽いエクササイズをおこなう。全員によるチャクラ・カラーの強化が終わったら、白い電灯を消すか、ブラインドを下ろす。そして円を青い光で照らす。わたしが瞑想をおこなったグループでは、色調を選べるウェスティングハウス製の100ワットの投光照明を使用した。それはどこでも使え、瞑想には申し分なかった。この青い光は、瞑想のあいだ、点けたままにしておく。

"Color Magick"

（レイモンド・バックランド著、

ルウェリン刊、1983年および2002年）

瞑想を終える

　身体の健康のために、身体と意識をふたたび目覚めさせることで瞑想を終えることが重要です。これは、リラクゼーション法を逆順におこなうことでできます。意識が第三の目から離れ始めたら、それを額、そして頭のてっぺんまで広げます。それから、ゆっくりと身体に下ろしていきます。頭蓋、目、頭の後ろ、顔、あご、舌、首、喉など。各部位に、リフレッシュして、活発に、健全に、次々と目覚めるよう命じます。肩、上腕、手首、手、背中の上部、胸、胸腔、胃、わき腹、背中の下部、股間が、新たな活力を得て、リラックスし、生命にあふれて目覚めます。尻、もも、ひざ、ふくらはぎ、足首、かかと、土踏まず、足の親指のつけ根、足指もそれに続きます。身体のすべてのパーツを終えます。ひとつひとつの筋肉、血管、繊維、そして神経に命じ、すこやかに、リフレッシュして生き生きと目覚めさせます。瞑想を終えた後、どれほど気分がよくなるかを知ることは嬉しい驚きでしょう。すぐに心が満たされ、心の平静を感じるでしょう。瞑想を通じて、霊的意識が目覚めただけでなく、霊的な自己に新たな活力を与えたことに気づくはずです。あなたは生得権である偉大な宇宙のエネルギーの扉を開けようとしているのですから。

夢

　夢とは何でしょうか。夢には重要な意味があるのでしょうか。夢というものがよくわかっていない人は、うろ覚えの夢のささいな断片のようなものに、ほとんど注意を払わないかもしれません。明らかに不合理で、異様な夢は、狂人のたわ言にすぎないと思われるでしょう。もっと奇怪で恐ろしげな夢を見た人は、もうそんな夢を見たくないと思うでしょう。どちらの場合も、夢を見た人は、未知なる夢の世界からの奇妙な贈り物を重視することはほとんどなさそうです。

　しかし現代の研究者は、夢の世界を熱意をもって探求しつづけています。夢は重要な意味をもつのかという問いは、あなたにとって役に立つことがあるのでしょうか。それとも、夢はたんに意識が休んでいる間、無意識を楽しませる「レイトショーの映画」にすぎないのでしょうか。研究データによれば、人は毎晩、平均して、7つの夢を見ており、それぞれ最長で45分間継続するということです。

科学者はまた、夢を見ることは健康に欠かせないものだと結論づけています。睡眠研究所の被験者は、長時間にわたって何度も夢を妨げられると、感情的ストレスが高まりました。とはいえ、科学者たちは夢という現象の解明に努めてきましたが、夢の出所を突き止めることができませんでした。

それは外界からの働きかけによって生じるのです。

夢はどこからやってくるのか

夢とうまく付き合うためには、それがどこから、なぜ生じるのかを理解しなければなりません。明らかに、夢は意識の産物ではありません。つまりそれは、意識が休息しているとき、眠っている状態で見るものです。潜在意識は受身なので、論理的に考え、思考を発展させることができません。だから、かなり複雑でわかりにくい夢を生み出すことはありえません……潜在意識は、それまでに与えられたものを出して並べるだけなのです。では、それは私たちのどこから出て行くのでしょうか。夢は複雑ながら、よく練り上げられ、想像力豊かです。考えられる唯一の源は、ユングが名づけた「無意識」、あるいは「高次の霊的自己」のようです。私たちの心あるいは意識のこの部分は、超意識と称される部分であることはお分かりでしょう。

夢は重要な意味があるのでしょうか。じっさい夢を見るということは、一定の意義があるということです。あなたという存在のどの面も、まったく取るに足りないという面はありません。しかし、自分の夢がどこから来たか考えると、それがきわめて重要であることが次第にはっきりとしてきます。多くの人にとって、夢を見ている状態は、意識がより高次の自己に接触することができる唯一の媒介なのです。こうして毎晩、あわただしくそのメッセージが交わされているのです。あなたの高次の自己は、夢を形にし、伝えることに多くの時間と努力を費やしています。少なくとも、そのメッセージが何なのか理解しようとすることはできるはずです。

夢の解釈とシンボル

あなたはこれまで、無意味で不可解に思える自分の夢を解読しようとして膨大

な時間を費やし、失敗に終わったかもしれません。伯母さんの葬式に参列した夢は、少なくとも予知夢ではなかったことが、10年後も伯母さんが健在であることで証明され、戸惑うこともあるでしょう。親しい人と、ふだんけっして寄り付かない人が入れ替わって夢に現れたら、ほんとうに当惑するでしょう。日常生活で物理的に不可能なことをしている夢をみたときは、びっくりするはずです。とらえどころのない夢の奇妙な出来事になんらかの意味づけをしようとして完全に挫折に終わることもあるでしょう。それでもあなたは、どこかに答えがあるにちがいないと感じています……でも、いったいどこにあるのか。手がかりはあるのでしょうか。

　意識のなかの万能な要素として、超意識というものは普遍的シンボルを熟知しています。超意識は固有の言語で伝える傾向があるので、夢にはこの普遍的象徴がいくらか含まれていると考えられます。たとえそれが固有の言語をもっていたとしても、超意識は、意識にとってもっともなじみのある象徴にもっともよく反応することを知っています。だから、日常生活で目にする言葉やシンボルが使われるのです。ときには、あなたの記憶に新しい、最近の出来事からシンボルを使うこともあるでしょう。個人的な物質界の生活が及ぼす影響は、個人的シンボルと称されます。

　普遍的シンボルは、いつの世も、全人類にとって変わることがありません。色、数字、性的アイデンティティー（たとえば男性、女性）。それらは超意識から生じたものなので、永遠に変わることがありません。適例は、乗り物──霊的な進歩の普遍的シンボルです。物質界の技術的進歩にともない、シンボルもそれに合わせて適応してきました。だから乗り物は、ロケット、飛行機、蒸気船、列車あるいは乗用車といった近代的で便利なものの１つを採ることもあるし、あるいは動物の背中に乗ったり、徒歩のように時代を超えたものの１つが採られることもあります。

　ここにすべての普遍的シンボルを挙げるのは不可能ですが、一般的な例を「普遍的シンボル」の項で示すつもりです。

あなたの夢を解釈する

　有名な心理学者カール・ユングは、かつてこう言っています。「どんな夢のシ

レッスン7　瞑想、夢、小サバト

ンボルも、それを見た人物から切り離すことはできない」と。この概念を心に留めてください。そしてこれから述べる夢についての基本的な考えを学びましょう。普遍的シンボルのほとんどすべてに、さまざまな意味合いがあることに注意してください。じっさい、いくつかのシンボルは相反する意味をもつことさえあるのです。そのようなシンボルの解釈は、夢を見た本人によってのみ、おこなわれます。その夢、シンボルに対する自分自身の気持ち、そして自身の直観にしたがって判断しましょう。

　夢は複雑で、シンボルの組み合わせは、ほとんど無限です。それはじっさい、分析的で、簡単に決め付けられがちですが、治療に役立つこともあります。夢の大半は分析的に考えることができます。つまり、高次の自己があなたの日常生活や霊的進歩を批評する手段を与えているのです。それは、あなたが周囲の環境や仲間とどのように関わっているかを分析します。未来の出来事について警告し、覚悟させる予知夢の割合は低いようです（予知夢の割合は人によって大きく異なりますが、将来に関わる夢の割合はおそらく全体の20分の１程度と推定されます。兄弟のボブ、あるいは従姉のメアリーの夢をみたからといって、彼または彼女に何かが起きると早合点しないでください。何かあるかもしれませんが、そうでない可能性のほうがはるかに高いのです）。さらについでながら、夢の主要人物は、つねにあなた自身 —— あるいはあなたのある面に相当することに注目しましょう。だから妹のスージーがあなたと何か言い争いをしている夢をみたら、じっさいは、あなたの心の葛藤 —— あなた自身と不和の側面との葛藤のあらわれを見たことになります（おそらくあなたの男性的側面と女性的側面）。あなたが受け取り、認識できる形として、それが妹のスージーの姿をとっているのです。

　セラピー効果のある夢の数もまた、個人によって異なります。その人が差し迫ってそれを必要とするかどうかということです。強い劣等感をかかえる人がいたら、その人が力強く、有能で、魅力的な人物となる夢を見ることは、セラピーになるかもしれません。このように、高次の自己は、その人の心の穴を埋め合わせてくれます。強い優越感をもつ人がいたら、その人が愚かで、無防備で、劣った人物として夢に現れ、慢心をくじかれるかもしれません。こうして夢はしばしば性格の欠点を克服しようとするのです。

　予知夢は、その人が将来の出来事に覚悟が必要なときにのみ見られるようです。あなたが意識して覚えていなくても、夢は潜在的に、衝撃的なことに備えて覚悟

187

をもたせてくれます。予知夢が出来事をすべて暗示するわけではなく、ごく些細に思えるものさえあります。しかし両方ともおなじように重要です。それらはある程度の期間、潜在意識と意識にプログラムして準備し、将来起こる出来事や状況を、それに適した方法で処理しているのです。

　普遍的なシンボルをここですべて挙げるのは、不可能ではないとしても、現実的とはいえません。とはいえ以下のリストは、基本的なもので、その役割を示しています。これから、自分なりのリストを増やすこともできるでしょう。

普遍的シンボル

豊富	独立願望。
不慮の災難	何か思いがけないこと。
俳優／女優	注目されたいという願望。
不倫	罪の意識。
飛行機	「乗り物」参照。
祭壇	自己犠牲。
錨	安定。ときには持ち家願望。
アニマ	個人の女性的な面。精神世界への誘い。女神。受容し、期待し、育てる。
動物	個々の動物に対するその人の感情による（典型的な意味については、それぞれの項参照）。役に立つ動物は通常、本能的自己を表す。
アニムス	個人の男性的な面。絶対の信念。力。男神。
リンゴ	欲望。
矢	喜び。浮かれ気分。
競売	財産の見込み。
乗用車	「乗り物」参照。

レッスン7 瞑想、夢、小サバト

赤ん坊	泣いている：挫折した計画。 笑っている：実現した計画。 眠っている：待ち時間、忍耐。
風船	フラストレーション。
地下室	避難所または隠れ家。
戦い	心の葛藤。
鐘	計画の実現、喜び。
自転車	勤勉によって目的を達成する。 「乗り物」参照。
鳥	通例、ある段階から次の段階への超越。
誕生	新たな段階、あるいは、新たな自己の側面への移行。
橋	困難を克服する。変化。
ほうき	浄化の手腕。
雄牛	獣性、頑固さ。
墓所	ある局面の終わり、新たな方向に進むとき。
キャンドル	不変性。
杖	支援が必要な状態。
首都（市あるいは町）	中心。「都市」の項も参照。
城	野心。
洞窟	隠れ家または避難所、考え、瞑想する時間の必要性。
円	完全、完璧、無限、全宇宙、集合的無意識。
都市（都会）	意識の集まり（集合）。重要な位置づけなら、アニマを表す。
登山	克己のプロセス、意識を高める。
時計	時の経過。行動を起こす必要。

189

衣服	心構え、性格。
棺	「墓所」参照。
色	色が象徴する意味というのは、研究対象として魅力的である。ここではそのテーマについて軽く触れるだけにして、夢のなかでそれぞれの色が表す意味について基本的な概念を示したい。以下のリストは包括的なものではないが、主要な色をあげている。 　赤：強さ、健康、激しさ、性愛、危険、思いやり。 　オレンジ：激励、順応、元気付ける、魅力、豊かさ、情け深さ。 　黄色：説得、魅力、信頼、嫉妬、喜び、慰め。 　緑色：財政、豊富、幸運、活力、慈悲心の成長。 　青：静穏、理解、忍耐、真実、献身、正直。 　藍色：不安定な状況、衝動的なこと、憂鬱、野心、高潔。 　紫：緊張、パワー、悲しみ、敬虔さ、感傷的なこと。
揺りかご	昇進の可能性。
川を渡る	態度を根底から変えること。
泣いている	感情、ふつうは悲しいできごと。
水晶	物質と精神の結合。
カーテン	隠すこと、装飾。
暗闇	霊界、潜在意識、心の内に向かうこと。
死	何かの終わり、新たなことを始める好機。
犬	忠実、怠惰、怒り。
食事	新たな興味の必要、刺激。
日暮れ	潜在意識の世界に入る。
目	認知、内省。
落下	期待にこたえることができない。
魚	ある段階から次の段階に超越する。
火	怒り、浄化、あふれんばかりのエネルギー。
花々	満足、喜び。

レッスン7　瞑想、夢、小サバト

飛行	「乗り物」参照。
少女	未熟な女性の面。
望遠鏡	認知、洞察できること（ときに未来を）。
卒業	イニシエーション、ある段階の終了。
髪	思考力。白髪混じりあるいは白髪は、賢明な考えを示す。
ハンマー	前進させる力。
人の役に立つ動物	無意識的な自己。
主要道路	方針、前途。
馬	白馬：生命の象徴（ケルト神話の女神エポナはよく白いラバに乗る姿で表された）、隆盛。 黒馬：運命の変わり目。 野生馬：抑えがたい本能的衝動。 翼のついた馬：ある段階から次の段階に超越する。
家	人格の象徴と精神からみた意識の関心事。特定の部屋は特定の興味を表す。 　バスルーム：浄化、望まれていないものを取り除く。 　地下室：避難所、隠れ家、隠し場所。 　寝室：休息と復活の場所。 　ダイニングルーム：生命維持に必要な栄養をつける場所、再防備。 　キッチン：食べ物を用意する場所。 　居間：社交の場所。
氷	人格の冷たい側面、冷酷、頑固さ。
病気	退屈、遅延。
個人（その人自身）	「本当の」あなた、内なるあなた、あらゆる知恵、非常に強大な霊的自己。
刑務所	監禁、フラストレーション、行動を起こすことができない。
旅	「乗り物」参照。
裁判官あるいは陪審員	あなたの良心。

191

鍵	問題の答え。
キス	満足、成就。
はしご	登る力（はしごの長さに注目）。
左（位置または方向）	潜在意識の部分。 ときに誤った面、または方向。 論理的な面。科学的な面。
光	希望。
線	破線は女性的な面を表す。実践は男性的な面。
とかげ	超越。
錠	フラストレーション、安全。
男性	アニムス、男性的な面。年齢はその人の成熟あるいは未熟さを示す。
仮面	不誠実さ、欺瞞、隠蔽。
鏡	再考の必要。
母親	安息の地、なぐさめ。
裸	本当、真実、偽りのない態度、リスクにさらされる、ありのまま。
夜（とくに真夜中）	超意識が最大限に発揮される。
真昼	もっとも明晰な意識。

数	数の解釈では、まず始めに、バランスあるいはバランスの欠如をすべて調べる。偶数は、バランスと調和を示す。奇数はアンバランスと不調和を示す。以下につづく定義を考えるさい、より大きな数字は小さな数字の組み合わせから成ることを心に留めておこう。 1：始まり、源、うぬぼれ。 2：二重性すなわち、男性と女性、ポジティブとネガティブ。 3：父、母、子、あるいは過去、現在、未来などの三つ組。（魂が経験する）第一段階の完成。 4：物質界；意識、現実。原理；体力、イニシアチブ、信仰、霊的進化。3と1に分かれる。 5：人間そのものを表す数字。物質主義、発展、変化、理解、そして正義を表す。3と2に分かれる。 6：協調性とバランス。物質と精神の、すなわち精神と肉体の相互作用を表す。霊気偏在論、平和、第二段階の完成を表す。3の2倍。 7：完成、老年、忍耐、進化と知恵。7段階の霊的変遷。4と3に分かれる。 8：分解と分類の数字。周期的進化と発見。5と3に分かれる。 9：再生と刷新。直観、旅、カルマと第三段階の完成。3の3倍。 0：円。無限、宇宙、万物。
大海	好機、精神性。
ふくろう	知恵、さらなる評価の必要性。
真珠	喜び。糸が切れた真珠のネックレス —— 誤解。
海賊	不信感。
監獄	「刑務所」参照。
ピラミッド	知識欲、追求。
鉄道	定められた道をたどる、「乗り物」参照。
虹	大きな幸福、好機。
読書	学問、知識を得る。気づき。
乗馬	「乗り物」参照。
右	意識、正しいこと、芸術的な面。
輪（リング）	完成、忠実。

川	精神性、限界。
ロケット	「乗り物」参照。
岩	変わらない自己。
げっ歯類動物	超越あるいは、よからぬ人物、不信、裏切り。
ローラースケート	「乗り物」参照。
バラ	「花々」参照。
遺跡	計画の失敗。
犠牲	プライドを抑える。
学校	学び舎。学ぶ必要性。
鋏	不信。
海	「大海」参照。
自己像	内なる、あるいは、霊的自己。年齢は成熟あるいは、その不足を表す。
セックス	反対の人や物との結合、男性と女性の和合の原理、満足、完結。
影	潜在意識、非現実的なもの。
船	「乗り物」参照。
骸骨	基本的なもの、問題の原因。
蛇	霊的明察、賢者の域に超越する。
蛇に噛まれる	知恵を吹き込む（夢では噛まれても痛みを感じない）。
兵士	力、パワー、統制。
鋤	洞察、切断、行く手にある困難な仕事。
日の出	意識をクリアにする、目覚め。

日没	財産を守る必要。
白鳥	美、慰め、満足。
剣	明察力に富む、切り離すこと、争い。
テーブル	支えること、提示の根拠。
望遠鏡	問題に近づく必要。
泥棒	喪失、あるいは、喪失の恐れ、不安。
雷	怒り。
町	「都市」参照。
触れること	触れ方とそれにたいするあなたの感情が重要。触れることは、ふつう、ヒーリングを表す。まれには呪いを意味することもあるが、ほっとした気持ち、安心を表すことが多い。
列車	「乗り物」参照。
超越	自己を完全に理解すること。
変貌	「超越」参照。
乗り物	霊的進化。乗り物の効率がよいほど、進化のスピードも速く、望ましい結果をもたらす。ロケットはもっとも高速の移動手段だろう。這って進むことは、もっとも効率が悪い。列車は、効果的で、目的地に直行できるが、狭い線路に限定される。車はかなり効率がよく、巧みに操ることができる。飛行機は、車や列車よりも効率的で陸路や海路による移動より高く上昇する。ローラースケートは歩くより速いが、平坦な道とさらなる努力が必要とされる、など。
旅行	霊的進化の行為。
樹	生命の根源、霊的成長と進化、成功。
地下室（トンネル）	隠れること、恐れること。
分岐点（曲がり角）	変化、あるいは成長。「左」、あるいは「右」参照。円内を周回するのは、進歩がないことを示す。
双子	自己と分身。

傘	避難所。
ベール	不安。
火山	性的エネルギー、強い感情。
壁	フラストレーション、無力。
腕時計	「時計」参照。
水	精神性、感情。
結婚式	計画の完成、幸福、成功。
ウイッチ	超自然の能力、知恵。
女性	アニマ。年齢は成熟あるいは未熟さを示す。
花冠	自己憐憫。

夢を記憶する

　夢を解釈する第一のステップはもちろん、それを記憶にとどめることです。夢を記憶するのが難しい理由として、あまりにも長い間、夢をかえりみなかったため、潜在意識が意識に記憶させようとしなくなったことが考えられます。その場合、自分自身が夢を憶えているよう改めなくてはなりません。これはアファメーションによってできます。瞑想中、そして眠りに落ちる直前、自身に宣言するように「私は自分の夢を憶えている」と言い聞かせましょう。これを３回繰り返し、指令を解除します。そして再度、自分自身に「私は自分の夢を憶えている」と３回繰り返します。思考を解き放ちます。そして３たび、「私は自分の夢を憶えている」と繰り返します。これであわせて９回、自分自身に命じたことになります。

　第二のステップは、夢を記録することです。剥ぎ取り式のメモパッドと筆記用具を枕元に常備しましょう。このこと自体、夢を憶えているという指令を強化してくれます。起き抜けに、目覚ましのコーヒーも飲まないうちに、憶えていることを手早くメモします。この時点では、すべて正しい順番どおりでなくてもけっこうです。大事なことは、数行走り書きをする時間しかなくても、憶えていることを忘れないうちに記録することです。夢についての詳細は、ある程度時間が経っ

196

ても思い出すことができます。夢に登場した人物の身元、職業、身なり、感情、そして行動を記録しましょう。彼らに対する自分自身の態度、そして自分にたいする彼らの態度に注目します。目にしたもの、感じたこと、耳にしたこと、すべてを書きだしてください。とくに、登場する物の数と色に注目しましょう。これらはすべて重要です。その後、夢に出てきた順番に記録を整理してみましょう。

　一度メモを書き終えてまとめたら、それを解釈する作業に取り掛かります。まず始めに、それが過去の出来事に当てはまるか調べます。これで意味がわかることもいくつかあるでしょう。もしこの試みがうまくいかなかったら、夢が額面どおりなのか、あるいは象徴的なのか見定める必要があります。

　額面どおりの夢は、実生活における実在の人物や物、またはその時気がかりな人や物が主に登場します。それを額面どおり解釈して意味を成せば、手がかりを得たことになるでしょう。そのまま解釈しても意味を成さない場合、その夢は明らかに象徴的な夢ということができます。象徴的な夢は、登場する人物や物を、ありのままにとらえることができません。その場合のイメージは、夢を見た人のある一面といえます。故知の普遍的シンボルを当てはめてみましょう。

　夢にシンボルを当てはめる作業をおこなう前に、もつれた糸を解きほぐす作業をしなければならないこともあるでしょう。あるいは、残された謎の意味さえわかればよいところまでできているかもしれません。こういうことは、夢の解釈を始めたばかりの人にはよくあることなので、心配にはおよびません。「夢を憶えている」というアファメーションを続けましょう。できるだけ夢の詳細をすべてきちんと記録し続けましょう。次第にシンボルの意味が明確になってきます。そして、自身が高次の自己と対話していることに気づくでしょう。ある夢に隠されたシンボルの意味は、次の夢で突然明らかになるでしょう。こういうことが起こり始めたら、個人的な夢事典をつくることをおすすめします。専用のノートを用意し、50音順に見出しをつけます。新たにシンボルの意味が判明したら、それをノートに書き込みます。ほどなく広範囲にわたる個人的なシンボルが集まり、すべての夢をほぼ全体的に解釈できることでしょう。

個人的シンボル

　夢の解釈について出版された本の多くは、たくさんのシンボルを読者に提供す

ることで、簡単に解釈できるようにしています。普遍的シンボルのリストとは異なり、そうした本は、まったく誤解を招きかねません。私たちのひとりひとりが、個々の人生経験に基づいた独自の個人的なシンボルをもっています。たとえば、2人の老婦人が猫の夢をみたとしましょう。1人は、ずっと独身のまま、愛する猫たちと人生を分かち合ってきました。もう1人は、子どものころ野良猫に引っ掻かれたひどく忌まわしい記憶をひきずっています。「猫」の解釈がたった1つだと、双方を満足させることができないことは明らかでしょう。1人目の婦人にとって、猫は仲のよい、愛すべき仲間ですが、2人目にとっては、痛みをもたらす不快で危険な生き物です。だから、その人自身の個人的感情を踏まえて、シンボルを分析することが必要なのです。

繰り返し見る夢

　多くの夢は、その意味を強調するため、あるいは確実に気づいてもらえるように、繰り返されます。これは夢を見た人が理解しやすい夢もあるし、そうでないこともあります。ふつうは、一晩に3回夢を見ます。ときどき、そのシンボルはかなり似ていることがあります。次の日には、3回ともまったく異なるシンボルが出てくる夢を見て、解釈する段になって、それぞれの夢の根本的なテーマがほとんど同じであることに気づくかもしれません。いずれにせよ、夢の源は、メッセージを確実に伝え、理解してもらおうとしているのです。何日も、何週間も、あるいは数か月も繰り返される夢は、あなたが行動を起こしていない何かを示しています。ひとたびそれを理解し、行動や態度を変えることで夢に応えれば、その夢を見なくなります。一般的に、繰り返される夢は、次のうちのどれかです。

　（A）予知あるいは予言となる夢
　（B）善からぬ傾向の償い
　（C）悪影響を残した衝撃的な事件の結果

複数で見る夢

　より霊的な進化を遂げた人々のあいだでは、ときに誰かの夢に参加したり、あるいは積極的に分かち合う傾向があります。このような場合、2人は霊的、ある

いは感情のレベルで非常によく調和しています。彼らが互いに運命付けられた「ソウルメイト」だということではありません。むしろ、人生のこの特定の時間に、あるレベルで同調しており、霊的なレベルで調和しているといえます。夢の解釈は通常の夢と同様におこなわれるべきですが、夢に出てくる「もう1人の」人物は、あなた自身の別の一面として解釈しましょう。

夢か体外離脱か

体外離脱の記憶は、夢と同様にとらえどころのないものです。したがって、このふたつを分けるのは難しいことが多いようです。著しい違いは、自覚しているという感覚です。夢では、自己の視覚は一方向のみです。肉体の視覚においては、目の前のものしか「見え」ません。しかし体外離脱では、意識は周囲の状況をすべて理解しています。前だけでなく、後ろ、上、下、左右――すべてを同時に見ることができます。体外離脱したときは、夢のように解釈をする必要はありません。

儀式（続き）

この前のレッスンで、4つの主要なサバト、または大サバトについて詳しく述べました。ここでは、4つのマイナーなサバト、あるいは小サバト、春分、夏至、秋分、そして冬至（またはユール）を見ていきましょう。じっさいには、主要とマイナー、あるいは大と小という呼び方は正しくありません。すべてのサバトは等しく重要なのですから。

春分のサバト

春に咲く野生の草花を束ね、祭壇の上か脇に置きます。メンバーは、髪の毛に花を飾ってもよいでしょう。祭壇上には、男根の形をした杖と、木製または陶器の器に土を入れたものと、何か大きめな種を置きます。また、祭壇の上または下には羊皮、あるいは紙が1枚と筆記具があります。祭壇のクロスとキャンドルは、ライトグリーンにしましょう。

神殿の建立が行われ、ベルが3回鳴らされます。

プリースト：円に集う我らに幸あれ。
プリースティス：この春の儀式に我らは楽しく集う。
全　　員：楽しく集う。
プリースト：ウイッチたちよ、私の言葉を聞くがよい。
　　　　　目覚めよ、そして春を迎えよ。
　　　　　男神よ！　女神よ！
　　　　　我らの言葉を聞きたまえ。我らはここにいるのだから。
　　　　　我らはここにお二人のために、そしてともに祝うためにここにいる。
プリースティス：ようこそ、ようこそ、美しき春よ！
　　　　　誕生のときよ、種まきのときよ。

　プリアピック・ワンド（男根を象った杖）は古代ローマの生殖の神プリアポスに由来する。小アジアでは、古代ギリシャの牧神パンと同等とみなされ、アフロディテとディオニソスから派生したと考えられる。彼は豊作や養蜂を支配し、ブドウの木の栽培や魚釣りを支配する。彼は果樹園や庭の守り神なので、男根のイメージが顕著に表現されている。
　男根状の杖はじっさい、ペニスを表している。年数回の儀式で使用されるだけだが（希望するなら）、1つは必要だろう。全長21インチ（約53センチ）で、先端の8ないし9インチ（20ないし23センチ）が男性器の形に彫られている。杖の先端がペニスを象徴する松ぼっくりを象った杖もある。

　カヴンのメンバーは、プリーストとプリースティスの先導で、花々を手に、時計回りに円に沿ってダンスします。ダンスしながら、円のラインがすべて花で埋め尽くされるまで、円周上に花を落としていきます。お望みなら、ダンスしなが

ら歌ってもかまいません。ダンスが終わると、ベルが3回鳴らされます。

> **プリースト／プリースティス**：春は種まきのとき。いまこそ我らがそれぞれ
> 花咲かせたいと願う種をまくときだ。
> **メンバー**：春は希望と願いのとき。新たな知識、調和とインスピレーショ
> ンを求めるときだ。
> **プリースト／プリースティス**：さあ、我らが花咲かせたいものについてじっ
> くり考えよう。望むこと、好機について考え、これから始めよ
> うとすることにエネルギーを注ごう。

　全員ができるだけ楽な姿勢で座り、じっくりと考えます。後に好機となりうる、どんなアイディアの種を植えたいか、考えましょう。それは忍耐力や粘り強さのような性質かもしれないし、何かをする、あるいは、何かを作り出す機会かもしれません。自分自身のためでなく、他者のための何かでもかまいません（注意：ここであなたは「魔術」をおこなうのではありません —— それについては後のレッスンでたっぷりと触れます —— ただ、心の中に、自身が大きく育てる「種を植える」だけです。すべての種と同じで、それも世話や手入れをし、最後に花開くまで面倒を見る必要があるでしょう）。十分に時間をかけた後、ベルが鳴らされます。プリーストあるいはプリースティスは、羊皮紙とペンをとり、一番上に彼女／彼の「種」（できるだけ数語にまとめる）を書き入れます。羊皮紙を次々とメンバーに回し、全員がそれぞれの「種」を加えます。それが戻ってきたら、プリースト／プリースティスは、祭壇のキャンドルで羊皮紙に火をつけます。燃やしたあとの灰は、土の入った器に落とします。彼女／彼がそれをするあいだ、彼女／彼は次のように唱えます。

> **プリースト／プリースティス**：男神と女神よ、我らの種を受け取りたまえ。
> 種が我らの心のなかで成長しますように。すくすくと育ち、成
> 熟しますように。我らはお二人の名にかけて、その種の世話を
> し、励まします。

　アサメイを手に、プリースティスは土と灰を混ぜます。彼女は土の中心にくぼ

みをつくり、アサメイを下ろします。プリーストはプリアピック・ワンドを手に、ダンスしながら円を3周します。そのさい杖を頭上高くかかげます。1周目はゆっくりと、2周目はそれより速く、3周目はさらに速く回ります。プリースティスのもとに戻り、杖を垂直に目の前に差しだします。

> **プリースティス**：掲げた杖のパワーによって、種はくぼみを見い出す、この見事な杖に恵みあれ。
> 彼女はその先端にキスをします。
> **プリースティス**：杖に礼を尽くそう。永遠にそうであるように。

プリーストは杖を下ろし、祭壇から種を取ります。彼はそれをしばらくのあいだ手のひらで包み、エネルギーを集中させます。彼はとなりのメンバーにそれを手渡し、そのメンバーも同様にします。このように種が円を1周し、プリーストに戻されます。プリースティスは祭壇から器を手に取り、高く掲げます。

> **プリースティス**：昔我らは互いに種を植えることで祝った。ここにその行為を象徴し、女神と男神をあがめよう。

プリースティスはプリーストを向き、器を下ろし、彼女の胸のあいだで持ちます。

> **プリースト**：この春の儀式は、我らみんな、そして神々のもの。いまこそ喜びのとき、そして種をまくときだ。

彼は種を土のくぼみに置き、その上に土をかけます。

> **プリースト**：わたしが土のなかにまいたこの種は、土の一部となり、生命の一部となり、我らの一部となるだろう。

プリーストとプリースティスはキスをして、プリースティスは器を祭壇に戻します。その後彼らは円を回り、各メンバーとキスしたり、ハグしたりします。ベ

ルが3回鳴らされます。

その後ケーキとエールの儀式が続きます。おおいにゲーム、余興を楽しんだあとで、神殿の消去がおこなわれます。その夜は祝宴でしめくくられます。

夏至のサバト

祭壇のクロスとキャンドルは白にします。魔法円は夏の花々、フルーツ、青々とした枝など、このサバトにふさわしいと思われるものなら何でも飾りましょう。南の方角には、水を張った大釜を用意し、撒水器をそばに置きます。祭壇上には特大の、火の点いていないキャンドルを置きます。祭壇上あるいはその傍に、プリーストの角付ヘルメットを用意します。神殿の建立がおこなわれ、ベルが3回鳴らされます。

> メンバー：去れ、すべての悲しみよ！
> メンバー：なくなれ、すべての争いよ！
> メンバー：今日という日を生きよう。
> メンバー：この生命を生きるために。

プリーストは角付のヘルメットをかぶり、祭壇の前に立ちます。彼は大きなキャンドルを取り、通常の祭壇のキャンドルで火をつけ、右手に高く掲げます。メンバーは両手を高く挙げて、高らかに唱和します。

> 全　　員：ようこそ、男神！　ようこそ、太陽の神よ！　ようこそ、光よ！

プリーストを中央に残し、プリースティスは大釜のそばに立ちます。メンバーは手をつないで時計回りに円のまわりをダンスします。彼らが大釜を通り過ぎるとき、プリースティスはそこから彼らに水をまきます。全員で（プリーストとプリースティスを含む）歌います*。

> 全　　員：緑林の男神がやってくる、

---

* タラ・バックランド「グリーンウッド（緑林）の男神」。付録C参照のこと。

緑林から

緑林の男神がやってくる、

緑林から

緑林の男神がやってくる、

緑林から

美しい女神に求愛するために。

情熱の高まりで、情熱の

情熱の高まりで、情熱の

情熱の高まりで、情熱の

穀物はふたたび芽吹くだろう。

緑林の男神がやってくる、

緑林から

緑林の男神がやってくる、

緑林から

緑林の男神がやってくる、

緑林から

美しい女神に求愛するために。

　歌が終わると、ベルが7回鳴らされます。プリーストは祭壇に火の点いたキャンドルを戻します。そしてゆっくりと、12回、時計回りに円に沿ってダンスします。その間彼は次のように唱え、メンバーは彼のあとに続いて繰り返します（1行ずつ）。

　プリースト：私は男神であり、光である。

　全　　　員：あなたは男神であり、光である。

　プリースト：私は太陽たる男神。

　全　　　員：あなたは太陽たる男神。

　プリースト：私が燦然と輝くごとく、あなたの愛を輝かせよう。

　全　　　員：あなたが燦然と輝くごとく、我らの愛を輝かせよう。

　プリースト：私の光のごとく、あなたの愛を世界中に広めよう。

　全　　　員：あなたの光のごとく、我らの愛を世界中に広めよう。

レッスン7　瞑想、夢、小サバト

プリースト：太陽に加え、我らは雨も知らねばなるまい。

全　　　員：太陽に加え、我らは雨も知らねばなるまい。

プリースト：それゆえ、喜びに加え、痛みも知らねばなるまい。

全　　　員：それゆえ、喜びに加え、痛みも知らねばなるまい。

プリースト：私は生命、そして希望。

全　　　員：あなたは生命、そして希望。

プリースト：私は死、そして新たな生命。

全　　　員：あなたは死、そして新たな生命。

プリースト：私なしでは、何ひとつ存在できない。

全　　　員：あなたなしでは、何ひとつ存在できない。

プリースト：私がいれば、あなたが望むものはすべて手に入る。

全　　　員：あなたがいれば、我らが望むものはすべて手に入る。

プリースト：私は太陽たる男神。

全　　　員：あなたは太陽たる男神。

プリースト：私は男神であり、光である。

全　　　員：あなたは男神であり、光である。

プリースト：私が光と生命をあなたに与えるごとく、あなたも他人に与える
　　　　　　がよい。我らの持てるものすべてを、持たざる者たちと分かち
　　　　　　合おう。

　祭壇に戻ったプリーストは、男神の役を務めます。プリースティスに導かれ、
メンバーはプリーストの前で腰をかがめ、彼の足元に供物[†]を置きます。

プリースト：さあ、あなたは与えることの真の喜びを知るだろう。
　　　　　　そうあれかし。

全　　　員：そうあれかし。

プリースト／プリースティス：我々ウイッカンは、豊かでよき人生に恵まれ
　　　　　　たことを、全能者に感謝する。
　　　　　　すべてに良き実りをもたらすためには、太陽とともに雨が降ら

---

†　供物はそれぞれの都合に合わせたものでよい。私の知るあるカヴンは、お金を供物とし、その後チャリティーに寄付
している。食べ物や衣類を供物にして、貧困者にあげる人もいる。とはいえ供物は寄贈者の犠牲をともなうべきだ。名ば
かりの寄付ではいけない。

205

なければならないように、

すべてのことを知るためには、我らは喜びとともに、苦しみを
味わわなければならない。

我らの愛はいかなる時も神々とともにある、

我らは神々の考えることは知る由もないが、彼らの胸のうちは
知っている——

すべて我らの幸福のためであると。

全能の神々よ、いまこそ我らに祝福を。

我らがこれからもあなたに忠実に仕えるように。

我らに収穫、生命、愛、喜びを与えてくれたことに感謝します。

我らを引き合わせ、あなたのもとへと導くその輝きに感謝しま
す。

我らが愛を抱き、信頼しあって生きていけるように。

あなたを愛し、互いに愛し合う喜びを感じていけるように。

全　　員：そうあれかし！

ベルが3回鳴らされます。その後ケーキとエールの儀式が続きます。おおいに
ゲーム、余興を楽しんだあとで、神殿の消去がおこなわれます。その夜は祝宴で
しめくくられます。

秋分のサバト

祭壇のクロスとキャンドルは赤です。魔法円は秋の花々、どんぐり、ひょうた
ん、松ぼっくり、とうもろこしの束などで飾りましょう。果物（林檎、梨、桃な
どなんでも）を盛ったボウルを祭壇上に置きます。供物（前述の儀式の脚注参照
のこと）は祭壇のまわりに置きます。

　プリースト／プリースティス：さあ、労働の成果を享受しよう。

　メンバー：さあ、収穫を祝おう。

　メンバー：春に種をまいたように、いまこそ刈り入れよう。

　プリースト／プリースティス：さあ、我らの当然の報酬を享受しよう。

レッスン7　瞑想、夢、小サバト

　ベルが3回鳴らされます。全員が手をつなぎ、ゆっくりと時計回りに円を回ります。簡単なダンスステップ（レッスン12参照）あるいは、軽くスキップしてもよいでしょう。メンバーで3周します。そのあいだ、プリースト／プリースティスは次のように唱えます。

　　プリースト／プリースティス：ここで昼と夜が等しくなる。
　　　　　　　　時は一瞬たりとも止まることはない。永遠に時は巡り、そしてまた巡る。
　　　　　　　　子どもらが生まれては成長し、年を重ねる。
　　　　　　　　死は、日が昇るのと同じように、確実に訪れる。
　　　　　　　　死は避けられないのだから、友達のように迎えよう。
　　　　　　　　忘れるなかれ、生命に通じるドアを開けるのは、死だということを。
　　　　　　　　死ぬために生き、そして、生きるために死ぬのだ。
　　　　　　　　バランスと調和、絶えることなく進んでいく。

　円を回り終わったとき、プリーストは果物の皿を取り、円を回って、メンバーに果物を配ります。このとき、抱擁とキスがあり、メンバーは次のように唱えます。

　　メンバー：この喜びに満ちた収穫を与えてくれた神々に感謝します。

　プリーストは最後にプリースティスに果物を渡します。今度は彼女が最後の果物をプリーストに渡します。ベルが7回鳴らされます。それから全員が座って果物を味わいます。このとき会話を楽しむのもよいでしょう。全員が食べ終わったら、ベルが3回鳴らされ、全員がふたたび立ち上がります。

　　プリースト：豊かな季節は終わりに近づくが、それでも神々はいつも我らとともにある。男神は、女神と同様、我らを見守ってくれる。
　　プリースティス：過ぎ去ったすばらしい季節に。

207

全　　　員：男神と女神は恵みを与えてくださる。

プリースト：美しき秋と大切な友人たちに。

全　　　員：男神と女神は恵みを与えてくださる。

メンバー：世界に平和、喜び、そして愛を。

全　　　員：この世界に我らの恵みを与えよう。

プリースト：土の具合はどうか？

全　　　員：丹念に世話をしている。

プリースティス：収穫の具合は？

全　　　員：申し分ない、豊作。

メンバー：我らの人生は？

全　　　員：神々の成果。

プリースト／プリースティス：我らが労働の成果を享受する一方で、あまり
　　　　　　運に恵まれない人々を忘れてはならない。

メンバー：我らはここに、必要とする人々に我らの幸運のお裾分けを差し
　　　　　出す。

全　　　員：そうあれかし。

プリースト／プリースティス：男神と女神がこれらの供物、贈与者、そして
　　　　　　それを受ける人々を祝福してくださるように。

　ベルが3回鳴らされます。その後ケーキとエールの儀式が続きます。おおいに
ゲーム、余興を楽しんだあとで、神殿の消去がおこなわれます。その夜は祝宴で
しめくくられます。

冬至のサバト

　祭壇のクロスとキャンドルは紫にします。魔法円はホリー、ヤドリギ、アイビー
などで飾ります。南の方角に大釜を据え、中に焚きつけを用意します。プリース
トの角付ヘルメットを祭壇の傍に置きます。丈の短い、細いキャンドル（各メン
バーに1本）を祭壇上に置きます。ベルが3回鳴らされます。プリーストは円の
中央に座るか、ひざまずきます。

208

レッスン7　瞑想、夢、小サバト

メンバー：時の輪を回す神々は幸いなり。

メンバー：ようこそ、ユールへ、三重の歓迎を、
　　　　　もうすぐ冬となる節目に。

メンバー：これで太陽の季節が終わる。

メンバー：けれどもこれは、新たな始まりでもある。

プリースティス：仲間たち、友人たち、太陽の男神に我らのパワーと勇気を
　　　　　送り、我らの愛を示そう。この季節の節目に我らと彼のエネル
　　　　　ギーを合わせよう。そうすれば彼は生き返り、もう一度ふさわ
　　　　　しい場所に達するだろう。

メンバーとプリースティスは手をつなぎ、歌いながら、時計回りにまわります。

全　　　員：まわる、まわる、時の輪がまわる。
　　　　　めぐる、めぐる、時はめぐる。
　　　　　失った光が、今よみがえる。
　　　　　めぐる、めぐる、時はめぐる。
　　　　　かえる、かえる、生き返る。
　　　　　めぐる、めぐる、時はめぐる。
　　　　　ようこそ、太陽の光よ。さらば、争いよ。
　　　　　めぐる、めぐる、時はめぐる。
　　　　　太陽の神は死ぬ。太陽の神は生きる。
　　　　　めぐる、めぐる、時はめぐる。
　　　　　死は諸手を広げ、新たな生命を与える。
　　　　　めぐる、めぐる、時はめぐる。
　　　　　まわる、まわる、時の輪がまわる。
　　　　　めぐる、めぐる、時はめぐる。
　　　　　失った光が、今よみがえる。
　　　　　めぐる、めぐる、時はめぐる。

これは好きなだけ続けてよいでしょう。そして、まだ円周をまわっているあい
だに、プリースティスは次のように唱えます。

209

プリースティス：新たな火を起こし、我らが男神の行く手を照らそう。
メンバー：力の炎を！
メンバー：生命の炎を！
メンバー：愛の炎を！

　彼らが祭壇を通るとき、最初にプリースティス、つづいて各メンバーが、細い
キャンドルを手に取り、祭壇のキャンドルから火をつけます。円をまわりつづけ、
大釜の前についたら、細いキャンドルを投げ入れ、焚き付けに火をつけます。全
員が細いキャンドルを大釜に投げ入れたら、足を止め、プリースティスは祭壇の
前に立ちます。彼女は角付のヘルメットを手に取って移動し、ひざまずくプリー
ストの前に立ちます。

　　プリースティス：我らのもてるすべての力、ウイッチ全員の力によって、生
　　　　　　　　　まれ変わった男神を強くしたまえ。

　プリースティスは角付ヘルメットをプリーストの頭にかぶせます。彼は立ち上
がり、両手を高くあげます。

　　プリースト：生命！　愛！　私は太陽の神である！

　彼は手を下ろし、ゆっくりと円を移動しながら、メンバーひとりひとりに語り
かけるように唱えます。

　　プリースト：私は深い暗闇に落ち、死んだことがわかった。
　　　　　　　　けれども私は、星から生まれた。
　　　　　　　　ほうき星の尾に乗って、真っ暗闇に永遠の光を描いた。
　　　　　　　　栄光に輝き、私は生まれ変わり、永遠に繰り返される務めをふ
　　　　　　　　たたび始めた。
　　　　　　　　死も誕生も等しく、未来永劫私を通り過ぎる。
　　　　　　　　女神と連れ立って、私は風上に向かう、
　　　　　　　　我らは時を超越した世界を、時の翼に乗り、旅し続ける。

レッスン7　瞑想、夢、小サバト

メンバー：ようこそ、太陽の神！

全　　員：ようこそ、太陽の神！‡

メンバー：ようこそ、死と誕生のユールへ。

全　　員：ようこそ！

　ベルが7回鳴らされます。プリーストとプリースティスは手をつなぎ、メンバーを先導し、ダンスしながら円をまわります。ベルが3回鳴らされます。

　その後ケーキとエールの儀式が続きます。おおいにゲーム、余興を楽しんだあとで、神殿の消去がおこなわれます。その夜は祝宴でしめくくられます。

‡　ここには「ようこそ、……（名前）……」─カヴンで使用する特定の神の名前を入れてもよいだろう。

211

［レッスン7］　練習問題

1．瞑想をしているあいだに経験したことや、心に浮かんだ洞察について説明してください。

2．繰り返し夢に出てくるテーマあるいはシンボルを挙げてください。より強烈な夢をいくつか解釈してみましょう。それをここに書いてください。枕元に専用の夢日記を備えておくことです。

3．4つのマイナーなサバトを挙げ、それぞれが何のお祝いか、答えてください。あなたはこれらをどのように祝いますか？

［レッスン7］ 理解度テスト

1．瞑想とは何か、短くまとめなさい。

2．座り方や座る場所に関係なく、瞑想をおこなう姿勢においてもっとも重要な
　　ことは何ですか？

3．1日のうちで瞑想にもっとも適した時間はいつですか？

4．瞑想中はどこに意識を集中しますか？

5．このひと月で、あなたが見た3つの夢について、手短に説明してください。
　　それらについて解釈してみましょう。

6．プリアピック・ワンドとは何ですか？

7．夢日記を付け始めましょう。見た夢をすべて記録してください。ひとつひと
　　つの夢の解釈をすべて記す必要はありません。とはいえ記録しながら、少な
　　くともその意味を考えてみましょう。

◎推薦図書

　　"The Dream Game"（アン・ファラデー著）

　　"The Silent Path"（マイケル・イーストコット著）

◎補助読本

　　"Dreams"（カール・G・ユング著）

　　"Practical Guide to Astral Projection"

　　（メリタ・デニングス＆オズボーン・フィリップス著）

Lesson8 - レッスン8

結婚、誕生、死、チャネリング
Marriage, Birth, Death, and Channeling

ハンドファスティング

　ハンドファスティングは、結婚式を表すウイッカの言葉です。「死が分かつまで」（たとえ後に2人の心が離れ、ついにはお互いに憎み合うようになっても）男女が縛りつけられるキリスト教の方式と異なり、ウイッカの儀式は、「愛が続くかぎり」男女を結びあわせます。2人のあいだに愛情がなくなったときは、彼らは自由にそれぞれの道を進むことができます。

　最近はほとんどのカップルが自分たちでハンドファスティングの儀式をつくっています。ここでは、シークス派ウイッカの儀式を一例として、紹介します。そのまま使用してもいいし、これをもとに自分なりの儀式を作ってもかまいません。まずは注意して目を通してください。非常に美しいだけでなく、極めて道理にかなっていることがわかるでしょう。

ハンドファスティングの儀式

　この儀式は、月が満ちていく時期におこないます。祭壇を花で飾り、魔法円の周りにも花をまきます。ふだんローブを身に付けるカヴンなら、この儀式では、少なくとも花嫁と花婿は何も身に付けないことをおすすめします。カヴン全員もそれにならったほうがより望ましいのです。

　シークス派では、伝統的に花嫁と花婿が指輪の交換をします。指輪はふつう、金あるいは銀のシンプルなものに、2人の（クラフト）ネームがルーン文字で彫

られています。この指輪は、儀式の始めに祭壇上に置きます。プリアピック・ワンドも、祭壇上に準備します。

　神殿の建立がおこなわれます。プリーストとプリースティスはキスをします。

　　　メンバー：我らのなかに、ハンドファスティングの絆を求めるものたちが
　　　　　　　　いる。
　　　プリースティス：名乗りを上げ、前に出てくるがよい。
　　　メンバー：（花婿の名前）は男、そして、（花嫁の名前）は女。

　花嫁と花婿は進み出て、祭壇の向こうのプリーストとプリースティスに向かい合います —— 花嫁の向かいがプリースト、そして花婿の向かいがプリースティスです。

　　　プリースティス（花婿に）：あなたは（名前）か？
　　　花　　婿：そうです。
　　　プリースティス：あなたの望みは？
　　　花　　婿：神々とウイッカの面前で、（花嫁の名前）と1つになること。
　　　プリースト（花嫁に）：あなたは（名前）か？
　　　花　　嫁：そうです。
　　　プリースト：あなたの望みは？
　　　花　　嫁：神々とウイッカの面前で、（花婿の名前）と1つになること。

　プリースティスは剣を取り、高く掲げます。プリーストはプリアピック・ワンドを花嫁と花婿に手渡します。彼らはワンドの両端をそれぞれ両手でもちます。

　　　プリースティス：男神と女神、あなたがたの前に2人の人間が立っている。
　　　　　　　　　　　これから、彼らが宣言することに立ち合いたまえ。

　プリースティスは剣を祭壇に戻し、それからアサメイを持ち、花婿の胸に剣先を向けます。花婿は以下の言葉を1行ずつ唱えます。

216

レッスン8　結婚、誕生、死、チャネリング

プリースティス：後に続いて復唱しなさい。「私、（名前）は、みずから進んで、（花嫁の名前）とパートナーとなることを求めて、ここに来ました。すべての愛、信義、そして誠実さをもって、愛する彼女と1つになることだけを願って来ました。いかなるときも私は、（花嫁の名前）の幸福と健康のために懸命に努力します。自分の生命よりも、彼女の生命を守ります。私の宣言に偽りがあれば、アサメイが、この心臓を貫きますように。

　　　　　　私は神々*の御名において、これをすべて誓います。どうぞ私が誓いを守ることができるよう力を与えてください。そうあれかし」

　プリースティスはアサメイを下ろします。今度はプリーストがアサメイを掲げ、剣先を花嫁の胸に向けます。彼女は、彼の後に続いて、1行ずつ誓いを繰り返します。

プリースト：後に続いて復唱しなさい。「私、（名前）は、みずから進んで、（花婿の名前）とパートナーとなることを求めて、ここに来ました。すべての愛、信義、そして誠実さをもって、愛する彼と1つになることだけを願って来ました。いかなるときも私は、（花婿の名前）の幸福と健康のために懸命に努力します。自分の生命よりも、彼の生命を守ります。私の宣言に偽りがあれば、アサメイが、この心臓を貫きますように。

　　　　　　私は神々*の御名において、これをすべて誓います。どうぞ私が誓いを守ることができるよう力を与えてください。そうあれかし」

　プリーストはアサメイを下ろします。プリースティスは2つの指輪を手に取り、聖水をふりかけて清め、香を薫きしめます。彼女は花嫁の指輪を花婿に、そして、花婿の指輪を花嫁に手渡します。彼らは、左手でプリアピック・ワンドをもったまま、それを右手でにぎりしめます。

---
*　神々の呼び名を、ここに入れてもよいだろう。

プリースト：野辺の草や森の木々が嵐に耐えてわたむように、激しい風が吹いたときは、2人で身を寄せ合い、それに耐えねばならない。しかし嵐は、やってくるときと同じように、あっというまに過ぎ去ることを覚えておこう。それでも2人は力をあわせ、気丈に耐えるだろう。あなたが愛を与えるかぎり、愛を受けるだろう。力を与えるかぎり、力を得るだろう。あなた方は2人で1人、離れれば、無に等しい。

プリースティス：1人として同じ人間はいないし、2人以上の人間が、あらゆる点で完全に合うこともないと心得よ。互いに与え、愛することが難しいと思えるときもあるだろう。そのときは森の池に自分の姿を映してみなさい。悲しみや怒りが表れていたら、そんなときこそ微笑み、愛しなさい（火を消すのは、火ではないのだから）。池には、微笑みと愛に満ちた姿が映るだろう。だから、怒りを愛に、涙を喜びに変えるのだ。誤りを認めるのは、あなたが弱いからではない。それは強さであり、学識の現れである。

プリースト：互いを永遠に愛し、助け、尊重せよ、そうすれば、神々とウイッカの面前で、2人が真に1つであると知るだろう。

全　　員：そうあれかし。

　プリーストは2人からプリアピック・ワンドを受けとり、祭壇上に戻します。花嫁と花婿はお互いの指に指輪をはめ、キスをします。彼らはそれから祭壇越しに、プリーストとプリースティスにキスをします。その後、魔法円を時計回りに移動し、ほかのメンバーから祝福を受けます。

　その後ケーキとエールの儀式が続きます。おおいにゲーム、余興を楽しんだあとで、神殿の消去がおこなわれます。その夜は祝宴でしめくくられます。

　このレッスンの始めに述べたように、多くの宗教における結婚は、終生パートナーであり続けることを意味します。たとえ数年で、2人がまったくうまく合わないことがわかったとしても、互いにしばりつけられて（別れられずに）、残りの人生をおくることになります。これは決まって、夫、妻、子どもたちにとって

レッスン8 結婚、誕生、死、チャネリング

大きな不幸をもたらします。ウイッチたちは、けっして、いいかげんな気持ちでパートナーとなることをすすめるわけではありませんが、理想的とはいえない結婚生活があることを認めています。その場合、さらに対立を解消するあらゆる試みがなされた場合、ハンドパーティングという古い儀式をもってパートナーシップを解消することができます。これはもちろん、軽々しくおこなわれるものではありません。

ハンドパーティングの儀式

儀式の前にカップルとプリーストとプリースティスは同席し、財産の公平な分配、そして子どもたちの養育について話し合います。書記係が記録し、これに全員が署名します。夫か妻のどちらかが儀式に参加できない場合（引越や病気などの理由で）、ふさわしい性別のウイッチが不参加者の代わりを務めます。この方法による儀式は、不参加者の署名入りの同意書と、その人物から受け取った結婚指輪があるときに限っておこなわれます。

神殿の建立がおこなわれます。プリーストとプリースティスはキスをします。

　メンバー：（夫の名前）と（妻の名前）、進み出よ。

夫と妻は祭壇の前に立ちます。夫はプリースティス、妻はプリーストと向かい合います。

　プリースティス：なぜあなたはここに居るのか？
　　　夫　　：（妻の名前）とのハンドパーティングを望むからです。
　プリースト：なぜあなたはここに居るのか？
　　　妻　　：（夫の名前）とのハンドパーティングを望むからです。
　プリースティス：2人とも、自らの意思でこれを望むのか？
　夫　と　妻：そうです。
　プリースト：財産の分割と（必要なら）子どもの養育について、解決に至ったのか？
　夫　と　妻：解決済みです。

プリースト：これは正式に記録、署名、立会いのもとに行われたのか？

書 記 係：そうです。

プリースト：それでは、続けよう。我らはいかなる時も、神々と相対していることを忘れずに。

　夫と妻は手をつなぎます。彼らはプリースティスの後に続いて、1行ずつ、唱和します。

プリースティス：私の後に続いて唱和しなさい。「私、（名前）は、これによって、全く自由に（配偶者の名前）とのパートナーシップを解消します。クラフトの兄弟を証人とし、神々の御前で、あらゆる正直さと誠実さをもって。我らはもはや1つではなく、2人の個人となって、みずからの意思で別々の道を進む。おたがいにあらゆるつながりを解消したが、つねに互いを尊重しつづけるだろう。我らが仲間のウイッカンを愛し、尊重するように。そうあれかし」

プリースト：手を離せ！

　夫と妻は互いの手を離し、結婚指輪をはずし、プリースティスに渡します。彼女は次のように唱えながら、それを聖水で清め、香を薫きしめます。

プリースティス：神々の名において、これらの指輪を清める。

　彼女は2人に指輪を返し、彼らはそれを自分たちなりに処理します。

プリースティス：いまあなた方は手を離した。それを皆に知らしめよ。けっして恨むことなく —— そしてクラフトの流儀において —— 愛と平和のうちに、それぞれの道を進むがよい。そうあれかし。

全 　 員：そうあれかし。

　ケーキとエールの儀式が続き、その後神殿の消去がおこなわれます。

レッスン8　結婚、誕生、死、チャネリング

　一般的にウイッチというのは、実に型にはまらない人々で、とくに信仰におい
てはそうです。窮屈な「おきて」もないし、信ずべき教義もありません。彼らは
すべての人が、それぞれにもっともふさわしい宗教を自由に選ぶべきだと考えて
います。万人にふさわしい唯一の宗教というものが存在しないのは明らかでしょ
う。性格も人それぞれ違います。儀式のための儀式を好む人もいれば、簡素さを
求める人もいます。あらゆる宗教は、同じ方向に向かっており、そこまでの道筋
が異なるだけです。ウイッチはそれゆえ、すべての人が自分の道を自由に選ぶべ
きだと考えるのです。そのなかには、自分自身の子どもも含まれます。

　子どもといえども、（両）親が信仰しているという理由だけで、特定の宗教を
信仰するよう強制されるべきではありません。ですから多くのウイッチの親たち
は、できるだけ幅広く宗教について教え、そのときが来たら、子どもが自由に選
べるように努めています。子どもがウイッカを選ぶことを望むのは当然ですが、
押し付けることはしません。親とは違う宗教を選んでも、それに満足しているほ
うが、宗教的偽善者となるよりずっとよいのです。

　以上のような理由から、ウイッチクラフトの「洗礼」はありません。その代わ
りに両親は、簡単な儀式によって、子どもが大きくなったら選択する知恵を与え、
見守ってくれるよう、神々に頼みます。子どもが自分で決断できるくらい成長し
たときに始めて、正式に入会できます。その年齢はもちろん、子どもによって異
なります。そのときまでには、子どもはきっと仲間に入るようすすめられ、ウイッ
チクラフトの雰囲気にも慣れていることでしょう。準備ができたら、入会の儀式
は、プリーストとプリースティスによって、あるいは、彼らが望めば、プリース
トとプリースティスの役割を務める両親によって、おこなわれます。

　じっさい、ウイッカ信仰のすべての宗派は、望めば誰もが、いつでも、去るこ
とができます。彼らはまた、望めばいつでも、自由に戻ることができます。2回
目のイニシエーションは不要です。

誕生の儀式（あるいはウイッカになる儀式）

　これはどの儀式においてもおこなうことができます。ケーキとエールの儀式に
先立っておこなってもよいし、あるいは、単独の儀式としておこなうこともでき
ます。その場合、神殿の建立のあとにおこない、ケーキとエールの儀式、その後

221

は当然、神殿の消去をおこないます。

神殿の建立がおこなわれます。プリーストとプリースティスはキスをします。

　　　メンバー：我らの仲間に新顔が加わる。彼女／彼をおおいに歓迎しよう。

　両親はプリーストとプリースティスと、祭壇を隔てて立ちます。彼らは赤ん坊を抱いています。

　　　プリースト：子どもの名前は？

　両親は子どもの名前 ── 自分で名前を選べるほど大きくなるまで、仲間うちで呼ばれる名前 ── を告げます。

　　　プリースト：我らはあなたを歓迎する、（名前）よ。
　　　プリースティス：ようこそ、そしてたくさんの愛をあなたに。

　プリーストとプリースティスは両親と子どもを先導し、時計回りに魔法円を3周します。両親はその後、子どもを「ささげ」ます ── 彼らは子どもを祭壇上にかざします。

　　　両　　　親：我らの愛の結晶を、ここで神々にささげます。彼女／彼の成長
　　　　　　　　　を神々が見守ってくださるように。

　プリースティスは塩水に指をひたし、赤ん坊の顔にやさしく塗りつけます。母親はその後、子どもにインセンスの煙をくぐらせます。

　　　プリースティス：男神と女神がいつもあなたに微笑むように。
　　　プリースト：お二人が生涯あなたを守り導くように。
　　　プリースティス：あなたが正しいことを選び、誤ったことを避けるよう、お
　　　　　　　　　　二人が助けてくれるように。
　　　プリースト：あなたが災難に遭わず、あるいは通り過ぎていくようお二人が

222

レッスン8　結婚、誕生、死、チャネリング

計らってくださるように。

プリースティス（両親に）：我らはあなた方に、男神と女神の名において、愛情をもってこの子を導くよう求める。人生の本道そしてわき道を通じて。彼女／彼があらゆる生命を敬い、尊重し、何ものも害さないことを身に付けるウイッチクラフトの道を学ばせよ。

プリースト：彼女／彼に男神と女神について、この人生について、これまであったことすべてと、その後におこりうることについて、学ばせよ。神々の物語を話してきかせ、我らウイッチクラフトの歴史を学ばせよ。彼女／彼に、すべてのものが願う完璧を目指して懸命に努力することを学ばせよ。そして時が来たら、押し付けてはならないが、彼女／彼が我らに加わり、真に我らの最愛の家族の一員となることを望む。

両　　親：このすべてを、我らは成し遂げます。それを固く誓います。

プリーストとプリースティス：我らは（名前）を歓迎する。

全　　員：ようこそ！

このあとケーキとエールの儀式が続きます。

　ウイッカ信仰は生まれ変わりを信じているので、人の死は、悲しむことではなく、祝うべきものなのです。死は学びの時間が終わったことを意味します。今生を「卒業」した人は、さらに先に進むことになります。これは祝うべきことでしょう。だから、悲しみは利己主義のあらわれです。自分にとって大切な人を愛することも会うこともできず、後に残されたという自己憐憫に浸っているのです。

　死後、遺体をどう扱うかについて、はっきりとした教義はありません。けっきょく、それは、肉体に宿っていた魂の抜け殻にすぎず、それもすでに出ていってしまっています。多くのウイッチ（私が思うに大多数）は、火葬を希望します。病院に献体する人もいます。それは個人が決めることです。昨今のようにお金をかけた派手な葬式をおこなうウイッチは（たとえいたとしても）少数派です。

223

橋を渡る（死にさいして）

　これはどの儀式においてもおこなうことができます。ケーキとエールの儀式に先立っておこなってもよいし、あるいは、単独の儀式そのものとしておこなうこともできます。その場合、神殿の建立のあとにおこない、ケーキとエールの儀式、その後は当然、神殿の消去をおこないます。

　神殿の建立がおこなわれます。プリーストとプリースティスはキスをします。メンバーの1人による角笛の長い一音が響きます。

　　　メンバー：（亡くなったウイッチの名前）にささげる角笛の音が響く。

　　　全　　　員：そうあれかし。

　　　プリースティス：今日（名前）が我らとともに、この魔法円に存在しないことを、みなが悲しんでいる。けれども悲しく思わないようにしよう。これは彼女／彼が今生でなすべきことを全うしたしるしではないのか？　いまや彼女／彼は自由に前進する。我らは再会するだろうから、けっして怖れることはない。それはさらなる祝いの時となるだろう。

　　　プリースト：彼女／彼が橋を渡ることができるよう祝福を送ろう。彼女／彼が望むときに、いつでも戻ってきて、ここで私たちといっしょになれるように。

　プリーストとプリースティスと向かい合って、全員がアサメイを手に取り、祭壇の後ろのある場所に向けます。彼らは、もっともよく思い出す姿で亡くなったウイッチがそこに立っていることをイメージします。彼らは愛、喜び、幸せを、自分の身体からアサメイを通じて、イメージしたウイッチの身体に注ぐことに集中します。これを数分続けます。プリースティスがアサメイを元に戻して、終わりの合図をします。そのとき次のように唱えます。

　　　プリースティス：あなたへの愛とあなたの幸福を祈る。我らはけっしてあなたを忘れない。あなたも我らを忘れまい。ここで我らが会うときはいつでも、あなたは常に歓迎される。

レッスン8　結婚、誕生、死、チャネリング

　全　　　　員：そうあれかし。

　全員が座り、故人について語りたい参加者がいれば、そうしてもかまいません。もし誰もいなくても、少なくともプリーストまたはプリースティスが亡くなったウイッチを偲び、とくに楽しく幸せな時期を思い出して語るべきでしょう。その後ケーキとエールの儀式が続きます。

直観で認識する方法

　サイキックという言葉は、人間の霊的な部分、あるいは高次の意識にかかわることを意味します。オカルトという言葉は、十分な知識のない者には見えないという意味です。じっさいは、あなた自身に備わっている力以上に、不可解あるいは不思議なことなど何もないのです。そうした力が私たちひとりひとりの一部として備わっています。私たちに腕や脚、指やつま先があるのと同じように、私たちもめいめいが身体能力以上の力をもっているのです。このような能力が目に見えてはっきりとわかる人もいますが、それ以外の人々の能力は眠っていて、その存在に気づき、活かされるのを待っています。そして個々の身体能力が異なるように、これらの霊能力（サイキックパワー）もひとりひとり異なります。さまざまな方法でみずからの身体能力を試すことで、何ができて、何ができないかがわかるでしょう。あなたの霊能力も、それと同じことです。自分のほんとうの潜在能力を知るために、それを試し、働かせ、訓練する必要があります。

　まずはチャネリング —— 集合意識を引き出すことから見てみましょう。これによって必要な情報を入手することができます。

チャネリングの種類

　情報を伝える能力はふつう、2つに分かれます。フィジカルとメンタルです。

　フィジカル・チャネリングは、物理的なもの（物質）に関係、あるいは作用します。これには、サイコメトリー（精神測定現象）、ペンドラム（ラディエステーシア）、茶の葉占い、トランプ占いなどが含まれます。

　メンタル・チャネリングは、ある意識レベルで受けた印象に対応します。メン

225

タルの分野では、千里眼（透視）、透聴（霊聴力）、超感覚、そしてテレパシー（精神感応）が含まれます。

メンタル・チャネリングは予知（事が起こる前に知ること）、過去の事柄についての記憶、そして現在の枠組みで作用する能力です。

チャネリングはさらに細分化することができます。つまり、「トランス状態」でチャネリングすることと「意識して」チャネリングすることの違いです（トランス状態はさらに、深い、中程度、浅い状態に分けられます）。一般的に、トランスという言葉は、霊的あるいはチャネル（霊媒）としては、意識が働いていないことを示しています。深いトランス状態では、その過程で何か起こっているかチャネルは自覚していません。中程度あるいは半トランス状態では、チャネルは起こったことについてある程度自覚があり、記憶にとどめています。この場合、意識は傍観者の役割を果たしますが、積極的に情報の伝達にかかわるわけではありません。浅いトランス状態では、事がおこっているあいだ、そしてその後の記憶について、よりはっきりと述べることができます。意識の記憶はしかし、傍観者にとどまるだけで、積極的な役割は果たしません。

意識的チャネリングの場合、サイキックの意識は積極的に関わる可能性があるし、じっさいに関わることもよくあります。より高次の意識レベルが情報を受け取るだけでなく、意識が身体的レベルで情報を受け取り、分析しているのです（ボディランゲージ、顔の表情、抑揚の変化といった感情的反応が対象者の身体に現れることによって）。

情報の通り道を拓く

チャネリングをするには、情報の流れを阻害し、妨げる堆積物を取り除く必要があります。これまで蓄積されたあらゆる不要物を意識から取り除かなければなりません。そうすれば、自身に潜在するパワーが成長する環境が整うはずです。感情的抵抗や誤った価値観、疑念、優柔不断、他人の批判を抑えなくてはなりません。主に考慮すべきことは、以下のとおりです。

1. **意識のコントロール**—— 高次の意識のために障害物を取り除くには、意識をコントロールし、集中することを身に付けなくてはなりません。いつ何

レッスン8　結婚、誕生、死、チャネリング

時でも、いかにおびただしい思考が飛び交っているか考えてみてください。これは、エネルギーが分散され、1つの考えや行動に一度に集中させるエネルギーがごくわずかしかないことを示しています。精神的エネルギーをコントロールし、わき目も振らずに集中させることができるようになれば、力を得ることになります。どんな目的も達成できる力、創造力を手にするのです。

2. **感情的にならないこと**—— 不安、恐れ、怒り、嫉妬、感情の爆発、そしてわめき声は、ヒ素が身体に有害であるように、精神的システムにとって有害です。真に精神性が高ければ、このような害を完全に取り除くことができます。全面的な信頼は、不安の入る余地がありません。無限の愛は、憎しみ、嫉妬、怒り、そして貪欲さがつけいるすきを与えないでしょう。

3. **内省**—— 真実を求める者として、つねに自分自身に問いかけましょう。みずからの理想や信念を確認することです。自分にとって正しいこと、誤っていることをはっきりさせ、簡明に定めることです。他人を裁くことができないのと同じで、あなたを裁くのは他人ではなく、自分自身なのです。みずからが目指すものを決め、動機付けを分析する必要があります。目的を明確に定めなくてはなりません。明確な目的もなしに、旅をすることができないのと同じことです。たとえば友人宅を訪れるのに、ただその街に行っても会えないでしょう。特定の通り、特定の建物、そして特定のアパートに向かうはずです。目的を定めるだけでなく、優先順位を決め、それに従う必要があります。目的を決め、優先順位をつけ、達成しようとするとき、「何ものも害さない」という信念を固守しましょう。

4. **所有欲の克服**—— 多くの人にとって克服が難しい障害のひとつが、所有欲です。私たちは所有（人と物）することで、奴隷のふりをしているだけの人や物によって支配されています。彼ら（それら）は時間とお金を要求します。私たちを特定の場所に縛りつけ、容赦なく私たちの人生を複雑にします。彼らは妬み、貪欲、嫉妬、そして憎しみをもたらします。これは、所有欲を否定するべきだということではありません。私たちはあらゆるものを所有し、あらゆるものを分かち合い、あらゆるものを支配する力をもっているということなのです。とはいえ、それ以外の人や物はまったく無視して、1つか2つのものを支配するということではありません。自分が所有するものに対してどんな感情を抱いているか考えてみましょう。どちらが主人で、どちらが

227

奴隷でしょうか。さもしい所有欲をすばらしい分かち合いと協調の精神に変えましょう。

5. **愛**——真に愛することを学びましょう。このテーマについては多くの誤解があります。自分本位の感情、あるいは肉欲とみなされることがあまりにも多いのです。気高い愛、つまり、無私の愛を学ばなくてはなりません。人や物にしがみつくのではなく、それらを解放するくらいまで愛するようになることです。愛は寛大で寛容であるはずです。各人が十分に成長するために、それぞれ進むべき道があり、経験したことを身につける必要があることを理解することです。個人のペースでそれぞれの道を歩かせるようにすることです。愛を与えましょう。そうすれば愛されるはずです。すべての人に対して共感し——誰に対しても同情はしないことを学びましょう。

6. **瞑想**——最後に、沈黙をマスターし、高次の自己の語りかけに耳を澄ませましょう。この前のレッスンで述べたように、高次のレベルに意識を集中させるためには、瞑想をおこなうことです。毎日瞑想をつづけると、乱れた心が整い、自在に使える情報の通り道ができます。

　上記にまとめた6つのステップをつづけることで、情報の通り道が次第にクリアになり、情報の断片が徐々に流れ始めます。ふつう、その過程はとてもゆっくり進むので、最初はそれに気づくことさえできないかもしれません、最初の手がかりは出所がわからない情報の断片かもしれません。それはまったく新しいアイディア、概念、あるいは新たな事実に気づくことかもしれません。通り道ができたことは、記憶力の向上としてあらわれることがあります。いずれの場合も、劇的であることはめったにありません。あなたが突然「霊能者になる」ことはありえません……とはいえ、徐々に、時間がたてば、新たな真実、新たな知識、そして新たな気づきを得ることができます。

　直観的な情報であるチャネリングは、通常の意識状態でおこなわれます。能力が発達するにつれ、つねにそれが自由自在にはたらくわけではないことがわかるでしょう。それは、まったく無意識におこなわれることも多いのです。初対面の人について「知っている」ことがあると感じることがあるかもしれません。また、その人の過去あるいは未来の姿がなんとなくわかるかもしれません。その人の人生にかかわる物や人々が「見える」かもしれません。また、何かを知りたい、あ

るいは感じたいと思っても、何の印象も得られないこともあるでしょう。みずからの能力を使い、訓練すれば、次第にそうした情報を入手できるようになるでしょう。ついには、ほとんど意のままに、情報を引き寄せることができることに気づくでしょう。

耳を傾ける

　能力を開発する方法の1つは、こうした内なる声に耳を傾ける訓練をすることです。たとえば、毎日自宅と職場の往復に、同じルートを使う人がいるとしましょう。ある日、ある交差点にさしかかったとき、ふと、わき道にそれて並木道を歩きたくなります。もちろん、意識はすぐに「時間がない、家族が待っている、暗くなる前に芝刈りをしなくては」などと文句を言い始めます。このさい意識は無視して、内なる声に耳を傾けましょう。曲がってわき道に入るのです。それには理由があるのです。その先には美しい池、あるいは花々が咲き乱れた丘があり、その人に喜びと精神的向上を与えてくれるでしょう。その一方で、とくに目を引くものが見当たらないことがあるかもしれません。いつもと違う帰宅ルートをとっても特筆すべき経験ができないかもしれません。2つ先の交差点で —— あなたがちょうど通過したはずの時間に —— ひどい交通事故が起こることもないかもしれません。それが目に見えてわかることであろうが、そうでなかろうが、ちゃんと理由があるのです！

外物を焦点にする方法

ペンドラム

　ある問題の答えが欲しいときは、外からの影響と意識による歪曲を取り除くため、外界の事物を焦点として使用することがよくあります。そうした物を使うと、どんな形でも情報に悪影響を及ぼすことがありません。それはただ、個人の意識を用いて、問題点に集中させてくれます。このような集中をつくる手段のひとつがペンドラム（振り子）です。これは、質問にたいして、単純に「イエス」「ノー」あるいは、「まだ決めていない」という答えを引き出すことができます。
　ペンドラムは、自然界の鉱物であるべきです。錘は約9インチ（約23センチ）

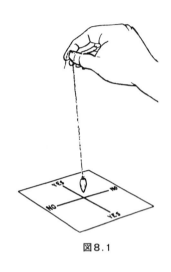

図8.1

の小さなチェーンに取り付けます（チェーンは、動物性の素材以外なら、ほとんど何でもかまいません）。好ましい素材は、金、銀、真鍮、銅などの金属です。アルミニウムはおすすめできません。というのもその生成過程で使用される電気によって、その人のオーラを破壊するからです。イラスト（図8.1）で示される「イエス／ノー」のアンサーカードを使用してもよいでしょう。

　ペンドラムを使用するときは、テーブルの上など水平な場所にアンサーカードを置きます。そして楽な姿勢で座ります。あらゆる雑念を追い払いましょう。そうしたければ、レッスン2で紹介したシークス派ウイッカの詩歌のようなささやかな祈りを唱えましょう。本当の答えが得られるよう、神々が守り導いてくれるよう祈ります。右手（左利きなら左手）でチェーンの錘から約7インチ（約18センチ）のところを持ちます。アンサーカードの中心から約半インチ（約1.3センチ）上に、それをぶら下げます。ペンドラムをしっかり持ち、質問をしてください。必ず「イエス」か「ノー」で答えられる質問をしてください。ペンドラムを揺らしてはいけません。動かさないようにしていても、カードのある1行に沿って、錘が前後に動き、質問の答えを示していることがわかるでしょう。声に出して質問する必要はありません。心の中で尋ねるだけでよいのです。

　ペンドラムがくるくる回ったり、あるいはまったく動かないときは、どちらも質問が曖昧なためで、それを言い換える必要があります。そうでなければ、答えが出ない理由が何かあるのです。

　ペンドラムは質問の答えを得るためだけでなく、占い棒のように、物や人の位置を特定する目的にも使われます。とはいえペンドラムのよいところは、居心地のよい自分の家でできることです。実は、ペンドラムによって、スケールの大きな出来事、あるいは少し離れたところでおこっていることを、居ながらにして知ることができます。いずれにせよ——追跡すること、なくしたものを探すこと、水脈を探すこと、あるいは病気を突き止めることさえ——はっきりした目的を

レッスン8 結婚、誕生、死、チャネリング

もって、ペンドラムを使うとよいでしょう。探したい場所の地図をテーブルに広げます。地図の縮尺は大きいほどよいといえます。地図の上でゆっくりとペンドラムを移動させます。現場を歩いているときも、同様の手順でおこないます。探し物の在り処に「着く」と、ペンドラムは、くるくると、あるいはゆっくりと大きく、回ることでそれを示します。行方不明者、または盗難品も、同様の方法で見つけることができます。何かを失くしたときは、その家または部屋の略図を描いてください。失くした物に意識を集中させるうちに、ペンドラムが回りだし、物の在り処を教えてくれるでしょう。それに代わる方法として、ペンドラムをカードの上で持ち、もう一方の手で略図を指差し、「ここですか？……ここですか？」などと尋ねることもできます。

何かを追跡するときは、地図上の道路に沿って、ペンドラムをゆっくりと移動させます。交差点にさしかかるたびに、どちらに進むべきか、ペンドラムに尋ねます。この方法で、A地点からB地点まで簡単にたどることができます。

ペンドラムについてもっと知りたい方は、私の著書 "Color Magick"（ルウェリン・パブリケーションズ刊、1983年および2002年）を参照してください。

サイコメトリー

あらゆる物には記憶があります。意識的な記憶ではなく、その物が、それまで接触してきた様々なエネルギーが、その証として記憶されているということです。さらに言えば、もしある人が特定の物に触れると、二者は永遠に結びつき、少なくてもその人が生きているかぎり、しばしば死後もずっとそれが続きます。もしあなたが椅子に触ったとしたら、チャネリングの能力が発達した人（チャネル、チャネラー）であれば、その人は椅子とコンタクトしたときに、あなたがその時どこに居ようとも、その場所を「察知する」ことができます。チャネラーは、あなたの過去、現在、そして未来さえ、まるであなたがそこにいるかのように容易に見通すことができます。

サイコメトリーは、物質からイメージを受けとることです。イメージは、感情、場面、思考、色、情動などの形で伝えられます。このうちの1つだけで伝えることもあるし、いくつかのセットで知らせることもあります。たとえどんな思考、感情、あるいは興奮を受けとったとしても、しっかりと記録してください。

サイコメトリーの訓練をするには、手に持ちやすい宝石など、小さなものから

始めましょう。形見など、持ち主が長年愛用していたものがおすすめです。身体的、感情的結びつきがそろうと、より強力なエネルギーを集中させることができます。いつも直感的な方法を使うときのように、雑念を払いましょう。そしてそれを、両手で軽く持ちます。それが発するエネルギー、あるいはバイブレーションを感じてください。どう感じますか？　冷たさ、温かみ、またはぞくぞくする興奮がありますか？　どんな色を感じますか？　どんな場面が思い浮かびますか？　何らかの感情がわきますか？　期待せず、ただ受け入れましょう。感じ、耳を傾け、第三の目をのぞいてみましょう。新たな知覚を働かせましょう。それらを吟味し、それらと一体になるのです。そして意識に干渉されることなく、受けとったまま、記録してください。なかには両手で持つより、どちらか一方の手で持つほうがよりよい結果を得る人もいます。第三の目の上、額にあてるように持つ人もいれば、心臓のあたりでもつ人もいます。いろいろ試して、自分なりに最適な方法を見つけましょう。

サイコメトリーの訓練

　サイコメトリーの方法は簡単で、辛抱強くひたすら練習すれば身につけることができる。さまざまな布、動物の皮、毛皮、木、金属、石など、異なる素材のサンプルを8ないし10種類用意しよう。静かに座って、1回につき、1つずつサンプルを両手に取り、意識を集中させ、質感を感じ取ろう。それがどこから来たのか、想像してみるのだ。その木片が切り取られた木をイメージしよう。その毛皮をまとっていた動物の姿をイメージしよう。それぞれの素材を順に手に取り、十分に時間をかけること。そして、最初から最後まで必ずワンセットでおこなうようにしよう。訓練を始めてすぐに、明確なイメージをつかむことができる人もいるだろう。それ以外の人は、次の方法を試してほしい。

　最初の訓練から2、3週間後、それぞれの素材を別々の封筒に入れる。外見では区別できないよう、すべて同じ封筒に入れ、アルファベットを振る。ふたたび順番に、意識を集中させよう。今度は封筒の中身の手がかりを得るつもりで、挑戦しよう。素材そのものを言い当てることができるかもしれないし、あるいは、その源となるもののイメージ――以前に意識を集中させたときに浮かんだイメージ――がつかめるかもしれない。封筒のアルファベットごとに、そのイメージを書き留めよ

う。数日後、または数週間後（訓練の頻度による）、次のような経過をたどるだろう。

実際の中味	封筒のアルファベット	推定した結果						
		1	2	3	4	5	6	7
綿	A	絹	綿	絹	羊毛	綿	綿	綿
絹	B	綿	絹	ビロード	絹	絹	綿	絹
ビロード	C	羊毛	羽毛	竹	ビロード	羊毛	ビロード	オーク
蛇皮	D	象牙	羽毛	蛇皮	オーク	羽毛	蛇皮	羽毛
貝殻	E	オーク	象牙	貝殻	象牙	貝殻	貝殻	象牙
羊毛	F	貝殻	オーク	ビロード	羊毛	羊毛	鉄	羊毛
象牙	G	羽毛	貝殻	象牙	象牙	象牙	貝殻	貝殻
土	H	鉄	鉄	土	ビロード	羽毛	土	土
鉄	I	ビロード	蛇皮	象牙	鉄	絹	竹	鉄
竹	J	オーク	ビロード	竹	オーク	オーク	オーク	オーク
オーク	K	オーク	羊毛	オーク	オーク	オーク	竹	竹
羽毛	L	土	羊毛	綿	ビロード	蛇皮	羽毛	羽毛

　表を見ると、あるパターンに気づくだろう。この例では、7回目までに5割の正答率を得ている。ほかの素材についても、正解にかなり近い。たとえば、「オーク」と「竹」は、よく混同される。「蛇皮」と「羽毛」も同じだ。

　これらの封筒を保管し、ほかの人にも試してもらおう。的中率が高く、調子がいいと感じるときは、封筒以外の物を試してみよう。たとえば、友人の指輪だ。手紙、写真、時計でもかまわない。それを手に取り、心のなかでイメージすることから始める。その後自分自身に、「これを愛用したのは誰か」「どこから来たのか」「いつつくられたのか」などと問いかける。あらゆる機会をとらえて練習しよう。硬貨のようなものは、ふつう、あまりにも多くの人を経てきているため、ポジティブなオーラを集めることができない。来歴のはっきりした物に、より集中してみよう。できるときはいつでも結果を確かめ、記録をつづけてほしい。これによって、進歩のほどがわかる。

　上記の訓練はグループでもうまくできる。2チームのうちどちらの正解が多いか、ゲーム形式にすることも可能だ。ほかにも訓練やテストの方法があるだろう。とにかく挑戦しつづけてほしい。落ち込むことはない……そして記録に残そう。

"A Pocket Guide to the Supernatural"

（レイモンド・バックランド著、

エース・ブックス刊、1969年）

受け取った情報の解釈

　チャネル（と時にその対象）が直面する最大の問題は、情報の解釈です。夢の解釈のように、その対象によっておこなわれる解釈がベストです。もし自分自身の情報をチャネリング（リーディング）するなら、それほど問題はありません。しかし誰かほかの人のためにチャネリングをおこなう場合、おおいに注意しなければなりません。情報は受け取ったとおりに伝えるべきです。

　読み取った情報の多くは、将来にかかわります。過去は過去なのです。大事なことは、今後その人がどうするかということです。自分の運命を決めるのは自分自身ですから、自分の取った行動の結果の責任を負わなければなりません。そういうわけで、前もって決まっていることはなにもないのです。将来に関する情報はどれも、現状に基づいて、起こりえることだというだけで、それは変わるかもしれないのです。不幸な関係が暗示されたとしても、関係そのものを回避することで、あるいは、それにかかわる人々に対する態度を変えることで、回避できるでしょう。身体の病気は、不適切なダイエット、感情的になることなど、原因になりそうなものを除くことで避けられるでしょう。あらかじめ決められていることなど、何もないのです！　受け取った情報は、目下の現状として、示されているだけです。つまり予想される結果です。もし違う結果を求めるなら、それをもたらすのは、その人のパワーです。わたしたちひとりひとりが、みずから現実をつくるのです。

　スピリット（霊的存在）は、絵画的手法をかなり広く用いているという歴とした証拠がある。霊媒（チャネラー）には、それが見えることはかなり多いが、より直接的に聴覚に訴えることはあまりないようだ。

　スピリットは霊媒の心にともかくイメージを伝える。そしてそれが霊媒によって語られ、解釈される。この解釈は、中途半端な夢の分析と同様、まったく誤っていることが多い。このため、メッセージの内容は理解されずじまいだが、それでもメッセージの発信源は実在したのかもしれない。

　例をあげて説明しよう。あなたが一言も英語を話さない中国人男性に、隣室から時計を持ってくるように伝えたい場合、「時計」という言葉を使うのは無意味だ。

彼はその言葉の意味がわからないのだから。おそらくあなたは、手首を叩いたり、時計のねじを巻く仕草をしたりして、自分の言いたいことを伝えようとするだろう。これが通じなかったら、彼に隣室から時計を取ってくることを伝えるのに、まったく打つ手がなくなってしまう。

今度は、「時計」という言葉を伝えようとするさいに、こうした仕草、あるいは同じようなことが、スピリットによって伝えられるとしよう。それはひょっとして、その人のベストのポケットにあった懐中時計を思い出させるかもしれない。スピリットは次のように事を進めることもありえる。

霊媒：「彼は胃をさすり、左側を見ている。腸の病気で苦しんでいることを伝えたがっているようだ。おそらく左側に癌があるのだろう。そう、彼の身体は何かを失っているようだ、腫瘍を摘出したに違いない。今彼は手を見ている、それも目を凝らして。今度は指を使って何かをしているが、それが何かわからない。ごく小さな動きだ。彼はこれまで機械と関わりがあったのだろうか？　今度はドアを指差している……」

このような解釈は、彼が示す行動について、まったく誤解を招きかねない。象徴的意味がすっかり誤解されている。つまり、対象者はたぶん癌で死ぬことはないし、腸の病気でもなく、手術を受けたこともないし、機械にかかわったこともないだろう。メッセージが霊媒の潜在意識による想像に完全に押さえつけられたか、あるいは憶測に頼ったか、または意図的にごまかしたということだ！　それでも最初のメッセージそのものは、まったく真実であり、霊媒が象徴的意味を誤って解釈したことがわかるだろう。

"Amazing Secrets of the Psychic World"

（レイモンド・バックランド＆ヘリワード・カーリントン著、

パーカー・パブリッシング刊、N.Y.、1975年）

オーラ

人の「身体」は実質的に、7つの要素から成り立っています。最初の3要素（液体、固体、気体）によって、肉体はつくられています。4つ目はエーテル体で、肉体と相互に浸透し合っています。通常エーテル体は、肉体から1インチほど（約2.5センチ）はみ出ています。次はアストラル体（幽体）です。それはさらに数

インチ、エーテル体から広がっています。そしてアストラル体の外側に、霊体が存在します。最後の2つは、しなやかで、動きも速く、これらの物理的範囲を定義するのは不可能です。

　非物質的体のバイブレーションは、かなりの確率でじっさいに認められ、熟練すればそれらが生じるエネルギーのパターンを見ることができます。このエネルギーのパターンは、オーラといわれています。エーテル体のエネルギーはふつう、「見え」ますが、それは第一に、密度が濃いからです。知覚の発達にともない、エーテル体から放射状に広がるエネルギーを見ることができるようになるでしょう。それはしばしば潮のように満ち引きし、らせん状に動いて、オーロラととてもよく似ています。色は、たいてい、その人の状態を表します。たとえば、深い悟りの境地の人のオーラは、青とラベンダー、深く愛する人がいれば、ピンク色が現れます（レッスン7、「夢」の項、「普遍的シンボル」の色を参照）。ほかの人に見えるものを確かめようとするさい、注意することがあります。あなたが友人といっしょに誰かのオーラを観察するさい、どちらかに青が見え、どちらかに黄色が見えたとしても驚かないでください。2人とも間違っているわけではありません。人によって感受性は異なり、あなたがその人のバイブレーションに敏感だっただけで、友人は、別の人の霊気をより敏感に感じ取るということもありえます。

　オーラは、本人のどんな状況にも反応します。感情は主に、色に影響を及ぼします。体調は、色に作用するだけでなく、オーラの形状に特徴的な変化をもたらします。渦巻き、穴、ときには黒い斑などです。オーラに関しては、情報の扱いに慎重であるべきです。ある男性の友人のオーラに欠陥（瑕疵）があり、彼の体調がよくないと気づくことがあるかもしれません。特定の場所に問題があるなら、彼に尋ねてみましょう。しかし、もし彼がそれを否定したら、その話は終わりにします。そのときあなたには深刻に見えたものが、ささいな炎症にすぎず、すぐに回復するかもしれないのです。忠告の影響力は大きく、それによってかなりダメージを受ける人もいるということを覚えておきましょう。

失くした物を探す

　失くした物を見つけようと、何分も、何時間も、あるいは幾日も必死に探すことはよくありますか？　自分がぼんやりして置き忘れたにせよ、あるいは、ほかの誰かがあなたの知らないうちに動かしたにせよ、多くの時間とエネルギーを探

し物に費やす必要はないのです。まず第一に、物を失くすとパニックや恐怖にお
そわれるなら、所有欲について学ぶ段階にあるのかもしれません。第二に、ほん
とうにそれを失くしたのなら、論理も感情もほとんど役に立ちません。もちろん、
あなたが家中の物をすべて動かしたのなら（それが家の中にあると仮定して）、
順序立てて探せば、最終的には見つかるかもしれません。しかし、たとえ意識が
容易にそれを発見できなくても、あなた自身のうちに、それを可能にする力があ
るのです。それに耳を傾けるだけでよいのです。

　まずは、心を落ち着けましょう。意識の扉を閉じてください。感情を振り払う
のです。いったん完全に落ち着き、平静を取り戻したら、あとは内なる力に従う
だけです。頭で考えてはいけません！　体を動かしましょう。内なる力に導かれ
て、歩き出すのです。

　わたしはこの方法で雑草が生い茂った野原の真ん中に投げ込まれた鍵を２つ見
つけたことがあります。私は鍵が投げ込まれた場所を見ていませんでしたが、内
なる力の導きにしたがって、ある場所に歩いていき、かがみこんで手探りをしま
した。私の手から３インチ（約７センチ）と離れていないところに、その鍵はあっ
たのです。

　失くした物が、見つからないままのときもあります。こうしたときは決まって、
学ぶべき教訓があります。私たちの高次の自己は、ときにこの方法で、何に価値
を置くべきかを考えさせ、必要とされる経験をひととおり積ませようとします。
またあるときは、「力添え」が外因的なこともあります。たぶんわたしたちのス
ピリットガイドは、高次の自己といっしょに、おおいに必要とされる教訓のため
に、コンディションを整えてくれるのです。

　ペンドラムももちろん、すでに記したとおり、失くした物を探す優れた方法で
す。それを忘れないように。

感覚の喪失

　超感覚的知覚を発達させる、あるいはそれを得るために、近年、国防総省とス
ペース・プログラムは共同で、感覚の喪失といわれる研究に取り掛かりました。
理論上、私たちがごくふつうに生活していれば、眠っているとき以外は、ある程
度の刺激（頭脳、肉体、感情のいずれにしても）を求めるよう条件付けられてい

237

ます。目覚めている感覚が奪われ、身体の動きが制限されたとしたら、身体はリラックスし、頭脳や、感情の緊張はなくなり、知覚は、比類のない自由を獲得します。研究では、潜水用タンクを使い、被験者は無重力、かつ身動きできない状態で水中に沈められます。この実験の記録文書によれば、心象を含む超感覚の現象が起こることがわかっています。

ウイッチの揺りかご

　外部の手を借りて、肉体の感覚を遮断する方法は、今に始まったことではありません。何世紀ものあいだ、アラブのデルヴィーシュたちは、手首にロープを巻いてぶら下がっていました。ヒンドゥー教徒には何日も、何週間も、あるいは何か月間も、蓮華座を組み続ける者がいました。そしてウイッチクラフトのメンバーはウイッチの揺りかごといわれる仕掛けを使って、肉体から意識を切り離しました。

　ウイッチの揺りかごには、いくつかの種類がありますが、そのうちの2つを例示しましょう。これらは、物理環境からその人を隔離し、身体を動かすことがまったくできなくなるという基本的な機能において、すべて同じといえます。こうした条件の下、意識は肉体の束縛を解かれ、自由に放浪します。

　最初の揺りかごで、図示されたとおり（図8.2）、被験者は、ミイラのように皮または布で包まれます。両腕は拘束着のように身体に固定されます。鉄枠に取り付けた皮のベルトで身体を押さえ、視覚と聴覚は皮のフードで遮断されます。図のように、頭部は革紐または鉄輪で固定されます。揺りかごは、1本のロープで吊るされ、自由に揺り動かし、回転させることで、完全に方向感覚を失わせます。

　2つ目は、皮の袖でぶら下がる形です（図8.3）。身体にぴったりした皮製の服は、毛皮の裏地付で（現代版はフォーム・ラバーを使用）、着心地をよくしています。横木はロープで吊るされ、方向感覚を失わせるようにします。どちらの場合も、背骨がまっすぐになるように注意しましょう。揺りかごによって、感覚を失わせるだけでなく、意識を解放させることができます。さらに、意識が肉体を飛び出す……体外離脱の助けにもなります。

レッスン8　結婚、誕生、死、チャネリング

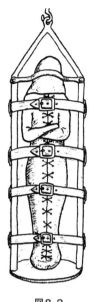

図8.2　　　　　　　　図8.3

　通常の状況下で個人が揺りかごを使用することは必ずしも必要ではありません。このような装置は、使用法を完全にマスターした人の厳重な監督のもとでのみ、使用されるべきです。とはいえ、その利点の本質は活用されてしかるべきでしょう。意識を解放するのに適切な状況をもたらす方法は、レッスン7の瞑想法で概説しています。こうした瞑想法を上手に続けて利用すれば、感覚の喪失、身体の快適さをもたらし、意識が解放されることでしょう。

239

［レッスン8］ 練習問題

1. 自分なりのハンドファスティングの儀式を記してください。

2. 誕生の儀式（ウイッカになる儀式）と橋を渡る儀式を、以下に記してください。

3. 直観的な情報のルートから障害を除くための方法をあげてください。チャネリングをするさいに、自分にとって障害になるのは何ですか？　チャネリングで得られた情報を以下に記録しておきましょう。

4. 自分の霊能力を発達させた方法をいくつかあげてください。これらのテクニックを使った成果はどのようなものでしたか？

[レッスン8] 理解度テスト

1. ウイッカのハンドファスティングの儀式は、男性と女性を生涯結びつけるものですか？

2. クラフトの一員として子どもが加わる年齢はいくつですか？

3. チャネリングは主に2種類あります。それを挙げてください。

4. チャネリングのさいに雑念を払うために重要なポイントは何ですか？　少なくとも5つ挙げてください。

5. あなたは車の鍵を失くしていまいました。寝室、居間、キッチン、あるいはオフィスのどこに置いたか見当もつきません。どのように鍵を探しますか？ 2つの方法を挙げてください。

6. あなたの父親のオーラを見ると、心臓付近に、大きな裂け目があります。彼に何と言いますか？　その理由は？

◎推薦図書

"How to Read the Aura ; How to Develop Psychometry ; How to Develop Clairvoyance all"
（W・E・バトラー著）

"Color Magick"（レイモンド・バックランド著）

◎補助読本

"The Principles and Practice of Radiesthesia"（アッベ・メルメ著）

"Amazing Secret of the Psychic World"
（レイモンド・バックランド＆ヘリワード・カーリントン著）

Lesson9 － レッスン9

占い
Divination

　未来を見通すことができる人、これから起こることを予言できる人は、素人からみれば誰でも魔法使いのように思えます。ウェブスター英語辞典によるとdivination（占い）は「超自然的な存在（神々？）、あるいは、ある種の儀式、試み、経験的知識などによって、未来の出来事を予言する術、または、はっきりしないこと、あいまいなことを見い出す術」と定義されています。これによれば、私たちがテレビで見たり、新聞で読んだりする天気「予報」は、より正確に、天気「予言」と言うべきでしょう。それにしても、占いは便利なツールであり、ウイッカにおいて確固とした地位を占めています。

　将来を見通す方法は実にたくさんあります……「将来を見通す？」より正確に言えば、今後そうなりうる結果をもたらす力の作用に気づくことです。みずからの現実をつくるのは、自分自身なのです。あらかじめ決められていることは何ひとつありません、こうでなくてはならないことも何ひとつありません。占いとは違う結果を望むなら、それをもたらすのはその人自身の内なる力なのです。

タロット

　ウイッチの1人として、あなたはどんな方法で将来を見通すことができますか。これまでチャネリングとペンドラムを扱ってきました。しかし、もっとも一般的、かつもっとも人気があるツールは──ウイッチにもウイッチではない人にも等しく──タロットです（「タロー」と発音します）。タロットは、カードを使って占う「トランプ占い」といわれるものと同じ形式です。なかでもタロットカー

ドはもっとも古く、正確な起源は不明です。もっとも広く知られているのは、ジプシーによってヨーロッパにもたらされたという説です。おそらくジプシーそのものの起源と同様、その源はインドにあるとされています。もっとも古いとされるタロットカードは、14世紀にまで遡ります。

　タロットは1組78枚のカードで構成され、小アルカナと大アルカナの2つに分けられます。小アルカナは56枚で、さらに14枚カード4組に分けられます。私たちが日常ゲームをするカードの元になっているのは、この小アルカナです。タロットは剣、ペンタクル（時に貨幣とされる）、魔法の杖、そして聖杯です。現在のカードでそれらに相当するのは、それぞれスペード、ダイヤ、クラブ、ハートです。いずれも数字の1（またはエース）から10、それに従者、騎士、女王、王に当たります。タロットが発達する過程で、騎士が消え、従者がジャックとなりました。

　大アルカナ、もしくはトランプといわれるカードは、22枚から成り、それぞれ象徴的な意味をもつ寓意的な絵柄が描かれています。多くのオカルティストたちによれば、これらの柄はヘブライ文字の22字に由来するということです。

1.	魔術師	Aleph
2.	女教皇	Beth
3.	女帝	Gimel
4.	皇帝	Daleth
5.	大神官（司祭長）	Heh
6.	恋人たち	Vav
7.	戦車	Zain
8.	正義	Cheth
9.	隠者	Teth
10.	運命の輪	Yod
11.	力	Kaph
12.	吊るし人	Lamed
13.	死神	Mem
14.	節制	Nun
15.	悪魔	Samekh
16.	塔	Ayin

レッスン9 占い

17.	星	Peh
18.	月	Tzaddi
19.	太陽	Qoph
20.	審判	Resh
21.	世界	Shin
0.	愚者	Tav

オカルティストたちは、残念ながら、すべての点で一致しているわけではありません。たとえばマグレガー・メーザースは、私が示したとおりの結果であると考え、ポール・F・ケースは、愚者を始めにして、ヘブライ文字がひとつずつ上に移動します。

0.	愚者	Aleph
1.	魔術師	Beth
2.	女教皇	Gimel
	（以下同様）	

さらに問題を複雑にしているのは、A・E・ポールが8番目に力を、そして11番目に正義を対応させていることです。一方、ほかの作家はほとんどすべて、正義は8番目、力は11番目としています。

タロットを研究する作家の多くは、むやみにもってまわった、高慢な解読や解釈によって研究家志望者たちを脅かし、遠ざけます。そのような作家の1人は、「それらの象徴的意味は、形而上学と神秘主義を伝える典型である。ここにある真理は、非常になぞめいた、神聖な秩序であるから、下手に人間の言語で表現することは冒涜に値する。深遠な象徴的意味だけが、それを追求する者の内なる精神にそれを示すだろう」と述べています。とはいえ彼は、それを人間の言語で表現し続けているし、私も同じことをするつもりだと打ち明けなくてはなりません！

カードはどのように働き、どのように使用するのでしょうか。あらゆる占いのツール——タロット、水晶玉、茶の葉と同様、カードは自らのサイキックパワーを集中させる対象、チャネリングでいえばプラセボにすぎません。優れたサイキックは、白紙のカードを配っても、判断をすることができます。あなたも少し練習

245

すれば、できるようになります。でも、もっと簡単な方法で始めてはどうでしょうか。手っ取り早く、こうしたツール、パワーを集中させる対象を利用しない手はないでしょう。

　カードの展開法またはレイアウト法は多様です。人それぞれ、好みのやり方があるようです。このレッスンでは、２、３の方法を紹介し、みなさんが試したうえで、１つかそれ以上、やりやすい方法を選べるようにしたいと思います。

　たいていのレイアウト法では、シグニフィケーター……あなたが占おうとする人（そしてあなたが判断しようとしている人、あるいは、自分を占う場合は自分自身のことを、質問者と呼びます）を表すカードが必要だとされています。多くの本では特定のカード、たとえば黒髪の年輩女性を占う場合、剣の女王を示すように指示しています。こうした指示は無視してください。人はみな、ひとりひとり違っています。もし２人の女性をそれぞれ占う場合、２人ともたまたま黒髪の年輩女性だったら、同じカードが双方にぴったり合うとは必ずしも言えません。自分なりのシグニフィケーターを選ぶときは、その質問者をよく観察してください。その人の目をじっと見て、両手を取り、自身をその人に調和させましょう。カードをひととおり見て、その人を表すにふさわしいと思えるカードを見つけます。ちょうどぴったりのカードが決まるまで、数回カードを見る必要があることもあれば、すぐにその１枚を選ぶときもあるでしょう。

　そのカードを選び、残りのカードを質問者に渡します。相手は、かかえている具体的な質問や問題に意識を集中させて、それを切ります。しばらくしてそれが終わったら、相手は左手で、左へ順に、３つの山に分けます。

　あなたはその山を手元に引き寄せます。最初は真ん中の山、次に右側の山をその上に、最後に残った左側の山をその上に重ねます。

レッスン9　占い

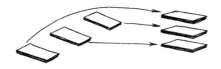

　今度はカードを伏せて、テーブルに並べていきます。まずは質問者にカードを10枚選んでもらいましょう。1枚ずつ、無作為に選び、伏せたまま重ねていきます。その10枚を使って占うことになります。
　1つ目の展開法、またはレイアウトは、もっとも人気があり、しかも非常に正確な方法の1つでしょう。これは古代から伝わるケルト十字展開法です。
　シグニフィケーター（質問者にあなたが示したカード、この場合質問者は女性）を表にして、テーブルの中央におきます。これは対象がかかえる問題の「表面」を示しています。彼女が他人に抱いてほしい印象の典型を表します。このカードの上に、質問者が最初に選んだカードを伏せて重ねます。これは、「彼女がまとうもの」と呼ばれています。この2枚のカードの上に、彼女が選んだ2枚目のカードを横にして重ねます。これは「彼女の障害となるもの」です。3枚目のカードは、それらの上に――「彼女を飾るもの」を――4枚目は下に――「彼女の支配を受けるもの」を置きます。右側には5枚目のカード――「彼女の後ろにあるもの」、そして左側には6枚目――「彼女の前にあるもの」を置きます。残った4枚のカードは、さらに右側に、下から7、8、9、10枚目と順に並べます――それぞれ「彼女自身」「彼女の家庭」「彼女の期待と心配」そして「最終結果」を表します。
　その後、カードを一度に1枚ずつ表に返し、それぞれのカードを解釈します――それについては次節で触れます――それぞれが個々に配置されています。
　各カードの意味を詳しく説明しましょう。最初のカード（彼女がまとうもの）は、対象者をとりまく雰囲気、あるいは、彼女が尋ねた質問をとりまく空気を表します（質問を口に出す必要はありません。彼女がカードを切っている間に心の中で質問を念じます）。2枚目のカードは、彼女にはたらいている支配力、影響力を示します。彼女を妨げている、あるいは何らかの形で「邪魔をしている」実在の人物さえ示すこともあります。3枚目のカードは、彼女の理想、彼女がまだ達成していないけれど（最終結果は10枚目のカードで示されます）、目指しているも

のが示されます。4枚目のカードは、現実に存在する女性（または男性）、質問者の気づいていない自分、真の彼女自身を表します。5枚目は、すでに起こったことを表します。直近の過去か、あるいは、漠然と、彼女の過去全体のどちらかを表しています。それに対して6枚目のカードは、せいぜい6から12か月後に起こることを表します。

　7枚目は、より対象者自身を示すカードです。彼女がどのように生きていくのか、とりわけごく近い将来の生き方を表します。8枚目は、血縁関係の有無にかかわりなく、彼女の親しい友人たちを表します。9枚目は、期待と不安、そして10枚目は彼女について示される最終結果です。

　他人のことを裏付けるカードもあることがわかるでしょう。類似するカードもあります。たとえば、4枚目と7枚目のカード、2枚目と9枚目のカードです。すべてのカードが結びついて、10枚目のカードを暗示しているのです。カードの大半が大アルカナであれば、その影響力は強大であることがわかります。どんな変化にせよ、それは激しく、障害は深刻で、進歩は飛躍的なものとなるでしょう。

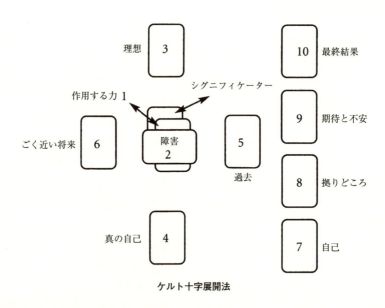

ケルト十字展開法

解釈

　それでは、どのようにカードを解釈したらよいのでしょうか。タロットに関する本の多くは、各カードについて、可能性としてあり得る解釈を紹介しています。そのような本を購入する人もいるでしょう（エデン・グレイの"The Tarot Reveal"または"A Complete Guide To the Tarot"がおすすめです）。まずは通読して、従来の解釈を理解します……その後、本をしまってください。ここでもう一度、同じ人間は2人といないということを強調したいと思います。2人の人物を解釈しようとするさい、たまたま2人とも、同じカードが同じ位置に現れたとします。そのカードが、2人にとって同じ意味（本にある解釈）を持つことはありえません。2人はまったく別の人間なのだから、カードはそれぞれ何か別のことを意味するはずです。

　ではどのように解釈するのでしょうか。みずからの本能、感情、直観にしたがって判断するのです。各カードを表に返したとき、それが占める位置についてよく考えましょう。たとえば、6番目の位置—— ごく近い将来です。カードの表面を出したとき、イラストのうちの何がもっとも強い印象を与えましたか。決まって1つのもの—— デザイン全体のなかのほんの一部分—— が、真っ先に目に飛び込んできます。それがどんなものか、その色や象徴するものをよく考えましょう。それが（この例では）質問者のごく近い将来にかかわることを意味しています。たとえば、ライダーウェイト（これと異なるセット（デッキ）については後述します）を使用していて、「死」のカードが現れたとしましょう。これは近い将来の死を意味するのでしょうか。いいえ！　ある本の解釈によれば、「変化。ときに、その前または後に破壊をともなう。ときに誕生、または再生」を表します。それはある信念、あるいは仕事の剥奪を意味することもあります—— おそらく新しい仕事で「生まれ変わる」ということでしょう（ついでながら、大アルカナのカードの呼称に無頓着な人にはおおいに役立つと考え、ここで触れることにします。「死」は必ずしも、死を意味するものではありません。「正義」は必ずしも、正義を意味しないし、「悪魔」もしかり、です）。

　しかし、わたしたちの方法に従えば、さらに多くの可能性が広がります。カードを目にしたとき、旅にかかわる、目立たない小舟に目がいくかもしれません。あるいは、カードの右手、2つの塔のあいだの日の出（あるいは日没？）が強く

印象づけられるかもしれないし、旗に描かれたバラ、あるいは、司教のような人物に引き付けられるかもしれません……あなたが目を引き付けられる可能性のあるものは、ほんとうに数多くあるのです。カードを解釈するたびに、目に付くものが違うこと —— そしてだからこそ、より個人的な —— ひとりひとりに対する解釈となるのです。だから、本に書いてあるとおりに解釈しようとしてはいけません……自分自身の力を活かすことです。

　カードを解釈するときに心に留めてほしいのは、剣の組（14枚）はふつう、災難や不運を招く（また、気のエレメントに結びつく）ということです。聖杯は愛と幸福（水）、杖は活力と名誉、そして性（火）に、ペンタクルは財産（地）に結びつきます。これはもちろん、剣のカードがあらわれたら、すべて災難や不運を示すということではありません！　これらは一般的に暗示されるものだということを、頭の隅においておきましょう。

　次に、生命の木というレイアウト法を試してみましょう。この方法も、10枚のカードに加えシグニフィケーターを使います。

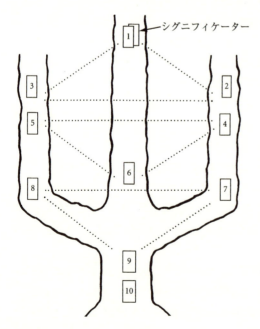

1　最高の知性、理想
2　創造力
3　人生、知恵
4　美徳、長所
5　克服
6　健康
7　愛、肉欲
8　策略、技、作り出すこと
9　想像力、独創力
10　世俗的拠り所

とくに短時間で占いたいときにおおいに役立つのは、シークス派ウイッカの「径」のレイアウト法です。これは8枚のカード（質問者が選びます）とシグニフィケーターを使います。

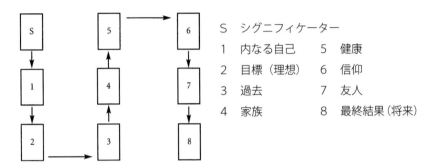

できるかぎり練習しましょう。あらゆる人——よく知っている人も、まったく知らない人も——を占ってみましょう。気がついたことは、思い切って伝えましょう。とはいえ、表現の仕方には慎重さが必要です。たとえば、死、あるいは深刻な災難が近づいていることを知ったとき、けっして「あなたはもうすぐ死にます！」などと言ってはいけません。その人には、目下ある力が及んでおり、近い将来、細心の注意を払うべきであること、災難が起こる可能性があることを伝えましょう。それは、ひとつの可能性にすぎません。それだけのことです。わたしたちは、未来を変えることができるのです。

同じ人（あるいは自分自身）を、あまりひんぱんに占わないようにしてください。解釈に使用するカードを調べる有効な方法としては、大アルカナがどれくらいあるか確かめることです。数枚（4、5枚かそれ以上）の場合、強い力がはたらいています。1か月やそこらで物事が変わることはなさそうです。だから、そのあいだに再度占っても意味がありません（もちろん、まったく異なる問題について占う場合は別です）。もし大アルカナが少ない、あるいは1枚もなかったら、影響は小さく、状況は変化するため、1週間ほどで再度占ったほうがよいでしょう。

タロットカードの種類は実にたくさんあります。以前数えたら、なんと250種に近いカードが出回っていました。もっとも有名なのは、ライダーウェイト（ウエイト版タロット、ライダー版タロット）です。そしてそれは確かに初心者にとっ

て（または熟練者にとっても）満足できるカードといえます。その長所は、すべてのカード、大アルカナと小アルカナともに、イラストがぎっしりと描きこまれていることです。多くのタロットの小アルカナには象徴的表現がありません……たとえば、「剣の3」は、3本の剣が描かれているだけです。ライダーウェイトは、1枚に3本の剣を含む、風景全体が描かれています。そして次のカードは、4本の剣を含む、まったく異なる風景が描かれています。これが解釈のさい、非常に役に立つのです。

　もうひとつ、ライダーウェイトを基にした、モーガン・グリアもすぐれたカードです。実のところ私としては、こちらのほうがライダーウェイトよりも好みです。気分転換におおいにすすめたいのが「トート」（Thoth：トォウスと発音される）です。アレイスター・クロウリーがデザインしたこのカードは、実に面白いシンボルが表現されています。さまざまな種類を試してみましょう。自分のお気に入りを見つけてください。

水晶占い

　文字どおり未来（あるいは現在または過去）が「見える」水晶占いは心を引き付けられます。この占いは反射面があればほとんど何でも使用することができます。なかでも水晶玉と鏡が最適です。まずは水晶玉を見てみましょう。

　水晶は傷がないもの —— 表面のかき傷や内部の気泡がないもの —— を用意します（アクリル製プレキシガラスの「水晶玉」はかなり有効ですが、傷がつきやすいです）。使用時は黒地に置いてください。黒いベルベットの布が理想的です。これをテーブル上の、自分の正面におきます。あるいは、水晶玉を（両）手で包み込むように持ったままでもかまいません。この黒地があることで、周囲に気をそらされることなく、集中して水晶を見つめることができます。はじめは、1人で、静かな暗い部屋のなかで占いましょう。もちろん、神殿でおこなうのが理想的です。ささやかな灯をひとつ、できればキャンドルを点しましょう。水晶玉にじかに映らないように灯を置きます。心地よい香りのインセンスを使うと集中することができるでしょう。少なくとも最初は、魔法円のなかでおこない、その後、どこかほかの場所で水晶を使用するときは、白い光に自分自身がすっぽりと包み込まれている様子をイメージするだけでよいでしょう。とはいえ、その場合も、

レッスン9　占い

自分の周囲にアサメイで小さな魔法円を描くことを強く勧めます。なにかお守り
の祈り（シークス派ウイッカの詩歌など）を唱えながら始めましょう。そのさい
男神と女神に守り導いてくれるようにお願いします。

　それでは座って、心を空っぽにして、水晶を見つめてください。これは簡単で
はありませんし、訓練が必要です。水晶玉をまばたきせずに見つめないように。
それは眼精疲労を起こすだけです。じっと見つめるのです――ただし必要に応
じて、自然にまばたきをしてください。水晶に何かをイメージしようとしてはい
けません。ただ、心を空っぽにすることを心がけましょう。しばらくして（2
分ないし10分）、水晶が白い霧または煙に満たされていきます。それがしだいに
濃密になり、ついに水晶いっぱいに満たされたようになります。その後、ふたた
びゆっくりと煙が消え、あとに映像が残ります――ほとんど小さなテレビ画面
のようです。それはモノクロかもしれないし、カラー映像かもしれません。静止
画像かもしれないし、動画かもしれません。過去、現在、あるいは未来の映像か
もしれません。また、象徴的な映像ということも、おおいにありえます。その場
合、夢と同じように解釈が必要です。

　最初は自分が思うようには映像を映し出すことができないかもしれません。現
れた映像を、ただ受け入れるようにしましょう。熟練してくると、見たいものを
注視する前に、少しの時間でそれを受けとるようになります。まずは、占いを始
める前に雑念を払い、心をからっぽにするようにしましょう。ほとんどの人は水
晶占いができるようです。1回めの挑戦で何も見えなくても、翌日の晩に再挑戦
してください。そして次の晩も。何かが見えるまで1週間かそれ以上かかるかも
しれませんが、トライしつづけましょう。とはいえ、1回につき、10分以上は続
けないように。

　水晶玉が手に入らないときは、ふつうの拡大鏡を使います。念入りに磨いて黒
いベルベット地に置きます。これはほとんど水晶玉と同じくらい効果があります。
水晶玉や凸レンズ、何を使うにせよ、自分の占い専用にすること。ほかの誰にも
使わせず、手も触れさせないようにしてください。布（黒のベルベットか黒のシ
ルク）に包み、直射日光を避けて保管します。水晶玉は、月に一度、満月の光を
当てて、「パワーを満たす」のが昔からのならわしです。

　黒い鏡のほうが、水晶より効果があるという人もいます。自分で作ることも難
しくありません。傷や欠けのないガラス片を用意します。片面にアスファルトを

253

黒い鏡　　　　　　　　　　　黒い鏡の例

　3回塗って不透明にします。ガラスにアスファルトの付きよくするため、まずテレビン油をしっかりと表面に塗ります。そしてリスの尾の毛でアスファルトを塗ります。

　これよりずっと簡単なのは、質のよいエナメル塗料をただガラスの裏面にスプレーする方法です（これはあまり魔術的に思えないかもしれませんが、忘れてならないのは、鏡はその人のパワーを集中させる焦点にすぎないということです。じっさい「イメージ」はその人のパワーによって映し出されるのであって、鏡や水晶自体から投影されるわけではないのです）。凹レンズも申し分ありません。アンティークショップにある古い時計の文字盤を裏返すだけで、使えることもあります。

　レンズにフレームを付けましょう。形は重要ではありません。丸、オーバル、長方形、正方形、どれでもかまいません。フレームには、男神または女神の名前をルーン文字、あるいは魔術的なアルファベット（レッスン12参照）のひとつで彫るか、描きましょう。この作業をしているとき──じっさいには鏡をつくる全工程を通じて──鏡を使用する目的──過去、現在、未来の出来事を映し出すことに意識を集中させましょう。

　レッスン5で紹介した聖別の儀式により、魔法円のなかで鏡を聖別すること。もちろん「ナイフ」を「鏡」に置き換えます。使わないときは、鏡を黒い布に包んで保管しましょう。

レッスン9　占い

　水晶を使用したり、鏡を作ったりする前に、水晶占いを手軽に始めたい人は、コップに入った水で試してみましょう。ふつうの透明のグラスを用意し、水を入れるだけです。先に述べたのと同様に、それを注視します。かなり有効に作用するはずです。

サクソンの杖

　サクソンの杖は、直面する問題にたいして即答を得るのにとても便利なツールです。ある意味で易占いに似ていますが、それよりずっと簡単です。

　必要な杖は7本です。杖は丸い木の棒から作られます。長さ9インチ（約23センチ）の杖を3本、12インチ（約30センチ）のを4本用意してください。12インチの杖のうち1本は、賢者の杖として、装飾を施しましょう。じっさいは、すべての杖にルーン文字やシンボルで装飾してもよいのですが、賢者の杖は、確実にほかの杖よりも目立つようにしてください。

　賢者の杖を横にして地面に置き、その前にひざまずきます。水平に、自分の「向こう側」に置いてください。ほかの6本の杖を手に持ち、賢者の杖にかざします。目を閉じ、問題に集中しながら、6本いっしょに両手のあいだにはさむようにして持ちます。目を閉じたまま、右手で（左利きなら左手）杖をつかみ、反対の手の指で1本の杖の先をつまみ、しばらくのあいだ、さっきより長く問題に意識を集中させます。そして右手を開いてください。左手の指でつまんだ1本を除いて、すべての杖が地面に落ちるはずです。目を開けてください。

1. 地面に落ちた杖のうち、短い杖より長い杖が多ければ、問題にたいする答えは肯定的です。

2. 地面に落ちた杖のうち、長い杖のほうが多ければ（賢者の杖を除いて）、問題にたいする答えは否定的です。

3. 賢者の杖に触れている杖があれば、答えはかなり確実で、強い力が働いていることを意味します。

4. 地面に接していない（ほかの杖の上になっている）杖があったら、状況は見てのとおり（力がまだ作用している）なので、明確な答えは得られません——（1）または（2）は考慮されません。

5．すべての杖が賢者の杖を指していれば、あなた（あるいはあなたに質問した人）は問題の解決に明確な役割を果たします。

6．賢者の杖を指している杖が1本もなかったら、問題はあなた（質問者）の介入なく解決します。

　水晶やタロットカードと同様、自分の杖をほかの誰にも使わせないようにしてください。それは個人的なツールなのですから。黒い布に包んで保管しましょう。

手相占い（キエロマンシー）

　手相占い、またはキエロマンシー（19世紀の有名な手相占い師ルイス・ハーモン、通称「キエロ」に由来）も、人気があり、かつ正確な占いの方法です。中世に一般に広まり、ギリシャ・ローマ帝国全盛期にはすでに存在したことが知られています。古代ヨーロッパのケルト人も、手相で人物を判断できると考えていたようです。手相占いは、ほかの占いと同様、習得すべきポイントがあります。それは、手のひらの筋や肉づきとそこに刻まれた線の意味です。注意深く直観をはたらかせることも必要です。

　手相は一生を通じて変化します。今の手相は、1年前とまったく同じとはいえないし、おそらく5年前と比べたらかなり変わっているはずです。手相は人生をおおまかに示してはいますが、それは不確かなものにすぎません。今後の人生で、最終的に固定されるでしょう。望もうと望むまいと、自分の心を導くのは自分自身なのです。

　手相占いは医師の診断のように、まったく見て取ったことをそのまま解釈します。解釈は、その人自身が他人に及ぼす影響力と、それによる必然的結果を示します。解釈をそのまま受けとることもできるし、あるいはそれを変えようとすることもできます。タロットと同様、知りえた情報を伝えるさいは、細心の注意を払いましょう。手相を見たとき、相手の重大な病気や、その患部が特定されることがあるかもしれません。その場合、「衰弱している可能性があり、とくに用心すべきところ」と伝えるべきです。相手の手相（線の組み合わせ）が早死を示唆している場合は、知りえたことをうっかりもらしてはいけません。そうではなく、今後病気、事故、暴力行為を避けるよう、念を入れて注意してください。あるい

レッスン9　占い

は、反対の手相にこれらの原因を見つけたら、とくにその点を強調しましょう。覚えておいてください。手相占いは原因を分析するだけで、けっして最終的な診断ではないということを。

　手相占いをする人のスタンスは大事です。手相に現われていること以外に、事前に知っていることや、その場で得た情報を加味して診断することは避けましょう。後知恵を働かすことは正しい判断の妨げとなります。

　手相を見るときは、手相だけをみること。その相手についてまったく何も知らないことが望ましいのです。あとは自分の直観にしたがってください。

　初対面のとき、手相をそっと見ることで、相手の人となりを大まかにつかむことができるでしょう。

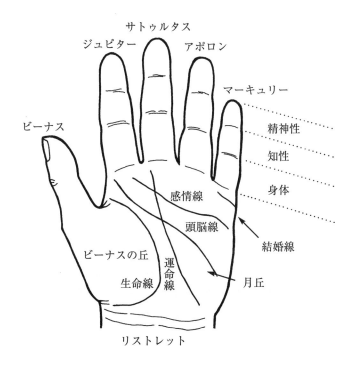

手相判断

最初の判断

　これは非常に個人的な占い術なので、手相見によってその方法はさまざまです。手相から判断できることすべてについて、その理由を述べ、手順ごとに説明する人もいます。また、手相からわかることを相手に伝えるだけの人もいます。次に述べることは前述した方法に基づいています。どの手相判断も、同じような方法でおこなわれるようです。

　最初に手の形をよく見ましょう。ただしこれについては、手相と照らして最後に触れます。一般的に、長く、すっきりとした手指の人は、思索的で芸術家肌の傾向があります。これに対して、短く、ずんぐりした手指の人は、とくに深い意味を気にかけることなく、人生を楽しむ傾向があります。

　右利きの人にとって左手は、生来の性質、生まれたときから変わらずにたどってきた人生の道筋を表します。そして右手は、これまでの人生でやってきたことを示します。他人を頼らず、みずから運命を切り拓いてきた人は、左右の手相がまったく違うことがあります（左利きの人は、右手と左手の役割が逆になります）。その人の生来の性質と潜在性を示す利き手とは逆の手から診断を始めましょう。

　手相の線が深く、くっきりとしていれば、人生の喜びも苦しみもしっかりと受け止め、理解することを示しています。反対に、線が不鮮明で薄い人は、物事を表面的にしかとらえず、精彩に欠ける傾向があります。外へ出て、人生を享受すれば、得るものも大きいでしょう。

　「鎖」状の線は、その線が表す分野の弱点を示しています。線が多い人は、複雑な性格といえます。

生命線

　生命線は主要線の１つです。一般的に、その人の人生がだどるコースのようなものを示します。図のように、生命線は親指の周辺をカーブしています。その先端は通常、頭脳線と接しています。生命線と頭脳線の先端が離れている場合、精神的に親離れした時期との関係を示しています。２つの線の先端が離れている人は、非常に独立心が強いタイプです。

　生命線は唯一、分割しておおよその年数を測ることができます。それによって

およそ１年以内に起こりそうな大きな出来事を予測することができます。

　柔らかい鉛筆を使って、生命線を３分割します。最初の部分（頭脳線と接する部分を含む）は25年に相当し、手相判断のときにさらに分割できます。２番目、３番目の部分も、同様ですが、３番目はやや短縮されます。

　深く、くっきりと生命線がなめらかに伸び、十分な長さがある人は、一生を通じて、豊かで充実した生活を送るでしょう。鎖状の生命線の人は、おそらく病弱です。線の終わりの部分が鎖状なら、晩年健康状態が悪化するおそれがあり、注意が必要です。

　生命線に平行して、ビーナスの丘側に線がある人は、生得の活力が助けになることを示します。これはつねに良いしるしです。

　ほとんどの手は頭脳線から生命線に向かって小さな線が多数出ていることに注目してください。これらはそれぞれ、なんらかの目的が達成されることを示します。すでに述べた時間尺を注意深く使えば、今後２年間のうち、大きな出来事が起こる時期を伝えることができます。それは何でしょうか。残念ながら、それは手相診断の域を超えています！

　生命線の下方、３分の２くらいのところに、ときどき２本の短い線と生命線の一部によって三角形ができることがあります。この三角形（大きさはまちまちですが）がある人は、ある種の才能 —— 本人が個人的にかなり満足できる芸術的才能の一種 —— を示しています。その才能がすぐにその人に表れないときは、それを見つけるよう助言し、その人の関心がある分野を探しましょう。才能はそこに潜んでいるはずです。

　生命線に角度がついて、急に方向を変えている場合、その人生の流れが変わることを表しています。おおよその時期を計りましょう。この時期は、暮らしぶりが激変するので、注意が必要です。同様に、生命線が枝分れしている人は、その線が生じた時点に、人生で大きな２つの流れのうちの１つを選ぶことになります。じっくりと考え、念入りに計画するときです。

　生命線が途切れている場合、問題が生じることを意味します。そして両手にそれがある場合、おおいに注意しなければ、それが深刻になる可能性があります。とはいえ、途切れている部分の外側、あるいは、生命線に平行して別の線があり、ビーナスの丘に沿って途切れずに続いていれば、問題はそれほど深刻ではないでしょう。

頭脳と感情

　頭脳線と感情線の長さを比べましょう。これは、その人が理知的なタイプか、あるいは感情的で、直観に頼るタイプかを表しています。この2つの線がほぼ同じ長さという人が多いようです。それ以外は、多かれ少なかれ長さが異なります。手相見は、この違いがどのていど重要かどうか自分で判断することになります。

頭脳線

　頭脳線からは、その長さと深さで、その人の知力がわかります。すでに述べたように、頭脳線と感情線は、いつもセットで考えられるべきです。というのも、この2つは知性と感情の重要な関係をよくあらわしているからです。長くて、くっきりと深い頭脳線をもつ人は、明晰で、優れた知性を備え、その知性が大きな価値をもたらします。頭脳線が長いといっても、横というより下方に伸びている人は、かなり高い知性の持ち主ではあるが、よからぬ目的に使う傾向があります……不吉な道に進むかもしれません。このような人はかなり押しの強い人です。彼らをよりよい方向へ導きましょう、でも彼らを敵に回してはいけません！

　めったにないケースですが、頭脳線と感情線が一緒にくっきりとした1本の線となり、手のひらを一直線に横切っている手相の人がいます。そうした人はつねに、興味ある研究材料です。というのも、知性と直観が良く調和した人は、頭脳線と感情線がひとつにまとまって、ほとんど区別がなくなっているからです。本人が自覚していようが、していまいが、こういう人はたぶん天才でしょう。とはいえそういう人は、つねに知性をしっかりとコントロールし、用心深く律するべきです。というのも、強くコントロールされた知性と、コントロールされていない混沌とした感情の不均衡が若干の障壁となっているからです。これはいわば、レーシングカーの非常にパワフルなエンジンのようなものです。目覚しい業績を上げることも可能ですが、かなり注意が必要です。

感情線

　感情線の長さと深さは、その人の感情の激しさと直観力を表します。先に述べ

たとおり、感情線と頭脳線の関係は重要なので、つねにこの2つを合わせて見ましょう。

　長く、くっきりとした感情線がある人は、よきにつけあしきにつけ、人生の喜びも悲しみも、深く感じ取る人といえます。このタイプの人にとって、感情は重要な要素で、直観による判断しだいで結果が変わりやすいと思われます。

　興味深いことに、今日多くの人にいえるのは、左（あるいは無意識）手の感情線のほうが、右（意識）手よりもくっきりとしているということです。この場合、頭脳線は右のほうがより発達しています。理由は単純——現代社会では、良かれ悪しかれ、感情より知性が重要とみなされるからです。しかし、同じ理由によって、ウイッチクラフトに入った人は、その後、その教えと信条を学ぶことによって、右手の感情線が左手と同じ長さにまで回復するはずです。

運命線

　運命線（または幸運線）は、すべての人にあるわけではありません。その長さと強さは、その人がどれほど強運をもっているかを表します。なかには手首から中指まで、力強くくっきりとした運命線をもつ人がいます。このタイプは、たやすく、十分に幸運が得られ、一見努力しなくても成功するようです。しかし大多数の人にとっては、どんな「幸運」も、苦労した人にのみ訪れるものです。

　運命線は、表面にはあらわれない欠点を知るのにとても役立ちます。たとえば、それが感情線までは途切れずにくっきりとしているのに、そこで中断しているか完全に消えていることがあります。このタイプは、本来得られる幸運の大半を、感情のせいで逃しています。本人が自覚していようといまいと、心配、恐れ、怒りなどの感情がそれを妨げています。この点をちょっと助言すると、実にその人のためになるでしょう。

　同様に、運命線が頭脳線で途切れているか終わっている人は、慎重すぎる人、ものごとを深く考えすぎる人です。このタイプは、ようやく決心したときには、好機を逃し、何も得ることができません。こうした欠点は、線に注目し、不都合が起こる前にそれを修正することで克服できます。

　この線が月丘（ルーナの丘）の上から出ている人は、平穏で楽しい人生を送るでしょう。昔からこのタイプは、「何の造作もなく幸福な」人といえます。手首

の線（リストレット）から運命線が始まっている人は、財産を相続するか、収入のよい仕事に就くでしょう。運命線が下部で枝分かれして、一方が月丘に伸びている場合、結婚あるいは、それ以外にかかわる幸運が訪れます。

結婚線

　結婚線は通常、感情線の始点の上にあります。それが1つ以上、なかには4、5本ある人もいます。いわゆる結婚線がたくさんある人が、何度も結婚をくりかえすわけではありません。それはむしろ、心を強く揺さぶられる恋人の数を表しています。それは一生忘れられない美しい、あるいは、ほろ苦い思い出となるでしょう。それぞれの線の長さや強さによって、相手がどれほど影響を及ぼすかがわかります。問題の結婚線の位置が感情線の近く（人生の初期を示す）か、小指の付け根近く（人生の後期）かによって、ごくおおざっぱな時期がわかります。

リストレット

　手首にあるリストレットは、ごく一般的に、その人の寿命を表します。完全な、しっかりとしたリストレットはそれぞれ、まる20年を表します。しかしリストレットは一生のうちにかなり変化します。そして本人の選択と生き方が今生の寿命を決める決定的要素となるのです。

金星丘（ビーナスの丘）

　親指とその根元はビーナスの影響を受けます。根元またはビーナスの丘（金星丘）は、その人の誠意、優しさそして愛情を映す興味深い鏡です。丘が温かく、しっかりと丸く盛り上がっている人は、ビーナスのもっともよい影響を受けています。一緒に居て楽しく、恋人としても魅力的で、人に優しく接し、つねに人からも親切を受けます。

　一方、ビーナスの丘が薄く、冷たく、固い人は、冷淡で情が薄く、他人に不寛容で、その分他人からの恩恵もあまりありません。しかし、これをそのまま伝えてはいけません！　そのかわり、ほかの人のように、気を楽にするよう助言しま

しょう。

　ときどきビーナスの丘には無数の線が縦横に走っているのに気づくでしょう。手相にあらわれるほかのすべてに対して、その人は見た目ほどおだやかではないことを示しています。秘められた感情が、その下には縦横に流れているのです。

月丘（ルーナの丘）

　もちろん、有史以来、月は精神と結び付けられてきました。そして手相見も同様に、月と手相を結びつけました。この丘に三角形がある人は、生来神秘的な能力があるようです。ここから出じる線は、不思議な力、そしてそれと密接に関わるもの、あるいは、男女間の愛を示唆します。

　手のへりのあたりから月丘に向かって伸びる線は、将来海路または空路の旅に出ることを表します。

　最後に、この丘が固くしっかりとしている人は、想像力を実用的なことにうまく結びつけることができます。

指

　257ページの図のとおり、それぞれの指は、星座に結びついており、そのよい面悪い面の両方を示しています。指の付け根の丘は、指の星座と結びついています（たとえば、人差し指＝木星の丘）。丘が大きく盛り上がっているか否かによって、星座の特徴が個人に及ぼす影響の強さがわかります。

　それぞれの指は3つの部分に分けられ、木星、土星、太陽、水星の各惑星の影響下における精神、知性、身体の発達との関わりを表します。たとえば、小指（水星）の一番下の部分が指のほかの部分とくらべて抜きんでて長い場合、とくに経営と販売術に長けていることを表します。ほかの惑星についても、以下の惑星の特徴をもとに、判断と直観をもって同じような特徴が得られます。

人差し指（木星）
リーダー格の女性／男性像、ボス、指導者、リーダー、管理職。
主に、プライド、野心、そして自信を表す。

中指（土星）

老賢人、しばしば老年と最晩年を象徴する。主に、知恵、ひとりぼっち、内気、憂鬱、そして孤独からの脱却を表す。

薬指（太陽）

太陽、すなわち輝けるすばらしいすべてのもの。芸術、薬。主に美への愛を表す。

小指（水星）

頭の鋭敏さと回転のよさ。賢さ、そつのなさ。主に快活さ、親しみやすさ、経営と交渉の手腕を表す。

自分の手をじっくり見て、診断してみましょう。すべての惑星はそれぞれよい特徴も悪い特徴もあることを覚えておきましょう。占星術についての推薦図書をいくつか読み、上記の惑星について調べてみましょう。とはいえなによりも、直観をたよりに相手の手相を見ることです。これが手相術を上達させる最適の方法なのです。

茶の葉占い

茶の葉（ティーリーフ）占いは、不動の人気をほこる占い術です。これはかなり簡単に身につけることができます。最良の結果を得るためには、茶漉しを使わずにポットで入れた中国茶で占うことをおすすめします。お茶は、口が大きく、底面積が小さいカップに注ぎます。何であれ、内側に模様があるカップは使わないように——かなり混乱するでしょうから！

占いをしてもらう人は、お茶を飲むさいに、ある程度カップの底にお茶を残し、ひっくり返したときにカップの側面にもお茶の葉が付くようにします。カップの取っ手を持ち、時計回りに3回、ゆっくりとカップを回転させてもらいましょう。残ったお茶がカップの縁まで上がるくらいに回した後、ソーサーに完全にひっくりかえしてもらいます。

そこからカップを持ち上げ、占いを始めます。カップの側面や底に残った茶の葉がつくるさまざまな形によって解釈することになります。この占いをするには、ある程度正確に覚えておくべき時間尺があります。カップの縁と縁の近くは、現

茶の葉占いの解釈

錨（いかり）：旅の終わり。安全着陸。仕事あるいは個人的なことを首尾よく終わらせる。意外にてこずる問題。

矢：意見の相違。反目。旅に出るときの注意。手紙。

ベル：よい知らせ。結婚。

鳥：吉報あるいは凶報。旅行の可能性。交際。

ボート：旅。友情の終わり。

ボトル：お祝い。成功。

橋：海外旅行。協力。新しい友あるいは仕事との出合い。

ほうき：問題が片付く。転職。家庭生活。

蝶：不誠実。

ラクダ：長旅。一時的な引越。

車：地元を旅する。新しい仕事仲間との出合い。

キャンドル：革新。急に新しいアイディアを思いつく。

城：遺産。臨時収入に恵まれる。豊かな生活。

猫：女友だち。家庭内の問題。

椅子：気晴らし。安らぎ。

教会：結婚。重病（致命的ではない）。

クローバー：幸運。思いがけない成功。

十字架：苦難。不安。逆境。

王冠：名声。名誉。昇進。

カップ：愛。固い友情。打ち解けること。

短剣：危機。災難。仕事上のいざこざ。

犬：友情。交際。

象：旧友からの助言が必要。

扇：軽率さ。不誠実。背信。

旗：防御の必要。警告。

花：不幸な恋愛。

門：好機。昇進の可能性。

銃：面倒なこと。口論。不倫。

ハンマー：たいへんな仕事、しかしそれは報われる。

手：友情。困ったときの援助。助言。

ハープ：満足。安心。

ハート：愛または恋人。親友。

馬：仕事。

蹄鉄：幸運。新たに大事業を始める。

家：安全。権力。

鍵：好機。

凧（たこ）：用心すること。行動する前に考える。

ナイフ：不信。不誠実。誤解。

はしご：昇進。機会をとらえる。

男性：見知らぬ人。訪問者。意外な情報源に救われる。

キノコ：障害。仕事上のいざこざ。

シュロの木：心の余裕。休息期間。一時的な息抜き。

パイプ（煙草用）：未来に向けて考え、集中する。あらゆる可能性を探る。

鋏（はさみ）：ふつうは家庭内の不和。二心。

蛇：敵。個人的な心の痛手、または恋愛事件。

木：達成した目標。慰め。休息。

傘：臨時の避難所。

車輪：努力してつかんだ昇進。富。

風車：仕事上の大きな取引。

茶の葉占い

在と今後2、3週間を表します。カップの側面から底に向かうほど、さらに未来に踏み込みます。カップの最底辺は、遠い未来を表します。出発点は、カップの取っ手です。これは占いの当事者を表します。だから取っ手に近い葉は、その人に直接影響します。一方、取っ手と反対側の葉は、一時的な影響を及ぼすだけでしょう。

カップについた模様がとくに鮮明であれば、その人はとても幸運といえます。鮮明さに欠ければ欠けるほど、判断に支障をきたします。星形は成功を示します。三角形は幸運、四角形は、保護を表します。円は挫折を意味します。直線は具体案を、波線は疑い、点線は旅を意味します。数字が見てとれるときは、年、月、週、日、あるいは時間のいずれかを表します。通常は、カップの上半分にある場合、時間か日にちとみなします。下半分にある場合は、週、月、あるいは年数です。文字が現れることもあります。それは、その人にとって大切な人、友人や親戚、仕事仲間のイニシャルです。

大方の占いと同様、厳密に「意義」付けするよりむしろ、見て取ったことにたいして感じたことを解釈するようにしましょう。とはいえ最初は、265ページに紹介したもっとも一般的なシンボルの昔ながらの解釈を参考にすることができます。それらを夢の解釈（レッスン7）で使われた象徴的意味と比べるのも興味深いでしょう。

レッスン9　占い

　茶の葉占いは、土占いとしても知られ、土や砂を使って占うこともできます。直径3フィートほどの円を地面に描き、相手に一握りの土を円内にまいてもらいます。そしてお茶の葉と同じ方法で、土でできた模様を解釈します。同様に、紙に円を描いて小規模に占うこともできます。相手に目隠しをしてもらい、フェルトペンなどで、円内に点を打ってもらいます。これらの点は茶の葉占いと同じ方法で解釈できます。両方とも、占う相手が立っている／座っている位置に印をつけましょう。それが茶の葉占いにおけるカップの取っ手に相当します。

数秘術

　数占い（数秘術）については、すでにレッスン3で簡単に触れました。ピタゴラスは、「宇宙は数の上に成り立っている」と述べています。あらゆる数を9つの数に帰する方法を考え出したのはピタゴラスでした。どんな数も、どれほど桁が多くても、1桁にすることができます。たとえば、7,548,327という数は、7 + 5 + 4 + 8 + 3 + 2 + 7 = 36です。これはさらに3 + 6 = 9となります。このように、あらゆる数は1桁の数字に集約できます（これもレッスン3で述べたとおりです）。そして、アルファベットや言葉も同様に1桁にできます。

　数には明らかに神秘的な意味があり、それぞれ9つの惑星と結びついています。たとえば、1 —— アルファベットのA、J、S ——（レッスン3参照）は、太陽と結びついています。それはリーダーシップ、創造力、積極性を示しています。それぞれが意味し、暗示するものについては、この後じっくりと説明します。

　数秘術によって、多くのことがわかります。たとえば、その人にもっともふさわしい仕事のタイプや、もっとも調和しそうな場所、結婚に最適な相手などです。

　レッスン3で、自分の誕生数がわかったはずです。重要なイベントの日にちを決めるさいは、この数字をつねに考慮にいれるようにしましょう。これはその人が生まれたときの影響力を表します。それは同様に、多くの点で、左手（「手相占い」参照）に相応します。また、多くの点で、出生時からのホロスコープとも関わっています。

　あなたの誕生数が1としましょう。その場合、契約書に署名するのは、同様に1に集約できる日にちを選ぶべきです。あなたは火の惑星、太陽の支配を受けて

います。だから、相性のよい惑星、たとえば火の惑星か気の惑星：太陽、木星、火星、天王星、または水星──ナンバー１、３、９、４、５の人が相手なら、最良の結婚となるでしょう。ナンバーとその惑星と象徴は以下のとおりです。

```
1──太　陽──火
2──　月　──水
3──木　星──火
4──天王星──気
5──水　星──気
6──金　星──地
7──海王星──水
8──土　星──地
9──火　星──火
```

姓名数（ネームナンバー）

　名前のアルファベットに対応する数（の意味）から得られる、主要な１桁の数字が、その人の姓名数となります。自分の名前が誕生数との調和をまったく考慮せずにつけられていることがわかるでしょう。だから、ウイッチクラフトでは新しい名前をつけるのです。そうすれば、自分の誕生数と完璧に調和のとれた姓名数にすることができます。それでは、主要な数に結びつく意味を見ていきましょう。

１．太陽──アルファベットＡ、Ｊ、Ｓ

　非常に活動的な生命力。リーダー。野心。せっかちな傾向。探求者。社交家。無意識に人に指図する。「親分肌」または「姉御肌」の人が多い。賛否いずれにせよ激しい感情をもつ。人を故意に傷つけることはないが、自分の強さに気づいていないこともある。賞賛されることで奮い立ち、さらに大物となることも。政治家になる可能性もある。

２．月──アルファベットＢ、Ｋ、Ｔ

　繊細、家庭的。感情的で、涙もろい。想像力豊か。非常に家庭を好む。愛国者。環境の変化を受け入れる。水辺に住むのを好む。しばしば音楽的才能があり、サ

268

イキックの能力も高い。

3．木星 —— アルファベットC、L、U

研究する人、科学者、探求者。精神よりも物質に興味がある。宗教観がたびたび変わる。おおいにユーモアのセンスがある。お金にはあまり興味がない。信じやすいが、その理由と方法を知りたがる。

4．天王星 —— D、M、V

奇妙で風変わりに見られがちだが、それはその人が時代に先行しているから。オカルトと心霊研究にとても興味がある。ありきたりのものをよしとしない。直感が鋭い。敵対する相手を痛烈に皮肉る。自由と平等を信条とする。行動とビジネスの成り行きを予測する。

5．水星 —— E、N、W

肉体的にも精神的にも活動的。知りたがり屋。探求心があり、読書と調べものを好む。語学が得意。教師、作家、秘書に向いている。人とすぐに打ち解ける。几帳面。システムを単純化する名人。

6．金星 —— F、O、X

優雅で洗練されている。快活で社交的。一般的に、器量よし。生来の調停役、混乱した気持ちを和らげることができる。しばしば金銭面で問題をかかえる。客あしらいが上手。親しみやすく、愛想がよい。

7．海王星 —— G、P、Y

超感覚的知覚の持ち主が多い。非常に霊能力が高い。内向型。口数は少ないが、物事をよく知っている。神秘的な人。しばしば心理学、精神医学、化学、植物学に興味をもつ。占星術やオカルト全般に詳しい。釣り好き。持てる者からは取り、持たざるものには与える傾向がある。

8．土星 —— H、Q、Z

冷静で悲観的な傾向がある。ユーモアのセンスに欠ける。スロースターターだが、結果的にはしっかりと目的を達成することが多い。金銭的には、とくにうまくいく。しばしば鉱山、不動産、法律にかかわる。また、埋葬地（墓地）、質屋とも関係する。一生懸命仕事をして死んだ人はいない、を信条とする。しばしば過去のことにとらわれる。

9．火星 —— I、R

非常に感情的。極端に嫉妬深い人もいる。活動的だが、感情に支配される。非

常に家柄を重んじる。誠実、他人に心を開かない傾向がある。衝動的で、未知の
ものを恐れる傾向がある。しばしば外科（手術）、身体、そして精神的病気に結
びつく。

　さあ、これで数秘術で占う用意ができました。あなたの友人がジェーン・ドウ
という名前だとしましょう（この名前はおそらくまったくの創作ではありません。
しかし例としては十分でしょう）。彼女は1947年6月23日生まれです。彼女は1986
年2月中に、ニュージャージー州トレントンの新しいアパートに引っ越す予定で
す。この場合、彼女にどのようなことを伝えますか。そしてどんなアドバイスを
しますか。順を追ってみてみましょう。最初に、彼女の誕生数を調べます。

　6月23日、1947年 ＝ 6 + 2 + 3 + 1 + 9 + 4 + 7 ＝ 32 ＝ 5

　次に、彼女の姓名数を出します。

　Jane　Doe ＝ 1 + 1 + 5 + 5 + 4 + 6 + 5 ＝ 27 ＝ 9

　これら2つの重要な数がわかったところで、何が言えるでしょうか。まず始め
に、その女性自身 —— 姓名数の9から見てみましょう。彼女はとても感情的で、
かなり嫉妬深い性格です。衝動的な傾向があり、家柄にとても強いこだわりがあ
ります。他人に対する警戒心が強く、未知のものごとを恐れます。これら最後の
2つのことから、彼女が新しいアパートへの引越しを決めるまでかなり長い間熟
慮したことがわかります。また衝動的な傾向があるので、彼女は引越しを決める
のは早ければ早いほどよいと考えています。新しいアパートは何らかの形で家柄
を表します。おそらく建物の形にそれがあらわれているでしょう。ルームメート
を選ぶときは、姓名数の相性がよい火の宮、たとえば姓名数が1、3、4、5、
または9の人をすすめましょう。次に、彼女の引越し先と、その時間を見てみま
しょう。

　Trenton、New Jersey
　2 + 9 + 5 + 5 + 2 + 6 + 5 + 5 + 5 + 5 +
　　1 + 5 + 9 + 1 + 5 + 7 ＝ 77 ＝ 14 ＝ 5

　場所を表す数は、姓名数と同じです。これは彼女にとって理想的な場所になり

270

ます。引越し先では、心からくつろぐことができるでしょう。

　彼女は1986年2月中に引っ越す予定です。2月は2番目の月です。

　2 + 1 + 9 + 8 + 6 = 8

　次に誕生数と一致させるため、合計が5になる日にちを加える必要があります。2月6、15または24日が、引越しに最適な日にちです。

　2、6、1986 = 32 = 5
　2、15、1986 = 32 = 5
　2、24、1986 = 32 = 5

　さらにアパートの内装におすすめの色を提案することもできます。数と色にも相性があるのです。

原色

　1 —— 赤
　2 —— オレンジ
　3 —— 黄色
　4 —— 緑
　5 —— 青
　6 —— 藍色
　7 —— すみれ色（青紫）
　8 —— ばら色
　9 —— 金色

第二色

　1 —— 茶色、黄色、金色
　2 —— 緑、クリーム色、白
　3 —— 藤色、青紫、ライラック色
　4 —— 青、灰色

5 ── あらゆる色の濃い色

6 ── あらゆる色合いの青

7 ── 淡い緑と黄色

8 ── 濃い灰色、青、紫、黒

9 ── 赤、深紅色、ピンク色

引越し祝いに彼女にレコード（ＣＤ）アルバムを贈る場合、彼女の好みの音楽は、数秘術でわかります。第一級の手相占い師で、偉大な数秘術家でもあるキエロによれば、姓名数が１の人は、元気が出るマーチのような曲が好みで、姓名数が３や９の人も同様です。２と７の人は、吹奏楽器と弦楽器、バイオリン、チェロ、ハープ、ギター、クラリネット、そしてフルートなどを好みます。姓名数４と８の人は、一般に、合唱曲やオルガン、宗教音楽に熱中します。５の人は少し変わっていて、サイケデリックやハードロック、あるいはデキシーランドが好みです。６の人はロマンチストで、陽気で快活な調子の心地よい音楽を好みます。

この調子でいつまでも続けることができます。数秘術で、健康診断もできます。もっとも効果的なハーブ治療を判断し、競馬や野球の試合での勝者などを占うこともできます。数秘術は魅力的な占い術で、無限の楽しみを与えてくれます。

占星術

占星術はおそらく神秘学のなかでもっとも人気の高いものの１つでしょう。つまり「通りすがりの人」がもっとも利用する占いの１つといえます。このような占いを本気で信じることをいくら否定しようとも、10人のうち９人は、日刊紙や月刊誌のホロスコープをじっくりと読み、その日、その週、その月、自分の身に何が起こるか確かめずにいられないでしょう。こうした人々に、このようなホロスコープの大半は誰にでも当てはまるから、まったく役に立たないと言っても、無駄なことです。これから紹介する正確なホロスコープを構成する要素は、非常に個人的で、それを占う個人にのみ当てはまるものです。

個人のホロスコープ、あるいは出生占星図（出生天球図）── その人の人生にかかわる天体の動きを読むもの ── は、誕生時の星位で占う占星術です。ホロスコープ（チャート）は、その人の出生時に、惑星、太陽、月がじっさいどこ

に位置していたかを示す図です。それぞれの惑星は、個人に特定の影響を及ぼし、また、接近の度合いによって、ほかの惑星にもそれぞれ影響を与えます。この個人のホロスコープを作成するにあたって、いくつか押さえるべきことがあります。第一に、誕生日 —— 日、月、年です。第二に、誕生した場所 —— 地理的な位置です。第三に、誕生した時間 —— 正確な時間、何時何分までわかれば理想的です。なぜこれらがすべて必要なのでしょうか。

　地球からみると、太陽は大きな円を描いて運行しています。この軌道は黄道といわれ、太陽が東の地平線から上る時、その角度は、星位または上昇点（アセンダント）といわれています。星位という呼称は、決まった時間に黄道帯に上るサイン（宮・星座）にも使われています。4分ごとに上昇するサインは、それぞれが地平線からみて異なる角度に位置します。だから、誕生時の正確なサインと黄道を知るためには、誕生の時間と場所を正確に記録する必要があるのです。

　太陽は1年間かけて、天空の12のエリアとサインを通過します。これらは12宮図（黄道帯）の宮（宿、ハウス）で、時計の針のように1周します。それぞれの宮を分割する境界線は、カスプと呼ばれています。次のように、太陽はだいたい1か月でそれぞれの宮を通過します。

　　白羊宮 —— 3月21日〜4月19日

　　金牛宮 —— 4月20日〜5月19日

　　双子宮 —— 5月20日〜6月20日

　　巨蟹宮 —— 6月21日〜7月22日

　　獅子宮 —— 7月23日〜8月21日

　　処女宮 —— 8月22日〜9月22日

　　天秤宮 —— 9月23日〜10月22日

　　天蝎宮 —— 10月23日〜11月21日

　　人馬宮 —— 11月22日〜12月21日

　　磨羯宮 —— 12月22日〜1月20日

　　宝瓶宮 —— 1月21日〜2月19日

　　双魚宮 —— 2月20日〜3月20日

じっさい、これらの期間は年によって変わるので、占う年の期間がいつからい

つまでなのか、カスプを確認する必要があります。

　ホロスコープを作成するさいは、それぞれの惑星が長い歳月をかけて通過した位置を特定する必要があります。このとき、天体位置表と室項表が役に立ちます。天体位置表は惑星の位置を示し、室項表は、出生地の地理的な位置を考慮に入れた修正に必要です。時間の測定は、いわゆる恒星時で示され、太陽ではなく星の位置が基準となります。星は、太陽よりも早い周期で天空を運行するように見えるので、これは恒星時の算出にさいし、考慮しなくてはなりません。

占星術は元をたどれば、メソポタミアで生まれ、個人の運命を占うよりもむしろ、王と民衆に関わっていた。この写真は、月の観測によって導き出された占星術の結果が楔形文字で書かれた銘板である。

"From Man,Myth & Magic"
（リチャード・キャヴェンディッシュ編、
マーシャル・キャヴェンディッシュ刊、N.Y.、
1970年）

　天体位置表を活用するときは、最初に誕生時の恒星時（S.T）を算出します。昼前に生まれた場合、天体位置表に示された恒星時から必要な時間と分を引かなくてはなりません。というのも、天体位置表の恒星時は、正午に合わせてあるからです。同様に、午後に生まれた場合は、天体位置表の恒星時に正午までの時間と分を加える必要があります。さらに、それぞれの時間（午前または午後）に10秒余分に加えるか、引く必要があります――これは「インターバルの加速分」として知られています。さらに、生まれた場所に応じて修正が必要です。天体位置表はG.M.T（グリニッジ平均時）が標準として使われます。たとえばニューヨークで生まれた人は、さらに5時間の調整をしなくてはなりません。ロンドン（グリニッジ）とニューヨークは時差があり、ニューヨークで午後2時45分に生まれた場合、ロンドンでは午後7時45分に生まれたことになるからです。

1934年の8月31日、午前11時45分にニューヨークで生まれた人を例にしましょう。これに5時間加えると、グリニッジの午後4時45分となります。しかし、グリニッジでの正確な恒星時を知るには、天体位置表で誕生日を探し、10時間35分54秒とされているところを見つけるところから始めます。それが、その日の正午の恒星時だということをお忘れなく。これを午後4時45分の正確な（グリニッジ平均時）誕生時に合わせるに

古代エジプトの天空図「デンデラの黄道帯（ソディアック）」 周知のとおりソディアックはエジプト人とバビロニア人の合作である。

は、その4時間45分を加える必要があります。

```
      10h   35m   54s
 +     4h   45m    0s
      ─────────────────
      15h   20m   54s
```

次に、インターバルの加速を考慮すると、4.75時間×10 = 47.5秒です。これをその前に算出した時間に加えます。

```
      15h   20m   54s
 +                48s
      ─────────────────
      15h   21m   42s
```

これが、誕生時の、グリニッジにおける恒星時となります。さて、それをニューヨークの恒星時に変えましょう。

ニューヨークはグリニッジからみて74度西に位置しています。その緯度を時間に換算するには、4倍にする必要があります。74×4 = 296、296を60で割ると、4時間56分。ニューヨークはグリニッジの西にあるので、その前に達した合計からこれを引きます（生まれた場所がグリニッジより東の場合、これに加えます）。

```
      15h   21m   42s
 -     4h   56m    0s
      ─────────────────
      10h   25m   42s
```

これが誕生時の地元（ニューヨーク）での恒星時となります。経度については、

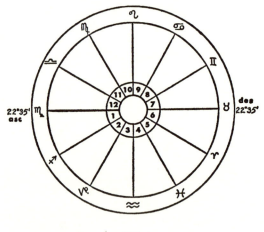

図9.1

　星の動きは緯度より簡単です。室項表を見れば、算定された生誕地の星位がわかります。ニューヨークの緯度は、北緯43度43分（赤道の北）です。室項表をみると、恒星時10時間25分42秒これが上昇点（ASC）で、22度35分、天蠍宮にあと4分のところです。
　さて、いよいよ、魅力的なホロスコープの空欄に記入することができます。線は中心から上昇点を結び、ホロスコープのちょうど反対側にまっすぐ引きます。この正反対にある点は、下降点（DES）といわれています。室項表ではまた、もっとも天空が高く位置する天頂点（MC）、その正反対に位置する、地下のもっとも低い点である天底点（IC）――は、上昇点と下降点を結んだラインと直角を成す中間点です。
　こうしたラインやポイントも、ホロスコープに記入します。ホロスコープはこれで、4つのカドラント（天空図の4区分の1つ）に分けられました。
　次に、ホロスコープに書きいれるのは、ハウス（宮、宿）の境界線です。上昇点は最初のハウスから始まり、そこから12のハウスができます（図9.1参照）。
　太陽、月、そしてその他の惑星の位置は、これで記入できます。天体位置表をみれば、誕生時の正午の土星、海王星、木星、天王星、冥王星の位置もわかります。これらは、ゆっくりと運行する惑星です。これらの位置は、直接ホロスコー

レッスン9 占い

プに書くことができます。すべての惑星と同様、それらはホロスコープと表に、記号で示されます。これらを示すために昔から使われている記号は次のとおりです。

太陽	☉	土星	♄
月	☽	天王星	♅
水星	☿	海王星	♆
金星	♀	冥王星	♇
火星	♂	地球	+
木星	♃		

黄道帯の記号は次のとおりです。

白羊宮	♈	天秤宮	♎
金牛宮	♉	天蝎宮	♏
双子宮	♊	人馬宮	♐
巨蟹宮	♋	磨羯宮	♑
獅子宮	♌	宝瓶宮	♒
処女宮	♍	双魚宮	♓

　動きの速い天体 —— 太陽、月、金星、そして水星 —— については、正確な誕生時と正午のあいだのそれらの動きにあわせて、さらに修正が必要です。午後に生まれた場合、その惑星の正午の動きを調べます。天体位置表の対数表から、運行の記録を見つけ、それに正午との隔たりを加えます（誕生時が6時30分の場合、6時間30分の間隔があるということです）。次に、（黄道の）区分にもどって、記録の合計を出します。

　今度は、誕生時の正午の惑星の位置が異なっていて、この分を天体位置表が示す正午の位置に加えるとします。

　じっさいの誕生時が正午より前なら、正確な誕生時と上記のとおり、その日の正午の惑星の運行を調べたでしょう。問題の惑星は、表に「R」—— 逆行を表す —— と記入され、正午の位置からインターバルを引くことになります。ここ

277

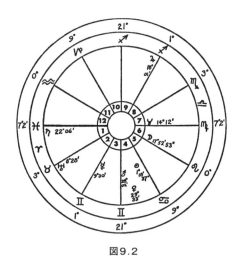

図9.2

で注意してほしいことがあります。惑星の位置を記入するさいに、グリニッジ恒星時を地元の恒星時に置き換えることを忘れないように。この段階のホロスコープは、図9.2のようになります。

　ホロスコープを解釈する前に、惑星が互いに影響を及ぼすさまざまな位置関係を知る必要があります。これは、アスペクトといわれています。

　2つの惑星の一方が地平線から昇るとき、他方は没し、180度離れている場合、「衝（しょう）」の関係にあるといいます。これは昔から、悪いアスペクトです。2つの惑星がおよそ10度以内に位置していれば、「合（ごう）」で、これは、惑星によって良いときも悪いときもあります。惑星同士が90度離れていれば、「矩（く）」で、これも悪いアスペクトです。互いに60度離れている場合——「六分（ろくぶ）」は、よいアスペクトです。主要アスペクトの最後は、惑星同士が120度の角度にある場合です。これは非常によいアスペクトで、「三分（さんぶん）」といわれています。もちろん、こうした位置関係は、ある程度の許容差が認められています。ふつう「合」や「衝」では10度から12度、「六分」ではおおよそ7度です。これらの許容は星の影響範囲です。

278

解釈

　ホロスコープの解釈は、実に難しい——これはどの占いにもいえることですが。解釈を始める前に、ホロスコープ上のさまざまなアスペクト（星同士の角度）を列挙します。太陽と黄道帯の関係、月と黄道帯の関係、上昇点、惑星の出と没、地平線の上に位置するか、下に位置するか、惑星とハウス、そして惑星と黄道帯のサインとの関係、デーカンなどです。.

　これらのアスペクトをすべて調べ、説明しなければなりません。その一例をあげましょう。「火星は土星と矩（90度）の関係、木星と太陽は衝（180度）の関係にある。そして木星と水星は六分（60度）である」この場合、火星と土星が矩の位置関係にあれば、火星の冷酷さと衝動性の影響で、やや冷淡な人だといえます。土星の引っ込み思案と内向性も加わります。木星と太陽が衝にあるのは、太陽の強力さと決断力、木星の発展性のある富の影響で、ぜいたく志向の、やや自己中心的な性格を表します。木星と水星が六分なのは、よいアスペクトで、決断力と分別の持ち主であることを示しています。

　惑星そのものにも特性があり、気、水、火、地に分けられます。昔から、双子宮、宝瓶宮、天秤宮は気のサインです。巨蟹宮、天蝎宮、双魚宮は水のサイン、白羊宮、獅子宮、人馬宮は火のサイン、そして金牛宮、処女宮、磨羯宮は地のサインです。火のサインは、知的で見識があり、はっきりと意見を表明するとされています。水のサインは、感情的です。火のサインは熱狂的で、猛烈な性格です。地のサインは慎重で、原則的、そして実務的です。サインのより詳細な解釈は、占星術のほぼすべての解釈と同様、伝統的に、特定の性質と結びついています。たとえば、白羊宮はなかなかのリーダーまたは先駆者です。このサインの人は野心があり、せっかちな傾向があります。金牛宮の人は勤勉で、大きな力をもち、それに誇りをもっています。また、忍耐力ももちあわせています。双子宮は順応性があり、広く浅い知識と、語学や外交の才があり、気転もききます。ただし、やや深みに欠けることがあります。巨蟹宮は、極端に神経質ですが、伝統を重んじ、非常に家庭的な人です。獅子宮は、外向的で、自信に満ち、魅力にあふれています。非常に演劇的なセンスがあり、包容力豊かな人でもあります。

　処女宮は批評家です。きちょうめんで、保守的ですが、つねに人をひきつけ、人気があります。またプランナーや、まとめ役にうってつけです。知的で、きわ

めて分析的思考の持ち主です。天秤宮は、直観力や洞察力があり、平和主義者で、強い正義感の持ち主です。天蝎宮は粘り強く、決断力とかなりの自制心があります。しかし、自己評価が甘くなりすぎることがあります。時には、嫉妬深く、過度に要求し、自分自身と矛盾することがあります。人馬宮は、恐いもの知らずです。親切で寛大なこともありますが、率直で、歯に衣着せぬ物言いをすることもあります。磨羯宮は野心家で、非常に実利主義の人です。不足や貧困を恐れ、とことん落ち込んだり、信じられないくらい幸福になったりします。

　宝瓶宮は、計画を立てるのが得意で、いつも先々のことを考えています。正直で、親切ですが、理解しがたいこともあります。極端に独立心が強く、すぐれた判断力の持ち主でもあります。双魚宮は繊細で、気高く、親切で温和ですが、煮え切らないところがあります。また楽観的すぎる傾向があります。献身的かつ同情的、駆け引き上手でもあります。

　次に惑星の特質に注目しましょう。土星は内気で、辛抱強く、用心深いです。しばしば寡黙でひかえめです。土星は法律、鉱業、印刷業、歯科、建築と不動産、古書、農業、そして死に結びつきます。天王星は、激しやすく、風変わりです。やや力まかせなところがあり、辛らつな傾向があります。生来魅力的な人ですが、専門的な対象があります。電気技術者、発明家、占星術師 —— 神秘的なものに非常に関係があります。海王星は、神秘主義、また個人主義の傾向があります。知識をひけらかすことはしません。海王星は、殺人やレイプなどもしかねない、かなりいかがわしい人物にもなりえます。ときにつかみどころがなく、支離滅裂なことをします。飲食店、バー、売春、麻薬、航海、海洋、保育・看護、そして広告と結びつきます。冥王星は、一般的に、子ども、若者、リーダーと結びつき、何事も自分の思いどおりにしたがり、法律に反感をもつ人です。また、趣味、スポーツ、野外の生活、俳優、政治家とむすびつきます。木星は、調和、教育、法律、道徳、宗教、信仰、そしてユーモアの惑星です。木星は、何よりも真実を優先します。知識、独学、読書を通じて学ぶこと、これらはすべて木星の資質です。銀行家、判事、聖職者などの金持ちは、この惑星を重視します。

　太陽はなににもまして力強い天体で、バイタリティにあふれています。決断力がありますが、非常に親切で、愛情豊かで、包容力をもちあわせます。頼れる人物で、前進し続けます。これに対し月は、女性らしく、非常に繊細で、感情的、家庭的です。水のあるところを好み、愛国者で、公共福祉に関心があります。水

星は、機転が利き、非常に頭の回転がよく、調査、探査、分析、判断に優れています。作家、教師、弁士に向いています。金星も、月と同様に女性的で、愛情豊かです。友情、肉体的魅力、情緒、仲裁、娯楽に結びつきます。ミュージシャン、宝石職人、俳優、ドレスメーカー、アーティスト、看護師に向いています。火星は、強力なエネルギーと勇気で、態勢を整えています。残酷で嫉妬深いこともあります。しばしば性の問題を起こします。衝動的で、義理堅く、未知のものを怖れます。軍人、外科医、スポーツ選手、職人に向いています。

12のサインはそれぞれ、惑星に「支配されて」いるといわれています。つまり、サインと特定の惑星に密接な関係があるということです。「水と関係する」または「火に関係する」とされる惑星があるところでは、各サインがそれぞれのエレメントの支配を受けます。白羊宮は火星に支配されています。金牛宮は金星、双子宮は水星、巨蟹宮は月の支配を受けています。獅子宮は太陽、処女宮は水星、天秤宮は金星の支配を、天蝎宮は火星、人馬宮は木星、磨羯宮は土星、宝瓶宮は土星（天王星とも）、そして双魚宮は木星（海王星とも）の支配を受けます。一般的に、火のサインは水のサインと相性が悪く、水のサインは気のサインと反りが合いません。しかし気のサインは、火のサインと相性がよいとされています。

次に、ホロスコープに影響をおよぼす12の区分（室）を見て、それぞれが何とかかわっているのかを確かめましょう。ホロスコープに番号がついています。第1室は、外見、肉体に作用します。第2室は、財産を表し、経済力や投資などに関係があります。第3室は、人付き合い、文章を書くこと、人や物を動かすことです。また、親戚や親しい隣人も表します。第4室は、家庭と所有物（財産）の領域です。出生地、不動産、住居、墓などにかかわります。また、男性の母親、女性の父親にかかわります。第5室の領域は、喜び、愛、セックス、娯楽、そして教育を表します。とくに、官能的快楽と結びつきます。第6室では、家畜、健康、そして健康に影響をおよぼす疾患を表します。衣類、使用人、そして身体の快適さも、この室にあらわれます。

第7室は、女性のホロスコープなら夫、男性なら妻、一般的にパートナーを表します。第8室は、死をふくむ喪失です。金銭や財産を失うことや、遺言や遺産についての詳細もあらわれます。第9室は、宗教、精神性、遠方への旅行、そして義理の親戚などを表します。第10室は、仕事、業績にかかわること、名誉、収

281

入を表します。第11室は、友人、知人、期待と不安、願望を表します。第12室は、その人が直面する制限、限界――刑務所、強制退去、国外生活を示しています。敵対者、そして不思議なことに大型の動物も表します。

　上記をふまえ、じっさいに解釈を始めることができます。上昇点にある双魚宮を例にあげましょう。最初のハウス（第1室）は、身体の外見とかかわっています。双魚宮――繊細で、気高く、親切で寛大――は、この人が中背よりは小柄で、顔色は青白く、頬骨が高く、髪と目は淡い色であることを示しています。第6室には、月があります。この室は健康と身体の快適さを表します。月は感受性が鋭く、感情的です。この場合、精神的に不安定で、神経衰弱の傾向があるといえるでしょう。また、この室は奉仕と結びついているので、すすんで人のために尽くします。第9室には、調和の惑星である木星があります。この惑星はこれまで見てきたように、教育と宗教にかかわっています。木星があらわれる第9室は、宗教と精神性に結びつきます。これは、宗教的なことで大成功をおさめることを表しています。それは木星の特質もこれらに影響するからです。このように、室（ハウス）を1つずつ取り上げ、解釈をしていきます。その後、さまざまな惑星との関係に応じて列挙したアスペクトについて解釈します。

　以上のことから、生まれた直後にその人に備わった特性が、ごく一般的ではあるけれども、見て取れます。しかし、誕生した時間と出生地のより詳しい情報がなければ、さらに、出生占星図を作成しなければ、本当にその人にとって価値のある、正確で詳しい情報を伝えることは、きっとできないでしょう。

　誕生時のホロスコープである、出生占星図についてはすでに触れています。これはその人が概してどのような人生を送るかを表しています。同じような占星図は、じっさいどんな目的でもつくることができます。特定の年、あるいはそれ以外の期間に、どんな影響があるかを知るためにつくることができます。個人ではなく、国や町に向けてつくることもできます。新築したビルの定礎式に最適の日、結婚、お金、健康、ビジネス――まったくどのような目的でも、ホロスコープをつくることができます。年が改まるたびにプロの占星術師にビジネスに関するホロスコープをつくらせ、その見通しにきちんと従うビジネスパーソンは五万といます。それは毎年報われ、彼らは十分に満足しているようです。彼らは占星術師が経験豊富だと信じているように、ホロスコープを信じて疑わないようです。

282

レッスン9　占い

　日刊紙のホロスコープが、４月20日から５月20日生まれのすべての人に向けて、月曜日の朝は長く、消耗がはげしいと伝えるとき、それは見事に当たっていることになるかもしれません。とはいえ、読者が依然としてホロスコープをつくらず、表を調べることもなく、惑星の位置を解釈することもないと思ってまず間違いないでしょう。しかし、ほんとうにわくわくするのは、自分だけのホロスコープをつくり、理解し、解釈することなのです。

焚き火占い

　ウイッチは、炎のなかに何かを見いだすことで占うこともあります。日没後、海辺に行き、流木で火をおこします（海が遠い場合は、風にさらされた古木、古い納屋の木など、それに匹敵するものならなんでも使えます）。木が十分に燃えて、しだいに火の勢いがおとろえてきたら、ビャクシンの薪と、両手３杯分のビャクダンの木屑をくべます。これらが勢いよく燃えるようにします。そしてふたたび火の勢いが衰えたら、目を凝らして消えかかった残り火を見つめます。残り火のなかに、過去、現在、未来の光景が見えるでしょう。現実の光景が見えることもありますが、解釈を必要とする象徴的な光景を見ることのほうが多いでしょう。こうした火を使った占いは、ときに「死の天使（アズラエル）の火」といわれ、ダイアン・フォーチュンの著書"The Sea Priestess"に記されています。占いの種類はあまりにも数が多すぎて、ここでは紹介しきれません。

283

[レッスン9]　練習問題

1. 個人的にタロットを研究したあとで、カードの展開法を決めましょう。自分にとってベストと思われるのはどの方法ですか。

2. 最初に引き付けられたのはどのタロットカードですか。それらを挙げ、それぞれのカードがあなたにとってどのような意味をもつか書いてください。

3. あなたの手形を、左右別々の紙にとってください。自分の手相がどのように変化するか、毎年観察しましょう（手形をとるときは、シルクスクリーンのインクに手を押し付けるか、ほかの着色できるものを塗り、できるだけ手を平らにして紙に押し付けます）。手相占いにまつわる自分の経験を述べてください。手相の勉強を始めた当初、注目に値する手相はどのようなものでしたか。そして、あなたの診断はどの程度正確でしたか。あなた自身の手相から何が読み取れましたか？

4. 自分自身の出生占星図をつくりましょう。自分の性格にあてはまるように、それぞれの惑星の基本的な解釈を挙げてください。

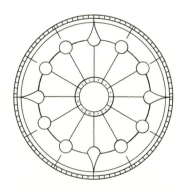

［レッスン9］　理解度テスト

1．異なるタロットの展開法を少なくとも3つ試したのち、それぞれの展開で少なくとも6つのリーディングをおこなってください。どの展開法が気に入ったか、その理由も書いてください。

2．自分がライダー・ウエイト・デックを使用して、友人のためにタロットのリーディングをしていると想像してください。ごく近い将来の位置に、大アルカナのカード「塔」があらわれます。あなたはどう解釈しますか（周囲のカードにかなり左右されることはよくわかります。しかし、この1枚のカードだけを解釈してください）。

3．これと同じ仮のリーディングで、友人の最終結果は、ペンタクルの5です。そこに位置するそのカードを解釈してください。

4．水晶玉がないにもかかわらず、水晶占いをしたいとき、代わりに何を使いますか。

5．手相占いの解釈にあたり、左手と右手の違いは何ですか。

6．茶の葉占いのさい、ベルと蹄鉄がカップの下のほうに見えます。とはいえ、それは取っ手の近くです。それらは何を意味していますか。

7. (a) 数秘術によって、ジョン・F・ケネディ John F. Kennedy（名前
　　だけでおこないます）について言えることは何ですか。(b) 数秘術によれば、
　　ナポレオン NAPOLEON とその妻ジョセフィーヌ JOSEPHINE の相性はどう
　　ですか。

8. あるホロスコープは、双魚宮が上昇点にあります。この人についてどんなこ
　　とがいえますか。

◎推薦図書

　　"I Ching : The Book of Changes"（ジョン・ブロフェルド訳）

　　"The I-Ching"（R・ウィルヘルム＆C・F・バインズ訳）

　　　　── 『易経（上・下）』（高田眞治・後藤基巳訳、岩波文庫）

　　"The Seventh Sense"（ケネス・ロバーツ著）

　　"Numerology"（ビンセント・ロペス著）

　　"The New A to Z Horoscope Maker and Delineator"（ルウェリン・ジョージ著）

　　"Palmistry : The Whole View"（ジュディス・ヒプスカインド著）

◎補助読本

　　"Crystal Gazing"（T・ベスターマン著）

　　"Medical Palmistry"（マーティン・スタインバック著）

　　"A Pocket Guide to the Supernatural"（レイモンド・バックランド著）

Lesson10 － レッスン 10

薬草学（ハーバリズム）
Herbalism

ハーブの知識

　昔からウイッチはハーブとその治癒力について豊富な知識をもっています。現在の「自然に帰れ」運動と相まって、この現代を生き抜くためにも、ハーブの知識は今日おおいに役に立つでしょう。ウイッチがふたたびハーブのエキスパートとなることが重要になります。健康保険組合（ブルークロス）、医療保険組合（ブルーシールド）、メディケア（65歳以上の老人や身障者などに対する米政府の医療保険制度）、こうしたものをすべて放棄することをすすめているのではありません。私としては、読者自身とその周囲の人のためにも、古来の治療薬を役立てる方法がたくさんあると考えています。とはいえ、身体によいハーブの知識、さらに歴史を遡ってその使用法を研究した成果など、このレッスンで紹介する情報は、単なる私見にすぎないことを、法的な見地で読者にお断りしておきます。私は専門的な医学的助言をしているのではありません。そのようなアドバイスは、それ相当の専門家に求めるべきでしょう。

　ハーブによる治療の歴史は数千年前にさかのぼります。それは私たちの祖先が健康と体力を維持する必要があったからです。つまり、病気や傷を治療するためです。今日使用される薬の多くは、もともとはハーブの原生種を取捨選択したものです。より効き目が強く、おそらくは、より確実に効く合成薬にとって代わられたものもありますが、それ以外はいまも世界中の多くの地域で、そのままの形で使用されています。

　古来、野生の植物や花々、そしてハーブには神秘的な治癒力がありました。昔

のいわゆる「自然界のドクター」(ウイッチたち)は、こうした自然の治療薬について熟知していました。残念ながら、古来のハーブ治療に「科学」のお墨付きが与えられるまで、現代医療に携わる医師たちは、数百年にわたって伝えられてきた民間治療をあざ笑っていました。とはいえ、ときにはこうした古来の治療薬を再発見し、最新の研究と科学の成果として熱心に支持しているのです。たとえば、英国の医師、ウィリアム・ウィザリングは、ジキタリスの葉の成分を分離しています。これは、もっとも重要な心臓の治療薬のひとつです。けれども何世紀にもわたり、ウイッチはジキタリスの葉を煎じたお茶を心臓の弱い人々にずっと処方してきたのです。スタンフォード大学のチェイニー博士は、生のキャベツジュースが胃潰瘍の治療に役立つことを「発見」し、証明しましたが、これも、ウイッチが何百年も前から知っていたことです。ハーブを採集、調合することは、特殊な作業ではありますが、ごくふつうの知性の持ち主ならだれでも、差しつかえなく適切なトレーニングを始めることができます(ハーバリスト向けに未加工のハーブ、エキス、その他あらゆる調合薬を提供する倉庫付きの店舗や研究所もあります)。

　自然療法家として、ウイッチは、患者の気質と症状を観察する心理学者であるべきです。また、解剖学や生理学を学び、体の仕組みを知るべきです。さらに栄養学を学び、患者に最適な食餌療法を考えるべきです。そして治療の対象者および一般の人について幅広い知識をもつことが必要です。解剖学と生理学については学校で学ぶ程度の知識を得て、じっさいの治療に役立てることをおすすめします。

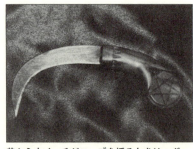

昔からウイッチがハーブを採るときは、ボリーン(boleen)といわれる鎌形の小型ナイフを使った。これは自分でも作れる。レッスン3のアサメイの作り方に従えばよい。ただし必ず聖別し、ハーブの採集専用にすること。

　ハーブの採集は、1回につき1、2種類にとどめましょう。もっとも重要なことは、1日のうちで採集に最適な時間を知ることです。これについては、カルペパー(このレッスンの「補助読本」として紹介した推薦図書を参照)のような優れた植物学者が言及しています。採集するハーブが決まったら、乾燥あるいは加工するのに必要な部分だけを採ります。そうでなければ、家

に持ち帰って無駄にするだけでなく、翌年の成長を妨げることになります。

　確実に目指すハーブを手に入れるため、同じ属性でも種類が異なる様々なハーブについて、事前に念入りに調べましょう。種類は違っても、似ているハーブが多く、かなり混乱する可能性があります。イラストや写真などをじっくり観察すれば、多くの異なる種類を見分けることができるようになるまで、それほど時間はかからないでしょう。ハーブを採集するさいは、傷つけないように注意し、小さな束にまとめましょう。ハーブを押しつぶさないように。そうでないと、ハーブの効能が薄れてしまいます。

　ハーブを選ぶときは、いつもラテン語の名前を使うようにしてください。というのも、ラテン語名は常に変わらないからです。もし通称を使うと、かなり混乱するでしょう。それはほとんどのハーブに数多くの異称があるからです。自生する土地によって呼称が異なるため、通称が20もあるハーブもあります。しかし、個々のハーブがもつラテン語の名前はただひとつです。さまざまな草本書では、ふつうイタリック体で表記され、読んで字のごとく発音されます。「除々に慣れる」ため、このレッスンでは、もっとも一般的な名前のあとに、ラテン語名を使用しています。とはいえ、ハーブを引き合いに出すときはいつも、ひとつに特定するため、必ずラテン語名を使用することです。

　次にあげるのは、人間と（あるいは）家畜類にマイナスの影響を与えることで広く知られるハーブのリストです。この章で紹介するそれ以外のハーブのリストは、歴史上実在したものです。過去に安全とされたハーブが、いまもそうだとはかぎらないので、これらは最新の知識に基づいて紹介しています。

有害であることが広く知られているハーブ

摂取すると有害になりうるハーブ
（💀は死亡の危険あり）
バーベリー
ベイベリー・ワックス
ウワウルシ・葉
ビタースイート
ブラックバーチ
ブラックチェリー・樹皮と葉と種子

ブラックホー（果実を食すと吐き気をもよおす）
ブルーフラッグ
ボッグビーン・生葉
ボーンセット
カスカラサグラダ
キャスターオイル（トウゴマ種子）💀
セラダイン

289

コルツフット
コンフリー（根と葉に発がん性）
クランプバーク・果実
カルバーズルート・新鮮根
フリンジトゥリー
ホーソン・果実（心拍数や血圧に影響
　する恐れ）
ホーステイル・葉（家畜に有害）
ジュニパー・果実
リンデン・花
ロベリア
メイルファーン
メイアップルまたはマンドレイク☠
マレイン
パラグアイティー（イエルバマテ）
パッションフラワー
ペニーロイヤルミント・精油
ペパーミント・精油
プルーリシー・根
ポイズンヘムロック☠
ポークウィード・全草
クウェイキングアスペン（ポプルス・
　トゥレムロイデス）（アスピリン様
　物質のサリシンを含有）
ラグワート
サッサフラス（精油に発がん性）
スカンクキャベッジ☠
スペアミント・精油
スピゲリア
スコーウィード（セネキオ・ウルガリ
　スなどキク科の数種をさす）
ストーンルート
バーベイン（牛に有毒）
ホワイトオーク
ワイルドチェリー
ワイルドインディゴ
ウィンターグリーン・精油

ウッドソレル
ワームシード
ワームウッド
ヤロウ
イエロードック（量が多いと下痢する）
イエロールート

接触皮膚炎やアレルギー反応を引き起こす可能性のあるハーブ（敏感な人）

ブラッドスタンチ（カナダフリーベイ
　ン、エリゲロン・カナデンシス）
カモミール（花粉症）
クリーバーズ・抽出液
フェンネル
フィーバーフュー
フリーベイン
ジャーマンルー
ゴールデンロッド（花粉症）
ホップ
ホアハウンド・抽出液
メイアップルまたはマンドレイク
メイウィード
マグワート
ペパーミント
ピップセシワ　（湿布）
シェパーズパース・種子
タイム
ワイルドキャロット
ヤロウ

妊娠中および／または授乳中避けるべきハーブ

ブラックコホッシュ
セージ（授乳）
ゴールデンシール

レッスン10 薬草学 （ハーバリズム）

ハーブを最大限に活かすには

　使用者が採集したハーブを調合しなかったり、最大限に利用しなかったために、無駄にしたり、あるいは腐らせてしまうことがよくあるようです。それで、もう一度ハーブを試すことにためらいを感じる人が少なくありません。大半のハーブはおだやかに作用するので、効果を十分に吟味して与えることが重要です。

　効果を引き出すためには、適切に調合し、正確に与えなくてはならないハーブもあります。たとえば、ボーンセットの熱い煎じ汁を就寝時に服用すると、発汗をうながします。朝は、冷たい煎じ出しを飲むとおだやかに作用してお通じがあります。また、粉末にしたスリッパリーエルムの樹皮を浣腸すると、腸の痛みをやわらげます。しかし、浣腸の前に腸内をきれいにしておかないと、効果がありません。ホップを薄く煎じ出すと、芳香成分が抽出され、さらに濃く煎じ出すと、苦い強壮成分が抽出されます。煮出すと、収れん性の成分がとれます。つまり処理の仕方によって、効能が異なるのです。たとえば、煮出したときと、水またはお湯に浸したときでは、ハーブの効能が変わります。「煮出すこと」で、樹脂のような苦味成分が抽出されます。これに対し、「浸出させること」で、多量の芳香性のある揮発性成分、エキス（精油）などが抽出されます。

　これらの用語「煮出すこと」「浸出させること」は、それぞれハーブを採集した後の処理法を表します。ほかにも、粉末にすること、抽出、パーコレーション、濾過、不純物を取り除くこと、温浸（蒸解）、圧搾があります。これらを順番にとりあげ、個々に詳しく解説しましょう。

粉末にする（細かく砕く）

　これは、ハーブを細かい小片にすることです。この処理をするハーブはすべて、湿気は厳禁です。揮発性の油分を含むハーブは、乾燥するさい高温にさらしてはいけません。ハーブを粉末にする機械もありますが、昔ながらの乳棒と乳鉢がウイッチにはいまだに好まれています。

　ハーブを乾燥させる前に、まずは摘みたてのうちに細かくカットしましょう。ハーブのなかには（たとえばルー、ペパーミント、タンジー）できるだけ低温で乾燥させたほうがよいものもあります。また、手早く乾燥しなければならないハーブ（たとえばヤロウ、グラウンドアイビー）もあります。特別な乾燥機は必要あ

291

りません。次の手順でおこないましょう。

1. 採集するハーブを決め、湿度が低い日に収穫します。
2. ハーブを小ぶりの束2つにまとめ、それらを紐でひとくくりにします。このひもを物干し綱にひっかけて吊るします。（注意：夜など、湿度が高くなったらすぐにハーブを屋内に取り込んでください。この過程でハーブが湿気ると、カビが生えてしまいます。）

　　ハーブの葉と花だけを採集した場合、モスリンの袋に入れて乾かすこともできます。袋に詰め込み過ぎると、通気が悪くなるので気をつけましょう。通常、ハーブが乾燥するまで3日から1週間かかります。ハーブの束は毎日、動かして、日光が十分当たるようにします。日が差さず、屋内で乾燥させる場合は、つねに18度から21度程度の室温を保ちましょう。

3. ハーブの束が乾燥したら、ハーブを肉ひき機にかけます。最初は粗い刃で、その後細かい刃に変えます。完全に乾燥していれば、ハーブはほぼ粉末状になります。これをねじぶた式の缶または瓶にいれ、暗所に保管します。これで本来の色や薬効を損なうことなく、数年はもちます。

抽出

ハーブの有効成分を抽出する主な方法は次のとおりです。

(a)**煮出すこと** —— 有効成分がハーブから容易に抽出でき、熱湯でもそれが損なわれない場合に使用される。カモミール、ゲンチアナ、ブルームなど。

(b)**浸出** —— 湯に浸すことで抽出物を得るが、この場合のみ、熱湯は使わない。じっさい、ハーブによっては冷水を使用することもある。

(c)**冷浸** —— アルコール、または水で薄めたアルコールを使用し、長時間浸出する方法。蓋付の容器にハーブを入れ、一定の時間浸し、ときどき容器を振ります。この方法で流エキス剤、あるいはハーブチンキが抽出される。

パーコレーション

パーコレーションはハーブから可溶性の成分を得るにはうってつけの方法です。コーヒーをパーコレーターでいれるときの要領で、溶媒がゆっくりと少しずつカラム（分離管）を伝います。

液量

1ミニム（min.）	→	（米）0.061610cm^3 （英）0.05914cm^3
1液量ドラム（fl.dr.）＝60min.	→	0.0037リットル
1液量オンス（fl.oz.）＝8fl.dr.	→	（米）29.573ml （英）28.412ml
1パイント（pt.）＝（英）20fl.dr.	（米）＝16fl.dr.	
	→	（米）0.47l （英）0.57l
1ガロン（gal.）＝8pints	→	（米）3.785l （英）4.546l

質量

1オンス（oz.）＝437.5gr.（重さ）	→	28.3495g
1ポンド（lb.）＝16oz.（7000gr.）	→	0.4536kg

薬量の単位と質量の測定単位

1グレーン（gr.）＝20gr.	→	0.0648g
1ドラム（dr.）＝3ei.（60gr.）		
1オンス（oz.）＝8dr.（480gr.）		
1ポンド（lb.）＝12oz.（5760gr.）		

濾過

　ハーブを液体に浮かべ、抽出液を濾す方法です。もっとも簡単なのは、濾紙を使う方法です。

不純物を除く

　蜂蜜、シロップ、ラードなどで処理した後、ハーブの不純物を除きます。適当な材料を用いて、溶かす、浮遊物をすくいとる、あるいは濾過することでおこないます。

温浸（蒸解）

　長時間液体に浸す簡単な方法です。約37.7度の一定温度を保ちます。

圧搾

ハーブに圧力をかけ、成分を抽出する方法です。じっさいはハーブから薬効成分を搾り出します。通常使用されるのは、印刷機のようなねじプレスをかける方法、あるいは大きな製造所で使うような液圧プレスを使う方法の2つです。

薬草、シロップ剤、膏薬、パップ剤、配合パウダーとして使用するには

薬草として使用する

細かく挽いたハーブか刻んだハーブのみを使用する場合、カップ1杯につき、ティースプーン山盛り1杯のハーブを入れ、湯（沸騰していないもの）を注ぎ、20分間置きます。食前に1杯、そして就寝時に飲みましょう。

根と樹皮

根は30分以上ことこと煮て、成分を抽出します。激しく沸騰させてはいけません。

花と葉

これはけっして沸騰させてはいけません。湯（沸騰していないもの）を入れて20分置きます。蓋をして油分が蒸発するのをふせぎましょう。

粉末状のハーブ

お湯または水を使用します。カップ1杯の水に対し、ハーブの量はティースプーン半分です。その後、コップ1杯の水を飲みましょう。湯で入れたほうが、効き目が早く現われます。

注意：ハーブを煮たり、ハーブに使用する湯を沸かすさいに、
アルミ製品はけっして使わないように。
アルミはハーブに含まれる良質のオイルを損ねます。

シロップ剤の作り方

　3ポンドのブラウンシュガーを1パイントの熱湯に溶かすと、かんたんなシロップができます。とろみがつくまで煮詰めた後、ハーブを加えます。お好みでモルト・ハニーや蜂蜜をシロップとして使うこともできます。ハーブ入りのシロップ剤をつくるには、切ったハーブを加え、シロップがどろっとするまで煮詰め、二重にしたガーゼで濾し、瓶に詰めます。コルク栓をすれば、いつまでも保管できます。

膏薬の作り方

　できるだけ新鮮なハーブを使います。それが手に入らないときは、乾燥したハーブでもかまいません。ハーブは丁寧に細かくカットし、1.5ポンドのカカオ油脂、ラード、または純然たる植物性油脂と、蜜蝋4オンスを使います。これらを混ぜ合わせたあと、広げて、日光（あるいは超低温のオーブン）に4時間ほどさらします。目の粗いふるいか、布で濾します。それがおわるころには、使いやすい固さになるでしょう。容器に保管する場合は、まだ熱いうちにしまってください。ふたたび溶けないようにすること。

パップ剤の作り方

　ハーブはつぶした状態で使うのがベストです。水とコーンミール（ひき割りトウモロコシ粉）を混ぜて、厚いペーストをつくります。新鮮な葉があるときは、直接患部に貼ってください。パップ剤は、腫れや、大きくなった腺などにとても良く効きます。一度使ったパップ剤はけっして再利用しないように。つねに新しいものを使用しましょう。

　次のパップ剤は安心して使えます。

スリッパリーエルム —— ほかのハーブと組み合わせて有効なパップ剤をつくることができる。

ロベリアとスリッパリーエルム —— ロベリア1／3、スリッパリーエルム2／3の割合でつくる。敗血症、おでき、リューマチに効果大。

炭とホップ —— 胆石の痛みを速やかに取り除く。

炭とスマートウィード —— 腸の炎症に効く。古傷や潰瘍には、粉末にしたエキナケア、ゴールデンシールまたはミルラ、あるいは、これらすべてを少量

ずつ加える。

ポークウィードとコーンミール——胸の炎症に効果大。

バードックの葉——パップ剤は冷却し、乾燥させて使用する。粉末状の根と塩のパップ剤は、犬の咬み傷など動物から受けた傷の痛みを和らげる。

プランテン——敗血症を防ぐ。

ネトルとウィンターグリーン——腫れものに効く。

ニンジンとゴールデンシール——口辺ヘルペスに貼ると、早く治る。

セージ——あらゆるタイプの炎症に有効。

ヒソップ——打撲による痣を消す。できるだけ熱い湿布を使い、頻繁に交換すること。同じ湿布を貼り続けても効果なし。

配合パウダーの作り方

　これは風邪、インフルエンザ、激しい腹痛、リューマチ、熱の出始めなどに効きます。各家庭でこれを常備しておくとよいでしょう。万人が安心して使え、効果があるハーブです。発熱や風邪のときは、このパウダーのお茶を、汗が出てくるまで1時間ごとに飲んでください。身体の毒素を排出し、熱を下げてくれます。効果の高い処方をいくつか紹介しましょう。

　　　　ベイベリー……………………4オンス
　　　　ジンジャー……………………2オンス
　　　　ホワイトパイン………………1オンス
　　　　クローブ………………………1ドラム
　　　　カイエンヌ……………………1ドラム

　すべて粉末状のハーブを使います。ティースプーン1杯分を水に入れ、蓋をして、15分間おきます。沈殿物を濾した後、上澄みを飲みます。

　　　　粉末状のベイベリー……………1オンス
　　　　粉末状のジンジャー……………1オンス
　　　　粉末状のスプルースヘムロック…1／2オンス
　　　　　　（ツガ・カナデンシス）
　　　　クローブ…………………………1ドラム
　　　　カイエンヌ………………………1ドラム
　　　　服用量（大人）：ティースプーン（茶さじ、4.9ml相当）1杯分を湯または水

レッスン10 薬草学 （ハーバリズム）

に入れて飲みます。必要なら甘みを加えてもよいでしょう。

効き目のおだやかな配合パウダー

微粉末にしたワイルドタイム………………………1オンス

粉末状のマージョラム………………………………1オンス

微粉末にしたピンピネルラ・サキシフラーガ……1オンス

　　　　（バーネットサクシフレイジ）

微粉末にしたプルーリシーの根……………………1オンス

粉末にしたシナモン…………………………………1オンス

服用量（大人）：茶さじ1杯を、風邪のひきはじめ、胃の不調、しょう紅熱

　　　　などの病気のときに飲みます。

薬剤としてのハーブ

　次に薬剤として使用するハーブを全般的に解説します。ハーブは、花、樹皮、そしてハーブ全体が薬剤として使用されます。その種類はおよそ500を数え、一般に量り売りされます（オンスまたはポンド単位）。リスト中の「胸部疾患の治療薬」「収れん剤」といった用語については、このレッスンの後段で解説します。

アグリモニー —— 強壮剤、穏やかに効く収れん剤。咳、便秘、下痢の改善に使用。

アンジェリカ —— 興奮剤、芳香剤。腎臓の病気や発汗促進に有効。

アッシュ・葉 —— 通風、関節炎などに有効。

アベンス・茎葉 —— 強壮剤、止血剤。下痢などに効く。

レモンバーム —— 熱冷まし、おだやかな発汗作用。

バルモニー —— 抗胆汁症薬、強壮剤、洗剤。慢性の便秘、消化不良、黄疸、幼児の腹の虫にも有効。

ブラックベリー・葉 —— 強壮剤、下痢の症状に効く。

ブラックカラント・葉 —— 解熱剤。喉の痛み、咳、鼻（のど）風邪に有効。

ブラダーラック —— 関節炎、リューマチ患者の入浴に使用。

ブルーマロウ（コモンマロウ） —— 胸部疾患の治療薬。咳、風邪全般に。

ボーンセット —— おだやかな効き目の下剤、強壮剤。熱を下げ、骨の痛みを

和らげる。

ボリジ —— 胸の病気に効く。

ブルーム —— 膀胱の病気、とくに胆石に使用。

ブッコ —— 泌尿器疾患、膀胱の炎症に有効な刺激剤。

バックビーン —— 強壮剤に使用。肝臓病、皮膚病、関節炎などにも有効。

ブグロス（アルカネットなどムラサキ科の数種） —— 排痰剤、強壮剤。炎症のあるときに使用。

バードック —— 体内の血液をきれいにする。

ブルマリーゴールド（ビデンス属植物の総称） —— 通風に有効。

グレイターセレンダイン（クサノオウ） —— 目の感染症、黄疸に使用。

カモミール —— ヒステリー症を鎮める。女性のあらゆる神経障害に使用。

クリーバーズ —— 強壮剤、解熱剤。熱冷まし、尿砂症、胆石にもつかわれる。

クローブ —— クローブ油は消化不良を治す。服用は、茶さじ１杯の砂糖に２滴がベスト。歯痛のときは、患部クローブ油を塗るとよい。

コルツフット —— 喘息の病気全般に。ほかのハーブとの混合タバコは喘息に有効。

ダミアナ —— 神経質な人、虚弱体質の人向けの強壮剤。また性的に活発化させる。

ダンデライオン・根 —— 通常乾燥したものを使用。葉はサラダなどの食用に。茎からとれる白い液は瘤や短時間にできる疣を治す。根を焼いて挽くと、美味しいコーヒーになる。

エルダー・葉 —— 泌尿器の疾患と風邪に効く。果実はほかのハーブと調合して風邪や咳の薬となる（干した実は干ブドウの代用になる）。

アイブライト —— 弱い視力、目全体の強壮に効く。混合したものがよく使われる。

ゴールデンシール —— のど（鼻）風邪によく効き、強壮にもなる。エキスの服用には注意すること。１滴を水のみで服用する。

グラウンドアイビー —— 実はアイビー（エルフーフ（カキドオシ）の一般名）ではないが、リューマチ、消化不良、腎臓病に有効。

ラングワート —— 咳とあらゆる肺の疾患に使用。

マリーゴールド（もしくはカレンデュラ） —— これも家庭の常備薬におすす

レッスン 10　薬草学　（ハーバリズム）

めのハーブ。膏薬としてさまざまな肌トラブルを治す。ほんの少量使うだけでヨードチンキよりもずっと直りが早い。花と葉はサラダなどの食用に。

マウスイヤー —— 百日咳に有効。

ネトル（スティンギングネトルとして広く知られる） —— 血液をきれいにする。

パイルワート —— 名前のとおり内痔核(piles)の治療に使われる。ウイッチヘーゼルと合わせて使うことも多い。通称はレッサーセランダイン。

プランテン —— 冷却のハーブ。虫さされには、新鮮な葉をすぐに患部にあてると効く。ほかのハーブと合わせて、血液の薬に使用することが多い。

ラズベリー・葉 —— 安産をもたらすハーブとして知られる。ブラックベリーとストロベリーの葉も同様の性質があるが、ラズベリーの葉が最適とされる。

センナ・葉 —— センナの豆果と同様に作用する。葉はジンジャーとともに便秘の治療に使用。

スリッパーエルム —— 肌の汚れ落としと強壮に使用。樹皮からつくる病人食は、消化器官がひどく弱っていても、もどすことはない。石鹸に使用し、皮膚をやわらげる。

タンジー —— 新鮮な葉は食用に。ドライハーブはヒステリー症、つわり、子どもの虫下しに使用。

バレリアン —— 根は不眠症に有効で、しかも常用癖をともなわない。身体のさまざまな部位の痛みも癒す。

ヴァイオレット —— サラダなどの食用になる。レッドクローバーの花頭と合わせて使うと、癌化した腫瘍の成長をさまたげると考えられる。

ウイッチヘーゼル —— 痔の出血や傷口の出血を止める。調剤液は万能薬で、とくにあらゆる傷、ねんざ、打撲などに効く。

　上記のハーブはごく一部ですが、役に立つでしょう。また、学生が学ぶレベルのハーブについての本をさらに読み、知識をより深めることを強くすすめます。

医薬的作用の定義

　膨大なハーブの適用範囲をすべてここに網羅することは、どうにも不可能です。関連するテキストを参照するさい、以下の定義が役立つでしょう。

299

体質改変剤 —— 自然に体質を改善する。

鎮痛剤 —— 痛みを和らげる。

駆虫剤、虫下し —— 寄生虫を追い出す薬。

軟下薬、緩下剤 —— 下剤なしで、おだやかにお通じをつける。

芳香薬 —— 刺激を与えるもの、芳香がある。

収れん剤 —— 筋肉を収縮させ、出血や分泌を減らす。

抗胆汁症薬 —— 胆汁に作用し、胆汁症を癒す。

制吐剤 —— 嘔吐を止める。

抗てんかん薬 —— けいれんを鎮める。

周期病薬 —— 周期的にあらわれる病的な傾向を抑える。

結石予防 —— 泌尿器官に結石ができるのを防ぐ。

抗リューマチ薬 —— リューマチを癒す。

抗壊血病剤 —— 壊血病を癒し、防ぐ。

消毒剤、防腐剤 —— 腐敗を止める薬剤。

鎮痙剤 —— 痙攣を鎮め、防ぐ。

梅毒薬 —— 性病に有効または癒す。

駆風剤 —— 腸内のガスを排出する。

下剤、通じ薬 —— 便を排出する。

頭部疾患の治療薬（cephalic） —— 頭部の病気に用いる薬。

胆汁排出促進剤 —— 胆汁の流れを活発にする。

調味料、薬味 —— 食べ物の風味をよくする。

緩和剤、鎮痛薬 —— 痛みを和らげる、炎症を鎮める。

下　剤 —— 腸に詰まっているものを取り除く。

浄化剤 —— 血液をきれいにする。

洗浄剤 —— おでき、潰瘍、傷口などを洗浄する。

発汗剤 —— 発汗をうながす。

消散剤 —— 腫れをひかせ、治す。

利尿剤 —— 分泌液と尿の出をよくする。

吐　剤 —— 胃の中のものを吐き出させる。

月経促進剤 —— 月経を促進する。

緩和剤 —— 炎症をおこした患部を鎮める。

レッスン 10　薬草学　（ハーバリズム）

食　用 ── 食べられるもの。

発疹・皮膚炎治療薬 ── 皮膚の発疹や病気を治す。

排痰剤 ── 喀痰を促進する（咳をして吐き出す）。

解熱剤 ── 熱を下げる。

肝臓薬 ── 肝臓の疾患に効く。

ハーパティック ── あらゆるタイプの皮膚病を治す。

緩下剤 ── 腸の動きを活発にする。

結合溶解剤 ── 泌尿器の石を溶かす。

化膿剤 ── おできの化膿を促進させる。

粘液成分による消炎 ── あらゆる炎症を癒す。

催吐剤 ── 吐き気をおこさせる。

神経鎮静剤 ── 神経系統に限定して作用する。神経の興奮を鎮める。

眼部疾患の治療薬（Opthalmicum） ── 目の病気を癒す。

パートゥリエント ── 出産時、陣痛を誘発し、促進する。

胸部疾患の治療薬（Pectoral） ── 胸部疾患を癒す。

冷却剤 ── 冷却する。

溶解剤 ── おできや腫れを治す。

発赤剤 ── 血行を促し、皮膚を赤くする。

鎮静剤 ── 神経を強くする、眠りを促す。

唾液分泌促進剤 ── 唾液の分泌を増やす。

胃　薬 ── 胃を強くする。消化不良を癒す。

止血剤 ── 出血を止める。

発汗剤 ── おびただしい発汗をもたらす。

強壮剤 ── 元気づけ、丈夫にする。

虫下し ── 身体から寄生虫を追い出す。

薬種となるハーブ

　次に薬種となるハーブを精選して紹介します。より充実した草本書を手に入れるまで、少なくとも手軽に参照できるでしょう。このリストはまったく完全とは言いがたく、個々のハーブの薬効をすべて列挙しているわけではありません。ハー

301

ブの全体像を理解するためには、このレッスンの最後に紹介する草木書を1冊読んでください。以下のハーブはほとんど、ハーブティーとしても楽しめます。また、一山単位の量り売りやタブレットの形でも入手できます。ごく一般的なハーブで、初心者でも効果を実感できるでしょう。

ハーブ	作用	用途
アグリモニー	体質改善、強壮、利尿剤	胸部疾患、咳
オールヒール	鎮痙薬、肝臓薬、神経鎮静剤	差し込み、通風、肝臓
アンジェリカ	芳香薬、強壮、興奮剤	心臓、脾臓、腎臓
コモンアッシュ・葉	痩せ薬、利尿剤、収れん剤	脂肪の塊を溶かす、白癬
アベンス	収れん剤、強壮、胃薬	心臓の強壮、回復を早める
レモンバーム	鎮痙薬、神経鎮静剤、利尿剤	肝臓に作用、皮膚の回復、総合薬
バルモニー	緩下剤、強壮、虫下し	便秘、黄疸、消化不良
バーベリー	黄疸を治す	潰瘍を治す、総合的強壮
ベイベリー・樹皮	収れん剤、興奮剤	通風、関節炎、リューマチ
ブレシドシスル	抗壊血病剤、肝臓薬、胃薬	血液の浄化、皮膚の病気、めまい
ボッグビーン	抗壊血病剤、胃薬	食欲増進、胆汁の活性化、通風
ボーンセット	下剤、嘔吐、虫下し、緩下剤	喘息、風邪、消化不良、虚弱
ブルーム	利尿剤、強壮、発汗剤、	骨折した患部に湿布する、全身の浄化、治りの悪いできものを治す
バードック	抗壊血病剤、胃薬、鎮痙剤、強壮	あらゆる腎臓病、水銀中毒の解毒、皮膚病全般
カスカラサグラダ	緩下剤、強壮	便秘に効くが、常用しないこと。年齢を問わず安心して使える
キャットニップ	鎮痙剤、神経鎮静剤、発汗剤、駆風剤	女性特有の症状を癒す。ヒステリー、めまいに効く
クリーバーズ	抗壊血病剤、利尿剤、冷却剤	皮膚病に最も有効なハーブのひとつ、毛穴を開き毒素を出す

レッスン10　薬草学（ハーバリズム）

ダンデライオン	鎮痙剤、神経鎮静剤、胸部疾患、虫下し	あらゆる体内の不調を安全に治す。根を焼いて挽いたものは飲み物になる
デッドネトル	防腐剤、収れん剤、強壮	打撲、坐骨神経病、通風
ガーリック	鎮痙剤、神経鎮静剤、虫下し	薬効多数。血液の浄化、百日咳、便秘を治し、腸をきれいにする
グレイターセレンダイン（クサノオウ）	刺激、体質改善、下剤	治りの遅いできものの外用薬に。痔の膏薬としても有効
ハートシーズ（ハルタデ）	鎮痛（静）剤、胸部疾患、傷薬	不味いが血液の浄化に効果大、痙攣、肋膜炎、かゆみにも効く
ホップ	利尿、胸部疾患、緩下剤、強壮	血液の浄化、腸を丈夫にする。ホップを詰めた枕は不眠を解消する
ペニーロイヤルミント	芳香薬、駆風剤、興奮剤	女性特有の病気に効く。胃の血液を冷やす
レッドクローバー	抗壊血病剤、神経鎮静剤、強壮	血液の浄化に最適、花でお茶をいれると、子どもや虚弱な人を元気にする
ルー	利尿剤、虫下し、強壮	女性の不調にとてもよく効く。ほかのハーブと合わせて使うと薬効大
スカルキャップ	利尿剤、神経鎮静剤、強壮	神経の病気、興奮性に。ヒステリー症を鎮める
ソロモンシール	鎮静剤、鎮痛薬	打撲に。血行を促進する
タンジー	月経促進薬、虫下し	不味いが、女性の不調、腎臓に薬効大
バーベイン	利尿剤、強壮	胃の具合が悪いときの全般的な強壮。たくさん服用するとよい
ウッドセージ	利尿剤、強壮	肝臓と膀胱の閉塞を治す
ヤロウ	収れん剤、発汗剤、強壮	毛穴のつまりを取り、肌をきれいにする

　ハーバリズム（本草学）は、奥の深い学問です。このレッスンの最後に挙げた本をすべて読み、真剣に学べば、さまざまなハーブの生理学的作用を知ることができるでしょう。真の本草学では、多少とも有毒なハーブを使うことはありませ

303

ん。とはいえ、ポイズンアイビー（ポイズンオーク、トキシコデンドロン・プベスケンス）のように、毒性があってもよい作用をもたらすものもあります。このハーブのエキスは内服してはいけませんが、外用薬としては、あらゆる筋肉痛、リューマチ、それに類する痛みによく効きます。足湯に2、3滴入れるだけで、すぐに足の疲れが取れます。

　つねに心に留めておいてほしいことは、病気の症状がなくなっても、再発を防ぐ処置を講じなければならないということです。病気のほとんどは、長年にわたる体の不調から起こります。どうにかして老廃物を排出しようとする体内の作用が、さまざまな症状となって現れるのです。つまり病気は、健全な組織には生じないということです。だから、体内老廃物をためないように、適切な食生活を心がけましょう。

体質改善薬

　徐々に体の調子をよくする薬です。次に挙げる「芳香薬」「苦味強壮剤」「緩和剤（鎮痛剤）」として作用するハーブを組み合わせて使用することが多いです。体質改善薬に分類されるハーブは以下のとおりです。

アメリカンスパイクナード・根または果実
ビタースイート・小枝
ブラックコホッシュ・根
ブルーフラッグ・根
ブルー・ネトル（ストゥロビランテス・ウルティキフォリアもしくはプテラカントゥス・ウルティキフォリウス）・根
バードック・根
コンズランゴ・根
エキナケア・根
グアイアック（グアイアクム）・おが

くず
オレガノグレープ・根
ピップセシワ（オオウミガサソウ）・葉
ポークウィード・根
プリックリーアッシュ・樹皮
レッドクローバー・花
サルサパリラ・根
サッサフラス・根
スティルリンギア（トゥースリーフ）・根
ワイルドサルサパリラ・根
イエロードック・根
イエローパリラ・根

レッスン10　薬草学　（ハーバリズム）

駆虫剤または虫下し

腸に寄生する虫を駆除、または追い出す薬です。駆虫剤は、医師による処方が必要です。

アレカナッツ	ポムグレナート・樹皮または根
バルモニー・茎葉	パンプキン・種子
クッソ・花	スピゲリア・根
メイルファーン	ワームシード・茎葉
センダン・樹皮	ワームウッド・茎葉

収れん剤

一時的に肌をひきしめる、あるいは肌や粘膜のはりを増す効果があります。過剰分泌を抑える効果も期待できます。皮膚の洗浄、うがい薬、ローション、マウスウォッシュなどとして使われます。ハーブの量を増やし、長時間煮出すと、かなり濃い液ができます。それを「水で割る」ことで、濃度を調整し、使用しましょう。

強力な収れん剤：

アグリモニー・茎葉	バターナット（ユグランス・キネレア）・樹皮
アラムルート（ヘウケラ属植物）・根	
バーベリー・樹皮	ボタンスネイクルート（エリンギウム・ユッキフォリウム）・根
ベイベリー・樹皮	
ビーチドロップス・茎葉	カテチューガム（アカキア・カテク樹脂）
ベアベリー・葉	
ベスルート・根茎	インディアンチョコレート（ゲウム・リワレ）・根
ブラックアルダー・樹皮	
ブラックチェリー	シンクフォイル
ブラックオーク・樹皮	コンゴルート（オルベキシルム・ペ
ブラックウィロー・樹皮	ドゥンクラトゥムもしくはペティ

305

ウェリア・アルリアケア)・根

クラネスビル・根

フリーベイン・茎葉

ゴールデンロッド・茎葉

ハードハック(スピラエア・トメン
トーサ)・茎葉

ホーソン・果実

ヒールオール・茎葉

ヘムロック・樹皮

ヒッコリー・樹皮

ジャンブル(シジギウム・クミニ)・
種子

コーラナッツ

ログウッド

リコプス・ウィルギニクス

メイデンヘアファーン

マウンテンアッシュ・樹皮

パイルワート・茎葉

ポテンティルラ・茎葉

パープルルースストライフ・茎葉

クイーンオブザメドウ・茎葉

ラトルスネイク・根

レッドルート(ケアノトゥス・アメ
リカヌス)・根

ラタニア・根

セージ・茎葉

サニクル・根

サンプソンズスネークルート(ゲン
ティアナ・ウィルローサ)・根

シェパーズパース・茎葉

スンブル・根

スマック(ウルシ科ルス属とその近
縁種)・樹皮または根

トーメンティル・根

ウォーターアッシュ・樹皮

ウォーターアベンス・根

ウォーターリリー・根

ホワイトアッシュ・樹皮

ホワイトオーク・樹皮

ワイルドインディゴ・樹皮

ウイッチヘーゼル・小枝

穏やかに作用する収れん剤：

ブラックベリー・根

ブラックバーチ・葉

セランダイン

ジャーマンルー

ガリカローズ・花弁

セントジョーンズワート

スイートファーン(コンプトニア・
ペレグリナ)・茎葉

苦味強壮剤

一時的な食欲不振に使われます。唾液や胃液の分泌を促進し、消化を助けます。

アウゴスラ・樹皮
バルモニー・茎葉
バーベリー・根と樹皮
ベイベリー・葉
ブラックベリー・葉
ブラックホー・樹皮
ブレシドシスル
ボッグビーン・茎葉
ボルド・葉
カスカリラ・樹皮
カモミール・花
チレッタ・茎葉
アメリカンコロンボ（フラセラ・カ
ロリニエンシス）・根
コンズランゴ・根
ダンデライオン・根

フリンジトゥリー・樹皮
ゲンチアナ・根
ゴールデンシール・根
ゴールドスレッド（コプティス）・根
ホップ・花
マグワート・茎葉
カッシア・チップ
アメリカンセントリー（サバティア・
アングラリス）・根
セルペンタリア・根
ターキーコーン（ディケントラ エク
シミア）・根
ワイルドチェリー・樹皮
ワームウッド・茎葉
イエロールート・根（クサントリザ）

鎮静剤

おだやかな鎮静効果があります。ふつうは就寝時、温かいお茶にして飲みます。

キャットニップ・茎葉
カモミール・花
フェンネル・果実（種子）

ホップ
リンデン・花

駆風剤と芳香薬

刺激的な独特の味覚と芳香があります。服用すると、胃を刺激し、それが体全体に伝わって効き目があらわれます。芳香薬は胃や腸からガスを排出します。より風味の良い、ほかのハーブとともに処方されることが多いです。

オールスパイス・未熟果	ユーカリ・葉
アニス・果実	フェンネル・果実（種子）
アンジェリカ・果実	ジンジャー・根茎
カプシクム・果実	ラビッジ・根
キャラウェイ・果実（種子）	メース
カルダモン・種子	メリロット・花
キャットニップ・茎葉	マスタード・種子
セロリ・果実（種子）	ナツメグ
シナモン・樹皮	ペパーミント・茎葉
クローブ・芽	スペアミント・茎葉
コリアンダー・果実（種子）	バレリアン・根
クミン・果実（種子）	ワイルドジンジャー・根茎

下剤

　消化管に作用し、腸から排泄を促す薬です。下剤は2種類に分けることができます。（1）緩下剤または軟下剤は穏やかに作用する、または効き目の弱い薬です。（2）瀉下剤は、おびただしい排泄を起こします。ふつうは、成人の頑固な便秘に使用されます。緩下剤と合わせることで、効き目を調整することができます。緩下剤も瀉下剤も、虫垂炎の疑いがあるとき、または妊娠中は使用しないこと。瀉下剤は便秘で、必要があるときにのみ使われるべきです。

アガーアガー	デンシャワー）
アロエ	キャスターオイル
バーベリー・樹皮	カルバーズルート・根
ブルーフラッグ・根	ヤラッパ・根
バックソーン（ラムヌス）・樹皮	カラヤガム（ステルクリア・ウレン
バターナット（ユグランス・キネレ	ス の樹脂）
ア）・内皮	マンナ
カスカラサグラダ・樹皮	メイアップルまたはマンドレイク・
カッシア・フィストゥーラ（ゴール	根

レッスン10 薬草学 （ハーバリズム）

サイリウム・種子
ルバーブ・根
エジプシャンセンナ（センナ・アセ
　キサンドゥリア）・葉

アメリカンセンナ（センナ・ヘベカ
　ルパ）
センナ・果実（莢）
タマリンド・果肉

緩和剤（鎮痛剤）

　一般的に粘質で刺激が少なく、内服すると炎症を鎮め、保護膜の働きをします
（外用薬としては、皮膚軟化剤の項参照）。細胞膜の炎症を鎮める効果があります。
一般的な風邪や、ちょっとした喉の痛みを和らげる効果があります。非常に効き
目がおだやかで、鎮痛効果もある緩和剤は★★マークをつけています。

アガーアガー
アロールート・根
スイスチーズプラント（モンステ
　ラ）・茎葉
コルツフット
コンフリー・根★★
カウチグラス・根
フラックス・種子★★
アラビアガム★★
アイスランドモス
アイリッシュモス
カラカガム（パルソンシア・カプス
　ラリスの樹脂）

リコリス・根
マーシュマロウ・根または葉★★
オクラ・果実（莢）★★
オートミール★★
サイリウム・種子
クインス・種子
サゴ・根
サレップ（オルキスの塊茎）
サッサフラス・髄
セサミ・葉
スリッパリーエルム・樹皮★★
ソロモンシール・根
トラガカントガム

発汗剤

　発汗を促進する薬です。一般的に、風邪の症状を改善します。発汗剤は、就寝
前に温めて服用すると効果があります。★★マークのハーブは、とくに発汗を促
進するとされることが多いです。

309

エギューウィード（ゲンティアネル
　ラ クインクエフォリア）・茎葉★★
アンジェリカ・根
レモンバーム・茎葉
ブレシドシスル・茎葉
カナダスネイクルート（アサルム・
　カナデンセ）・根
キャットニップ・茎葉
カモミール・茎葉
エルダー・花
ジンジャー・根茎★★
グアイアック（グアイアクム）・おが
　くず
ヒソップ・茎葉★★
リンデン・花

ロベリア
マウンテンミント・茎葉
ペニーロイヤルミント★★
プルーリシー・根
プリックリーアッシュ・樹皮
ラグワート・茎葉
サッサフラス・樹皮や根
セネガ・根
セルペンタリア・根★★
スパイスブッシュまたはフィーバー
　ブッシュ・小枝
タイム・茎葉
ウォーターエリンゴ・根
ウッド・セイジ・茎葉
ヤロウ・茎葉

利尿剤

　尿の出をよくする薬または飲み物です。一般的に、日中の空腹時に液体の利尿
剤を服用すると、即効性があります。激しい運動をすると、効きが悪くなります。
炎症があるときにマーシュマロウの根、カウチグラスなどの粘滑剤といっしょに
使用すると、鎮静効果があります。

ベアベリーまたはウワウルシ・葉
ビルベリー・葉
ブルーム・地上部
ブッコ・葉
バードック・種子
ボタンスネイクルート（エリンギウ
　ム・ユッキフォリウム）・根
カナダフリーベイン（エリゲロン・

カナデンシス）・茎葉
クリーバーズ・茎葉
コパイババルサム
コーン・雌しべ
クベブ・果実
ドッググラス（カウチグラス）・根
ドワーフエルダー・樹皮
エレキャンペーン・根

レッスン10　薬草学　（ハーバリズム）

グラベルプラント（エピガエア・レ　　　パセリ・根
　ペンス）・葉　　　　　　　　　　　　プリンセスパイン・葉
ヘアキャップモス（スギゴケ）　　　　セブンバークス（ハイドランジア）
ホーステイル・葉　　　　　　　　　　ストーンルート
ジュニパー・果実　　　　　　　　　　ウォーターエリンゴ・根
カヴァカヴァ・根　　　　　　　　　　ホワイトバーチ・葉
マティコ・葉　　　　　　　　　　　　ワイルドキャロット・茎葉
パレイラブラワ・根

皮膚軟化剤

一般的に油性または粘着性で、皮膚を滑らかにし、落ちつかせます。

コンフリー・根　　　　　　　　　　　オートミール
フラックス・種子の粉末　　　　　　　クインス・種
マーシュマロウ・葉または根　　　　　スリッパリーエルム・樹皮

去痰薬

気管支と鼻の粘膜の痰をゆるませ、吐き出しやすくする薬です。咳（風邪によ
る）の薬効成分として粘滑剤と合わせることが多いです。効き目の強い去痰剤は
★★のしるしがついています。

アサフェティダ・樹脂　　　　　　　　コンフリー・茎葉
バルサムポプラ・芽　　　　　　　　　エレキャンペーン・根
バルサムまたはトルーバルサム　　　　グリンデリア・茎葉
ベスルート・根茎　　　　　　　　　　ガルバヌム・樹脂
ベンゾイン・チンキまたは樹脂　　　　ホアハウンド・茎葉
ブラッドルート★★　　　　　　　　　イペカック・根★★
コシナラ・樹皮　　　　　　　　　　　リコリス・根
コルツフット　　　　　　　　　　　　メイデンヘアファーン・茎葉

311

マーシュマロウ・根	スカンクキャベッジ・根
マレイン・茎葉	スリッパリーエルム・樹皮
ミルラ・樹脂	ワイルドチェリー・樹皮
プルーリシー・根	イエルバサンタ・茎葉
セネガ・根★★	

神経鎮静薬

動揺、精神的緊張、疲労による、比較的軽い興奮状態を落ち着かせる、または一時的にリラックスさせる薬です。

アサフェティダ・樹脂	パッションフラワー
ベトニー・茎葉	スカルキャップ・茎葉
キャットニップ・茎葉	スカンクキャベッジ・根
カモミール・花	バレリアン・根
ホップ・花	ヤロウ・茎葉
ナーブルート（キプリペディウム）	

神経興奮剤

神経興奮剤は、健康上カフェイン摂取を禁止されていない場合、一時的に「気分を高める」ために使用されます。

カカオ・豆	イエルバマテ
コーヒー・豆	ティー・葉
ガラナ	

コーヒーとガラナは、いらいらによる頭痛を癒します。ココアはすべての飲み物のなかでもっとも栄養があります。

レッスン 10　薬草学　（ハーバリズム）

解熱剤

冷やして飲むのが一般的です。

ボリジ・茎葉	ピンパーネル・茎葉
バーネット（サングイソルバ）・茎葉	ラズベリー・果実
リコリス・根	タマリンド・果肉
メリッサ・茎葉	ウッドソレル・根

鎮静剤

ふつうは月経前にありがちなちょっとした不調を治すために女性がよく使います（月経の遅れに使用するものではない）。

ブラックコホッシュ・根	マザーワート・茎葉
ブラックホー・樹皮	スコーウィード（セネキオ・ウルガ
キャットニップ・茎葉	リスなどキク科の数種をさす）
カモミール・花	ヤロウ・茎葉
クランプバーク・樹皮	

興奮剤

体のさまざまな機能的作用を活性化または増進するための薬です。

興奮剤は、動物性食品を過剰摂取した直後には作用しないし、アルコールをたくさん飲む人にはなかなか効きません。

アンゴスツラ・樹皮	カンファーガム
ベイベリー・葉	カナダスネイクルート（アサルム・
ブラックペッパー	カナデンセ）
ブラッドルート	カプシクム・果実
ボーンセット	カスカリラ・樹皮

313

カッセナ（イレックス・カッシーネ）・
　葉
カイエンヌペッパー
シナモン・樹皮
クローブ・果実
コカッシュ（シンフィオトゥリクム・
　プニケウム）・根
ダミアナ・茎葉
フィーバーフュー・茎葉
フリーベイン・茎葉
ジンジャー・根茎
ゴールデンロッド・茎葉
ホースラディッシュ・根
ヒソップ・茎葉
ヤボランジ・根
マティコ・葉
メイウィード・茎葉
マザーワート・茎葉
ムイラプラアマ
マスタード
ナツメグ

パラグアイティー（イエルバマテ）
プルーリシー・根
ペニーロイヤルミント・茎葉
ペパーミント・茎葉
プリックリーアッシュ・樹皮
クウェイキングアスペン（ポプルス・
　トゥレムロイデス）・樹皮
サルサパリラ・根
セルペンタリア・根
スペアミント・茎葉
サマーセイボリー・茎葉
スイートガム
スイートシュラブ（カリカントゥ
　ス）・樹皮
バーベイン・茎葉
ホワイトペッパー
ウィンターグリーン
ヤロウ・茎葉
イエルバマテ・葉
イエロールート

傷薬

　ちょっとした傷の外用薬です。刺激成分を含まないほとんどすべての緑色の植物は、葉緑素が含まれるので、軽い傷の治療に役立ちます。一般的に、新鮮なハーブを使うと効果大です。

オールヒール・茎葉
ブラッドスタンチ（カナダフリーベ
　イン、エリゲロン・カナデンシス）

またはフリーベイン・茎葉
カレンデュラ・茎葉
ケンタウレア・茎葉

レッスン 10　薬草学　（ハーバリズム）

クラウンズウンドゥワート・茎葉　　　リブフォーエバー・葉

ヒールオール・茎葉　　　　　　　　　マーシュマロウ・茎葉または根

ヒーリングハーブまたはコンフ　　　　プランテン・葉

　リー・茎葉と根　　　　　　　　　　セルフヒール（ヒールオール）・茎葉

ホーステイル・葉

ハーブに含まれるビタミン

　ビタミンは植物のなかで生成されますが、ある程度、その植物の健康と生育に左右されます。その要因はさまざまで、植物が育った土の状態にもよります。栽培された植物は、ほぼすべてに化学肥料が使われます。海草には、ほとんど無制限に種々の物質が取り込まれます。一般に野生の状態で育つ植物は、未開墾地、あるいは、必要があって与えられた土にのみ生い茂ります。土が痩せてくると、こうした植物は移動（吸根、昆虫、胞子などによって）するか、あるいは、けっきょく近くに生える植物に取って代わられます。

　植物のビタミンは、魚や動物由来のビタミン、ミネラルよりもはるかに取り込みやすいです。

ビタミンA：夜盲症を防ぎ、皮膚や粘膜細胞のはたらきに不可欠。ビタミンAは体内に蓄えられるが、ストレスや緊張によって、急速に失われる。植物性のビタミン源 —— アルファルファ（茎葉）、アナトーシード、ダンデライオン、ラムズクオーターズ、オクラ（果実や莢）、パプリカ、パセリ（茎葉）、ウォータークレス。

ビタミンB$_1$（チアミン）：成長と食欲維持に必要。植物性のビタミン源 —— ブラダーラック、ダルス、フェヌグリーク、ケルプ、オクラ、ウィートジャーム。

ビタミンB$_2$（リボフラビン）：子どもの発育に必要。大人にとっては滋養。植物性のビタミン源 —— ブラダーラック、ダルス、フェヌグリーク、ケルプ、サフラン。

ビタミンB$_{12}$：正常な赤血球を作るのに不可欠。子どもの発育因子として作用し、標準に満たない子どもの体重増加に役立つ。植物性のビタミン源 —— アルファルファ、ブラダーラック、ダルス、ケルプ。

ビタミンC：健康な歯と歯肉をつくり、壊血病を予防する。調理、低温、酸化によって失われる。体内に蓄えることができないため、毎日補給することが必要。植物性のビタミン源——バッファローベリー、バードック（種子）、カプシクム、コルツフット、エルダー（果実）、マリーゴールド（もしくはカレンデュラ）、オレガノ、パプリカ、パセリ（茎葉）、ローズヒップ、ウォータークレス。

ビタミンD：健康な骨と歯の育成、維持に必要。くる病を防ぐ。一定量を体内に蓄えることができる。植物性のビタミン源——アナトーシード、ウォータークレス、ウィートジャーム。

ビタミンE：多くの植物の種に豊富に含まれる。ビタミンEの必要性は十分に確立されていないが、適切な栄養を十分に摂取するためには不可欠。植物性のビタミン源——アルファルファ、オート、ブラダーラック、ダンデライオン（葉）、ダルス、ケルプ、リンシード、セサミ、ウォータークレス、ウィートジャーム。

ビタミンG（B₂）：欠乏性疾患を防ぐために不可欠。植物性のビタミン源——ケンテルラ・アシアティカ（ゴッツコーラ）。

ビタミンK：血液凝固の生物学的な過程に不可欠。植物性のビタミン源——アルファルファ（茎葉）、チェスナット（葉）、シェパーズパース。

ビタミンP（ルチン）：毛細血管を強化する作用があるとされる。植物性のビタミン源——バックウィート、ジャーマンルー、パプリカ。

ナイアシン（ビタミンB複合体のひとつ）：ペラグラ（ニコチン酸欠乏症）を防ぐ。植物性のビタミン源——アルファルファ（葉）、ブルーベリー（葉）、バードック（種子）、フェヌグリーク、パセリ（茎葉）、ウォータークレス、ウィートジャーム。

薬の処方術

薬を処方するさいは、つねに注意すべき事項があります。それは年齢、性別、気質、常用癖、気候、胃の状態、特異体質です。

年齢：ある薬について、大人の服用量が1ドラムだと仮定します。

その場合：

レッスン10　薬草学　（ハーバリズム）

1歳まで　1／12（または5グレーン）を要します。

2歳まで　1／8（または8グレーン）を要します。

3歳まで　1／6（または10グレーン）を要します。

4歳まで　1／4（または15グレーン）を要します。

7歳まで　1／3（または1スクループル）を要します。

14歳まで　1／2（または1／2ドラム）を要します。

20歳まで　2／3（または2スクループル）を要します。

20歳以上 ── 通常の服用量　　　1ドラム

65歳以上 ── 上記と逆の割合で量を減らします。

性別：女性は男性より少ない服用量にし、子宮系統の状態をけっして見落としてはいけません。

気質：興奮薬、瀉下剤は、血色の良い快活な人のほうが不活発な人よりも効きます。そのため、前者には少なめの服用量を処方します。

常用癖：常用癖を知ることは不可欠です。喫煙家や愛飲家のように、習慣的に刺激物を摂取している人は、興奮薬を多めに服用しないと効果がありません。一方、塩類下剤を常用している人は、興奮剤が効きやすくなります。

気候：夏と冬では、同じ人でも薬の作用が異なります。そして、気候は国や地域によっても変わります。一般的に、気候が温暖であるほど、必要な服用量は少なくなります。

特異体質：気質とは無関係に、個人の胃の特質あるいは体質によっては、非常に効き目のおだやかな薬が劇的に作用することがあります。こうした事情は、偶然、または時を経てようやく気づくことがあります。

　処方するさいは、つねに細心の注意を払い、初回に処方した薬の効き目がすっかり切れる前に次の薬が服用されるように、服用の間隔を調整しなければなりません。さもないと、「いつも薬を飲んでいるが、ちっとも全快しない」ということになります。とはいえ忘れてならないのは、ジキタリス（強心剤用）、アヘン（鎮痛剤用）などの薬は、体内に蓄積する傾向があり、服用の間隔が短すぎるのは危険だということです。

　服用量はつねにきちんと計量することです ── けっして目分量ではいけません。次の解説リストは、多くのテキストを読むさいに、そして（あるいは）処方

317

箋を書くさいに役立つでしょう。

処方箋の記述とその意味

略語	用語	意味
R	Recipe	処方
F.S.A	Fiat secondum artem	事前に準備せよ
M.	Misce	混ぜ合わせる
MSD	Miscae signa da	薬を混合し、説明書とともに患者に渡すこと
M.F.Mixt.	Misce fiat mixtura	液体混合物をつくる
Div	Divide	分ける
Sol	Solve	溶かす
Fasc	Fasciculus	一抱え
Man.j.	Manipulus	一つかみ
Pugil j.	Pubillus or pugillum	ひとつまみ
Cyat j.	Cyathus キュアトス	グラス1杯の量
Conch j.	Cochleare	さじ1杯（分）
Gutt.	Gutta	1滴（の量）
No.1,2,3,etc		紙片に記入するナンバー、「j.j1.j11.j111.」等
Ana	または aa	おのおのの
P.Ae	Partes oequales	等分量
Q.S.	Quantum sufficit	十分に
Q.L.	Quantum libet	適宜
Q.V.	Quantum volueris	任意の量に
lb.	Libra	ポンド
Oz.	Uncia	オンス
Dr.	Drachma or dram	ドラクマまたはドラム
Scr.	Scrupulus	スクループル
Gr.	Granum	グレーン
Pil	Pilulae	丸薬
Pot	Piot or potassa	1回分
Pulv	Pulvis	粉薬、散薬
Pulv	Pulvis factus	粉末

レッスン10 薬草学 （ハーバリズム）

Tinc	Tinctura	チンキ剤
Ext	Extractum	エキス（ふつうは液体）
Chartul	Chartula	（粉薬を入れる）薬包紙
Collyr.	Collutorium	点眼液
Dcoct.	Decoction	うがい薬
Garg.	Gargarisma	煎じ薬
Haust.	Haustus	水薬の1回分
Iams.	Infusum	水による振り出し
Mist.	Mistura	混合薬
Ss.	Semisses	半分
ZZ	Zingiber	ショウガ
OI または Oi		1パイント
E.A.	Ex aqua	水で
A.c.	Anta cibum	食前に
P.c.	Post cibum	食後に
Tus urg	Tussal urg.	咳がひどいときに
H.s.	Hora somni	就寝時に
SOS		必要ならば
Pro oc	Pro. occula	目用
＝ part	oe p	等分
M.D.		指示にしたがって使うこと
Addendua		加える
Agit.vas	Agito vase	容器を振ること
Ante		先に
Applic	Appliceteur	塗ること
Aqua Fervens（Aq.ferv.）		沸騰熱水
Cat	Cataplasm	湿布剤
Dies		日
Dictus		口頭で伝える
Dur dolor	Durante dolore	痛みが続く間
Grad	Gradation	徐々に
Ad lib	Ad libitum	随意に、好きなときに

319

Sine mora		遅滞なく、緊急に
①		一年性のハーブ
②		二年生のハーブ
♃		多年生のハーブ
☿		花の盛り

つくりやすい治療薬

　薬を調合するさい、アルミ製の器具はくれぐれも使わないようにすること。銅製か陶器、さらにおすすめしたいのはパイレックスです。そうすれば薬に不純物が混じることもありません。さて、それでは練習用に（あるいは実用でも）いくつか簡単な処方を紹介しましょう。（自分でハーブを集めることができない場合、レッスンの最後の供給元リストを参照してください。）

薬用ドリンク

食欲不振、虚弱体質の人に

　ベトニー……………………………… 1 オンス
　バーベリー・樹皮……………………… 1 オンス
　ボッグビーン…………………………… 1 オンス

　これらのハーブを半ガロンの水で15分間煎じます。蜂蜜で甘みを加え、そのまま冷まします。良質のビール酵母を小さじ2杯入れ、かき混ぜます。そのまま12時間置きます。上部に浮かんだものをすくい取り、残りを瓶詰めにします。24時間経ったら、使用できます。

　服用：好きなときに。

下痢のときに

　以下を「等分に」します。
　クラネスビル・茎葉
　ベイベリー・樹皮

レッスン10 薬草学 （ハーバリズム）

シェパーズパース

水4パイントを加え、15ないし20分間ことこと煮ます。蜂蜜で甘みを加えます（砂糖ではない）。

服用：ワイングラス半杯を、好きなときに。

シロップ剤

咳が出るときに

ブラッドルートを砕いたもの………3オンス

これを良質の酢または酢酸に2週間浸します。濾したのち、1と1／2ポンドの良質の蜂蜜を加え、2／3の量になるまでゆっくりと煮詰めます。

服用：小さじ1／2。

しきりに空咳が出るときに

イペカックのシロップ……………1オンス

サッサフラス（砕いたもの）………1オンス

アニシード…………………………2オンス

蜂蜜…………………………………4オンス

アメリカンバレリアン……………2オンス

ブラックオーツ……………………2オンス

水……………………………………4パイント

上記すべてを30分間煎じた後、ワインを1パイント加えます。

服用：咳が最悪の状態のときに、ワイングラスの半分。

煎じ薬

血液の浄化に

砕いたサルサパリアの煎じ薬

砕いたホンジュラスサルサパリア…2オンス

熱湯…………………………………1パイント

上記を30分間煮詰めた後、蜂蜜で甘みを加えます。

321

服用：1ジル（0.118リットル）を1日3回。

咳と肺の病気に

バームオブギリアドの煎じ薬

バームオブギリアドのつぼみ………小さじ1

雨水……………………………………1パイント

上記を合わせ、30分間浸出させます。

注意：煎じ薬と治療薬はすべて、保存の利かない成分（ブランデーや蜂蜜など）
　　　が含まれる場合は、2、3日以内に使い切ってください。そうしないと、
　　　にごって薬として使い物にならなくなります。

刺激的なうがい薬

スマック（ウルシ）の実とゴールデンシールを等分

15分間ことこと煮ます。濾した後、1パイントに対して1ドラムのホウ酸を加
えます。

薬効のあるお茶

差し込む痛みと刺激を取り除きます。子どもにも効果があります（服用量は大
さじ1／2）。

キャットニップのお茶

キャットニップの葉と花……………1オンス

ブラウンシュガー……………………1／2オンス

牛乳………………………………………大さじ1

熱湯………………………………………1パイント

25分浸して成分を出し、濾します。キャットニップの葉と花、そして水だけで
つくったお茶は、腸を浄化する浣腸として使うとおおいに効果があります。

月経を増やすには

このお茶は、あらゆるタイプの寄生虫も駆除します。

322

タンジーの葉……………………………… 1オンス

ブラウンシュガー…………………………大さじ1

熱湯………………………………………… 1パイント

上記を30分浸して成分を出し、濾します。

服用：ときどき、ワイングラスに1／2杯飲む。

点眼液

盛り上がったまぶたと炎症をおこした目を癒します。

ヒドラティスのチンキ…………………… 1オンス

サングイナリアのチンキ………………… 1ドラム

ホウ酸……………………………………… 1／2ドラム

よく振って混ぜます。

使用量：大コップ半杯の水に混合液を10滴入れ、点眼液として使う。

混合薬

貧血、ヒステリー、虚弱の症状のための神経混合薬

ピンパーネルのチンキ…………………… 1／2オンス

ハッカ水（スペアミント）………… 1と1／2オンス

バレリアン　チンキ……………………… 1ドラム

カルダモン　チンキ……………………… 1／2オンス

以上をよく混ぜ合わせます。

服用量：大さじ2杯を1日3回。

咳混合薬

イペカックのシロップ…………………… 2ドラム

スキルのシロップ………………………… 2ドラム

ブラッドルートのチンキ………………… 2ドラム

以上をよく混ぜ合わせます。

服用：1日に小さじ1から1と1／2、あるいは咳がひどいとき。

セクシャルな強壮剤

フォールスユニコーン‥‥‥‥‥‥‥‥‥1／2オンス
セントジョーンズワート　チンキ…1／2オンス
ダミアナ　チンキ‥‥‥‥‥‥‥‥‥‥1／2オンス

以上をよく混ぜ合わせます。
服用：6時間ごとに、30から60滴。

膏薬

ゴールデンシールの膏薬：悪性腫、痔、白癬などに効く

ゴールデンシールの根‥‥‥‥‥‥‥2オンス
変性アルコール‥‥‥‥‥‥‥‥‥‥1オンス
グリセリン‥‥‥‥‥‥‥‥‥‥‥‥1オンス
水‥‥‥‥‥‥‥‥‥‥‥‥‥‥‥‥1オンス

ゴールデンシールの根を十分に砕いた後、ほかの材料を加え、よく混ぜ合わせます。しっかりと栓をして、暖かい場所にそのまま1週間置きます。液体全部を搾り出し、残ったものに4オンスのラードを加え、液状になるまでしっかり混ぜ合わせます。ねじぶた式の広口びんに注ぎます。

ウイッチの薬種

　世間の人々がウイッチクラフトに対して抱く誤解のひとつが、ウイッチはあらゆる有害なものを大釜で煮るというものです。このようなゆがんだ思い込みは、どこから生じたのでしょうか。ハーブには、その地域ごとにたくさんの通称がありました。おそらくハーブがが想像力をかきたてるような外見だったため、その姿がイメージできるような名前がついたのでしょう。その名前がそのまま残り、やがて真に受けられるようになったのでしょう。ドラゴンズ・ブラッド（dragon's blood）はその好例です。この樹脂は赤褐色で、乾いた血に似ていることからその名前がつけられました。そして、カラマス・ドラコ、ドラコエナ・ドラコ、プテロカルプス・ドラコなども、北半球の星座、竜座にちなんで名づけられました。それを乾いた竜の血だと信じる人が大勢いるとしても、じっさい、乾いた竜の血

レッスン10　薬草学　（ハーバリズム）

ではないのです。

　次にいくつかのハーブを地元での名前とともに紹介します。次に古くからの処方で、「馬の舌」や「猫の目」といったハーブを目にしたとき、それがじっさいに意味するものがわかるでしょう。

ウイッカの名前	通称	ラテン名
アダー（毒蛇）の口	スティッチワート（チックウィード）	*Stellaria media*
アダーの肉	グリーンアダーズマウスオーキッド	*Malaxis unifolia*
アダーの舌	ドッグトゥースヴァイオレット（トラウトリリー）	*Erythronium americanum*
ロバの耳	コンフリー	*Symphytum officinale*
クマの耳	アウリクラ（プリムラ・アウリクラ）	*Primula auricula*
クマの足	スティンキングヘレボア	*Helleborus foetidus*
ハチの巣	スネイルプラント（スネイルメディック）	*Medicago scutellata*
乞食の鬼ごっこ	コックホールド（デビルズベガーティックス、アメリカセンダングサ）	*Bidens frondosa*
鳥の目	フォールスヘレボア（アドニス・ウェルナリス）	*Adonis vernalis*
鳥の舌	ヨーロピアンアッシュ	*Fraxinus excelsior*
黒人少年の松やに	クサントロエア・アルボレア	*Xanthorrhoea arborea*
血まみれの指	フォックスグローブ	*Digitalis purpurea*
雄牛の目	マーシュマリーゴールド	*Caltha palustris*
雄牛の足	コルツフット	*Tussilago farfara*
子牛の鼻面	トードフラックス	*Linaria vulgaris*
ネコの腸	ホーリーピー（ゴートルー）	*Tephrosia virginiana*
ネコの目	スタースカビアス（スターフラワーピンクッションズ）	*Scabiosa stellata*
ネコの足	カナダスネイクルート	*Asarum canadense*
ネコの足	グラウンドアイビー	*Glechoma hederacea*
ネコのミルク	ウォートワート（サンスパージ）	*Euphorbia helioscopia*

ニワトリの足	クロウリールート（フォールコーラルルート）	*Corallorhiza odontorhiza*
オンドリの鶏冠	イエローラトル	*Rhinanthus crista-galli*
雌牛の尾	カナダフリーベイン	*Erigeron canadensis*
カラスの足	スポッテッドゼラニウム（ワイルドゼラニウム）	*Geranium maculatum*
悪魔のミルク	ウォートワート（サンスパージ）	*Euphorbia helioscopia*
犬の舌	ハウンズタン	*Cynoglossum officinale*
ロバの目	カウエイジプラント（ベルベットビーン）	*Mucuna pruriens* (seeds)
ハトの足	ウッドゥクレインスビル（ウッドゥランドゼラニウム）	*Geranium sylvaticum*
竜の鉤爪	クロウリールート（フォールコーラルルート）	*Corallorhiza odontorhiza*
竜の目	ロンガン	*Dimocarpus longan*
カモの足	アメリカンマンドレイク（メイアップル）	*Podophyllum peltatum*
妖精の指／手袋	フォックスグローブ	*Digitalis purpurea*
血と肉	トーメンティル	*Potentilla erecta*
キツネの尾	クラブモス（グラウンドパイン）	*Lycopodium clavatum*
馬の子の足	コルツフット	*Tussilago farfara*

コンフリー

コルツフット

フォックスグローブ

レッスン 10　薬草学　（ハーバリズム）

カエルの足	バルバスバターカップ	*Ranunculus bulbosus*
ヤギのあごひげ	ベジタブルオイスター（パープルサルシファイ）	*Tragopogon porrifolius*
ヤギの足	アッシュウィード（グラウンドエルダー）	*Aegopodium podagraria*
野うさぎの足	フィールドクローバー（ラビットフットクローバー）	*Trifolium arvense*
馬の尾	スコーリングラッシュ（ラフホーステイル）	*Equisetum hyemale*
馬の舌	ハーツタン（コタニワタリ）	*Asplenium scolopendrium*
犬の舌	バニラリーフ（ディアーズタン）	*Trilisa odoratissima*
ユダヤ人の耳	ファンガスオンエルダー	*Peziza auricula*
子羊の舌	リブワートプランテン	*Plantago lanceolata*
トカゲのしっぽ	ブレストウィード（ウォータードラゴン）	*Saururus cernuus*
とかげの舌	サウログロッスム	*Sauroglossum*
母親の心臓	シェパーズパース	*Capsella bursa-pastoris*
ネズミの耳	マウスブラッドワート（マウスイヤーホークウィード）	*Pilosella officinarum*
ネズミの尾	コモンストーンクロップ（ゴールドモスストーンクロップ）	*Sedum acre*
黒人の頭	ベジタブルアイボリー	*Phytelephas macrocarpa*

シェパーズパース

トードフラックス

バルモニー／タートルヘッド

老人のひげ	フリンジトゥリー	*Chionanthus virginicus*
牛の舌	ビューグロス（アルカネット）	*Anchusa officinalis*
うさぎの足	フィールドクローバー（ラビットフットクローバー）	*Trifolium arvense*
羊飼いの心臓	シェパーズパース	*Capsella bursa-pastoris*
ヘビの頭／カメの頭	バルモニー（ホワイトタートルヘッド）	*Chelone glabra*
ヘビのミルク	ブルーミングスパージ（フラワリングスパージ）	*Euphorbia corollata*
ヘビの舌	アダーズタンファーン	*Ophioglossum vulgatum*
リスの耳	ホワイトプランテン（ドワーフラトルスネイクプランテン）	*Goodyera repens*
雄ジカの角	クラブモス（グラウンドパイン）	*Lycopodium clavatum*
臭いガチョウの足	スティンキンググースフット	*Chenopodium vulvaria*
豚の鼻	ダンデライオン	*Taraxacum campylodes*
ヒキガエル	トードフラックス	*Linaria vulgaris*
ユニコーンの角	フォールスユニコーン	*Chamaelirium luteum*
オオカミの鉤爪	リコポディウム（ウォルフズフットクラブモス）	*Lycopodium clavatum*
オオカミの足	ビューグルウィード（ヴァージニアウォーターホアハウンド）	*Lycopus virginicus*

レッスン 10　薬草学　（ハーバリズム）

供給先

Aphrodisia Products, Inc.
62 Kent Street
Brooklyn, NY 11222

Glenbrook Farms Herbs & Such
15922 76th Street
Live Oak, FL 32060

The Herb Society of America
300 Massachusetts Avenue
Boston, MA 02115

Horizon Herbs
P.O. Box 69
Williams, OR 97544

Indiana Botanic Gardens
3401 West 37th Avenue
Hobart, IN 46342

Kiehl Pharmacy
109 Third Avenue
New York, NY 10003

Lingle's Herbs
2055 N. Lomina Avenue
Long Beach, CA 90815

Mountain Rose Herbs
85472 Dilley Lane
Eugene, OR 97405

Richters
Goodwood
Ontario PQ L0C 1A0, CANADA

The Society of Herbalists
Culpeper House, 21 Bruton Street
Berkeley Square, London W1X 7DA, ENGLAND

1001 Herbs
c/o Global Alliance, Inc.
P.O. Box 142
Elizabeth, CO 80107

329

トマス・ミドルトンの戯曲『ウイッチ』（1612）のなかで、登場人物のヘカテは、洗礼を受けていない子どもをその脂肪で煮る前に、子どもの口や鼻の穴にさまざまなものを詰め込むのだ。彼女はそうした材料を数え上げている。

ヘカテ：魔法のハーブが彼ののどを通る。

彼の口にぎっしりと詰め込まれる。

彼の耳と鼻の穴も詰め込まれる。

わたしは先ほどeleoselinumを押し込んだ。

aconitum（トリカブト）、frondes populeas、そして煤、それからsium、acorum vulgareも。

pentaphyllon、flitter-mouse（ひらひら飛ぶネズミ）の血、salanum somnificum、そしてoleumもだ。

　一見すると──恐ろしい取り合わせに思える。しかし、eleoselinumはよくあるパセリにすぎないし、トリカブトはリューマチや神経痛の治療薬として内用、外用ともに使われる耐寒性のハーブである。frondes populeasはポプラの葉芽、siumはセリ科植物、acorum vulgareはショウブで、胃の不調に使われる。pentaphyllonはキジムシロのギリシャ名、ひらひら飛ぶネズミは、もちろんコウモリだ。salanum科は、ジャガイモ、ツルナス、ナスその他を含む。somnificumはたぶんナスの一種と思われる。oleumはおそらく、これらさまざまな無害のものをつなぐ油だろう。

"Witchcraft from the Inside"

（レイモンド・バックランド著、

ルウェリン刊、ミネソタ州、1971年）

[レッスン10] 練習問題

1．個人的にハーブを使用した成功例を教えてください。何を試し、どんな結果が認められたか、挙げてください。

2．現在手元にあるハーブをあげてください。それぞれのハーブをどのような用途に使いますか（そのハーブの薬効は何ですか）。

3．お気に入りの調合法は何ですか。煮出すこと、浸すことなど、ここに挙げてください。

4．いつ、どこで、どのようにハーブを入手しましたか。あなたが見つけたよい供給先をあげてください。

5．ハーブの勉強のために読んだ本、本草書、あるいはそれ以外の情報源はなんですか。話をした地元の専門家はいますか。そこから何を学びましたか。

［レッスン 10］ 理解度テスト

1．優れた治療者の条件はなんですか。

2．ハーブを引き合いに出すとき、つねにラテン名でなくてはならない理由はなんですか。

3．(a) 浸出（振り出し）、(b) 浄化とはなんですか。

4．ハーブ治療に使う調合法を３つあげてください。

5．スリッパリーエルムの使用目的は何ですか。

6．次の用語は何を意味しますか。
　　(a) 駆風剤　　(b) 去痰剤
　　(c) 発赤剤　　(d) 発汗剤

7．ある薬の成人の服用量が２ドラムだとすれば、７歳児の服用量はどうなりますか。

8．次の用語の略語は何ですか。
- (a) 等分に
- (b) 小さじ 1 杯分
- (c) 容器を振ること
- (d) 食後

◎推薦図書

"Stalking the healthful Herbs"（ユエル・ギボンズ著）

"The herb book"（ジョン・ラスト著）

"The Tree"（レイモンド・バックランド著、邦訳『サクソンの魔女 —— 樹の書』の「ハーブの知識」に関するセクション）

◎補助読本

"Common and uncommon uses of Herbs for Healthful Living"（リチャード・ルーカス著）

"The Herbalist"（J・E・メイヤー著）

"Potter 's New Cyclopaedia of botanical Drugs and Preparations"（R・C・レン著）

"Complete Herbal"（ニコラス・カルペパー著）
　　　—— 邦訳『カルペパー　ハーブ事典』（戸坂藤子訳、パンローリング）

"The Herbal or General History of Plants"（ジョン・ジェラード著）

"Herbal Manual"（ハロルド・ワード著）

Lesson11 － レッスン 11

魔術
Magick

> **注意**：このレッスンは、魔術を学ぶ人にとって重要です。とはいえ先を急いではいけません。テキストを注意深く読み、じっくりと学んでください。5、6回は目を通し、レッスンの内容をすっかり熟知するようにしてください。

　ウイッチクラフトは、何よりもまず、(ウイッカを信仰する)宗教です。したがって男神と女神を崇拝することは、ウイッチにとって最大の関心事であり、その崇拝は魔術の実践より重要なのです。それでも魔術は、すべてとはいわないまでも、多くの宗教において、一定の役割を果たしています（たとえば、ローマカトリック教における実体変化（化体）は、純粋な魔術です）。他宗教と同様に、ウイッチクラフトにも魔術はあります —— しかし、繰り返すようですが、あくまでこれは二次的な側面なのです。

　本質的に、魔術は実践です。ただ魔術をやってみたいだけなら、そのためにウイッチになる必要はありません。誰でも魔術をおこなうことはできます……あるいは少なくとも、それを試みることはできます。そういう人は魔術使い（魔術師）というべきでしょう。

　魔術にはさまざまな方法があり、その数は数十、いやおそらく数百に上ります。しかしなかには、非常に危険と思われるものもあります。たとえば、セレモニアル・マジックで、魔術師がさまざまな存在を呼び出し、それらに働きかけることです。呼び出された存在の大半は明らかにその魔術師に敵意をもっています。ウイッカ信仰の宗派のなかには、理由は何であれ、セレモニアル・マジックのこうした側面に偏りがちで、じっさいにさまざまな存在を呼び出すものもあります。

しかし、これは危険が伴うこともあります。そればかりか、私としては、まったくこれは不要だと考えます。まるでトランジスターラジオを動かすのに1000ボルトの電源につなぐようなものです！　小さなバッテリーがあれば事足りるのに、なぜあえて危険を冒すのでしょうか。本書で扱う魔術は、十分に効果があり、しかも安全です……ケガをすることはありません。

　原始人は自分がほしいものを想像することで、魔術をおこなう。腰を下ろし、自分が獲物を捕らえる姿を「想像」する。彼は、自分自身が獲物を攻撃し、殺す様を「想像」する。そして食糧にありつく自分を「想像」する。これらをイメージしやすいように、絵を描くこともある。絵を描き、あるいは、自分が狩りで獲物を捕らえる姿を彫刻する。これはすべて、いわゆる「共感」魔術といえる……あなたが「想像」あるいはイメージしやすくなる方法を紹介しよう。簡単に始められる。

　雑誌から写真を切り取る —— たとえば、家の写真だとしよう。それをじっくりと見てほしい。注意深く観察しよう。家とそれ以外のものも写真のすみずみまで詳しく調べよう。屋根の形、窓の形と場所なども。ドアと、玄関前に階段があればそれも念入りに見てほしい。庭と垣根があれば、それらも。家に面した道路と、写真に写っている人も。

　それから写真を真っ二つに切る。その1つを白紙に置く。今度はそれを見つめよう。写真の失われた半分を想像するのだ。全体像をイメージしよう。記憶にあるとおりに、細かいところまですべて、イメージしよう。その後写真のもう半分を合わせ、自分の想像が正しいかどうか確認しよう（イラスト1参照）。

"The Everyday Practice of Voodoo"

（ボコ・ゲード著、

CBEブックス刊、カリフォルニア州、1984年）

　こうした訓練をより複雑な写真を使っておこなうと、容易に全体像をイメージできるようになる（イラスト2参照）。

　次に人物の写真を用意しよう（これはとくに、ヒーリングに利用できる）……そこに写真がなくても、細部までその人の全体像をイメージできるまで注意して観察すること。あなたがその人に望むとおりに、彼または彼女が行動している姿をイメー

ジできるようにならなければならない……想像してみよう ── 意識を集中させよう（イラスト3参照）。

"The Everyday Practice of Voodoo"

（ボコ・ゲード著、

CBEブックス刊、カリフォルニア州、1984年）

イラスト1

イラスト2

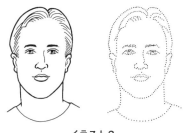

イラスト3

ところで、「魔術」とは、ずばり、何でしょうか。これは人によって異なる含みがある言葉といえます。第一に、私はステージ上で行われる「マジック」── 手品あるいは奇術について語っているのではありません。帽子からうさぎを出し、若い女性をのこぎりで真っ二つにするのは、まったく目の錯覚です。じっさい、これ（magic）と区別するために、ウイッチクラフトとオカルトの世界における真の魔術は、語尾に「k」を加え、magickという昔の綴りを使います。正しい目的でおこなう魔術は「白魔術」、邪悪な目的でおこなわれるものは「黒魔術」と称されます。これらの言葉に人種的な含みはありません。古代ペルシャに起こった善と悪の対立という二元論に由来します。ゾロアスター（ザルツシュトラ）はそれまでに、あらゆる善霊（devi）のなかで、実は唯一の完全なる善がいるのだと結論づけました。これはアフラ・マズダ ── 光明の神です。完全なる善神がいると、相反する完全なる悪が必要になります（白は、対照物となる黒がなければ存在できない）。そこでその役割はアーリマン ── 暗黒に与えられました。

それ以外の少数派のdeviは「悪魔（devil）」となりました。この善悪の対立という考え方は後にミトラ教に採用され、西洋でキリスト教に移行しました。つまり、白魔術と黒魔術という考え方の根本は、ペルシャから伝わったのです。

アレイスター・クロウリーは、魔術を「意志と一致する変化を起こす術、または知識」と定義しました。つまり、自分の思い、願いを実現させることです。では、どうすればそれが実現できるのでしょうか。それはひとりひとりの内なる「パワー」（ほかに適当な表現がないので）を使うことでできます。ときには、神々を呼び出すことでそれを補う必要がありますが、たいていは、必要なパワーを自力で生み出すことができるのです。

超能力により、人力の及ばない自然の力をあやつる魔術とは何か……断食や魔法によって、そうしたパワーを捕らえ、その正体をじっさいは知らずに使う──つまりウイッチクラフトとは、そうしたパワーについて知ることである。そして、ウイッチクラフトという集団のなかで、あらゆる神秘が結びつき、ひとつになるのだ。

"Witchcraft Still Live"

（シーダ・ケニヨン著

ウォッシュバーン刊、N.Y.、1929年）

魔術は「じっさいにかけられるかどうか試すだけ」でおこなうべきではない──それはおそらくうまくいかないだろう──あるいは誰かにそれを証明するだけかもしれない。魔術はほんとうに必要なときにのみ、おこなうべきだ。正しく実践しようとすれば、それは骨の折れる仕事なのである。

身体と魔法

パワーを生み出すには、体調を整えることが必要です。病気の木は実を結びません。体調を良好に保つよう心がけましょう。とはいえそのために5マイル、10マイルもジョギングし、バーベルを持ち上げる必要はありません。著しい体重の増加（さらに言えば、体重の減少）がないように気をつけるだけです。毎日の食

事に気をつけてください。ジャンクフードを避け、「バランスのとれた」食事を心がけましょう。とはいえ人によって、バランスのとれた食事の中味は異なりますが。自然食品にこだわるようにしましょう。砂糖（いみじくも「白い死神」といわれています！）と漂白した小麦は避けましょう。野菜と果物をたくさん摂るようにしてください。けっしてベジタリアンになることをすすめているわけではありませんが、肉ばかり食べないように。気分が向上すると、体調もよいことがわかるでしょう。

　魔術を実践する前に、清潔にすることは重要です。断食して、身体の中から清めることはよいことです。魔術をおこなう24時間前は、水、蜂蜜、そして全粒粉のパンしか口にしないこと。アルコールやニコチン、性行為（これはとくに後段で紹介するセックス・マジックの前には重要です）も禁止です。儀式の前に、大さじ1杯の塩を入れた水を浴びましょう。できれば海塩を使用してください（たいていのスーパーまたは健康食品店で購入できます）。

魔法円

　魔法円それ自体、重要なものです。魔術を実践するときは、なににも増して入念に魔法円を描くことが必要です。大きさについては前のレッスンで述べたとおりですが、神殿の建立のさいは、かなり注意深く、集中して描かなくてはなりません。魔法円の円周に沿って、短剣またはアサメイの剣先で確実に円を描きましょう。魔法円を描く人は、ツールを通じてみずからのエネルギーをできるだけ多く円に注ぎ込むようにします。そして適切な方法でまんべんなく円に聖水をまき、インセンスをたきしめます。魔術はもちろん、エスバットの魔法円内でおこなわれます。だからエスバットと（または）満月／新月の儀式がおこなわれ、その後にケーキとエールの儀式が続きます。後者では、カヴンのメンバーのあいだで、どのような魔術がおこなわれたか、そして正確にどのようにおこなわれたかについて、十分に話し合います。そしてまさに魔術がおこなわれる前に、プリーストまたはプリースティスが短剣かアサメイを手にふたたび魔法円を1周し、魔法円を強化します（とはいえ、もう一度聖水をまき、インセンスをたく必要はありません）。その後しばらくのあいだ、その日円内でおこなわれたことを振り返ります。後段で登場する魔術の実践では、その結果に意識が向かうことになるでしょうが、

最初のうちは、成し遂げたことのすべてを振り返ってください。

魔法円の出入り

魔術がおこなわれているあいだは、いかなるときも魔法円を出入りすることはできません。それ以外のときは、魔法円を離れ、ふたたび入ることができます。とはいえ、これはつねに注意が必要です——ぜったいに必要なときだけにしてください。

魔法円を離れる

アサメイを手に東側に立ち、円を断ち切るような動作をします。最初は自分の右側、ついで左側をカットします（図11.1A－B）。その後、魔法円を断ち切ったラインのあいだから外にでることができます。東側に通り抜けできる玄関または門があるとイメージしてもよいでしょう。

ウイッカンのなかには、まるで大きな門を切り取るように、片側の地面から始め、十分な高さを取り、カーブを描いて、ふたたび反対側の地面までカットする人もいます。本来はそこまでする必要はありません。聖別された円をアサメイで断ち切るだけで、十分それを開くことができるのですから。

図11.1

レッスン11　魔術

ふたたび魔法円に入る

円に戻るときは、出たときと同じ東の門を通り、円のラインを「ふたたび結ぶ」ことで「閉じる」ことができます。もともと3つのラインが描かれています。1つは剣、1つは塩水、1つは香炉によって。つまり、ふたたび3つのラインを結ばなければなりません。これは、アサメイの刃をラインに沿って前後に動かすことでできます（図11.1C）。そういうわけで、アサメイは両刃なのです——このとき、同様の動きをすることで、どちらの方向にも「カット」できます。

最後に、アサメイを掲げ、ペンタグラムを描いて切れ目を「封印」します。頂点から始め、左下に下ろします。それから斜め右上に、まっすぐ左横へ、斜め右下へと順に動かし、最後に、頂点に戻ります（図11.1D）。そしてアサメイの刃にキスをし、元の位置に戻します。

通常は、ひとたび魔法円を描いたら、神殿の消去まで、誰も円を出ることができません。だから魔法円は、絶対に必要なとき以外開けてはいけません（誰かがお手洗いに行かなくてはならなくなったときなどです！）。もし円を出る人がしばらくのあいだ戻らない場合、その人は前述のステップAとBをおこなって円を通過し、その後、一時的に円を離れるあいだ円を閉じるステップCをおこなう必要があります。戻るときは、ふたたび円をカットし（ステップAとBと同じ場所）、通過して、ステップCで円を閉じます。その後、ステップDでその場所を封印します。

繰り返すようですが、いったん魔術が始まったら、円の出入りは原則として禁止です。

円錐形のパワー

わたしたちはみな、内なるパワーを秘めています。ヒーリングに使われるパワーはこれと同じパワーです。それはオーラとして認められることもあるし、無生物を動かし、水晶玉あるいはタロットカードに何かを見い出すパワーです。それは非常にすばらしいパワーで、いまあなたがまさに身につけようとしているそのパワーを使うことで、人生そのものが変わるはずです。

カヴンとして活動するとき、ひとりひとりのパワーが引き出され、そして——聖なる円の内側に集まり——混じりあい、ひとつの大きなツールとなって

341

「意志と一致する変化を起こす」のです。いうまでもなく、カヴンのメンバー全員の心が、1つの目的に向かっていなければなりません。グループからにせよ、個人のウイッチからにせよ、生じたパワーは、円錐形となって、魔法円の上方に集まります。ひとたび十分にパワーが作り出されると、この円錐形のパワーは一つ所に向けることができます。

魔術をおこなうときはいつでも、絶対にじゃまがはいらないようにすることです。魔術の実践にみずからのエネルギーのすべて、集中力をすべて注ぎこむことになります。これは、心の底で誰かに見つかりはしないか、隣人が騒音について文句を言いにこないか、電話がならないか（受話器は外しておくこと）、あるいは、なんらかの形で妨害されるのではないかと心配していたら、できることではありません。万全の備えをすることです。

どのような種類の魔術がおこなわれるか？　主にヒーリングだが、いつもそうだとは限らない。2、3例を挙げることができるかもしれないが、個々に見ると、そのどれもが「偶然の一致」という言葉で片付けられそうだ。とはいえ「偶然の一致」という言葉はとても便利な言葉で、何か尋常ではない、信じられない、あるいはまったく理解しがたいことが起こったときにいつも使われる。しかし多くの例が生じると、「偶然の一致」ですませること自体が不自然となる。ウイッチたちはそれらが偶然の一致ではないことを十分に証明してきた。人が信じるかどうかは問題ではない——ウイッチたちは信じているのだ。

"Witchcraft from the Inside"

（レイモンド・バックランド著、

ルウェリン刊、ミネソタ州、1971年）

ダンスとチャント

パワーを放つまでに、内なるエネルギーを生み出す方法はいくつかあります。もっとも一般的な方法は、ダンスとチャント（詠唱）を利用する方法です。ダンスとチャントは、古代文明の栄えたいたるところに見いだされ、今日では、ネイ

ティブアメリカン、アフリカやオーストラリアその他多くの部族社会においても、確認されています。

　ジェラルド・ガードナーの著書"Witchcraft Today"では、いかに音楽——この場合シンプルなドラムの響き——が精神的に影響を及ぼすか、一例をあげています。「彼らは、私をひどく怒らせることができると言った。私は信用しなかった。そこで彼らは私を椅子に座らせ、立ち上がれないようにした。彼らは私の正面に座り、小ぶりの太鼓をたたいた。それは曲ではなく、タムタムタムという単調なリズムの繰り返しだった。はじめ私たちは談笑していた……長い時間のように思えた、時計を見て、じっさいはそうでもないことがわかったのだが。タムタムタムという音は続き、私はばからしくなってきた。彼らは私を見ながらにやにやしている。私は何だか腹が立ってきた。タムタムのリズムが少し速くなったと思ったら、心臓の鼓動がとても速くなったように感じた。身体がかっかしてきた。彼らのばかにしたようなにやにや笑いに腹を立てていた。突然激しい怒りがこみ上げ、私は椅子から立ち上がりたくなった。もう少しで、音に引きずり出されるように、彼らのもとに突進するところだった。しかし私が動き出した直後、彼らは太鼓のビートを変えた。私の怒りは収まった」。

　とくに一定のビートや歌のリズムに合わせ、輪になって踊ることによって、血液の流れが増します。ダンスとビートが速くなるにつれて、心臓の鼓動も速くなります。身体が熱くなってきて、興奮し、パワーが生じます。たいていのダンスはかなりスローテンポで始まり、徐々に音量を増し、どんどんアップテンポになって、クライマックスに達します。

　カヴンのメンバーとして、みなと手をつないで円に沿ってダンスする（もちろん時計回りに）こともできるし、ひとりでダンスしてもよいのです。とはいえ、手をつなぐことによって、さらにエネルギーを結びつけ、みなのパワーをひとつにすることができます。じっさいのダンスのステップとふさわしい曲は、付録Cを参照してください。

　ダンスのとき、どんな歌を歌ったら

ペンタグラムの描き方

よいでしょうか。シンプルでリズミカルなものを選んでください。シンプルというのは、複雑でないというだけでなく、わかりやすいという意味です。ちんぷんかんぷんの呪文のようなものはやめましょう！ なかには、誰一人として意味がわからない、訳のわからない言葉を唱えながらダンスするカヴンもあります。自分が何を言っているのか理解せずに、どうやって感情移入できるでしょうか。もしお金を引き寄せる魔術をしようとするなら……お金を引き寄せるチャントを選びましょう。

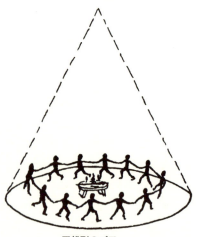

円錐形のパワー

「男神と女神よ、私たちはあなたのウイッチです。私たちを幸せにしてください。富をもたらしてください」などと唱えてはいかがでしょうか。俗っぽいし、神秘的でないと思うかもしれませんが、訳のわからない呪文のようなものよりも感情移入しやすい（それに覚えやすい）でしょう。シンプルでわかりやすいだけでなく、リズミカルです。ダンスでステップが踏めるビートがあります。ジェラルド・ガードナーの経験でもわかるように、ビートは重要です。それは確実に影響を及ぼします。

　だから決まりきった言葉を唱えたり、既製の歌を歌ったり、「27ページを開いて、33番を歌いましょう」といわれてそのとおりにする必要もありません。魔術は、ひとりひとりに、あるいはそれぞれのカヴンに合わせて実践するべきです。カヴンのメンバーといっしょに腰を下ろし、ケーキとエールの儀式の時間か、あるいは、エスバットの前に打ち合わせの時間をもうけ、唱える言葉を決めましょう。全員が心地よいと思える言葉について話し合うのです。ソロのウイッチはもちろんこれを1人でおこないます。シンプルであること、リズミカルであること、これをお忘れなく。

感情

　感情……それはおそらく、魔術の実践においてもっとも強力な、唯一の要素です。パワーを生み出すためには、これからやろうとすることに対して、強い感情が動かなければなりません。たとえば、ある老人が犯罪多発地区から出ようとしていて、カヴンが引越しさせようとしているとします。

　カヴンのメンバー全員は、

　（a）老人の引越しが正しいと、強く感じなければならず、

　（b）彼を引越しさせようとしている場所を知る必要があります。

　カヴン —— またはウイッチ個人が、自分の父親のようにその老人を気遣う必要があります。心から彼を助けたいと願う必要があります。こういうわけで、自分自身のために魔術をおこなうほうが簡単なのです —— 誰かほかの人のためでなく、自分自身のために魔術を実践しない手はないでしょう。その問題についてもっとも強い感情を抱き、その成功をもっとも強く願うのは、その問題にかかわる当事者です……そしてその魔術をおこなうのにもっともふさわしいのは、その本人なのです。

　自分が成し遂げたいことを明確にイメージしましょう。とくに最終結果を思い描いてください。たとえば、ベストセラー小説を書きたいとしましょう。じっさいに小説を書いている自分をイメージしてはいけません。そうではなく、小説がすでに書き終わって（もちろん書いたのはあなたです）、世間に認められ、すでに出版された、書き終わった本として思い描くのです。本屋に並ぶブックカバー（またはペーパーバックとして）、そこに印刷された自分の名前、それを買い求める人々、それが掲載されたベストセラーリスト、そしてサイン会を開いている自分をイメージするのです。こうしたイメージを心に焼き付け、エネルギーをその最終結果に集中させます。いわば、白い光（あるいは、エネルギーの流れ）が、あなた自身から流れ出て —— あなたに導かれ —— その最終結果に達するイメージです。ものごとの過程をイメージするのではなく、すでに終わったこととしてイメージしてください。

　先に示した例では、老人が現在の居住区から出て行くのをイメージするのではなく、新しい引越し先で幸せに暮らしている様子をイメージします。これが魔術

を成功させる秘訣のひとつです——つまり、最終結果を思い描くのです。

パワーを招く

　セレモニアル・マジックでは、ツールとして杖（または魔法の杖）を使うことがよくあります。クラフトのいくつかの宗派（ガードナー派、アレクサンドリア派など）は、ほかのツールも含め、この杖を、セレモニアル・マジックから借用しています。しかし個人的には、ツール自体不要だと考えます。私たちクラフトには、魔術師の杖と同様の役割を果たすツールがあります……それはアサメイです。杖は魔術師の腕を通じてパワーを放つもの、またはその腕の延長とみなされます。その人のパワーを蓄え、放射するものです。アサメイもそうした役割をすべて果たします。だから杖に煩わされることはないのです。

　これから生み出すパワーを強化したいとき、ひょっとしたら（とくにソロのウイッチに多いかもしれない）自分の目的を果たすために十分なパワーを作り出せないと感じたときは、神々に助けを求め、パワーを「招く」ことができます。ダンスが終わって、パワーを放つ直前（次項参照）、アサメイを抜いて、両手でもって頭上に掲げます。自分が崇拝する男神や女神の名前に呼びかけ、助けを求めます。心の中で呼んでもいいし、じっさいに声に出して呼んでもかまいません。やがてエネルギーの高まりがアサメイを通じて、腕に下り、ついで身体に流れるのを感じるでしょう。その後アサメイを振り下ろし、刃先を自分に向けてから離し、パワーを放ちます。

パワーを放つ

　あなたの目的は、最大限までパワーを集め、それを放ち、変化を起こす、または魔術をおこなうことです。これは子どもの空気銃と似ています。子どもが銃に空気を入れる——空気をたくさん入れるほど銃の威力は大きくなります——そしてねらいをつけ、引き金を絞り、発射します。銃に空気を入れることが、ダンスや歌によってパワーを高めることになります。あとはねらいをつけ、引き金を絞るだけです。

　確実にパワーを最大限まで高めましょう。パワーを十分に蓄えたと思えるまで、

レッスン11　魔術

ダンスや歌のテンポを早くし、音量も上げましょう。それからダンスを止め、ひ
ざまずきます（あるいは床にぴたりと突っ伏す、または自分がベストだと思う姿
勢をとります。これは繰り返し試すうちにわかるでしょう）。必要があれば、パワー
を招きます。そしてねらいをつけます。イメージし、それに集中します。そのう
ちに自分の内なるパワーを感じるでしょう。パワーがはじけそうになっているの
がわかるはずです。心にイメージしながら、それをできるだけ長く保ち、これ以
上もたないと思ったら、キーワードを叫びながら放ちます。お金にかかわるマジッ
クなら、「お金！」と叫びましょう。愛なら、「愛！」、新しい仕事なら「仕事！」
と叫びます。

　事前にケーキとエールの儀式で話し合い、キーワードを決めておきます。これ
が発射、引き金を絞ることです。そして声をかぎりに叫んでください。人目を気
にしないこと。ご近所を気にしないこと。「人はどう思うだろう」などと考えな
いこと。ただ叫んで、積もりに積もったパワーを発散させるのです。カヴンの全
員が一斉にパワーを放つわけではありません。時間差があってもかまいません。
それぞれが、準備できた時点で放てばいいのです。おそらくその後、疲れきって、
倒れこんでしまうでしょう……それでも気分はいいはずです。時間をかけて回復
させましょう。ワイン（またはフルーツジュース）を飲み、神殿の消去までの時
間をリラックスしてすごしましょう。

　宗派によっては、パワーをカヴンのメンバーからプリーストまたはプリース
ティスに集め、彼または彼女がじっさいにパワーを放つこともあります。これは
かなり効果的な場合もありますが、集めたパワーを適切にコントロールできる、
強いプリーストやプリースティスでなければ務まらないのです。そういうわけで
一般的にはこの方法はおすすめしません。

タイミング

　魔術の実践にふさわしいタイミングを知ることが大切です。前のレッスンで、
月相について触れました。魔術をおこなうさい、月がわたしたちの時計となりカ
レンダーとなります。月が満ちていく期間は、建設的な魔術をおこなう時です
——そして、満月に近ければ近いほどよいタイミングといえます。月が欠けて
いく期間は、破壊的な魔術をおこなう時です——そして新月に近ければ近いほ

347

どよいといえます。

　建設的な魔術とは、人生を豊かにするための魔術です。たとえば、老人が治安の悪い地区から良い地区へ引っ越すことで、その人の満足度が高まるのはまちがいないでしょう。愛の魔術は建設的だし、新たな仕事、富、成功、そして健康を獲得する魔術も同様です。

　破壊的な魔術は、ふつう、ものごとを終わらせることに結びつきます。恋愛、悪癖、暮らしぶりなどです。

　問題についてじっくりと考え、もっともふさわしい魔術の方法を決めましょう。たとえば、長年つきあっている恋人と別れ、新しい恋人がほしいとき、交際を終わらせる魔術をおこないますか、それとも新しく始める魔術をおこないますか。あるいは両方おこなうべきですか。答えは、「プラス思考」でおこなうこと。つまり、できるかぎり、建設的な面にはたらきかけるのです。新しい恋人を得ることに集中すれば、おそらく、古い恋人のことはおのずから解決するでしょう。疑わしいと思ったら、月が満ちていくときに魔術をおこなってみてください。

　つねにウイッカの掟を忘れないでください。「何者も害さない限り、汝の欲することをせよ」。どんなかたちであれ、誰かを傷つける、あるいは誰かの自由意志を阻む魔術をおこなってはいけません。疑わしいときは、やめておきましょう。

　ヒーリングのような、とても重要な魔術をおこなうときはとくに（もちろん重要でないことに時間と努力を浪費するべきではありませんが）、ある程度の期間にわたって実践することはよいことです。たとえば、魔術にふさわしい月相のあいだ、週に一度おこなうこともできます。7月30日が新月、8月15日が満月にあたるとしましょう。その場合、8月1日に魔術を始め、8日にふたたびおこない、最後は満月の当日、15日の晩におこなうこともできます。

　魔術をおこなう曜日も、一定の役割を果たします。たとえば、金曜日はいつもビーナスにかかわり、同様に愛とも結びつきます。だから愛の魔術はできるだけ金曜日におこないましょう。曜日と惑星の相関関係と、それが支配する特性は、次のとおりです。これに基づいて、魔術をおこなう日を選びましょう。

月曜日	月	取引、夢、盗品
火曜日	火星	夫婦関係、戦争、敵、刑務所
水曜日	水星	借金、心配事、紛失

レッスン11　魔術

木曜日	木星	名声、富、衣服、願望
金曜日	金星	愛、友情、他人
土曜日	土星	生活、建物、信条、保護
日曜日	太陽	財産、希望、金銭

コードの魔術

　多くのウイッチとカヴンがコードの魔術をおこないます。この魔術ではコード、あるいは、シンジュラムと呼ばれる紐が必要です。長さは9フィート（3の3倍、永遠の魔術的数字）、色は赤（血の色、つまり生命力）で、自分自身でつくるのが理想です。赤いシルクの（またはウール、ナイロン、何でも好みのもの——とはいえ自然素材がベスト）紐を3本用意し、ひとつに編みこみます。そのさい、自分自身——みずからのエネルギー——をそのなかに注ぎこみ、自分の一部となるようにします。アサメイと同様、自分以外の人にコードを使わせないようにしてください。両端に結び目を作り、ほどけないようにします。長さが9フィートになるように注意しましょう。

　完成したら、コードを聖別します。レッスン5で紹介した方法にしたがいましょう。そのさい「私はここにあなたの承認を求めてコードを差し出します……今後はツールとして、あなたの恩恵を受け、私に仕えます」と唱えましょう。宗派によっては、ローブをしばる紐としてコードを使用し、魔法円でいつも身につけています。とはいえ、コードは魔術専用にすることをおすすめします。これは純粋に魔術のためのツールだからです。使わないときは、清潔な白いリネンまたはシルクの布切れに包んでおきましょう。

　魔術をおこなうとき、コードはパワーの「蓄電池」としても利用できます。集団で円に沿ってダンスをするのではなく、腰を下ろして歌いながら、コードを手に、カヴンの一個人としておこないます（ソロのウイッチはもちろん、同じようにできます）。パワーが生じ始めたら、各メンバーは自分のペースで、休みながら、時間をかけてコードに結び目をつくります。1つ目はコードの先端に、「1つ結んで、魔法が始まった」と唱えながら結びます。そして歌に戻り——時々左右、前後に体を揺らしながら——次の結び目を結んでもよいと思えるまで続けます。2つ目は、1つ目と反対の先端に、「2つ結んで、それは現実となる」と唱えな

349

がら結びます。そして歌に戻ります。歌いながら、カヴンのメンバーは、自分たちの願望をイメージします……前述の「パワーを放つ」の項で述べたように、「ねらいをつける」のです。このように、歌い、イメージし、そして結び目をつくり続けます。パワーが蓄積されるにつれ、結び目が増え、コードに9つの結び目ができます。結び目はそれぞれ特定の場所に、ふさわしい言葉とともに結びます。最初の結び目は、すでに述べたように、片方の先端に結び、2つ目は、もう一方の先端に結びます。3つ目は真ん中、4つ目は1つ目と3つ目の中間、5つ目は2つ目と3つ目の中間に結びます。次に結び目の位置と、それぞれにふさわしい言葉をあげます。

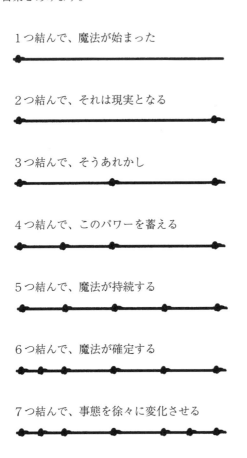

1つ結んで、魔法が始まった

2つ結んで、それは現実となる

3つ結んで、そうあれかし

4つ結んで、このパワーを蓄える

5つ結んで、魔法が持続する

6つ結んで、魔法が確定する

7つ結んで、事態を徐々に変化させる

8つ結んで、それは当然の結果

9つ結んで、済んだことは自分のもの

　最後（9つ目）の結び目を結ぶさい、魔術の対象となるものをイメージし、すべてのエネルギーがコードと結び目に送りこまれます。パワーが高められ、このときすべての結び目に「蓄えられた」ことになります。現存する中世の古い木版には、船乗りに結び目のあるコードを売るウイッチが描かれています。コードの結び目のなかに風が閉じ込められていて、船乗りが船を走らせる風が必要になったとき、結び目を解くだけでそれが手に入った——結び目1つはそよ風、2つは強風、3つは非常に強い風でした。

　なぜこのように魔力を蓄える必要があるのでしょうか。魔術のなかには、実践する時間が重要となるものがあります。たとえば、なにか建設的なことを実現したいとしましょう。ところがその魔術をおこなうのにもっとも都合のよい時間が、たまたま新月に近いとしたら、どうしますか。月が欠けていく時期に、建設的な魔術をおこないますか。いいえ。満月に向かう時期に、コードを使っておこなってください*。

　これでパワーが確実に高められ、いつでも使えるように蓄えられました。

　結び目が9つあります。これらはすべてひとつの儀式で結ばれましたが、結び目を解くのは一度に1つ——1日に1つ——9日間通して続けなければなりません。結んだ順番と同じ順番で解くようにし、逆順はやめましょう。つまり、最初の日は、最初に結んだ（コードの先端）結び目を解き、2日目は2番目に結んだ（コードの他方の先端）結び目を解くという具合です。この要領で、9日目に9つ目の結び目を解きます。この結び目は、パワーが最大となった、結び目の儀式のクライマックスに結ばれたものです。毎日じっさいに結び目を解く前に、実現したいことに意識を集中させ、揺り動かしながら再度パワーを高めます。その後、結び目を解くとき、これもまた叫びながらパワーを放ちましょう。

---

*　もちろん、すべての魔術が瞬間的なものというわけではない。それはちがう。とはいえ、魔術に最大限に作用する事象に近ければ近いほど、効果的といえる。新月から満月の期間、週に一度おこなう例と同様である。

さらにコードは、ダンスをしている間、パワーを高める目的で使用できます。ウイッチはそれぞれ自分のコードの両端を手に持ち、円の反対側にいる人のコードの真ん中にコードを通してループ状にします。

　手をつないでダンスする代わりに、カヴンのメンバーは、大車輪のスポークのように、絡み合ったコードで結ばれます。

キャンドルの魔術

　本書の冒頭で、古代の人々がおこなった共感魔術について紹介しました。狩りの獲物の粘土像をつくった後、その像を攻撃することです。これと同様の例は、いつの時代も見られます。紀元前1200年ころ、エジプト人の財務担当の役人が、蝋人形を使ってラムセス３世を陥れようとしました。また、ネクタネボ２世（紀元前350年）は、戦う前には必ず、蝋人形を使いました。数千年とはいわないまでも、数百年ものあいだ、あらゆる人種、宗教に属する人々が、粘土や蝋人形よりもむしろ、キャンドルを使って、これと同じような共感魔術をおこなってきました。キャンドルは人間を表すだけでなく、愛、金銭、人をひきつけるもの、不和など、何かの象徴として使われています。さまざまなキャンドルを、さまざまな方法で巧みに扱い、魔術をおこなうことができます。

　キャンドルはどんな種類でもかまいません。重要なのは色です。だから、次の表はこの魔術には欠かせません。キャンドルの魔術は通常の祭壇でおこなうこともできますが、ある程度の期間キャンドルを祭壇に置いておく必要がある儀式も多いので、追加で祭壇を用意するのもよいでしょう。これはカード用のテーブル、コーヒーテーブル、箱、整理ダンスの天板――ほとんど何でもかまいません。白い祭壇用のキャンドル（そうしたければ、両サイドに男神と女神の像が彫られているもの）を用意してもよいでしょう。この前方に、香炉、水、塩を置きます。これが基本です。

レッスン11　魔術

魔術において色が象徴する意味

表1 星と色

太陽宮	誕生日	主要カラー	二次的カラー
宝瓶宮	1月20日〜2月18日	青	緑
双魚宮	2月19日〜3月20日	白	緑
白羊宮	3月21日〜4月19日	白	ピンク
金牛宮	4月20日〜5月20日	赤	黄
双子宮	5月21日〜6月21日	赤	青
巨蟹宮	6月22日〜7月22日	緑	茶
獅子宮	7月23日〜8月22日	赤	緑
処女宮	8月23日〜9月22日	金	黒
天秤宮	9月23日〜10月22日	黒	青
天蝎宮	10月23日〜11月21日	茶	黒
人馬宮	11月22日〜12月21日	金	赤
磨羯宮	12月22日〜1月19日	赤	茶

表2 色の象徴的意味

白	清らかさ、真実、誠実さ
赤	強さ、健康、活力、性愛
淡青	静けさ、知力、忍耐、健康
濃青	衝動的、憂鬱、不安定
緑	資金、豊饒、成功
金／黄	人を引き付けるもの、説得、魅力、自信
茶	ためらい、疑念、中立
ピンク	名誉、愛、道徳
黒	悪意、喪失、不和、混乱
紫	緊張、野心、ビジネスの進展、権力
銀／灰	解消、中立、行き詰まり
オレンジ	励み、順応性、刺激、魅力
黄緑	病気、臆病、怒り、嫉妬、不和

表3 曜日

日曜日	黄
月曜日	白
火曜日	赤
水曜日	紫
木曜日	青
金曜日	緑
土曜日	黒

それでは典型的なキャンドルの儀式を見ていきましょう。「愛を獲得するため」の魔術は好例となるはずです。祭壇の一方（左）に請願者（あなた自身または、儀式の対象者）を象徴するキャンドルを置きます。その反対側に、あなたが振り向かせたい人を象徴するキャンドルを配置します。

　ここでついでに言わせてもらえば、けっして他人の自由意志を妨げようとしてはいけません。だから、こうした儀式を特定の人物に向けておこなってはならないのです。2本目のキャンドルとして、あなたが振り向かせたい人にふさわしいものを使います。たとえば、その人に愛されたいならピンクのキャンドルを選ぶとよいでしょう。エネルギッシュで性的に盛んな人なら赤のキャンドルです。あるいは、感受性が鋭く、家庭的な人には巨蟹宮のキャンドル、頼もしいリーダーには獅子宮のキャンドル、分析に長じ、勤勉な人なら処女宮のキャンドルを選ぶこともできます。もちろん、恋人に望むすべてを表す色を1つか2つにしぼることができない人もいるでしょう。それでごくふつうの白いキャンドルを選ぶことになるかもしれません。どれを使うにせよ、キャンドルに「仕上げ」（下記参照）するさいに、自分の望みを詳しく伝えましょう。請願者のキャンドル（左側）は、表1の誕生日にしたがってください。

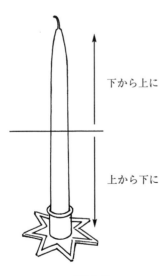

図11.2

　2本の主要なキャンドルは、使用する前に「仕上げ」が必要です。これは全体にオイルを塗ることで聖別します。特別なキャンドル用の聖油を入手できなくても、ふつうのオリーブオイルで十分です。キャンドルの中心から上下に塗ります（図11.2参照）。その間キャンドルが象徴する人に意識を集中させましょう。最初のキャンドルにオイルを塗りながら、自分自身（または請願者）をイメージします。心の中で名前を唱え、それがあなた（彼または彼女）を表していることを伝えます。2本目のキャンドルは、もちろん名前を言う必要はありませんが、あなたが恋人にしたい、まだ見ぬ相手に望む特性に意識を集中

させてください。

　これら2本の星のキャンドルの隣には、赤いキャンドルを置きます。表2から、赤は強さ、健康、活力そして性愛を表すことがわかります。だから2本の赤のキャンドルは、あなたの願いどおりに、2人がお互いに惹かれあうことを保証してくれるでしょう。

　次にじっさいに相手を引き付ける儀式に入ります。あなた自身の星のキャンドルの隣に金色のキャンドルを立てます。表2のとおり、金（または黄）色は、人を引き付けるもの、説得、魅力そして自信を象徴します。だからあなたの魅力と自信で、あなたが求めている人を引き付け、彼または彼女があなたの元に来るように説得することになります。

　これで祭壇は次のページの略図のようにセッティングされました。

　儀式は、自分と祭壇の周りにアサメイで魔法円を描くことで始まります。そしてそれをいつものように聖別します。その後しばらくのあいだ、実現したいことについて深く考えます。

　請願者を示すキャンドルに火を点し、次のように唱えます。

　　「これは……（請願者の名前）……このキャンドルは彼／彼女です。この炎は彼／彼女の心のように燃えています」

　赤いキャンドル（＃1）に火を点し、唱えます。

　　「（名前）の愛は深く、ここに存在しています。その真に強い愛を、多くの人が求めています」

　あなたが求める人の星のキャンドルに火を点し、唱えます。

　　「これは、彼女／彼が愛し求める人のもうひとつの心臓です。目の前に彼女／彼を思い描こう」

　赤いキャンドル（＃2）に火を点し、こう唱えます。

　　「彼女／彼の（請願者の名前）への愛は、この炎とともに育まれます。
　　それはこの炎のように燃え、永遠に彼／彼女に引き付けられます。
　　2人が互いにいだく愛は、深いのです」

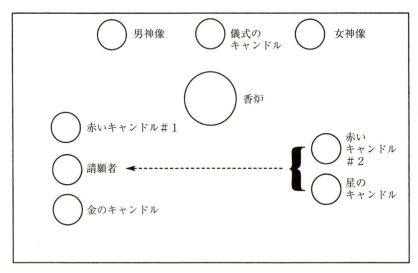

祭壇の図

金色のキャンドルに火を点し、こう唱えます。

「今、1人が、もう1人に引かれています。
　皆が彼らの愛に引き付けられています。
　このキャンドルが燃え、彼らを絶えず近くに引き付けます。
　とても強い説得力があるのです。

　いかなるときも、彼は引力を感じます。
　彼女を思う気持ちはゆるぎないのです。

　彼女への切なる思いで、彼の1日は長く
　夜は欲望でいっぱいになります。
　彼女といっしょになること、それだけが彼の願いなのです。
　永遠にひとつになること、それが今すぐ彼には必要なのです。
　それは、彼女のとなりに彼が横たわるまで、
　眠れないとわかっているからです。

レッスン11　魔術

彼女の望みをかなえるために彼は働き、奉仕し、生きるのです。
その気持ちが消えることはありません。

引力があまりに強く、彼はそれに抵抗できないし、
抗おうとも思いません。
彼はともかく流れに身を任せ、
旅の終わりに彼女の元へたどり着きたいのです。
日が昇るところに、
彼女とともにその愛があり
日が沈むところに
彼はいるでしょう」

　しばらくのあいだ腰を下ろし、その後キャンドルを消します（必ず吹き消すこと。もみ消してはいけません）。毎日儀式を繰り返し、毎回、星と＃2の赤いキャンドルを請願者のキャンドルの方に約3センチずつ近づけます。これを毎日続け、星と＃2のキャンドルが最後に請願者のキャンドルに触れるまでおこないます。

　上記の儀式に共感の性質があることに気づくでしょう。これがキャンドルの魔術の典型的な方法です。この魔術の儀式をすべてここで紹介する余地はありません。自分なりの儀式を考案してもいいし、ニーズによって30に近い儀式を紹介した私の著書"Practical Candleburning Rituals"（ルウェリン・パブリケーションズ刊、1982年）を参照するのもよいでしょう。
　キャンドルの魔術はカヴン全員でおこなうこともできます。その場合、メンバーの1人あるいはそれ以上の人数で言葉を唱え、キャンドルに火を点し、（必要に応じて）移動させましょう。

愛の魔術

　おそらくほかのどんな魔術よりも興味深いと思われるのが、いわゆる「ほれ薬」「媚薬」です。とはいえこれらの大半は、おとぎ話の世界にあります。ところが、同様の効果がある儀式があるのです。もっとも広く知られ、かつ効果が大きいの

は、人形を使った儀式です。これらの人形は恋人たちを表します。ほかの共感魔術と同様、人形におこなうことは、恋人たちにおこなうこととになります。

人形は特別に用意された布の人形です。2枚の布切れでつくるシンプルでおおざっぱな形をしています（図11.3）。布を裁断しながら、それが表す人に意識を集中させましょう。それに目鼻立ち、その人の特徴（たとえば、あごひげ、口ひげ、長く豊かな髪）を刺繍することで、さらに効果が発揮されるでしょう。その人の占星術のサインも加えましょう。刺繍が苦手な人はマジックやペンで書いてもかまいません。そして上部を残し、輪郭に沿って縫い合わせます（図11.4）。その後人形にふさわしいハーブを詰めます。このときも実在する人に意識を集中させてください。バーベナ、バーベイン、フィーバーフュー、アルテミシア、ヤロウ、バレリアン、マザーワート（レオヌルス）、バラのつぼみ、エルダー、ダミアナなどを使うとよいでしょう。これらは金星の支配を受けるハーブです。最後に上部を縫い合わせてください。

このように2つの人形を用意します。1体は男性、もう1体は女性を表します。もちろん、この準備作業はすべて、魔法円のなかでおこないます。1人でおこなってもよいし、カヴン全体でおこなうこともできます。

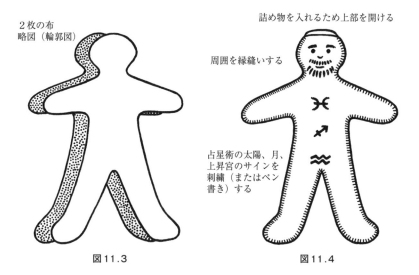

図11.3　2枚の布略図（輪郭図）

図11.4　詰め物を入れるため上部を開ける／周囲を縁縫いする／占星術の太陽、月、上昇宮のサインを刺繍（またはペン書き）する

レッスン11 魔術

「理想の相手」を求めるなら、上記のキャンドルの魔術と同様、相手に求める性質をすべて含めた2体目の人形をつくります。それには名前はありませんが、身体的な好み（たとえばブロンドの長い髪）を表現し、心にあらゆる性質を込めてつくることができます。忘れてはいけないのは、これが強力な魔術だということです。これは永続する関係のための魔術なので、いっときの関係のパートナーを得るためだけにおこなってはいけません。

準備ができたら、人形を祭壇上に置きます。1体は短剣またはアサメイの左端、もう1体は右端で、剣の正面になるように置いてください。祭壇上には赤いリボンを用意しておきます。長さは約53センチです。

> **請　願　者**：偉大な男神と女神よ。さあ私の願いを聞いてください。（名前）に誠の愛を求め、彼女の望みをかなえたいという私の願いを。

請願者は人形のひとつを手に取り、塩水に指を浸し、人形全体にそれをかけます。それからインセンスの煙（けむり）にかざし、裏返して煙を全体にたき込めます。この間、以下のように唱えます。

> **請　願　者**：この人形を（請願者の名前）と呼びます。これはどこからみても彼女（その人）です。彼女が生きるように、この人形も生きます。私がおこなうことはすべて、彼女にもおこないます。

請願者は人形を元に戻し、もう1体を手に取ります。塩水をかけ、インセンスをたき込めたのち、彼女は次のように唱えます。

> **請　願　者**：この人形は、どこからみても、彼女が待望する相手です。彼が生きるように、この人形も生きます。私がおこなうことはすべて、彼にもおこないます。

請願者は人形を元に戻し、祭壇の前でひざまずき、それぞれの人形に手を軽くそえます。目を閉じて、自分と相手を象徴する2人がゆっくりと出会い、キスをし、抱擁する様子をイメージします。このとき —— 焦ってはいけません —— 彼

359

女は2体の人形を剣に沿って両端からゆっくりと動かし、ついに2体は出会うことになります。この時点で、彼女は目を開け、人形を向かい合わせて持ち、こう唱えます。

請　願　者：こうして彼らはお互いに惹かれあうでしょう、強く、心から。
そして、いつも2人は一緒にいるでしょう。
二度と離れることも、1人になることもなく、
永遠に変わることなく一緒にいるのです。

　人形は今、祭壇の中央に一緒に置かれています。人形の上には短剣が重ねておかれています。それから10分ほどのあいだ、請願者（個人の場合）またはカヴン全体は、いつものようにダンスを始め、魔術をおこない、最後には2人に働きかけるようにします。
　その代わりに、請願者またはカヴンは腰を下ろし、ただ静かに思いをめぐらせ、意識を集中して、2人が一緒に――お互いに微笑みながら、幸せに過ごし、確かに愛し合っている様をイメージしてもよいでしょう。
　この儀式は、月が満ちていく時期の金曜日におこない、さらに2週続けて金曜日におこなう必要があります。この期間に暦のうえで金曜日が3回続かない場合、金曜日、水曜日、金曜日とおこなってください。つねに最後の金曜日の儀式ができるだけ満月の日に近くなるようにしましょう。儀式と儀式のあいだ、2体の人形をそのままの状態（剣の下に置く）にできない場合は、祭壇から下ろし（互いが向き合うようにして）清潔な白布につつみ、差しつかえのないところに置いておきます。
　最後の金曜日、上記の儀式がおこなわれたあと、次のように唱えます。

請　願　者：男神と女神よ、この2

図11.5

人を結び付けたまえ、
私が今２人を結びつけるように。

　彼女は人形をとりあげ、２人を赤いリボンで数回しばり、リボンの両端をその脇で結びます。

　　請　願　者：これで彼らは永遠に１つになりました。ちょうど神々たちのように。
　　　　　　　それぞれが真にお互いの一部となり、離れたら、不完全だと思えるようにしてください。
　　　　　　　そうあれかし！

　しばった人形をふたたび剣の下に置き、少しの間そのままにして、儀式について振り返りましょう（このときダンスや歌は不要）。
　儀式が完了した後、人形は清潔な白い布で包み、誰かに見つかってリボンをほどかれる心配のない場所に保管すること。

セックス・マジック（性魔術）

　これはもっとも強力なかたちの魔術のひとつです。というのも、かなり多くの生命力を扱うからです。ジョン・マンフォード博士は、"Sexual Occultism" のなかで、人間が生きていくうえでもっとも重要な精神生理学的な出来事は、オーガズムであると述べています。性魔術は、魔術をおこなう目的で、オーガズム──実質的には性体験全体──を活用する術です。性魔術を成功させるためには、次の４つの要素が相互に作用しなければなりません。（１）性的興奮のあいだに、あらゆる超感覚的知覚が高まる。（２）オーガズムの直前、その最中、そしてその後に、精神が感覚過敏状態になる。（３）性的興奮のピークが継続すると、無意識の領域に近づきやすくなる。（４）オーガズムのあいだ、多くの人は時間を超越し、まったく自我がなくなる感覚を味わい、そのあとにパートナーと「同化」した感覚を覚える。
　性行為はあきらかに、魔術に必要なパワーを生み出しうる最善かつもっとも自

然な方法です。成功のすべてのプロセスは、ゆっくりと始まり、徐々に盛り上がり、どんどんスピードが上がり、ついにオーガズムという爆発に達します。この魔術は魔法円のなかで、カップルだけで、カヴン全体で、あるいは単独で、おこなうことができます。

　まずは、いつものように自分が実現したいことについて少しのあいだ思いをめぐらせます。それから男性と女性はペアとなって、互いに向かい合い、膝をつきます（後段でソロのウイッチについても触れます）。目を閉じて、両手でゆっくりとパートナーをなで、さすりながら愛撫します。あわててはいけません。そしてもちろん目的は性的興奮をもたらすことです。準備ができたら、男性はあぐらをかいて座り、女性は男性と向かい合ってその上に座ります。ペニスを彼女に挿入した状態で、やさしく前後に動かします。男性は勃起をたもったまま、オーガズムに達しないようにします。この段階で、魔術の目的に意識を集中させ、ねらいをつけます（これもオーガズムを遅らせるのに役立つでしょう）。懸命に励み、みずからのうちにパワーを生み出します —— その高まりを実感するでしょう —— そしてできるだけオーガズムを先送りします。男性がもうオーガズムを避けられないと感じたら、体を後方に倒し、床に横たわるようにします。オーガズムに達したとき、彼はパワーを解放します。このとき一筋の白い光がさっと走るのが目に浮かぶでしょう。女性は同時にオーガズムに達するように励み、必要なら指でクリトリスを刺激します。達したら、前にゆっくりと倒れ、パートナーに身体を重ね —— ひとつに結ばれたまま —— 数分間そのままの状態でいます。

　男性が射精をコントロールするのが難しい場合、あらかじめ（愛撫のあと）背中をつけて横になり、女性はひざをついてその上にまたがり、彼が示すように動きます。

　ジョン・マンフォードは次のように述べています。「オーガズムに達することが、月にロケットを打ち上げることと似ているとみなす人がいるとすれば（たとえば、しだいにクライマックスに達する点）、性的なロケット花火の打ち上げ方法が必ずしも重要ではないということは、神経系の神経経路に関するかぎり、明白な事実である。あらゆる神経系は、精神的な領域での爆発とかかわっている。点火の方法は、マスターベーション、同性愛、異性愛、いずれにせよ問題ではない。最終結果（オーガズム）のみが重要で、どんな性行為もそれに至る手立てにすぎないのだ」。つまり、単独でこの魔術をおこなう人の解決策は、マスターベーショ

レッスン11　魔術

ンです。やはりできるだけオーガズムを先延ばしにすることを心がけましょう。先に延ばせば延ばすほど、よりパワーが生まれます。

　もちろん、カップルの場合にも代わりの方法があります。女性が生理中だったり、同性カップルなど、じっさいに性交をおこなうことができない確固たる理由がある場合です（多くの人々が大昔のキリスト教思想に染まったビクトリア時代の禁欲は捨てましょう）。ひとつは互いにマスターベーションをしあうこと、もうひとつはオーラルセックスです。ふたたびマンフォード博士によれば、欧米人がオーラルセックスに抱く嫌悪は、体の分泌物（不要な老廃物）と性的な液体（栄養豊富な液体）の相違について広く混乱が見られるためです。後者については、生化学者が、新鮮な精液がカルシウム、鉄、亜リン酸、そしてビタミンCをたっぷり含んでいることを発見しています[†]。オーラルセックスはもちろん、妊娠の可能性を排除しなくてはならないときにはとくに、ふさわしいといえます。

　魔術のために身体を浄化することの重要性については、以前にも強調しました。性魔術がうまく作用するためには、この点はとくに重要です。

　性魔術は占いや体外離脱を助ける補助的な魔術としても有効です。コードの魔術で、コードにエネルギーを蓄えるために使用する場合は、女性が最初に結び目を結び、男性が次に結ぶというようにしてください。9つめの結び目が結ばれたら、カップルがオーガズムに近づくときに、2人をコードでぐるぐる巻きにします。

　性魔術について最後に一言。これは数多くある魔術のひとつの方法にすぎません。自分には向いていないと思ったら、おこなう必要はありません。まったく単純なことです。誰もが性魔術をおこなうべきだというウイッチは一人もいないはずです。また、この魔術を実践したいが、カヴン全体でおこないたいとは思わないという場合は、個人的におこなってください。重要なことは —— ウイッカ信仰のすべてと同様 —— 自分のしていることが心地よいと思えるかどうかです。なにごとも強要されるべきではありません。

[†]　タントラ教の最高のフェイシャルパックとして、新鮮であたたかい栄養豊富な精液が、肌の、とくにおでこや鼻の脂っぽい部分のケアに使われる。精液が乾くにつれ、収れん作用で毛穴をひきしめ、しわを目立たなくする。また、肌細胞に栄養を与え、肌を若返らせ、なめらかに保つ。

363

まじないをかける

これは、誰かが秘密を漏らすのを防ぐためにおこないます。これも共感魔術の
ひとつです。粘土または蝋人形、あるいは布製の人形がつかわれます。儀式では、
その人形を、秘密を守ってほしい人の名前で呼びます。その後ふさわしい言葉を
唱え、21インチの赤い絹糸を通した針で、人形の口を閉じます。最後に人形の体
中に糸をまきつけます。その人が禁じたことを口外できないように意識を集中し
ます──その秘密が何であれ、安全に守られます。儀式が終わったら、人形を
白布に包み、安全なところにしまっておきます。糸がそのままであるかぎり、そ
の人は秘密を守るでしょう。

悪意から身を守る

このうえない善人にも敵がいる可能性があります。嫉妬や誤解から敵意をもた
れることもあるし、あるいは髪型が気に入らないという理由で（！）嫌われるこ
ともあります。「わたしは身を守る必要がない。わたしには敵などいないから」
という人は大勢います。しかし上記のように、その存在さえ知らない「敵」がい
ることもあるのです。彼らは当人の前では感じよくふるまい、陰では激しく嫉妬
していたりするのです。そうした敵意から身を守るにはどうしたらよいでしょう
か。ゆがんだ輩があなたに邪悪な魔術をかけるとしたら、どうやって身を守りま
すか。相手を傷つけずに、確実に自分の身を守る方法は何か。

これにうってつけの方法は「ウイッチのボトル」です。これは民間伝承でも知
られる、古くからのお守りで、個人的につくることができます。自分自身を守る
と同時に、自分に送られたものは何でも相手に「送り返す」お守りです。だから、
けっして相手を傷つける当事者にも、復讐者にもならず、確実に自分自身を守る
ことができます。

ウイッチのボトルをつくるには、6オンスほどのインスタントコーヒーの空き
瓶のようなふつうの広口瓶を用意します。それに割れたガラス、古いカミソリの
刃、さびた鋲や釘、ピン、針などを入れます。瓶が半分ほど埋まったら、それに
尿を入れます。女性の場合は、経血も加えるようにします。その後テープで封を
します。ボトルは掘り返されない、離れた場所に運び、少なくとも30センチほど

レッスン11 魔術

地下に埋めてください。都市部に住む人は、人里はなれた場所に移動してボトルを埋める場所を見つけましょう。

ボトルが埋まったまま、割れないかぎり、その人に向けられたどんな悪意からも守ってくれます。その悪意を向ける者が個人であれ、集団であれ、効果のある方法です。その人を守ってくれるだけでなく、悪意の送り主（たち）にそれを送り返します。相手がその人を傷つけようとすればするほど、みずからの手で自分を傷つけることになるのです。

このようなボトルはほとんど永遠に効果が続くはずですが、万全を期して、年に一度はこの儀式をおこなうことをすすめます。郊外の宅地開発が急増する昨今、いつなんどきボトルが掘り返され、偶然に壊されるかわからないからです。

儀式の構成

これまで見てきたとおり、魔術の方法は数え切れないほどあり、このレッスンでは紹介しきれないほどです。まだヒーリングについては述べていませんが、これはレッスン13で取り上げます。

怖れずにじっさいに魔術を試してみることです。とはいえ、安全におこなってください。わたしがこれまで紹介した魔術のどれをとっても、得体の知れない存在を呼び出すものはありません。その種の魔術は避けましょう。これは結果的に深刻なトラブルを招きかねません。ウイッカの魔術は、適切におこなえば、ほかの魔術とおなじくらい（おそらくそれ以上）強力です。

ここで魔術をおこなうための儀式の基本形について、もう一度おさらいしましょう。

・念入りに魔法円を描きます。通常のエスバットの場合、魔術を始める前に円を強化してください。
・魔術をおこなうあいだは、けっして魔法円を出入りしないこと。パワーがもれ、どんなものが入り込むかわからないからです。
・これからおこなうこと、そしてその方法について話し合い、全員が明確にしておくこと。儀式で歌う歌詞やパワーを放つときのキーワードについてしっかりと決めておきましょう。

365

・儀式の一部始終——現状が、最終的に（希望する）状況に変化するパターンをイメージする瞑想の時間から始めましょう。
・次にあげるもの、またはそれを組み合わせてパワーを作り出しましょう：ダンス、歌、コード、セックス、キャンドル、人形。
・ねらいをつけて——最終結果をイメージすること。
・パワーを放ちましょう。

このレッスンは重要です。十分に学んでください。これまで学んだことを実践にうつす段階が近づいてきています。おそらく、これまで私が述べたことをすべてじっくりと見直すべき時です。前に戻って再読してみましょう。

重要な注意

このテキストと次のレッスンの両方、そしてテストのなかで、「愛の魔術」を例にあげています。つねに忘れないでほしいことは、愛の魔術は特定の相手に向けておこなわれてはならないということです。というのも、それはその人の自由意志に介入することになるからです。その人がふつうならけっしておこなわないこと、そして、したいとも思わないことを無理強いすることになるからです。唯一愛の魔術で許されるのは、まだ知らない「誰か」をあなたにもたらす魔術です。より望ましいのは、誰かを変えようとするのではなく、自分自身のために魔術をおこない、より魅力的な人になることです。

［レッスン11］ 練習問題

1. あなたにとってもっとも効果的な魔術の方法はなんですか。

2. 魔術による効果があった後、経験したことについて記してください。

3. あなたが魔術を試みるさい、効果があった歌をいくつか書き出してください。

4. 儀式で使用する人形を描いてください。そのなかに何を詰めますか。人形について さらに詳しいことは、"Charms,Spells and Formulas by Malbrough"（ルウェリン刊、1986年）参照のこと。

5. キャンドルの魔術の祭壇の配置を描いてください。特定の魔術をおこなうために何色のキャンドルを使用しますか。儀式をおこなった日付とその結果を記録しましょう。星の影響、色、曜日のパターンに気をつけましょう。

6. 魔術をおこなうさいの魔法円の描き方について説明してください。

7. パワーを招く方法を説明してください。

［レッスン11］　理解度テスト

1．魔術とは何ですか。そのためにどのような準備が必要ですか（じっさいに魔法円を描く前に）。どのようなときにおこないますか。

2．円錐形のパワーはどのように、どこでつくられますか。

3．次にふさわしいチャント、歌を書いてください。
　　（a）公平な判決をもたらす
　　（b）農地の収穫高を上げる
　　（c）盗品を取り戻す
　　また、それぞれの場合に、パワーを放つときのキーワードを挙げてください。

4．夫に見捨てられた若い女性がいます（彼は彼女の「親友」とともに逃げました）。後に残されたのは3人の子どもと札束です。彼女のためにどのような魔術をおこなったらよいか、詳しく書いてください。その方法、これからやろうとすることの一部始終（現在から最終結果まで）、チャント、キーワードを含めて答えてください。

5．チャントとリズムが重要な理由を短くまとめてください。

6．あなたはソロのウイッチです。親友が助けを求めて訪ねてきたら、あなたはどのような助言をしますか（魔術をおこなうのにもっともふさわしいのは誰か、思い出してください）。

◎推薦図書

"Practical Candleburning Rituals"（レイモンド・バックランド著）

"Color Magick"（レイモンド・バックランド著）

◎補助読本

"Sexual Occultisism"（ジョン・マンフォード著）

"Magical Herbalism"（スコット・カニンガム著）

"Earth Power"（スコット・カニンガム著）

　　　── 邦訳『アースパワー ── 大自然から贈られた神秘の力』（桜井伸子訳、心交社）

Lesson12 － レッスン 12

文字のパワー

The Power of the Written Word

　先のレッスンでは話し言葉のパワーについて述べました。つまり、チャント（歌）やライム（詩）を通じて、いかに円錐形のパワーを高め、魔術をおこなうかということです。今度は書き言葉、文字のパワーに注目しましょう。

　中世には、多くの人々が魔術をおこなった容疑で処刑されました。しかしじっさいはかなり公然と、自由に魔術を実践する者が大勢いたのです（キリスト教会の高位聖職者を含めて）。彼らが気軽に実践できたのは、それが言葉による魔術だったからです。ウイッチクラフトは宗教であり、それゆえ、キリスト教に敵視されました。しかし、さまざまな儀式における魔術は実践にすぎないので、教会が懸念することもなかったのです。それはまた、非常に高くつくうえに、学術的なものだったので、結果的に限られた少数の人々にしか実践できなかったのです。その選ばれた集団の大半は聖職者で、彼らはその研究に十分な時間も資金もありました。司教、大司教、そして教皇でさえ、「アート・マジック」を実践したといわれています。のちにローマ教皇シルウェステル２世となるジェルベール司教は、偉大な魔術師と称されました。それ以外にも、ローマ教皇のレオ３世、ホノリウス３世、ウルバヌス５世、そしてコンスタンチノープル総大主教ニケフォルス、神聖ローマ皇帝ルドルフ２世、フランス王シャルル５世、ニコラウス・クザーヌス枢機卿とカエタヌス、カゼルタ司教のベルナール・ド・ミランドラ、トレント司教のウダイリック・デ・フロンスペルグなど大勢いました。

　魔術師たちはそれぞれ、油断なく仲間うちで魔術をおこない、自分たちの秘術を守りました。教会の権威から守ったのではなく、ほかの魔術師たちに知られないよう警戒したのです。詮索好きな人々の目を逃れるために、秘密の文字を使用

しました。このような文字の多くは、今日広く知られ、魔術師のみならず、ウイッチやそれ以外のオカルト実践者にも利用されています。なぜウイッチたちはこうした文字の形式に関心を持つのでしょうか。おそらく、秘密主義も多少はあるかもしれませんが、ほとんどのウイッチにとって、もうひとつの正当な理由は、ある対象にパワーを注ぐ方法のひとつが、自分のエネルギーを引きだすにふさわしい言葉を魔術をかける対象に書くことだからでしょう。日常生活で英語を書いているとき、いつも集中しているわけではありません。アルファベットに慣れすぎて、とりとめのないことを考えてしまいがちです。ほとんど無意識に手が動いて、殴り書きになってしまうこともあります。では、馴染みのない、特殊な文字を使って書くとしたら、どうでしょうか。この場合、集中力が必要です。書くという行為に、意識を集中せざるをえなくなります。つまり、見慣れない文字を使うことによって、みずからのエネルギー、パワーを自分が働きかけているものに引き込むことができるのです。

ルーン文字

　魔術師は以上のような方法で、必要に応じてあらゆるものを（パワーをつかって）変化させました。短剣、香炉、杖、アサメイ、ベル、ラッパ、三叉の道具などです。彼らはローブや羊皮紙の帽子にまでパワーを招く言葉を書きいれました。読者のなかにはすでに、アサメイをつくるさい、柄、あるいは刃に、名前や魔術的な組字を彫り、エッチングすることで、同じように実践した人もいるでしょう。これによって自分自身のパワーをツールに注ぎこむことができます。

　ルーンは古期英語などで、「神秘」または「秘密」を意味します。ルーン文字を書き入れることで、ツールは確実に含意と正当な意義をもつことになるでしょう。ルーン文字はけっして実用的な文字ではありませんでした。最初にゲルマン人が使用したときから、占いや儀式用の文字として使われていました。

　ルーン文字は、ほかのどの文字よりも豊富なバリエーションがあるようです。主なタイプは、ゲルマン、スカンジナビア、アングロサクソンの3つです。それぞれのタイプは、さらにいくつかに細分化されたバリエーションがあります（次ページ参照）。

レッスン 12　文字のパワー

ゲルマン人のルーン文字

デーン人のルーン文字

スウェーデン・古代スカンジナビア人のルーン文字

アングロサクソン人のルーン文字

シークス派ウイッカのルーン文字

373

最初にゲルマンのものを見ると、地域によってバリエーションがあるものの、基本的に24のルーン文字が使われている。ゲルマンのルーン文字は一般に、最初の6文字（「th」は1文字：ᚦ）にならって、「フサルク」futharkと呼ばれている。スカンジナビア（デーン、スウェーデン・ノルウェー、あるいは北欧）のルーン文字は16で、これもまた無数のバリエーションがある。

アングロサクソンのルーン文字は、28から31まで、字数が異なるものがある。じっさい（アングロサクソンの古王国）ノーサンブリアでは、9世紀まで33のルーン文字があった。アングロサクソンのルーンは、やはり最初の6文字から「フソルク」futhorcと呼ばれている。

「ケルトの」ルーン文字は、ガードナー派とケルト派のカヴンで使われることがある。「サクソンの」ルーン文字は、シークス派で好まれている。

"The Tree ; The Complete Book of Saxson Witchcraft"

（レイモンド・バックランド著、

サミュエル・ワイザー刊、N.Y.、1974年）

オガム・ベスルイスニオン

初期のケルト人とその司祭であるドルイドは、独自の文字をもっていました。それはオガム・ベスルイスニオンといわれるものです。非常にシンプルな形で、紙などに手書きするよりも、木や石に刻みつけることが多かったようです。中心線があるため、とくに、木片や石の角に沿って文字を彫るのに適していました。

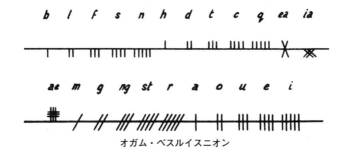

オガム・ベスルイスニオン

古代エジプトのヒエログリフ

多くの魔術的な言葉は、今も昔も、古代エジプトの大きな影響を受けています。もちろんそれは、古代エジプトのヒエログリフが魔術的な文字のお手本となっているからです。ウォーリス・バッジ卿の著書、"Egyptian Language"は、参考文献として役立つでしょう。下記に基本的なエジプトの文字を示しています。

中世の魔術師の話に戻すと、(あらためて)さまざまな魔術的文字があることがわかります。これらは、図書館や欧米の個人蔵書として現存する古代のさまざまな魔術書:グリモア(古期フランス語で「文法」を意味する)——魔術師の儀式書——から選ばれたものです。

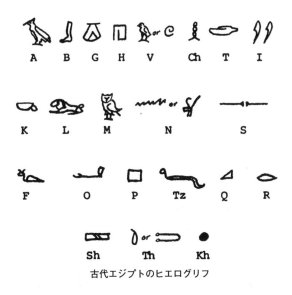

古代エジプトのヒエログリフ

テーベ文字

テーベ文字(「ホノリアン」ともいわれる)は、広く普及した文字で、今でもガードナー派でとくに幅広く使われています。テーベ文字は「ウイッチのルーン文字」(これはじっさいルーン文字とはほど遠い)や「ウイッチのアルファベット」などと称されていましたが、まったくの誤りです。

テーベ文字

川を渡る

「川を渡る」文字は、ほとんどセレモニアル・マジックに限定して使用されました。とはいえ、個人的にタリスマンに用いるウイッチもいるようです。

「川を渡る」文字

天使の文字

「天上の」文字ともいわれています。これもほとんどセレモニアル・マジックに限定して使用されます。

天使の文字

マラキム

ときに「マギの言葉」といわれます。これもまた、ほとんどセレモニアル・マジックのみに使用されます。

マラキム

ピクト文字

PectiWitaでは、2種類の興味深い魔術的文字を使用します。1つはルーン文字の変種で、もう1つは極めて装飾的な古代のピクト文字を基にしています。双方とも、ここで初めて紹介するものです。

377

ほかのルーン文字と同様、ピクト文字も直線だけで構成されています。しかし、それを組み合わせて表記する場合、ある程度勉強する必要があります。基本的には、表音綴り字が使われています。つまり、発音どおりに文字を書くということです。英語は、発音とかけはなれた綴りの言葉がとんでもなく多い言語です。たとえば、bough（木の大枝）、cough（咳）、through（〜を通して）、though（〜だが）……これらにはすべてoughの綴りが含まれていますが、すべて発音は異なります！　これらを発音どおりに綴ると、「bow、coff、throo or thru、thoe、thot」となります。これをPectiWitaのルーン文字で表記すると、発音どおりに綴ることができます。先ほど示した例のthroughは、「throo または thru」のどちらかになります。では母音の発音に注目しましょう。Hat（帽子）の「A」は「a」となり、hate（憎む）では「ā」〔aの上に傍線〕となります。Letの「E」は「e」、そしてsleepでは「ē」〔eの上に傍線〕となります。「I」はlit（lightの過去形）では「i」となり、lightでは「ī」〔iの上に傍線〕となります。「O」の場合、dot（水玉）では「o」、vote（投票）では「ō」〔oの上に傍線〕と表記されます。「U」の場合、cupでは「u」、lute（リュート）では「ū」〔uの上に傍線〕となります。文字の上に傍線を付ける（ā、ē、ī、ō、ū）ことで硬音を表し、軟音と区別することができます。ピクトのルーン文字では、このように表記します。

A =　　△　　or　　△̄

E =　　◁　　or　　◁̄

I =　　Ａ　　or　　Ā

O =　　◇　　or　　◇̄

U =　　∀　　or　　∀̄

ピクト文字

これらのルーン文字をさらに一歩すすめましょう。母音は「R」と一緒になるとき（ar、er、irなど）、あるいはもうひとつの母音と「R」が一緒になるとき（ear、ere、ourなど）異なる発音となります。これらを表すには、山型の記号が、母音の上に加わります。

　　　　＝ar、ae、air

　　　　＝er、ere、ear、eir

　　　　＝ir、ire

　　　　＝or、ore、our、ow

　　　　＝ur、ure

　ちょっと複雑に思われるかもしれませんが、がまんして読んでください。もう少し辛抱すれば、実に簡単だとわかるでしょう（大事なことは、どれほど試してもわからない場合、先にすすんで、音声体系を考慮せずに、ルーンで綴ってみることです。でもまずはやってみてください）。

　母音について最後の注意点です。ヘブライ語と同様、ピクトのルーン文字では、母音は子音よりも一段上に、表記されます。たとえば、"the vowel is written above the line"〔母音はラインの上に書かれる〕なら、こんなふうに：

　"th^e v^{o}w^{e}l ^{i}s wr^{i}tt^{e}n ab^{o}v^e th^e l^{i}n^e"。

　発音どおりだと、これは以下のように表記されます：

　"th$\bar{e}$ vôel ^{i}s r^{i}t^{e}n ab^{u}v th$\bar{e}$ l$\bar{i}$n"。

これがピクトのルーン文字のすべてです。

A =	F =	ch =	R =	ar, ae, air =
E =	G =	sh =	S =	er, ere, ear, eir =
I =	H =	th =	T =	ir, ire =
O =	J =	gh =	V =	or, ore, our, ow =
U =	K =	ng =	W =	ur, ure =
B =	L =	N =	Y =	
D =	M =	P =	Z =	

　「C」「Q」「X」が見当たりませんね。それは、発音どおりに綴る表記法だからです。英語で「C」は、「S」（単語の終わり）あるいは「K」（発音しないとき）のどちらかと同じように発音されます。だから実は、「C」は必要ないのです。同様に、「Q」は「kw」と発音され、「X」は「eks」と発音されます、だから両方とも不要です。「ch」「sh」「th」「gh」「ng」は、ルーン文字1字で表します。次に、これらを使って発音どおりの綴りの例をいくつかあげましょう。

THING

TAUGHT

CHOOSE

QUICKLY

COME

レッスン12　文字のパワー

　うまくいけば、それほど難しくなく、実はかなり面白い文字だとわかるはずです。さらにわかりやすいように、例を挙げましょう。

THESE ARE EXAMPLES OF HOW

発音どおり： Thēz ar eksampls of how

ピクトのルーン文字：

THE PECTWITA RUNES ARE

発音どおり： the PektiWita rūnz ar

ピクトのルーン文字：

USED. AS YOU CAN SEE, THEY CAN

発音どおり： ūzd. As ū kan sē, thā kan

ピクトのルーン文字：

ACTUALLY LOOK VERY ATTRACTIVE.

発音どおり： aktūali luk veri atraktif.

ピクトのルーン文字：

〔和訳：これらは、PectiWitaのルーンの使用例です。このとおり、実はとても面白いものです。〕

　PectiWitaの信仰者たちのなかには、さらに一歩すすめて、すべての語を一緒にして、「＋」によって言葉を区切る人もいます。

　注意：ルーン文字は斜めに書かないこと（このルーン文字だけでなく、それ以外のルーンも）。まっすぐに書いてください。

　ピクト人（ブリテン島北部に住んだ古代民族）といえば、複雑な「うずまき」

381

型の文字の方が知られています。これは上記のルーン文字よりも、ずっとかんたんです。こちらは発音どおりに綴るのではなく、母音と子音は同等に扱われます。ピクトのシンボルを文字の代わりに使うだけのことです。とはいえシンボル自体はかなり複雑で、混乱しないように注意して扱う必要があります。ここでもまた、「ch」「sh」「th」「gh」「ng」は、それぞれ１つのシンボルで表します。

A—	G—	M—	S—	Y—
B—	H—	N—	T—	Z—
C—	I—	O—	U—	CH—
D—	J—	P—	V—	SH—
E—	K—	Q—	W—	TH—
F—	L—	R—	X—	GH—
				NG—

次にピクト文字の使用例をいくつか挙げましょう。

"THE PICTS WERE VERY

CLEVER IN THE USE

OF ORNAMENTAL DESIGN. PICTISH

ARTWORK WAS LATER ADOPTED

BY THE KELTS, ESPECIALLY THE

IRISH KELTS."

382

〔和訳：ピクト人はとてもうまく装飾的デザインを使用した。ピクトの芸術的活動は後に、ケルト族、とくにアイルランドのケルト族に採用された。〕

タリスマンとアミュレット

タリスマン（護符）は、手製のものに魔術的なパワーを与えたもので、とくにその持ち主から邪悪なものを退け、幸運をもたらします。そういう意味では、ロザリオ、十字架像、聖クリストファーのメダルなどもタリスマンといえます。とはいえご存知のとおり、もっとも強力なのは、その人自身によっておこなわれる魔術です。同様に、もっとも強力なタリスマンは、それを必要とする人がみずからの手で作ったものです。他人のためにつくったタリスマンは自分のためにつくったものほど強力にはなりえないのです。

魔術的集団である黄金の暁教団によれば、タリスマンは「代わりとなることを意図して力を蓄えた魔術的なもの」です。それは、（1）記す（刻む）こと、そして（2）清めることによって力を蓄えます。タリスマンはどのような形でもかまいませんが、まずはその素材に注目しましょう。

タリスマンはじっさい、どんな素材でもつくることができます——紙、銀、銅、鉛、石——とはいえ昔から、とくにふさわしい素材があり、それを使うことでタリスマンによりパワーを吹き込むことができます、たとえばご存知のように、曜日はそれぞれ、天体の支配を受けています。日曜は太陽、月曜は月、火曜は火星、水曜は水星、木曜は木星、金曜は金星、土曜は土星です。これらの天体は、同様に、金属と結びついています。太陽は金、月は銀、火星は鉄、水星は水銀、木星は錫、金星は銅、土星は鉛です。

先のレッスンで示した対応表（348ページ）から、曜日によって支配される性質を踏まえ、それらの属性と金属の相関関係を表すことができます。

　　日曜日 —— 太陽、**金**、財産、希望、金銭

　　月曜日 —— 月、**銀**、取引、夢、盗品

　　火曜日 —— 火星、**鉄**、夫婦関係、戦争、敵、刑務所

　　水曜日 —— 水星、**水銀**、借金、心配事、紛失

木曜日 —— 木星、**錫**、名声、富、衣服、願望

金曜日 —— 金星、**銅**、愛、友情、他人

土曜日 —— 土星、**鉛**、生活、建物、信条、保護

だから、たとえば、金曜日は愛と結びついており（金星の支配をうける）、銅に関わっているとわかったら、愛のタリスマンの効果をより高めるために、銅でつくるべきだと気づくでしょう。

水銀は液体金属なので、少し厄介です。小さな瓶または同様のものに入れて使うこともできますが、より一般的で、手軽な金か銀、または羊皮紙（最近はアルミニウムも時に水銀の代用とされる）を代わりに使ってもかまいません。金、銀、羊皮紙は、ほかの金属が入手できない場合、どの金属の代わりにもなります。とはいえもちろん、目的にふさわしい金属を使うことがもっとも望ましいといえます。ちょうどよい金属のピースが手近に見当たらなくても、簡単にあきらめてはいけません。ハンドクラフトや趣味の店には、そうした素材があふれています（とくに銅）。私はとても独創的なタリスマンを見たこともあります。たとえば、1ドル銀貨や50セント銀貨に彫刻をほどこしたものや、1ペニー銅貨、あるいは銅製の料理用計量スプーンを打ち延ばして彫刻したものです。

金属を選んだら、何を彫ったらよいでしょうか。オカルトの本には神秘的な力を持つデザインがたくさん紹介されています。それらは "The Greater and Lesser Keys of Solomon"、"The Black Pullet"、"Le Dragon Rouge" といった古い魔術の指南書から借用したものですが、ただこれらのデザインを意味や意義もわからずに写すだけで、自分の名前などを記さなければ、まったく無駄なことです。とりわけ自分自身のために、そして自分の問題に限定して作業する必要があります。もっとも一般的なタリスマンは、円盤状で、ペンダントとして身につけるものです。片面は名前などを入れ、裏面には目的を記します。一例をあげましょう。

ある女性が結婚を望んでいます。すでに恋人がいるので、彼女が求めるのは愛ではありません。相関表から、結婚生活を支配しているのは火星であることがわかるでしょう。それが彼女の求めるもので、彼女には結婚生活をもたらすタリスマンが必要なのです。火星と結びつく金属は鉄です。彼女は鉄の円盤を入手して、それに彫刻してもよいし、より手軽な金または銀、羊皮紙を選ぶこともできます。

レッスン12　文字のパワー

図12.1

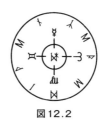

図12.2

　一方の面には、自分の名前と誕生日を彫るつもりです。さらに特別なものにするために、彼女はクラフトネーム（ルーン文字あるいはほかの魔術的な文字で）を彫るべきでしょう。魔術的な組字や、さらに占星術の太陽のサイン、上昇宮（アセンダント）、月のサイン、加えて支配する天体も記すつもりです。これらはすべて、図12.1のように、タリスマンに配置することができます。とはいえ、とくに決まったパターンがあるわけではありません。芸術的で美しく、満足できるものであれば何でもありです。図12.2はもうひとつの例です。
　彼女がそれぞれのシンボルを彫刻または記すさいに、自分自身に意識を集中しなければなりません。もっとも好ましい自分の姿——魅力的で、幸福で、自信に満ちた自分をイメージするのです。
　タリスマンの他方の面には、昔から結婚と結びつきのあるシンボルを記します。ウェディングベル、花々、指輪、ハート形などです。あるいは、シジル（神秘的なしるし）を記すこともできます。これは以下のとおり、数秘術のます目から作られます。
　数秘術によれば、結婚生活matrmonyという語のナンバーは次のとおりです。

　　$4+1+2+9+9+4+6+5+7 = 47 = 11 = 2$　（レッスン3参照）

　次に1から9までの数字がすべて含まれる魔方陣をつくります（図12.3）。まずは最初の文字（M = 4）から出発します。そこに始点を示す小さな円を描きます。2番目の文字（A = 1）に向かってラインを引きます。2、そして9へと続けてラインを引きます。言葉のなかに9が2つあるので、いったん停止し、ふたたび始めたことを小さな三角で示します。最後の文字までつづけ、終点を示す小さな丸を描きます。数秘術の合計（47 = 11 = 2）である2のます目に、大きな四

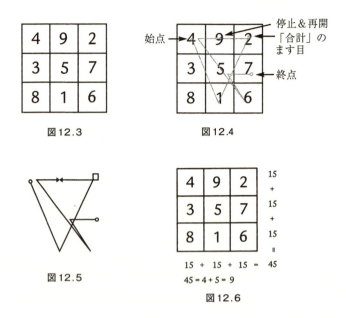

角を描きます。出来上がった図形は、図12.4のとおりです。ます目をはずすと、図12.5のようになります。それが結婚のシジルです。これこそ彼女がタリスマンの一面に彫刻するべきシンボルです。この間、彼女は自分の意識を結婚そのものに集中させます。花嫁となった自分、指輪の交換をする自分と夫、ハンドファスティングの儀式がおこなわれている様子などをイメージします。こうして彫ったシジルは、昔ながらのベルやハート形、指輪などよりずっと強力でしょう。

ついでながら、魔方陣は、縦、横、斜め、すべての列のトータルが同じ数になります。数秘術では、3列の合計が9になります（図12.6）。

結婚と結びつく曜日は火曜日です。だから彼女がタリスマンを作るのは火曜日が最適です。それを清めるのも火曜日にするべきです……浄化はタリスマンにエネルギーを蓄えるために、次に必要な作業です。必ずしも同じ日にする必要はありませんが、どちらも月が満ちていく時期におこなうべきです。浄化の方法については、レッスン4で紹介したとおりです。

タリスマンの目的が何であれ、手順は同じです。（1）願い事と結びつく金属と曜日を選び、（2）ふさわしい金属の一面に自分の名前などを記し（彫り）、（3）

キーワードをえらび、魔方陣によって適切なシジルを見つけ、（４）もう一面に
シジルを彫り、必要におうじて意識を集中させる。そして（５）タリスマンを清
める。

　一度タリスマンをつくったら、３日３晩、肌身離さず身につけましょう。チェー
ンをつけ、首に下げてもいいし、小さなシルクの小袋に入れ、首に巻いてもかまい
いません。３日経ったら、つねに身につける必要はありませんが、それでも毎晩
枕の下において寝るようにしてください。ポケットやかばんに入れて持ち歩いて
も良いでしょう。

　新月のたびに、タリスマンをそれぞれに適したクリーナーできれいにしましょ
う（羊皮紙のタリスマンは、軽く消しゴムでこするだけです）。銅製は、塩と酢
で洗ったのち、きれいな水ですすぐとよいでしょう。満月のたびに、手のひらに
タリスマンをのせ、制限されない月の光にさらします。「制限されない」という
のは、ガラス越しでなく、ということです。窓を開けるか、タリスマンを外に持
ち出してください。それぞれの面につき５分ほど月光にさらし、そのあいだタリ
スマンにこめた本来の目的に、意識を集中させましょう（それが曇りの日で、じっ
さいに月そのものが見えなくても問題ありません）。

　タリスマンを指輪にすることもできます。その場合は、目的を大きく彫刻し、
指輪の縁に自分の名前などを彫ります。上述した手順にしたがってつくってくだ
さい。

アミュレット

　タリスマンとアミュレットの違いは、前者は人が手をかけてつくったもの、後
者は自然の産物ということです。クマの鉤爪、うさぎの足、四葉のクローバー、
これらはすべてアミュレットです。ウイッチのアミュレットとしてうってつけな
のは、自然に穴のあいた石……これは豊饒に結びつく、ワギナの象徴であるのは
明白です。つまり、アミュレットをつくることはできません。それを選ぶことが
できるだけです。アミュレットを選び、タリスマンのように彫刻し、清めれば、
タリスマンになります（あるいは、「タリスマン的アミュレット」といってもい
いでしょう）。

歌、ダンス、サバトのゲーム

　音楽はさまざまな喜びをもたらす源です。声や楽器をつかって音楽を生みだすことで、音楽を聴くことと同様、深い満足感を得ることができます。そのようなものは音楽ではないと言う人も多いのですが。音楽を解する人々が重要視されるのは事実ですが、特別な音楽教育を受けていなくても、みずから楽しむために歌い、すばらしい歌や、リズムに合わせて楽しむことができるのです。シンプルなメロディーと、はっきりしたわかりやすいリズムは、民俗音楽の特長です。ウイッカの歌と音楽はほとんど単純なメロディーで、リズムがはっきりとしています。歌とダンスは昔から、ウイッカ信仰と結びついていました。元はといえばワルツは、ラボルタという古いウイッチのダンスから生まれたのです。

　魔法円内で歌われることが多いのですが、ダンスやゲームを楽しんだ後で「神殿の消去」がおこなわれます。もちろん、魔術のときにパワーを高めるためのダンスはこの限りではありません。ではまず始めに、パワーを高めるダンスに注目しましょう。

パワーを高めるダンス

　レッスン11では、リズムとビートについて次のように述べました。「カヴンのメンバーとして、時計回りに、手をつないで円に沿ってダンスすることもできるし、独りでもダンスできます……」。もっともシンプルなダンスは、グループで手をつなぎ、お互いに内側を向いて、時計回りに円に沿って回ります。左、右、左と規則的にステップを踏みながらダンスします……ステップごとに、少し膝を曲げ、地面を蹴り上げるようにしましょう。こうすると、より高く跳ね上がり、円を回る動きに躍動感が出ます。ウイッカのステップでより広く知られるのは「ダブルステップ」です。これは、重心を後方の脚に少しかけ、次に前方の脚にかけ、やや前後に揺れるように動きながら、前進します。

レッスン 12　文字のパワー

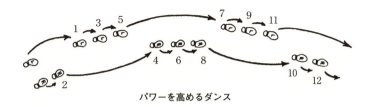

パワーを高めるダンス

- 左足から始め、1までステップを踏む。
- 右足を2まで進める（まだ左足の後方にある）
- 左足を3まで進める
- 右足を4まで進め（ここで左足の前方となる）
- 次に左足を5まで進め
- そして右足を6まで進める。以下同様。

　最初は少し複雑に思えるかもしれませんが、そんなことはありません。まずは試してみましょう。驚くほど簡単に身につくことでしょう。

　もうひとつの易しいステップは、左、ジャンプ、右、ジャンプ、左、ジャンプ、右、ジャンプといったステップです。ステップを踏むのが難しいという人は、音楽、歌、またはリズムに合わせて、簡単にできることをするだけでよいのです。重要なことは、マジックそのものに意識を集中させるために、無意識にステップを踏むことですから。

　手をつなぐ代わりに、腕を広げて、互いにウエストや肩に腕を回し、しっかりと緊密な円をつくることもできます。もうひとつの方法は、肘を曲げて腕を組み、ひとつの輪になることです――左側にいる人の腕の下に、自分の左腕がくるようにします。

　カヴンのメンバーは、ソロのウイッチと同様に、個々にダンスをしてもかまいません。上記のステップのうちのひとつを選び、ゆっくりと時計回りに、円に沿って簡単な動きをしながら回るか、あるいは、ぐるぐる回りながら（これも時計回りに）ゆっくりと進むこともできます。この回転は一定のペースでもよいし、スローペースから、しだいにペースを上げることもできます。

　注意：めまいをおこさないように、そしてキャンドルの上に倒れたり、円を踏み外さないように心がけてください。

要するに私が言いたいのは、魔術をおこなうときは、ダンスのステップはシンプルなものほどよいということです。

ダンスしながら歌うときは、ビートにのって、思い切って床を強く踏み鳴らしましょう。どちらもリズムを保ち、パワーを生み出す助けになります。歌うことについては、すべてのウイッカにおける歌と同様、あまり音楽の才能がなくても気にしないことです。多少音がはずれても、問題ではありません……重要なのは、気持ちです。

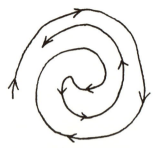

「ルーフー」または集会のダンス

一般的なダンス

楽しむためのダンス——魔法円の内あるいは外で、魔術のためにおこなわれるのではない——は、上記のすべて、そしてそれをさらに複雑にしたものも含まれます。「ペアの回転」は面白いでしょう。2人組ウイッチが背中合わせに立ち、腕を組みます。くるくる回転しながら円を何度もまわります。ときどき1人が前かがみになり、もう1人を背中にのせて持ち上げます。

ルーフー（「愛」を意味する古いアングロサクソン語）は、広く知られているダンスです。これは集会の最初におこなわれることが多く、とくにいくつかのカヴンがいっしょにサバトを祝うときにおこなわれ、「集会のダンス」といわれることもあります。リーダー（必ずしもプリーストやプリースティスである必要はなく、誰でもよい）が、男女交互に並んだウイッチの列を先導します。リーダーと後続の列は、大きな円を描いてらせん状に回り、徐々に中心に向かって渦巻状に移動します。中心に達したら、リーダーは向きを変え、折り返し、ふたたびダンスを始めます。ウイッチはそれぞれ、別方向に向かうウイッチとすれ違いざまにキスをします。全員がキスし合い、ふたたび列がばらばらになるまで続けます。

音楽と歌

カヴンに器楽奏者がいれば申し分ありません。とはいえ楽器を演奏できるメン

レッスン12 文字のパワー

バーがいなくても、心配には及びません。太鼓やタンバリン、ボンゴでもいいし、ネイティブアメリカンやハイチの太鼓、あるいはバウローン（スコットランド／アイルランドの片面太鼓）でもかまいません。ちなみに、ウイッチの太鼓の古い名前はテイバーです。太鼓はごく簡単につくることができます。

とくにパワーを高めるためには、拍子をとるだけで十分です。ギター、ダルシマー、リコーダー、フルート、ハーモニカ、パンパイプ、マラカスのようにガラガラ鳴る楽器まで、すべてカヴンの楽器としてふさわしいといえます。最近はウイッカとペイガンの音楽の良書が手に入るようになりました。付録Cにも、おすすめがあります。

サバトのゲーム

サバトの宗教的なパートが終わったら、楽しく陽気な時間の始まりです。歌やダンスと同様、昔ながらのゲームがあります。魔法円を描く前にできるものもあるし、よりスペースが必要なものもあります。ここでいくつか詳しく紹介しましょう。おそらく読者のほうがもっと知っているでしょう。

キャンドルゲーム

1人を除き、全員が車座になります。選ばれた人は、円の外側に立ちます。1本のキャンドルに火を点します。円の外側にいるのが女性の場合、キャンドルは男性によって円内のあちこちを行き交います。特定の方向に手渡しする必要はなく、円を1周してもいいし、円のなかを行ったり来たりしてもかまいません。その女性は走り回って、車座の人々の頭や肩越しに火を吹き消そうとします。うまく火を消したとき、そのキャンドルを持っていた男性と彼女はキスをし、役割を交代します。今度は女性のあいだでキャンドルを回し、男性が火を消そうと走り回ります。

ウイッチの耳打ち

全員が車座になります。最初に1人が質問します。オカルトにかかわる質問なら何でもけっこうです。ただし「イエス」「ノー」で答えられる質問よりも、答えに数語は必要な質問にしましょう（たとえば、「タリスマンを清めるのに最適

391

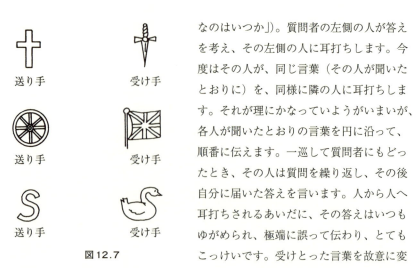

図12.7

なのはいつか」)。質問者の左側の人が答えを考え、その左側の人に耳打ちします。今度はその人が、同じ言葉（その人が聞いたとおりに）を、同様に隣の人に耳打ちします。それが理にかなっていようがいまいが、各人が聞いたとおりの言葉を円に沿って、順番に伝えます。一巡して質問者にもどったとき、その人は質問を繰り返し、その後自分に届いた答えを言います。人から人へ耳打ちされるあいだに、その答えはいつもゆがめられ、極端に誤って伝わり、とてもこっけいです。受けとった言葉を故意に変えようとしてはいけません。それはひとりでに、不注意に歪められてしまうことがわかるでしょう。それに代わるもので、質問にわずらわされず、シンプルな一言を順に伝えるゲームもあります。最初に始めた人にもどったら、その言葉を繰り返し、その後に最後に受け取った言葉を発表します。

サイキック・ゲーム

　サイキックパワーを試すゲームはとても人気があります。たとえば、カヴンのメンバーが2列になり、2人ずつ背中合わせに座ります。各自ペンと紙を用意します。1列目が送り手、もう一方の列が受け手になります。送り手はそれぞれ、ある物を思い浮かべ、それをシンプルに紙に描きます（シンプルなのが一番、たとえば車、家、月など）。送り手はそれに意識を集中させます。受け手はそれぞれのパートナーが送るものを感じ取り、紙片に描きます。これを3回おこなった後交代し、今度は最初の送り手が反対に受け手となります。いかに多くの絵が似ているか、驚くでしょう（図12.7）。

アウトドア・ゲーム

　カヴンでおこなうのにふさわしいアウトドア・ゲームはたくさんあります。そのひとつは、樽のたが（または厚紙でつくった大きな輪）をロープで木に吊るし、

揺れるようにします。ウイッチたちは順番に、異なる距離から、たがに向けて槍を投げます。そのほかにも標的アーチェリーは人気のあるレクリエーションです。

興味深い「ゲーム」はダウジングです。誰かに25セント銀貨をどこか地面の上、または地中に（もし屋内なら、家の中に）隠してもらいます。25セント銀貨をもう1枚用意し、二又の棒にテープで貼り、「目撃者」として、隠された銀貨を探します。同時に数人で探すこともできます。ペンドラムも使用できます（レッスン8参照）。銀貨はもちろん発見者のものとなります。

読者のみなさんはきっと、さらに多くのわくわくするような楽しいゲームを考え出すでしょう。大事なことは、サバトは楽しくあるべきだということです。それは祝いの時です。宗教的な面はもちろん重要ですが、その後の楽しみ、ゲーム、美味しい食事と飲み物、つまりワインとエール……これが肝心なのです。

自家製ワインとエール、手作りパン

カヴンの集会に必要な食品は、店に行って買うほうが簡単です。でもそれを自分でつくるほうが本当は楽しいのです。これからケーキとエールの儀式のためのワイン、ビール、パン、そしてケーキの簡単なレシピを紹介しましょう。

カウスリップのワイン

5クォートの水で2ポンドの白砂糖を煮詰めます。そのあいだ、新鮮な花の黄色い部分を1クォート以上入れます。24時間放置したのち、濾します。テーブルスプーン2杯分〔訳者注：テーブルスプーン1杯の容量は14.8ml〕のイーストを加えます。蓋をして10日間放置します。最初の4日間は毎日2、3回かき混ぜてください。その後濾して、瓶詰めします。

ビーワイン

1パイントの水に、テーブルスプーン2杯の砂糖をとかしたシロップ、ほんのひとつまみの酒石酸、さらにコイン程度の大きさのイースト片を入れます。血温（約37℃）から始め、ガラス瓶を温かい部屋の窓辺におき、醗酵させます。1日かそこらで、イーストが育ち、泡が立ち始めます。固まりが浮き沈みします（まるで蜂蜜のように、名前の由来か）。醗酵が進むと、液体は甘いワインに変わり

ます。お好みで果汁を加えてもよいでしょう。あまり長く醗酵させないように。そうしないとすっぱくなって、最後には酢になってしまいます。

トマトワイン

無傷の熟したトマトをいくつか用意し、茎を取って、ステンレスのナイフで細かく切ります。よくつぶし、目の細かいふるいで水気を切ります。お好みで少量の塩と砂糖で味付けした後、瓶の縁近くまで詰めます。醗酵させるための小さな穴を残し、しっかりと蓋をして、醗酵が終わるまで放置します。澄んだ液体を瓶に入れ、密閉し、しばらくおいてから飲みます。

タンデライオンのワイン

摘みたての花びら1ガロンを桶にいれ、沸かしたての湯を注ぎます。蓋をして、ときどきかき混ぜながら、10ないし12日間放置します。液体を濾し、平鍋に入れ、お好みによって3〜4ポンドの砂糖を加えます。オレンジとレモン各1個の皮を薄く剥いて加え、軸と種以外の果肉を細かくカットして加えます。20分ほどことこと煮て、粗熱を取ります。生ぬるくなったら、醸造用イーストをテーブルスプーン1杯と、圧縮されたイーストを1／4オンス入れます。ふたたび蓋をして、2、3日置きます。その後樽に入れて栓をし、2か月以上経ったら瓶に詰めます。

アップルビール

すりおろしたリンゴ4ポンドを平鍋に入れ、沸騰した湯を4ガロン注ぎます。2週間毎日かきまぜます。濾した後、砂糖2ポンド、根ショウガ2オンス、さらにシナモンスティックと丸ごとのクローブを各すり切りティースプーン1杯加えます。それを樽に入れ、すぐに密閉します。6週間もすれば、瓶詰めできます。

ハニービール

すりおろしたショウガ1オンスを、半ガロンの水で30分間煮ます。その後平鍋に移し、砂糖2ポンド、ライム果汁2オンス、純粋蜂蜜4オンス、レモン果汁3個分、さらに冷水半ガロンを加えます。混合物が生ぬるいうちに、大きなティースプーン1杯のイーストを加えます。12時間放置し、モスリンで濾します。1、2時間おいてから、注意深く瓶詰めします。

レッスン 12　文字のパワー

ミード

　水１ガロンに蜂蜜４ポンドを溶かし、ホップ１オンス、根ショウガ半オンス、レモン２個分の皮をむいたものを入れます。これを45分間煮詰め、樽の縁まで入れ、生温かいうちにイースト１オンスを加えます。醗酵するまで放置し、それが終わったら、にべを１／４オンス加え、密閉します。６か月以内に、瓶詰めします。

　上記は養蜂家がミードをつくるときの簡単なレシピです。1669年初版の "The Closet Of Sir Kenelm Digby" には26以上のレシピが掲載されています。実はミードはもともと、とても重要で手の込んだ飲み物であることがわかるでしょう。次にサックミードのレシピを紹介します。きちんとつくれば、（そしてこれは上記のレシピよりも野心的です）チューダー朝時代のミードと同じものができます。

サックミード

　必要なもの：第一に、蜂蜜と水を混合したものを１か月かけて醗酵させる木製の容器です。これは15.5℃の一定温度を保ちます。第二に、醗酵した酒をおよそ２、３年かけて熟成させる小ぶりの樽のような容器です。第三に、ぴったりした蓋付のさらに小ぶりの容器（ガラスの広口瓶のような）です。これは初めに醗酵させた酒を一定量保存しておくものです。これはときどき、樽がいっぱいになるよう継ぎ足すために使われます。２、３年樽で寝かせている間に、量が減ったとき、樽の酒が空気に触れないようにするため十分な量の酒が必要なのです。この継ぎ足し用に、１か月醗酵させた時点で、全体の一割程度の量をあらかじめ取っておきます。樽に継ぎ足すことで蓋をしたガラスの容器が少しずつ減るたびに、容器に残ったものは、さらに小さな容器に移し、取っておいた容器にこの予備分で満たすことができるようにします。それが容器の半分ほどのままだと、たぶんすっぱくなり、樽の酒を台無しにしてしまいます。

　容器が準備できたら、お湯１ガロンに対し、良質の蜂蜜５と１／２ポンドを用意し、蜂蜜が溶けるまで混ぜ合わせます。良質のワインイースト（ソーテルヌ、シェリー、マラガなど）を入手し、蜂蜜と水を混合する前に準備します。小さなガラス容器にイーストを入れ、蜂蜜と水が１週間溶け合うあいだに、段階的に（数日以上かけて）少量ずつこれに加えます。イーストの醗酵作用が始まるまでは、イーストの温度を15.5℃に保つようにします。醗酵が始まったら、蜂蜜と水の混合物

395

が21℃のときに、これに加えます。醗酵している容器はゆったりと布でカバーし、蜂蜜を醗酵させる空気を入れ、虫やほこりが入りこまないようにします。

1週間もすれば、液体は醗酵が始まり、1か月後には醗酵が終わるでしょう。液体を注意深く濾し、澱をすべて除き、樽に詰めます。しっかりと密閉し、前述したように、ときどき継ぎ足すときのみ開けるようにします。

通常ワインをつくるときは、最初の段階で蜂蜜が滅菌されない場合、かなりのリスクがあります。だから、相当量の材料をむだにしないためにも、最初に蜂蜜と水を15分間煮つめましょう。これで自然の醗酵体が死滅します。「醗酵前の液体」をしっかりと滅菌したところで、イーストを入れます。樽と最初に醗酵させた容器も滅菌しておくべきです。

ワインイーストを使う肝心な点は、ふつうのビール酵母やパン酵母を含むものよりアルコール度数がずっと高くなることです。

イナゴマメのビール

イナゴマメの長い莢を集め、粉々に砕きます。小樽または陶器の甕のなかに入れ、熟したカキまたはスライスしたリンゴを加えます。沸騰したお湯をかけ、糖蜜2カップを加えます。3、4日置くと、飲み頃になります。

ネトルのビール

若いネトルのみを使います。ネトル2ガロンをよく洗い、2ガロンの水とともに平鍋に入れます。砕いた根ショウガ半オンス、麦芽4ポンド、ホップ2オンス、サルサパリラ4オンスを加えます。15分間煮詰めたら濾して、粉末白砂糖1.5ポンドを入れ、砂糖が溶けるまでかきまぜます。さらにクリーム状のイースト1オンスを加えます、ビールが醗酵し始めたら、瓶詰めし、紐で栓をしばります。このビールは保存が利きません。

ブレッドとケーキ

どんぐりのブレッド

材料：牛乳2カップ、油またはバター　テーブルスプーン2、塩ティースプーン2、ドライイースト　テーブルスプーン2、どんぐり粉4と2／3カッ

プ（下記参照）、蜂蜜1／3カップ、温水1／3カップ。

　最適なのは、白っぽい、カシグリのどんぐりです。秋に熟した頃に採りましょう。

　どんぐり粉をつくるには、まずどんぐりの殻を取り除きます。どんぐりを丸ごと、少なくとも2時間煮ます。その間、水が薄茶色になるたびに水を替えてください。煮終わるころには、どんぐりはこげ茶色になっているはずです。これを176℃のオーブンで1時間焼きます。どんぐりを細かく刻み、挽いて粉にします。さらに30分オーブンに入れて乾燥させます。その後少なくとも2回グラインダーにかけて挽きます。

　牛乳を沸かし、油またはバター、蜂蜜、塩を入れ、かきまぜます。大きなボウルに入れ生温くなるまで冷まします。その間にぬるま湯でイーストを溶かします。牛乳の混合物の粗熱がとれたら、イーストを加えます。どんぐり粉を少しずつ入れながらかき混ぜます。ボウルをタオルでカバーし、暖かいところに置いて2時間醗酵させます。その後、10分間生地をこねます。太いペストリーのように平らに伸ばします。ロールケーキをつくるように巻きます。長方形の塊2つに成形し、油脂を塗った天板にのせます。カバーしてさらに2時間醗酵させます。190℃に余熱したオーブンで、40分間焼きます。オーブンから出したのち、パンの上部に油または溶かしバターを刷毛で塗ります。

インディアン・ホミニー・ブレッド

　　材料：ゆでた粗びきトウモロコシ2カップ、溶き卵2個分、とかしバター　テーブルスプーン2、塩ティースプーン2、牛乳カップ1／2。

　温かい粗びきトウモロコシに、ミルク、バター、卵を加えます。油をひいた天板に生地を入れ、190℃のオーブンで30分間焼きます。あたたかいうちに食べましょう。（メモ：熱したフライパンにこの生地を薄く入れて焼くこともできます。）

インディアン・パンプキン・ブレッド

　　材料：挽き割りトウモロコシ粉1カップ、パンプキン（加熱したもの）1／2カップ、生地を湿らせる程度の水。

　材料を混ぜ合わせ、生地が扱いやすくなるまでまとめます。平たいかたまりに成形します。油をひいた天板で（小型パンのように）で焼いてもいいし、直火で

手早く焼くこともできます。

アイリッシュ・オーツケーキ

材料：オートミール３カップ、バター４オンス、塩ティースプーン１／２、水
１／３カップ、ベーキングソーダ　ティースプーン１／２。

オーブンを190℃に予熱します。オートミール２カップと塩、ベーキングソー
ダを混ぜ合わせます。バターを溶かし、水を加えます。バターと水の混合物に、オー
ツの混合物を加え、生地にまとまるまで混ぜます。残りのオートミールを調理台
にまき、生地をおきます。手で生地を延ばし、その後麺棒で１／４インチの厚さ
になるまで平らに延ばします。かなり小さなクッキー型を使うか、あるいは小さ
な四角形に生地をカットし、油をしかずにベーキングシートにのせます。オーブ
ンで20分焼き、約150℃まで温度を下げ、きつね色になるまで焼きます。

スコッチ・オーツケーキ （私の個人的な好物）

材料：バターまたはマーガリン１カップ、オート麦粉１カップ、ふすま１／４
カップ、卵１、ミルク１カップ、塩ティースプーン１、ベーキングパウ
ダー　ティースプーン１／２、酒石英ティースプーン１／２（もっと甘
いほうがよければ、バニラ　ティースプーン１／４、シナモン　ティー
スプーン１／２、砂糖ティースプーン６を加える）。

オート麦粉とふすまに、バターをきるようにして混ぜます。そのほかの材料を
しっかりと混ぜます。オーブンは218℃に予熱しておきます。丸々としたテーブ
ルスプーンで油をひいたクッキーシートに生地を流します（もっとさっぱりした
ケーキがよければ、油をひいたマフィン・パンで焼きます）。12分から15分、軽
く焼き色がつくまで焼きます。

コーンブレッド

材料：ホワイトコーンの挽き割り粉（粗挽き）２カップ、小麦粉１カップ、牛
乳１カップ、砂糖テーブルスプーン１、ベーキングパウダー　ティース
プーン１、卵１、塩ティースプーン１。

液体以外の材料をすべて混ぜ合わせ、卵と甘みを十分に加えた牛乳を加え、う
すい生地をつくります。熱して十分に油をひいた天板に生地を入れ、オーブンで

レッスン12　文字のパワー

きつね色になるまで焼きます。

どんぐりのクッキー

　　材料：油１／２カップ、蜂蜜１／２カップ、とき卵２個分、どんぐり粉２カッ
　　　　　プ（「どんぐりブレッド」参照）アーモンドエキス　ティースプーン
　　　　　１／２、乾燥させ、細かく刻んだどんぐり１カップ

　油と蜂蜜を混ぜ、卵をとき、アーモンドエキス、どんぐり粉、刻んだどんぐり
を加えます。この生地をティースプーンで、油をひいたクッキーシート、または
浅いパン焼皿に落とします。190℃のオーブンで15分間焼きます。

［レッスン12］　練習問題

1. さまざまなルーン文字で自分の名前を書いてみましょう。好みの魔術的文字
   で、お気に入りの言葉を書く練習をしましょう。

2. 自分がどんなタリスマンを作りたいか説明してください。素材、星の支配、
   それに記す文字を決めましょう。そのタリスマンを図示してください。

3. お気に入りのアミュレットについて書いてください。どこで、どのように見
   つけましたか。それを最大限に活かすにはどのようにしたらよいですか。

4. 試してみてうまくできた食べ物と飲み物のレシピのなかで一番の好物をあげ
   てください。

5. じっさいに試したカヴンのゲームとその結果を書いてください。

［レッスン 12］　理解度テスト

1．タリスマンとは何か。タリスマンとアミュレットの違いについて説明してください。

2．タリスマンにパワーを蓄えるためにおこなうべきことを2つあげましょう。

3．タリスマンを自分のものとするにはどうしたらよいですか。1942年6月27日生まれのフランク・ヒギンズ（クラフトネーム：Eldoriac）という男性の場合、タリスマンに何を記したらよいですか。

4．メアリー・パガーニ（クラフトネーム：Empira）は、いまの職場でもっと給料の高い地位を求めています。もうすぐ空きそうなポジションがあり、彼女はそれをねらっています。この昇進を確実にするためには、彼女のタリスマンに何を記したらよいですか。いつ、どのようにそれを実行したらよいですか。彼女の誕生日は1954年2月14日です。

5．ヘンリー・ウィルソンは、エイミー・カーショウを愛していますが、彼女はそうではありません。ヘンリーはタリスマンに何を記したらよいか、どのようにそれを実行したらよいか説明してください。ヘンリーの誕生日は、1947年10月12日、エイミーは1958年7月3日です。

6．例示したすべての魔術的な文字を書く練習をしましょう。そのうちのどれかを暗記してみてはいかがですか。

401

◎推薦図書

"The Runes：and Other Magical Alphabets"（マイケル・ハワード著）

"How To Make and Use Talismans"（イスラエル・リガルディー著）

◎補助読本

"The Book of Charms and Talismans"（セファリアル著）

"Egyptian Languege"（ウォーリス・バッジ著）

Lesson13 - レッスン13
ヒーリング
Healing

　レッスン10で述べたことをここで繰り返す必要があります。このレッスンで紹介するヒーリングの実践に関する情報は、私の研究結果であるとともに、単なる私見にすぎないということです。私は医師の助言を受けないと誓ったわけではありません。そうした助言は、必要に応じて専門家に求めるべきです。

　レッスン10では、ハーブを用いたヒーリング法を学びました。そしてウイッチが長年地域の治療師とされてきたことも理解したはずです。このレッスンでは、ウイッカで使われるそれ以外のヒーリングの方法に加え、ほんの少しハーブの利用法を紹介します。

オーラ

　オーラについては先のレッスンで、少し触れました。かいつまんでいうと、オーラは人間の身体が生じる電気的、磁気エネルギーです。わたしたちの身体は、あきらかに振動しています。動物や植物も同様です。あらゆるもの、椅子、家、木、花、そして鳥も、エネルギーを発しています。すべてのものにバイブレーションがあるのです。つまり、あらゆるものがオーラを放っています。とはいえ、このオーラは人間のものがもっとも見えやすいといえます（脳の活動のせいかもしれません）。

　オーラはときに電極のエネルギーといわれることもあります。キリスト教美術では、5世紀から16世紀にかけて、神聖な力を持つとされる人々の頭の周りに、しばしばオーラが描かれました。光輪または後光と称されるものです。イスラム

教でも預言者の頭の周りに輝く光の輪として描かれました。司祭、王、女王の頭飾りは、オーラを象徴するものです。

キリスト教の聖書にもオーラについての記述があります。彫刻作品では、ミケランジェロのモーセ像というすばらしい例がありますが、この像には２本の角が見て取れます。この像をみた人々は当惑しました。実は、角という言葉が、光を意味する言葉とよく似ていたため、翻訳のさいに混同され、角のある像になったのです。じっさい、モーセは角ではなく「頭から光を生じていた」と考えられます……オーラです。

1858年、化学者のカール・フォン・ライヘンバッハ男爵は、磁石、水晶、植物、そして動物から放射エネルギーが生じており、敏感な人々はそれを見たり感じることを発見したと主張した。1911年、ロンドンのセント・トマス病院のウォルター・キルナー博士は、これらの放射エネルギーを観測する方法を考案した。１つは、ジシアニン（コールタールから生成される）という感光染料の希薄溶液を通して見る方法、もうひとつは、最初に濃いアルコール溶液を通して明るい光を見た後、対象物を見る方法である。しかし２つ目の方法は、目を傷つける危険性がかなり高かった。キルナー博士はジシアニンを使用する方式をさらに進め、キルナー・スクリーンなるものを完成させた。

とはいえ、オーラは人工的な器具を使わずに見たほうがよいだろう。対象者に暗い背景を背にして立ってもらい、対象者の第三の目（眉間のやや上）の位置を注視する。最初は少し目を細めてみたほうがいいかもしれない。はじめに頭の周辺にあるオーラが見え、それを直に見ようとすると……消えてしまうだろう！　だが心配は無用だ。最後には、オーラをじっくりと直に見ることができるようになるだろう。それでも始めは、ただ第三の目に意識を集中させ、目の端の方でオーラを見るようにしよう。暗い背景の前に対象者を立たせてもうまくいかない場合は、明るい背景で試してみよう。これでオーラが見えることもあるし、暗い背景で見えることもあるだろう。

オーラがもっともはっきり見えるのは頭の周辺だ。もし裸であれば、全身のオーラをはっきりと見ることができるだろう。全身のオーラはオレオールと称される。

レッスン 13　ヒーリング

頭のオーラは頭光（ニンバス）という。一般的に人の左側はオレンジ色、右側は青っぽい色が現れることに気づくかもしれない。両手を身体に近づけると、左側は温かく、右側はひんやりと感じるだろう。おもしろいことに、棒磁石も同じように感じるのだ。N極は冷たく、青みをおびた色、S極は温かく、オレンジ色のオーラが感じられる。対象者の前に立ち、その頭の左右それぞれの側に両手を伸ばしてみると実感できる。徐々に両手を頭に近づけてみよう。近づくにつれて（おそらく10から15センチほどのところで）ぞくぞくする感じ、あるいは温かみ、あるいは何かに圧される感じがあるだろう。両手を近づけたり遠ざけたりして、その感覚を確かめよう。

"Color Magick"

（レイモンド・バックランド著、

ルウェリン刊、ミネソタ州、1983年および2002年）

オーラ・ヒーリング

オーラ・ヒーリングでは、患者の身体を取り巻く、特定の色の光をイメージすることで、健康状態が好転し始めます。光の色は患者がかかえる問題によって決まります。たとえば、神経系に働きかける場合、鎮静効果を与えるために、すみれ色とラベンダー色をイメージします。元気付けるためには若草色、インスパイアするためには、黄色とオレンジを選ぶことになります。

血液や身体の器官の疾患をかかえる場合、鎮静するには鮮やかな紺青色、元気付けるには若草色、刺激を与えるには鮮やかな赤をイメージします。

発熱、高血圧またはヒステリー症の患者には、青を使います。悪寒を止めたいときや、冷え性の人には、赤に意識を集中させます。

たとえば、発熱し、おびただしく汗をかいて熱っぽいと訴える女性の場合、彼女の全身が完全に青い光に包まれ、それと同化している姿をイメージすることに集中すれば、はかりしれないほど力になれるでしょう。胃痛に苦しむ人には、患部に鎮静作用のある明るい緑色をイメージします。神経性頭痛の人がいたら、頭の周囲にすみれ色かラベンダー色の光をイメージします。出血している人がいたら、傷口に、鮮やかな紺青の光をイメージします。こうしたイメージを、できる

405

だけ長く保ちましょう。後段の「カラー・ヒーリング」でさらに詳しく説明します。

プラーナ・ヒーリング

　プラーナ・ヒーリングは、みずからのプラーナを患者の病んでいる、あるいは冒されている部分に送ることで、細胞が正常に活動するよう促し、身体から老廃物を取り除きます。ヒーリングには、手を動かし、患部に当てることも含まれます。いったいプラーナとは何でしょうか。それは身体のあらゆる機能の源となる「生命力」です。プラーナは血液を循環させ、細胞を活性化し、さらに身体の活力に関わるあらゆる活動をもたらします。それは、ヒーリングをおこなう人の意志の力で、神経系から発せられる力です（レッスン１のオットー・ラーン教授とハロルド・バー博士についての記述を見直しましょう）。

　人は食べ物や水から、そして呼吸することでプラーナを取り込みます。すべてが同じ根本から生じる力とエネルギーをつくりだします。そして、ヒーリングの「才能」をもたらすのは、進んでみずからのエネルギーを高め、それを分かち合おうとする意志です。そうすれば誰もが、ヒーリングの「才能」を手にするのです。

　どうすればプラーナを高めることができるでしょうか。深呼吸をすることです。息を吸うたびに力強いエネルギーが、身体に流れ込む様をイメージしましょう。プラーナが腕や脚に流れ込んでいきます。それを実感しましょう。男神と女神の愛が自分の身体に流れていくのをイメージしましょう。

　正しく呼吸することで、好ましい傾向とよからぬ傾向のバランスを整えることができます。また、神経系を鎮め、心臓のはたらきを整え、落ち着かせます。さらに、血圧を下げ、食欲増進の効果もあります。プラーナ・ヒーリングをおこなう前に、次の深呼吸エクササイズをおこないましょう。

　　1．（a）心の中で８つ数えながら、鼻からゆっくりと息を吸い込みます。
　　　　（b）８つ数えながら、鼻からゆっくりと息を吐き出します。
　　2．（c）８つ数えながら、鼻からゆっくりと息を吸い込みます。
　　　　（d）４つ数えるあいだ、息を止めます。

レッスン13　ヒーリング

（e）8つ数えながら、ゆっくりと口から息を吐き出します。

（d）で、息を止めながら、吸い込んだ愛、エネルギー、力強さ、パワーが身体中を巡るのを感じましょう。

（e）で、自分のなかのネガティブなものをすべて吐き出しましょう。「1」を1回、その後「2」を3回おこなってください。

これでヒーリングを始める準備ができました。ヒーリングは魔法円のなかでおこなうのが理想です。しかしそれができないときは――患者（相手）がこちらに来ることができない場合、たとえば入院中、あるいは家で寝たきりの場合――ヒーリングを始める前に、少なくとも相手のまわりに（さらに、必要ならベッドのまわりにも）アサメイで魔法円を描き、円を白い光で満たしましょう。

できれば、相手の頭を東向きにして、横になってもらいます。両足をそろえ、両手を身体の脇におきます。患者は必ずしも裸になる必要はありませんが、そのほうがきっと望ましいです（ほんとうは、ヒーリングをおこなう側とされる側、双方ともそのほうがよい）。

患者は目を閉じて、白い光に包み込まれている自分をイメージすることに集中します。ヒーリングをする人が右利きなら、相手の足の左側に、左利きなら右側にひざまずきます（図13.1参照）。両手を広げて前に伸ばし、手のひらを内側にして、患者の頭部をつつむようにします。直に触れずに、約3センチほど離してください（図13.2）。深呼吸し、息を止め、両手をしずかに下方へ、身体のほうに動かします。体側に沿って動かしますが、終始肌に触れないようにしてください。足が終わったら、息を吐き出し、手についた水を払うように、勢いよく手を振ります。じっさいは、患者から引き出したネガティブなものを払い落としているのです。このプロセスを少なくとも7回繰り返します。できればもっと回数を増やしたほうがよいです。

しばらくのあいだ静かに腰を下ろし、患者が白い光に包まれている姿をイメージします。息が苦しくなったら（これはかなり消耗することがわかるでしょう）、先に示した呼吸のエクササイズの「1」を1回、「2」を3回繰り返してください。

今度は両手の親指を、患者のこめかみにやさしく当てます。同時に、必要なら目を閉じて、みずからのエネルギーをすべて患者に送ります。相手が健康になる

407

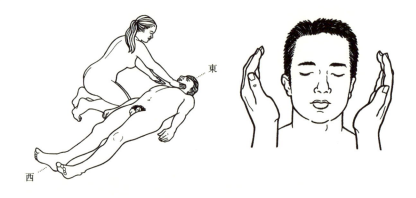

図13.1　　　　　　　　　図13.2

ように、慈愛のすべて、そして女神と男神の愛を、みずからを通じて相手に送りこみます。しばらくしてこれが終わったら、ふたたびゆったりと座ってリラックスし、患者が白い光に包まれている姿をイメージします。

　その後、再度深呼吸し、両手を患者の心臓に当て（またはかざして）、ふたたびプラーナを患者に導きます。

　ふたたび休み、深呼吸してから、両手を患部（たとえば胃、脚、肩など）に当て、みずからのエネルギーを集中させます。最後にひと休みして、白い光の球につつまれている患者の姿をイメージします。これでヒーリングは完了です。

　こうしたヒーリングのあと、身体がつかれきったとしても、驚かないでください。これはごくふつうにあることです。疲労を感じるようなら、やり方が間違っているという意見もありますが、無視してかまいません。反対に、疲労を感じるのは、ヒーリングがうまくいった証拠なのです。

遠隔ヒーリング

　患者がじっさいに魔法円のなかにいなくても、ヒーリングをすることができます。レッスン11で紹介した方法（ダンス、歌、コード、セックス）のうち、ひとつを選び、パワーを高め、病人に送ることが可能です。キャンドルの魔術はとく

レッスン13　ヒーリング

に有効です（拙著 "Practical Candleburning Rituals"（ルウェリン・パブリケーショ
ンズ刊）参照のこと）。オーラとプラーナ双方のヒーリングも、鮮明でふさわし
い患者の写真を使っておこなうことができます。次の「カラー・ヒーリング」「パ
ペット」も参考にしてください。

カラー・ヒーリング

　このテーマについては、私の著書 "Color Magick"（ルウェリン・パブリケーショ
ンズ刊、1983年および2002年）で詳しく扱っているので、ここでは手短に大要を
述べます。光は波の形で伝わる放射エネルギーです。波長はオングストローム（A）
という単位で測ることができます。1オングストロームは1mmの1000分の1で
す。たとえば、スミレ色の波長は4000Aから4500Aです。藍色は4500Aから
4700A、青色は4700Aから5100A、緑色は5100Aから5600A、黄色は5600Aから
5900A、オレンジ色は5900Aから6200A、赤色は6200Aから6700Aです。わたし
たちは日光から必要な色を波長として取り込み、心身のバランスを保っています。
色によるヒーリング（色彩療法）の根本は、病んでいる体に不足している色を与
えることです。カラー・ヒーリングの利点は実用性です。自然の素材を使って、
誰もが安全におこなうことができます。これから紹介するとおり、さまざまな方
法があります。基本的に、スペクトルの赤は刺激を与え、反対側のエンドの青は、
落ち着かせます。

　次にスペクトルの色ひとつひとつに注目し、具体的な特性を確認しましょう。

赤：温め、元気付ける色。血液の病気の治療に有効。貧血（活力のない）の人
　　には赤が必要、肝臓の感染症の人も同様。

オレンジ：赤ほどの刺激はないが、赤の特性を多く有する。とくに呼吸器系に
　　効く。喘息や気管支炎を患う人に。強壮薬、通じ薬としても有効。

黄：腸や消化管に効く。おだやかに作用する鎮静剤で、不安を取り除き、気分
　　を高揚させる。消化不良や胸焼け、便秘、痔、月経の悩みにもおすすめ。

緑：偉大な癒し手。ほかの色に障ることなく、一般的な強壮剤となる。新たに
　　活力を与える。不確かなときは、緑を使うこと。心臓の病気に効く。神経
　　性の頭痛、潰瘍、鼻かぜ、おできにも有効。

青：殺菌、および冷却作用がある。内臓をふくむあらゆる炎症に効く。切り傷、

409

火傷、リューマチにも有効。

藍：ちょっとした鎮静剤。暗がりを怖れる人々の不安を取り除き、安心させる。
情緒障害、難聴、とくに目に有効、白内障にもよい。

すみれ：心の病に効く。神経系、はげ、婦人病にも。

カラーを集中的に当てる

　重要なのは色ですから、色のついた光を出すものなら何でも利用できます。着色ガラス、色付のプラスチック、色セロファンでもかまいません。日光が出るのを待つ必要もありません。人工的な光を含め、どんな光でも効果があります。たっぷりと日が差し込む窓があるなら、確実にこれを利用しましょう。着色ガラス、プラスチック、あるいはティッシュペーパーのシートを窓にテープで貼ります。そして患者をその前に座らせ、色のついた光が患者に直接当たるようにします。確実に光が患部に差すようにしてください（たとえば胃の不調なら黄色の光が胃に当たるように）。少なくとも毎日30分間は患部に光を当てること。これを2セット（1セット目は朝、2セット目は夕方に）できればさらにいいでしょう。ほとんど最初から、確実に効き目が実感できるはずです。

　窓から採光できない場合、代わりにスライド・プロジェクターを使う手もあります。じっさい、多くの点で窓から採光するより望ましいのです。それは特定の場所に光を集中できるからです。写真用品店などで、何も写っていないスライド台紙を入手できます。これらに色付のプラスチック、またはアセテートフィルムを小さな長方形に切ってセットします。主要7色のスライドを用意します。

カラーチャージした水

　ごくふつうの水に色のついた光を当てることで、効能のある薬に変えることができます。透明な瓶に水を注ぎ、色のついた紙またはアセテートフィルムのシートを周りに貼りつけます（ふさわしい色付きの瓶があれば、なおさらよい）。6時間から8時間、窓辺に瓶を置きます。瓶に直射日光が当たらなくても、水はチャージされます。ワイングラス1杯の水なら、1日に3回当てると、30分間色付きの光を当てたのと同じ効果があるでしょう。

気がめいるとき、物憂げなときは、毎朝赤をチャージした水をコップ1杯飲むと、元気が出ます。同様に、夜寝付けない場合は、就寝前に藍色をチャージした水をコップ1杯飲むと、リラックスして寝つきがよくなります。色はすべて、前述のとおり、症状にあわせて適用できます。このような治療はハイドロクロモパシーといわれています。

遠隔のカラー・ヒーリング

カラーはその場にいない人のヒーリングに使うことができます。遠隔のカラー・ヒーリングも写真を使用します（基本的共感魔術の原則「類は友を呼ぶ」です）。これはグラフォクロモパシーといわれています。患者以外は誰も写っていない写真を確実に用意してください。そして患者の病んでいる部分（たとえば脚、胃）が写真に写っていることも確認すること。写真をふさわしい色のついた光の下に放置します。この場合、ワット数の低い電球、常夜灯のようなものがベストです。写真の前面を色付きのシートで覆うほうが、電球をそれで包むよりも簡単だとわかるでしょう。一番よい方法は、色付きのアセテートフィルムと写真をいっしょにフレームに入れ、フレームごと電球か窓の前に立てる方法です。1日に3時間は光に当てましょう。

宝石セラピー

宝石（貴石や準貴石）とその神秘的な性質についての本を6冊手に取ったら、6冊ともそれぞれの特性について見解が異なるでしょう。というのも、宝石はふつう惑星や星座と結び付けられるからです。そこで問題となるのは、（W・B・クロウが "Precious Stones : Their Occult Power and Hidden Significance" で述べているように）「いくつもの異なる規準があり、ある状況ではあるひとつの規準があてはまり、その一方で、別の状況では異なる規準がよしとされる……自然物には太陽や月、あるいは土星と同質のものなど存在しない」ということです。

宝石をヒーリングに使用するもっとも確実な方法は、古代ケルトのドルイド僧がおこなった方法です。つまり、宝石の色に上記のカラー・ヒーリングと同じ原則をあてはめるのです。

たとえば、黄色は腸の病気や月経の不調に効くことがわかっています。こうした問題がある人は、イエロー・ダイヤモンド、ジャスパー、トパーズ、ベリル、水晶、琥珀など、黄色の宝石を身につけましょう。毎日少なくとも1時間は、病んでいるところに石をあてがい、それ以外のときは、ペンダントか指輪として身につけます。治療効果があらわれるまで続けましょう。

紀元前640年、ネセプスは胃のむかつきを治すために、ジャスパーの首飾りをつけていました。1969年、バーバラ・アントン（ニューヨーク宝石学会から宝石鑑定士の資格をうけた）は、何年も生理不順に悩んでいた友人に、黄色のジャスパーのペンダントをつけるようアドバイスしました。彼女がそれをつけている間は、月経が28日周期になりました。

宝石や鉱石を扱う良書を読めば、色のスペクトルに満ちた、価値ある宝石の数々について、豊富な知識を得られるでしょう。ルビー、エメラルド、サファイアはもちろん赤、緑、そして青の典型ですが、ほかにも同等の効果があるうえ、ずっと安価な石が数多くあります。次に、いくつかの宝石をヒーリングに役立つ色とともに挙げましょう。宝石の属性について古くから伝わっていることもいくつか加えました。

宝石の特質

瑪瑙（茶）：歯肉を引き締め、視力を保護する。

琥珀（黄、オレンジ）：弱い視力の回復。難聴、赤痢、喉の病気、花粉症、喘息。

アメジスト（紫から青紫）：酩酊を防ぐ、安らぎをもたらす。

ベリル（緑、黄、青、白）：肝臓病、横隔膜。

血石（緑、赤）：出血、鼻血。

紅玉髄：出血、鼻血、血の浄化。

かんらん石（オリーブグリーン、茶、黄、赤）：熱、悪夢（不安感）。

珊瑚（赤、白）：止血、消化不良の改善、子供のてんかん、潰瘍、傷跡、ただれ目。

ダイヤモンド（白、青、黄）：咳、粘液、リンパ系、歯痛、不眠症、けいれん。

エメラルド（緑）：目の病気（古来エメラルドを水に浸すだけで目薬がつくられた）、全身のヒーリング。

ガーネット（赤）：貧血、血液の病気。

翡翠（緑）：腎臓病、胃痛、血液浄化、筋肉増強、泌尿器の不調、目の病気（エメラルドと同様、目薬として）。

ジャスパー（黄、緑）：胃の不調、神経過敏。

ラピス（濃青から藍、青紫、青緑）〔ラピスラズリ〕

　　アジュライト（Lapis linguis）：目の病気、より高次の霊気と調和させる、活気、力強さ。

　　マラカイト（Lapis ligurius）：コレラ、リューマチ。

ムーンストーン（淡青、オパールに類似）：病的に分泌液の多い障害、水腫、力をもたらす。

オパール（赤から黄、黒、深緑）：心臓、目、腺ペスト、保護と調和をもたらす。

真珠（白）：鎮静効果、怒りを消す。

ルビー（赤）：痛み、結核、差し込み、おでき、潰瘍、毒、目の不調、便秘。

紅縞瑪瑙（赤、赤褐色、黒）：精神と情緒に作用、悲嘆を癒す、喜びをもたらす。

サファイア（青紫）：目、おでき、リューマチ、差し込み。

トパーズ（黄から白、緑、青、赤）：視力、出血。

トルコ石（青、青緑、緑）：視力、若々しくする。

パペット（人形）

　レッスン11では、愛の魔術に使用するパペットの作り方を紹介しました。しかしパペットはヒーリングの目的でも使用できます――実は、おそらくこれがもっとも多いのです。

　作り方は同じで、人形の輪郭をカットした2枚の布を縫い合わせ、その人だとわかるシンボルや特徴を刺繍します（作業中は人形が表す人物に意識を集中すること）。今度はその人の病気――レッスン10で学んだこと――を癒すハーブをパペットに詰めます。何を使うべきか迷ったら、万能薬のカレンデュラ（マリーゴールド）を詰めましょう。

　パペットに呼びかけ（愛の魔術の例と同様）、塩水をふりかけ、インセンスを薫きしめた後、祭壇上に置きます。

　手術をした人に働きかける場合は、その箇所に切り込みをつけます。その後人

星座などの
シンボル

手術した場所

ふさわしいハーブ
を詰める

ヒーリング・パペット

形を祭壇から下ろし、その切り込みを縫い合わせながら、ヒーリング及びみずからのパワーをその人に注ぐことに意識を集中します。

本人の代わりに、人形を使ってオーラ・ヒーリングおよび（あるいは）プラーナ・ヒーリングをすることができます。ひとたびパペットを名づけ、清めたら、それにたいしておこなうことはすべて、本人への働きかけとなります。

瞑想とバイオフィードバック

そう、瞑想もヒーリング法のひとつです。つねに心に留めてほしいのは、自分の人生をつくるのは、意識する、（こちらが多いですが）意識しないにかかわらず、自分自身だということです。それならば、楽しく、健全な人生にするほうがいいでしょう。日々の瞑想では、元気な自分の姿をイメージしましょう。体調が悪いときは、完全に回復した自分の姿を心に描いてください。忘れないでください（レッスン11でも述べましたが）――「ものごとの過程ではなく……それが完了したものとしてイメージする」のです。

科学者が瞑想とバイオフィードバックの実験をおこなった結果、血圧を下げ、筋肉の緊張を緩和し、痛みを和らげ、幸福感が増すことがわかりました。バイオフィードバックの原理は、対象者に体内の変化に直接かかわる情報を伝えると、身体が正常に機能するよう、無意識に調節するということです。完全にリラックスすることを目的とする対象者は、バイオフィードバックで自分の身体のさまざまな数値を知ることで（バイオフィードバックの器械は構造の複雑さによって価格に幅があるが、いくらでも入手できる）、これが可能になります。対象者が、意識がある状態で、ほんとうに穏やかな気持ちになろうとするとき、アルファ波という特徴的な脳波が出ることでわかります。その人が10秒間、なんとかアルファ波を出せれば、身体にとって良い状態（アルファ・ステート）に入ったといえま

レッスン13 ヒーリング

す。

　次に瞑想のためのキャンドルの儀式を紹介します。これは、自分自身（または誰かほかの人）の病気を癒すイメージを心に描く導入部としても利用できます。

私たちはみな自然の一部、
それと切り離すことはできない

（レイモンド・バックランド）

　誰でも針や釘を刺した蝋人形のことは、フィクションの世界だけとしても、ご存知だろう。こうした人形は、共感魔術の典型で、じっさい、そのもっとも古い形といえる。この基本的法則 —— 針を刺して犠牲者を傷つける —— がよい効果をもたらすこともある。たとえば、ひどい背中の痛みに苦しんでいる男性がいるとしよう。ウイッチは蝋や粘土でその男性の身代わりとなる人形をつくる。それはその男性に似せる必要はなく、ごくおおざっぱな「ジンジャーブレッドマン」のような人形でよいのだ。とはいえ、それをつくっている間、ウイッチは終始彼の鮮明な姿をイメージしつづける。彼の写真があれば、傍においてそれに意識を集中できるので、さらに望ましい。人形を作り終えたら、その背中、あるいはどこでも痛みがある所に、3、4本針を刺す。針を刺すときは、彼の痛みについて考えないように。この段階では、ヒーリングの準備として、そうしているだけだから。

　次に、ヒーリングの相手の代わりとなる人形に名前をつける。これは、人形に塩水をまいて清め、インセンスをたきしめ、「ここに某がいる、彼は痛みから解放されたいと願っている。この人形におこなうことはすべて、その本人にもおこなわれる」という趣旨の言葉を唱えながらおこなう。そしてウイッチは、できる限り懸命にその男性に意識を集中し、彼の背中の痛みが消え、元気になった姿をイメージする。その後1本ずつ針を抜く。そのさい「彼の身体から痛みを引きだしている」とイメージし、そうした趣旨の言葉を唱えながらおこなう。

"Witchcraft Ancient and Modern"

（レイモンド・バックランド著、

HCパブリケーションズ刊、N.Y.、1970年）

415

聖油のレシピ

新鮮なミント（わたしのお気に入りはキャットニップ）を集め、大きな広口瓶に
ゆるめに詰める。そこに香りのない植物油を注ぐ。しっかりと栓をし、24時間放
置する。8時間ごとに上下を返すこと。瓶のオイルを荒目薄地の綿布で注意深く濾
し、しっかりと絞る。新鮮なミントといっしょにそのオイルを瓶にもどす。さらに
24時間置き、8時間ごとに上下を返す。この手順を少なくとも3日間繰り返す。
最後に濾して、ミントの香りの良質な聖油ができる。

祭壇上のキャンドルに火を点します。インセンス、その曜日のキャンドルにも
火を点します。そして請願者のキャンドル（請願者／瞑想者）に火を点します。
自分自身に思いをめぐらせながら、次のように唱えましょう。

> 「このキャンドルは私自身です、絶え間なく、変わることなく燃えていま
> す」

淡青のキャンドル＃1と＃2に火を点し、次のように唱えましょう。

> 「ここに平和と静けさがあります。1人になって、支障なく瞑想し、精神性
> を高める場所です」

「瞑想のための」祭壇

祭壇＃1	像	祭壇＃2
	香炉	
淡青のキャンドル＃1		淡青のキャンドル＃2
	請願者／瞑想者	
本		曜日のキャンドル

自分だけの方法で（たとえばレッスン7で詳述したように、超越瞑想、マント
ラを唱えるヨーガ、あるいは、自分に最適だと思うならなんでも）瞑想に入りま
す。瞑想しているあいだ、自分自身（あるいは、もし誰かのために働きかけるな

レッスン 13 ヒーリング

ら、その人物）が、すっかり回復し、完治している姿を想像してください。瞑想が終わったら、火を点したのと逆の順番で火を消します。

「健康を取り戻す（あるいは保つ）」祭壇

祭壇＃１	像	祭壇＃２
	香炉	
		┌ ＃１赤いキャンドル
		┤ ＃２赤いキャンドル
オレンジのキャンドル	請願者	└ ＃３赤いキャンドル
本		曜日のキャンドル

　これは一歩進んだキャンドルの儀式です。今度はとくに健康を取り戻す目的でおこないます。

　祭壇のキャンドル、インセンス、曜日のキャンドルの順に火を点します。しばらくのあいだ腰を下ろし、力強さ、健康、女神と男神の慈愛が身体のうちによみがえりつつあることを想像します。

　請願者のキャンドルに火を点し、請願者をイメージしながら、次のように唱えましょう。

> 「ここに（名前）がいます、すばらしい健康状態です。彼女（彼）に、女神と男神の幸いがありますように」

オレンジのキャンドルに火を点し、こう唱えます。

> 「この炎は、（名前）にとってふさわしいものをすべて引き寄せます。健康、力強さ、そして彼女（彼）が望むすべてのものです」

赤いキャンドル＃１、＃２、＃３に火を点し、次のように唱えましょう。

> 「さあ、これで、健康と力強さが３倍になりました。ここでそれは（名前）の体にとりこまれ、女神と男神が望むとき、彼女（彼）に従い、役立てるために」

417

そして、こう唱えましょう。

「ところで、人類の始まりはこうでした。

生きるために、人は狩りをしなければなりません。殺生です。

殺すために、人は強くなくてはなりません。

強くあるためには、食べること、活動することが必要です。

食べて、活動するために、狩りをしなければなりません。

弱気では、けっして強くなることはできません。

強くなれば、生き残ることができるでしょう。

弱気な人は、自分は強いと思わなければなりません。

思い描くことは、じっさいにおこなうことと同じです。

つまり、自分は強いと思うことで、狩りをし、殺し、食べることができるのです。

このように、自分は強いと念じることで、強く、活動的な自分になれるのです。

思い描くだけで食べ物を手に入れることはできませんが、食べ物を手に入れる手段をもたらすのです。

そうあれかし！

強き者に強さを！

弱き者に強さを！

その腕に銛を持たせたまえ。

その腕に石を投げさせたまえ。

その腕に槍を突かせたまえ。

つねに強くあらんことを。

そうあれかし！」

　静かに腰を下ろし、すばらしい健康と、それを享受する請願者をイメージします。こうして10ないし15分間そのままでいましょう。その後、火を点したときと逆順に、キャンドルの火を消します。この儀式は、毎週金曜日、7回つづけておこなってください。毎回少しずつ、赤いキャンドル3本を、請願者のキャンドルに近づけましょう。

レッスン 13 ヒーリング

動物と植物

　ヒーリング法はすべて、要点をしぼって動物と植物の双方に使用することができ、同じ効果をもたらします。わたしたちはみな、自然の一部だということを忘れないでください。動物、鳥、植物、または木が病気にかかったら、助けてあげましょう。皆で自然と調和して生きていきましょう。わたしたちはみな、神々と一体なのです。

　このレッスンで取り上げたヒーリングに加え、すべてのウイッチが、できるかぎりヒーリング法の知識を得ることが望ましいのです。もちろん、すべての方法に精通する必要はなく、どんな種類のヒーリングがあるのか、知っておくだけでも十分です。たとえば、鍼、ラディエステーシア（放射感知）、ラジオニクス、催眠術なども、有効なヒーリング法です。

ポジティブ・シンキング

　どのようなヒーリング法を選ぶにしても、一番重要なのは心構えだということを忘れないでください。ポジティブな心構えをもつべきです。魔術のレッスンで強調したように、自分の目的の達成、最終結果をイメージしましょう。ヒーリングでは、これはとくに大事なことです。もし脚を骨折した人がいたら、それが完治し、ジャンプしたり、走ったりする姿を思い描きましょう。喉の痛みを訴える人がいたら、その人が歌ったり、笑ったりする姿をイメージします。いつもポジティブに考え、ポジティブなエネルギーを送り出しましょう。

　とくに次の本をじっくり読むことをおすすめします。

"Aromatherapy : The Use of Plant Essences in Healing"（レイモンド・ローリー＆アンドレ・パスベック著）

"The Complete Book of Natural Medicines"（デイビッド・キャロル著）

"The Bach Flower Remedies"（ノラ・ウィークス＆ビクター・バーレン著）

"The Twelve Healers"（エドワード・バッチ著）──邦訳は『エドワード・バッチ著作集──フラワーレメディーの真髄を探る』（谷口みよ子訳、BABジャパン）に所収。

419

"Handbook of Bach Flower Remedies"（フィリップ・M・チャンセラー著）
——邦訳『エドワード・バッチ　フラワー・レメディー・ハンドブック』（青木多香子訳、中央アート出版社）

"Alpha Brain Waves"（ジョディ・ローレンス著）

"The Science and Fine Art of Fasting"（ハーバート・M・シェルトン著）

"Power Over Pain Without Drugs"（ニール・H・オルシャン著）

"Yogi Therapy"（スワミ・シバナンダ著）

"The Foot book : Healing the Body Through Reflexology"（デバキ・バークソン著）

"Homeopathic Medicine At Home"（マシマンド・パノス＆ジョセフ・ハイムリッヒ著）

"Helping Yourself With Self-Hypnosis"（フランク・S・カプリオ＆ジョセフ・R・バーガー著）

"Healing With Radionics"（エリザベス・ベーリーン＆ラベンダー・ダワー著）

"Theory and Practice of Cosmic Ray Therapy"（D・N・クシャリーニ＆I・J・グプタ著）

"The Practice of Medical Radiesthesia"（バーノン・D・ウェザーレッド著）

"Acupuncture : The Ancient Chinese Art of Healing"（フェリックス・マン著）

"Helping your Health With Pointed Pressure Therapy"（ロイ・E・ビーン著）

［レッスン 13］　練習問題

1．オーラ・ヒーリングをおこなった経験について述べてください。注目すべき
　成果はどのようなものでしたか。

2．もっともうまくできたカラー・ヒーリング法は何ですか。その結果はどのよ
　うなものでしたか。

3．ヒーリングで使用したことのある宝石をあげてください。どのように使用し、
　その結果はどうでしたか。

4．実験を通じて発見した宝石の特質について、自分なりのリストを作りましょ
　う。

［レッスン13］　理解度テスト

1．岩山を登っていた少年が足を滑らせ、左脚を骨折しました。脚は整復されました が、完治には時間がかかりそうです。どうしたら回復を助けることができ ますか。以下の方法を利用しましょう。
   （a）オーラ・ヒーリング
   （b）宝石セラピー
   （c）グラフォクロモパシー

2．テスト1のケースで、このレッスンで挙げたヒーリング法をもとに、自分なり に、魔術によって少年を助ける方法を考えましょう（たとえば、共感魔術 の変形など）。

3．プラーナとは何ですか。プラーナ・ヒーリングで、相手の身体に沿って手を 動かした後に、勢いよく手を払うのはなぜですか。患者がその場にいなくて もできるプラーナ・ヒーリングの方法を2つあげてください。

4．子宮摘出をした女性がいます。パペットを用いて彼女の回復を助ける方法に ついて説明してください。

5．レッスン10、11、12、13で学んだことを振り返り、ヒーリングについて小 論を書いてください。

レッスン 13　ヒーリング

◎推薦図書

"Color Healing"（メアリー・アンダーソン著）

"Healing for Everyone"（E・ルーミス＆J・ポールソン著）

"Is This Your Day?"（ジョージ・S・トーメン著）

"The Art of True Healing"（イスラエル・リガルディー著）

"Precious Stones; Their Occult Power and Hidden Significance"（W・B・クロウ著）

◎補助読本

"Magic and Healing"（C・J・S・トンプソン著）

"Color Therapy"（リンダ・クラーク著）

　　　——邦訳『あなたを変えるカラーセラピー』（林陽訳、中央アート出版社）

"Handbook of Bach Flower Remedies"（フィリップ・M・チャンセラー著）

　　　——邦訳『エドワード・バッチ　フラワー・レメディー・ハンドブック』（前掲）

"Handbook of Unusual and Unorthodox Healing Methods"（J・V・サーニー著）

423

Lesson14 − レッスン14
実践しよう
Getting Set Up

儀式

　「自分なりの儀式を創作することができるだろうか」。こんな質問をする人がたくさんいます。そのたびに「できますとも」と答えますが、これは条件つきです。ウイッカには有能な人が多く、彼（彼女）らはみずからの能力を伸ばしていく——実は、それがうながされる——のです（ウイッカと能力、この2つは、どういうわけか互いに引き寄せ合うようです）。

　とはいえ、自分なりの儀式を書き始める前に、本書で紹介した儀式を少なくとも1年間は、そのままの形で実践してください。儀式のことを知ってください。実感し、儀式のある日常を送ってみましょう。これらは実に、長い歳月をかけて蓄積された経験をもとに書かれています。ウイッカの経験だけでなく、オカルトや人類学の知識、そしてこれが何より大事なのですが、儀式に不可欠な要素をふまえて書かれています（次項の「儀式の構成」参照）。そこに書いてあることは、すべてに意味があります。だから、「語呂がいい」という理由だけで細切れにしたり、変えたりしてはいけません。

　これらの儀式を構成する要素のうち、とくに注目すべきものを挙げましょう。

　「神殿の建立」——これは集いの場、すなわち神殿をつくりあげ、聖別することです。基本的要素のひとつで、その場所とその場にいる人々を確実に霊的に浄化します。また、女神と男神のために執り行われる儀式に参加し、見届けてもらうために2人を招くことも含まれます。

　「神殿の消去」——女神と男神に感謝し一連の儀式を正式に終えることです。

「ケーキとエールの儀式」——集いのなかで儀式／崇拝の部分と、実践／社交的な部分をつなぐ役割を担います。すべての儀式に含まれ、これによって真に崇拝が成就するということがポイントです。つまり、生きていくうえで必要なものを与えてくれる神々への感謝です。

上記は、自己献身と入会の儀式とともに、ウイッカの重要な要素で、本質的な部分でもあります。

儀式の構成

ウェブスター辞書の定義によれば、riteは「正式な宗教行為……宗教上の儀式」で、ritualは「儀式の構成……神聖な礼拝をおこなう方法」です。

正式な宗教行為……これには形式、つまり、明確な構成が必要です。儀式には宗教的なものもあれば、魔術を実践するためのものもあります。基本的要素は、LEGOMENA（「言うこと」）とDROMENA（「おこなうこと」）。つまり、宗教的儀式であろうが魔術的儀式であろうが、それは言葉と行為の2つがそろって成り立つもので、どちらか一方だけでは成り立たないということです。儀式はまた、（1）始まり、（2）目的、（3）感謝の表明（ウイッカの宗教的儀式の場合）、（4）結びが必ず含まれます。

始まりと結びは、ご存知のとおり——「神殿の建立」と「神殿の消去」です。さらに「感謝の表明」は、「ケーキとエールの儀式」にあたります。そういうわけで、ここでは儀式の構成のなかでも、「目的」に焦点が絞られます。

なぜ儀式をおこなうのでしょうか。その目的は何ですか。季節の祝祭（サバト）のためですか。集会（エスバット）のためですか。ハンドファスティングですか。誕生の儀式（ウイッカになる儀式）ですか。儀式のどこに重点を置くかを把握するためにも、儀式を始める前に目的を明確にしてください。では、ウイッカのある宗派の儀式を見てみましょう。

ハイ・プリースティスは、女神の保護を求めて唱え、ハイ・プリーストは有角神への祈祷文を唱える。カヴンのメンバーは「エコ・エコ・アザラク云々」と歌いながらダンスする。その後彼らは「ウイッチの歌」を歌う。

レッスン14　実践しよう

この宗派では、上記はすべてのサバトの儀式で繰り返されます。

最後に、ハイ・プリーストが次のように唱えます。

　　「この世界に光をもたらす太母を見よ。エコ・エコ・アリダ、エコ・エコ・
　　ケルヌンノス」

以上が、この宗派におけるサバトの儀式の要旨です。そこで肝心なのは、これ
は何のサバトかということです。

この儀式でのみ使用され、それ以外の７つのサバトでは使用されない言葉は、
最後にハイ・プリーストが唱える次の言葉です。

　　「この世界に光をもたらす太母を見よ」

答えは、イモルグのサバトです……しかし、誰がそうだとわかるでしょうか。
儀式で唱える言葉のなかには、どの季節の祝祭かを示すものはなにもありません。
次に、これとは対照的な別の宗派のイモルグの祝祭に目を転じます。

　　プリースティス：我らが男神は、旅の絶頂に達した。
　　　　　　　　　彼のために祝うにはふさわしい時だ。
　　　　　　　　　今後ベルテーンまで、行く手はそれほど暗くない、
　　　　　　　　　その終わりに女神の姿が見えるのだから。
　　プリースト：私は汝ら、すべてのウイッカたちに強く促す、
　　　　　　　　　我らが男神ウォーデンに心を捧げよ。
　　　　　　　　　この松明の祝祭で、彼を光のなかへ、フレイアの腕の中へ導こ
　　　　　　　　　う。

　……そして１年の節目に重きを置く儀式はすべて、そのように続きます。じっ
さい、イモルグは１年のうちで「暗黒の半年」の折り返し地点であり、サーウィ
ンとベルテーンの中間点にあたります。この特定の儀式を、たとえば、秋分の儀
式にぴったりだと思う人はいないでしょう。しかし、別の宗派による先述の儀式
は、１年のうちいつでもおこなうことができ、なおかつ調和するのです。だから
それは、季節の祝祭、とくにサバトの好例とはいえず、読者の期待するものから
程遠いのは確かです。そういうわけで、自分の儀式を書くときには、儀式の目的

427

を最優先にすることを忘れないでください。この目的は「おこなうこと」——執行者の行動から引き出すこともできるはずです。上述の2つ目の派をさらに見ると、儀式の参加者はキャンドルを持ち、プリーストとプリースティスのキャンドルから火を点します。それからキャンドルを高く掲げ、祭壇を1周します。共鳴して、男神がもっとも必要とするときに、彼らは力と火を与えるのです。繰り返しになりますが、最初の派のサバトの儀式には、そのような行為は含まれません。

儀式に参加することは重要です。ウイッカは、カヴンそのものが大家族という意味で、家族的な宗教です。家族はその活動に自由に参加できて当然です。キリスト教において、いわゆる参加者は、たんなる観衆のようです。彼らは大きな建物のなかに座って、そこで起こることを眺め、たまに歌や祈りに加わることを許されるだけです。ウイッカとなんという好対照でしょう。ウイッカではカヴンの「家族」がともに腰をおろし、平等に、祭壇のそばで、全員が儀式に参加します。

自分の儀式では、これを忘れないでください。参加することが重要なのです。プリーストとプリースティスが唱える言葉に加え、ほかのメンバーの言葉も入れましょう。たとえそれが「そうあれかし！」という唱和だけだとしても。彼らが何か行動し、身振りをする機会があれば、さらによいといえます。メンバー全員が、儀式の一部（儀式と別々ではなく）だと実感できるようにするべきです。儀式の一部として、集団で瞑想をおこないたいと思う人もいるかもしれません。集団でおこなう瞑想は非常に効果があります。儀式に不可欠な要素として、歌やダンスを作ってみたいと思う人もいるでしょう。できることはたくさんあります。

すでに述べたように、エスバットには、かなり重要な要素が含まれています。なかでももっとも重要なのは、おそらく個人的な祈り——神々に必要なものを願い、今の境遇に感謝することです。つねに自分なりの言葉で祈らなければなりません。自分の言葉がいかに未熟に思えたとしても、心のこもった言葉は、文法的に正しいことや文章が整っていることよりも、実はずっと大事なのです。

月の儀式を書くときは、女神への尊敬を表し、過去において、異なる地域、そして異なる文明でも女神は同一であることに敬意を示す伝統的な形式に従います。女神がカヴンに招かれ、参加し、語ることに注目してください。女神は、召喚されるまたは呼び出すという意味で「引き下ろされる」のではありません。女神がじっさいにカヴンに現れることはごくまれで、並外れて有能で、分別があるプリー

スティスが儀式を執り行うことが必要です。私としては、女神が（あるいは男神が）カヴンに現れたいのなら、彼女は確実に現れると考えます。しかし、女神が現れるのは、呼び出されたからではなく、準備ができたからなのです。わたしたちのいったい誰が女神に命じるというのでしょうか。新たに満月の儀式を書きたいと思ったら、この点を忘れないでください。

見張り塔の守護者

　前述のように、何世紀にもわたり、多くのセレモニアル・マジックがおこなわれ、ウイッカでも、いつのまにかそれをおこなうようになった宗派があります。その大半は、数少ないクラフトの実践者を除いて、みなが気づかないうち消滅してしまいました。たとえば、細い杖、アサメイと呼ぶ白い柄のナイフ、ペンタクルなどを使うことです。セレモニアル・マジックでは周知のとおり、特定の存在を呼び出し、そして、それらが魔術の実践者の召喚を求めます。驚いたことに、このような召喚が、多くの宗派の「神殿の建立」（「魔法円をつくる」とも）の一部となっているのです。彼らの儀式には、「見張り塔の守護者」あるいは「四方の守護者」と称される召喚があります。これらの守護者にはしばしば、竜（ドラゴン）、火蛇（サラマンダー）、小鬼（ノーム）、大気の精、水の精など、特定の意味をもつ存在が含まれています。こうしたグループが危険を冒す可能性があるのは明白でしょう。それは、かつてあるカヴンが儀式の終わりに南のサラマンダーを消し忘れ（！）たことでも明らかです。集会が終わった直後、カヴンの所在地の南側で突然火事が発生し、彼らは仰天しました。

　このような「守護者」を気ままに呼び出すことは、おすすめできません。男神と女神自身が招かれ（「招かれ」るのであって、「命じられ」るのではない）、儀式を見守るだけで十分ではありませんか。それ以上にウイッチを守ってくれるものがあるでしょうか。だから、そうした召喚をおこなう儀式を準備しているといううわさを聞いたとして、そこで何がおこなわれるのか、これでわかったでしょう。そうした儀式に ―― たぶんゲストとして ―― 参加したときは、念のために、白い光のバリアで守られている自分自身をイメージすることを強くすすめます。

出典を明記すること

　最後に一言、重要なことです。どの儀式でも、出典を明記すること。私が本書でベースとなる儀式を示したように、自分で儀式の本をつくることをすすめます。そうすれば、別の儀式を加えることもできます（独立した節を作りたいとさえ思うかもしれません）。そこに、自分で書いたもの、あるいは、ほかの情報源から入手したものを何でも載せることができます。とはいえ、それはもともと誰が書いたのか、またはどこで入手したのか、必ず明らかにしましょう。そうしておけば、後々カヴンの新しい入会者にとって、いつ、何が追加されたのかが明確になります。

　儀式を創作するときに心に留めておくべきポイントは、変更のための変更をしないことです。儀式は楽しむべきもので、苦になるようではいけません。

　言葉は、音楽のように、パワーを高める効果があります。

　シンプルなものは、複雑なものに優ります。

　新たに儀式を書いたら、出典と作成日を明記してください。

カヴンを結成する

メンバーを見つけるには

　カヴンを作る最初のステップは、もちろん、ふさわしい人を見つけることです。何をするにも、性急に事をすすめないように。カヴンはひとつの家族です。お互いに心から愛し、信頼しあって行動する小集団です。そうした関係は、簡単には得られません。

　基本的に、状況によって2つの方法があります。1つ目はあきらかに好ましい方法——既知のペイガンから集めることです。もう1つは、時間がかかる方法で、見込みのある人を既存のペイガンからスカウトする方法です。2つの方法について説明しましょう。

　近年多くのペイガンやウイッカのイベントやセミナーが、国中で開催されています（"Circle Network News" のような多くの多様なペイガンの出版物のイベント一覧表を参照のこと）。それに参加すれば、地元でウイッカについて、少な

くともある程度知識のある人々と知り合うことができるでしょう。さまざまな出版物の連絡欄を通じて、地元の人を探しだすこともできます。自分自身で広告を出したいと思う人もいるでしょう。そうすれば、カヴンを結成したいという意図を知った人が、広告元に連絡することができます。志願者について、「熟慮のうえで選考する」ことを伝えましょう。「熟慮のうえで」ということは、お高くとまっているべきだということではまったくありません。ただ、もっとも気の合う人々を見つける必要があるというだけのことです。つまり、志願者全員を受け入れる必要はないのです。

広告例は次のとおりです。「ウイッカのカヴンを結成します。プリースト（プリースティス）は目下カヴンに参加希望する志願者から熟考中。写真履歴書送付先は……」。

プライバシー確保のために、私書箱を使うことをおすすめします。応募者と中立地帯 —— 喫茶店、レストラン、公園、あるいは同様の場所で —— 個別に面談をしましょう。応募者を自宅に招く前に何度か個別面談を重ね、彼らを深く知りましょう。彼らがクラフトについて知っていること、これまで読んだもの、それについて考えたことについて掘り下げてください。自分が話すより、彼らの話に耳を傾けるよう努めましょう。

現代のウイッチはどのような人々なのだろうか。第一に、彼らは「考える」人々といっていいかもしれない。何か、またはほかの誰かの言葉を鵜呑みにせず、みずから吟味する人々である。結論に達するまでに、あらゆる角度から読み、調べ、物事を見つめる人たちといえる。彼らは主婦、事務員、教員、会社員、トラック運転手、兵士 —— 実にさまざまな職業に就いている。

占星学でいえば、われわれは現在第12ハウスの魚座の3分の1の位置にある。このハウスが終わると、水瓶座の時代に入る。だからいまは、水瓶座の直前、全体的に不安な時代なのだ。不満 —— とくに宗教について —— の時代であり、「心の平安」を求める時代なのだ。ここ4、5年来、ものすごいオカルトブームが復活している。まさに、考えることが見直されているのだ。若者たちは、伝統に従う必要がないことに気づいている。自分自身で考えることができるし、そうあるべきだとわかっている。人々は宗教に批判的なまなざしを向けている。両親、あるいはその前の代か

ら信仰しているというだけで、特定の宗教を受け入れることを拒んでいる……若者と老人を等しく、一定期間調査した結果がある。この調査によって、ウイッカ信仰者が非常に多いことが明らかになった。そして彼らの反応は決まって、ウイッカは喜びを与える信仰だというものだった ── 「これは私が捜し求めていたものだ！」

"Anatomy of the Occult"

（レイモンド・バックランド著、

サミュエル・ワイザー刊、N.Y.、1977年）

ゼロから出発しなければならないという人は、地元の心霊研究グループ、占星学のグループ、瞑想のグループなどを調べることから始めましょう。一足飛びに、自分が人々をウイッチの仲間にしようとしているなどと言わないように！　繰り返すようですが、自分が話すよりも、相手の話に耳を傾けること。辛抱すれば仲間が見つかるでしょう ── たとえ彼らがじっさいウイッカ信仰の何たるかをわかっていないとしても、あるいは、それについて何らかの誤解があるとしても ── あきらかにウイッカ志向の、すすんで話を聴き、学ぼうとする仲間が。

回り道かもしれませんが、カヴンのメンバーになりうる人々を開拓する場として、自分自身で「超能力開発」のグループを集めるのもよいでしょう。本書のレッスン7、8、9、そして推薦図書や補助読本で示した内容をもとに、そうしたグループを編成することができます。そうしたグループを通じて、ウイッカに共鳴する、または、共鳴するようになる人々をじっくりと集めることができるでしょう。ガヴィン・フロストは応募者を4つのカテゴリーに分類しています。「熱狂的な人々 ── グループに入ったらやりたいことが山ほどある人たち。パラサイト ── 現実に背を向ける人々で、サイキックの領域でのみ解決可能な問題を山ほど抱えている……。知ったかぶりの人々 ── あなたが彼らに伝えたことは間違いだと指摘してくるだろう……。抜きん出た人々 ── じっさいのカヴンのメンバー候補者のなかに1人でも2人でもいたら、幸運といえる」。最後に挙げた人々がいれば、労を費やす価値があるというものです。

前述のとおり、まずはすべての候補者と中立地帯で会います。彼らが知っていること、そしてどこに共鳴しているのかを知るために話を引き出します。読むべ

き本をすすめましょう。ただし、彼らに情報を伝えるよりも、できるだけ彼らに
質問してもらうようにしてください。つねに心に留めておいてほしいのは、カヴ
ンは2人でも始められるということです（カヴンは必ずしも最大数の13人でなく
てもかまいません。全員が魔法円のなかで快適に動ける数であればよいのです）。

カヴンの運営

　カヴンのメンバー、そしてメンバーとなりうる人々に、クラフトについてでき
るだけ本を読んでもらいましょう。ウイッチはみな、クラフトの歴史について広
く理解するべきです。今日にいたるまで、何が起こったのか、何がわれわれにも
たらされたのかということです。本書のレッスンから多くのことを彼らに教える
ことができます。でも……「権威者」にならないように注意してください！　理
想的なカヴンは、メンバー全員が平等で、全員が何か貢献できるものがあります。
あなた自身を――ほかのメンバーが「高いところ」に奉ることがないように。
優れたカヴンまたは宗派は、民主制に基づいて活動するべきです。ひとたびカヴ
ンが結成されたら（たとえば、少なくとも2人いれば）、あらゆる重要な決定は、
全員の討議と記名投票によってなされるべきです。

　ここでちょっと本題からそれて、階級制がある宗派について触れなくてはなり
ません。ガードナー派が好例でしょう。しかしけっして、この派だけが階級制だ
というわけではありません。そのような派はしばしば（いつもそうだとはかぎら
ないが、確かに）メンバーは平等だと公言していますが、ただそのように公言し
ているにすぎません。ハイ・プリースティスと／またはクイーンは、あらゆる儀
式の始まりと結びを担います。それ以外のメンバーは、進歩の度合いによって、
降順をつけられます。なかでも一番高い階級（ふつうは「サード・ディグリー／
第三階級」）は、「エルダー」と称され、ハイ・プリースティスとともにカヴンの
意思決定に携わるとされています。こうした制度はかなりうまく機能し、利点も
多かったものです。しかし残念ながら、今ではもう実情にそぐわないようです。
最近では、ハイ・プリースティス（そしてとりわけ「ウイッチクイーン」「サバ
トのクイーン」という役割）という難しい役割をこなせる女性は少数のようです。
承諾する女性もいるので、未来に希望がもてます。とはいえ、自分勝手にふるま

う人のほうがずっと多いようです。母親がお菓子を小分けに与えるように「階級」を認める者や、「私はあなたよりずっと偉大なハイ・プリースティス（クイーン）よ！」と言いたいがために、できるだけ多くの支持者を集め、昇級させようとする者もいます。残念なことに、少数のそうした振る舞いによって、その宗派の大多数は幻滅してしまいます。私がすべての新しい宗派に強く勧めるのは、排他的になることなく、真のウイッカの信条「われわれはみな車輪のスポークである。誰が最初でも最後でもない」から逸脱しないよう、つねに注意することです。

　クラフトの歴史の知識に加えて、現状に通じることも必要です。関連出版物の予約購読をおすすめします。"Circle Network News"（P.O.Box 219,Mt.Horeb,WI 53572）"Llewellyn's New Worlds"（2143 Wooddale Drive, Woodbury, MN 55125-2989）。ほかにも多くの出版物がありますが、不定期発行なので、ここで紹介してもあまり役に立たないでしょう。上記の2誌——継続して発行されると思われる——によって、それ以外の入手可能な出版物がわかるはずです。「カヴンによる定期購読契約」を望む人もいるでしょう。全員で購読料を折半し、雑誌を回し読みしてもかまいません。

　前もって、カヴンのメンバーを選ぶ基準を考えておきましょう。たとえば、身障者は入れないというカヴンを耳にしたことがあります。私としては、これは理解に苦しみますが、あきらかに個人的な考えということでしょう。さまざまな人種、年齢、性的嗜好、階級の志望者をどう扱うかについても、考えておくべきです。なかには（多数だとよいのですが）「誰でもいらっしゃい」という人もいますが、おそらく、長年埋もれていた偏見が表面化することもあるでしょう。そのときは、自分の偏見と向き合わなければなりません。ひとつ、ここで述べておきたいのは、警察官や同様の職業の人を、法執行官という理由だけで避けないことです。クラフトには何1つ違法なことはありません。そしてじっさい、法に関わる人々にそれを印象づけるほうが望ましいのです。だから、けっして彼らを失望させることなく、希望を与えてください。

　新しいメンバーが署名する誓約、または秘密厳守の誓約を作成してもよいでしょう。それは基本的にシンプルな文面で、今後カヴンを離れたとしても、メンバーの名前をけっして他言しないという趣旨のものです。これは基本的にプライバシーを守る権利です。もちろん、この誓いを破ったら罰せられるという恐ろし

い脅迫は不要です。

　すでに述べたとおり、メンバーの人数についてはまったく制限がありません。快適にいっしょに活動できる人数、それが真の基準となります。とはいえ、伝統的な直径9フィートの魔法円がベストなので、そこで快適に活動できる8ないし10人を上限とすることをすすめます。カヴンのメンバーといっしょに祭壇、剣、本などを作り上げましょう。何か決を採ることが必要になったら、可能であれば、多数決だけでなく、全員の意見を完全に一致させましょう。これはカヴンが活動するときローブを着るか、着ないかというような問題を決めるさいにきわめて重要なことです。

　グループとして、どのような性格のカヴンにするか、あらかじめ決めておきましょう。ウイッカでもっとも大切なのは信仰です。つねにこのことを忘れないでください。何よりもまず、信仰のためにカヴンを編成しましょう。信仰することがすべてだという人は、申し分ありません。けれども、集団として自分たちの「パワー」を探求し、それを集めて使いたいという人、ヒーリングや、魔術、占いをしたい人、あるいは自分自身霊的に成長したいという人もいるでしょう。これもまた、それで申し分ありません……そうした活動はつねに宗教的側面ほど重要ではありませんが。そのようなカヴンも、エスバット（集会）のたびにヒーリングなどを行わなければならないと考えることはありません。そのような活動は、必要なときのみ、おこなうべきです。ある程度それらを試みたいというのは理解できるし、許されるのですが。

　カヴンに名前を付けたい人もいるでしょう。多くのカヴンがそうしています。たとえば、「拓けた森のカヴン」「北極星のカヴン」「復活の女神のカヴン」「砂海のカヴン」「真円のカヴン」「ウイッカ・ファミリーのカヴン」などがあります。さらに、多くのカヴンはそれぞれエンブレムまたは記章をつくって、ノートに貼り、ウイッカのイベントのさいに旗印や幟（のぼり）に使用します（図14.1参照）。

図14.1

宗派によっては——ふつうは階級制のある派ですが——ウイッチがそれぞれ何かに署名するさいに名前のわきに記すシンボルがあります（図14.2）。所属する宗派に階級制がなくても、こうしたシンボルを使いたいと思う人は、図14.3のシンボルをおすすめします。これは、逆三角形の上にペンタグラムとケルト十字——入会の儀式のさい、体にマークする神聖な形です（レッスン４参照）。

図14.2

図14.3

カヴンの規則も必要でしょう。規則を定める場合は、できるだけシンプルで、条項は少なめにするべきです。内訳は、魔法円に参観者（ビジター）を招くことや、集会で使用するワイン、インセンス、炭、キャンドルなどの経費をまかなうために各自に募る金額の目安（こうした必需品の経費をけっして１人に負担させないように）、魔法円での振舞い（喫煙を許可するかどうか——わたしは断然禁煙をすすめます）などです。わたし個人としては、厳格なルールには反対です。問題が生じたら、すべて全員で議論し、解決することができると思うし、じっさいそうなのです。しかし中には、少なくとも最初のうちは、より組織化された体制が必要だと考える人もいます。どの規則も、カヴンのためにあるのだということだけは忘れないでください。だから規則は柔軟であるべきです。ガードナー派（そしてそれ以外の派の）影の書には、いわゆる「掟」と称されるものが記載されています。良識ある人がこれを読めば、（１）前時代にさかのぼれば、うまく当てはまり、（２）それらの多くは実のところ、「ウイッカの掟」を含むクラフトの教義と矛盾していることに気づくでしょう。ジェラルド・ガードナー自身は、そうした規則は興味本位で含めただけだと述べています。しかしウイッカのなかには、その規則を冒すべからざるものとみなす者もいるようです。覚えておきましょう。真のウイッカの掟はただひとつ。「何者も害さない限り、汝の欲することをせよ」。

団体（チャーチ）を設立する

ここで私が論じる「チャーチ」は、単なる建物というより、「人々の集まり」「精神的中核となるリーダーと信者」を意味します。わたしたちの礼拝堂あるいは集会所（もちろん、広々とした戸外の場合もある）は、「神殿」です。

レッスン 14　実践しよう

　残念ながら、「チャーチ」という言葉は、あきらかにキリスト教の含みがあり
ますが、しばらくは話をわかりやすくするために、これを使います。

　さまざまな宗派の多くのカヴンは、合法的な組織団体を設立しています。たと
えば、「サークル・ウイッカ・オブ・ウィスコンシン」「チャーチ・オブ・ウイッ
カ・オブ・ノースカロライナ」「ハウス・オブ・レイブンウッド・オブ・ジョー
ジア」「ミネソタ・チャーチ・オブ・ウイッカ」そして「アリアンフ・チャーチ・
オブ・ウイッカ・オブ・テキサス」などです。こうした組織は数え切れないほど
です。その目的は、ウイッカの信仰を確実に合法的な宗教と認めさせることです。
米国憲法修正第一条があるにもかかわらず、理解のない当局が難癖をつけかねな
いからです。自分のグループを作る場合は、気をつけてください、長くかかるか
もしれないし、かなりややこしい仕事になるかもしれません。時には米内国歳入
庁がかかわる争いになることもあります。州の法律はよく変わるので、ここで詳
しく述べるのはひかえます。しかし、自分で組織団体を立ちあげようと決めたら、
最初にやるべきことは、米内国歳入庁に問い合わせて、非営利の宗教団体として
登録する方法を確かめることです。当局の出版物#557 ——「団体のための控除
の認可申請の方法」（"How to Apply for Recognition of Exemption for an
Organization"）——これはぜひ一読するべきです。

　それ以外の方法で、いざこざが少ないと思われるのは、カリフォルニア州モデ
ストの「ザ・ユニバーサル・ライフ・チャーチ」のような団体に参加することで
す。この組織を取り上げたのは、とりわけ、彼らが米内国歳入庁との法廷闘争を
散々経験しており、アメリカの最高裁まで戦って、勝訴しているからです。この
団体のパンフレットによれば、「昔ながらの教義はない……組織として、（彼らは）
正しいことを信じるのみである」「他者の権利を侵害しないかぎりにおいて、ひ
とりひとりが正しいことを決める権利と責任をもつ……（「何者も害さない限り、
汝の欲することをせよ」に少し似ていると思いませんか？）……われわれはアメ
リカ合衆国憲法修正第一条を積極的に唱道する」。つまり、ザ・ユニバーサル・
ライフ・チャーチに参加しながら、法律上の目的で、自分の組織をつくることが
できるのです。しかも、変更や修正、妥協、あるいは制限を受けずに、ウイッカ
信仰の一派として活動できます。

　こちらの方向に気持ちが傾いたとしても、性急に事を進めないこと。組織団体
を設立することがほんとうに意味をもつのは、母体となるカヴンから、さらにカ

437

ヴンが生じるほど成長したときです。その段階に達したら、すでに登録済の人に話を聞きましょう。利益が不利益を上回るかどうか吟味してください。多くの場合、そうではないと私は思います。

歴史上、どこの国でも、いつの時代も、信仰が理性に基づいて伝えられたことはない。信仰というものは、それほど強くない人々にとって松葉杖のようなもので、それがなくては未知の世界に勇敢に立ち向かうことができないのだ。しかし、フケと同様に、大半の人は信仰をもち、それにお金と時間を費やす。そしてそれをもてあそぶことで、少なからぬ喜びを得ているようだ。

ラザルス・ロングの言葉

本法廷も、この政府のどの機関も、宗教の美点あるいは誤りについて深く考えることはない。法廷が、新たに組織された宗教と、より歴史ある既存の宗教の教義や信条を比較することもない。法廷は、ある宗教がいかにすばらしく、あるいは狂信的、あるいは途方もないように見えても、これを賞賛もしくは非難することはしない。もし法廷がそんなことをしたら、それは憲法修正第一条で保証された権利を侵害することになるだろう。

連邦裁判所判事　ジェームズ・A・バティン
（1973年2月　ザ・ユニバーサル・ライフ・チャーチが
米内国歳入庁に勝訴した判決文）

ウイッチのあいさつ

ほかのウイッチに出会ったら、みな同じあいさつをすることに気づくでしょう。もっとも広く使用されているのは「幸いあれ（Blessed be）」と「楽しき出会い（Merry meet）」のふたつです。最初のあいさつは、もともとガードナー派で使われているものです。入会の儀式では、プリーストが入会者に次のように語りかけます。

「汝の足に幸いあれ、ここまで汝を連れてきた足に。

汝の膝に幸いあれ、聖なる祭壇にひざまずく膝に。

汝の子宮に幸いあれ、それなくして我らはけっして存在しない。

汝の乳房に幸いあれ、美しく力強く突き出る乳房に。

汝の唇に幸いあれ、聖なる名前を発する唇に」

だから、「幸いあれ」というあいさつを交わすことは、上記のすべてを意味するのです。

「楽しき出会い」は古くからの、より一般的な、ペイガンのあいさつです。省略せずにいうと、「楽しき出会い、楽しき別れ、ふたたび楽しき出会いを」となります。今日では、ふつう出会ったときは「楽しき出会い」、別れ際には「楽しき別れ」または「楽しき別れ、ふたたび楽しき出会いを」とあいさつします。こうしたあいさつを交わすときには必ず、ハグとキスをします。

装身具

サンダル

自分でサンダルを作りたい人向けに、ごく簡単な方法を紹介します。

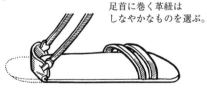

かかとから5センチほどのところで折り返す。皮を湿らせて、形を整える。

足首に巻く革紐はしなやかなものを選ぶ。

厚さ3ミリ以下の皮を使う。

蝋引きした糸で縫う。

典型的なサンダル

クローク

クロークは便利な装身具です。ロープをまとわないウイッチが、魔法円に入る前後に必要に応じて着けることもできるし、あるいは、いつもまとうロープにプラスすると、見栄えがするでしょう。もっともシンプルなクロークは半円形で、丈は床まであり、フードまたは頭巾がついています。首のあたりで留め、ふさわしい素材なら何でもかまいません。冬は厚手、春秋は薄手のものにするとよいでしょう。色はロープと調和するもの、または対照的な色でもかまいません。

シンプルなクローク

若きウイッカたちへ

ウイッカの信仰を肯定的に取り上げている児童書がいくつかあります。わたしのおすすめを紹介します。

"The Witch Next Door"（ノーマン・ブリッドウェル著、スコラスティック・ブックサービス刊、N.Y.、1965年）──邦訳『となりのまじょのマジョンナさん』（長月るり訳、偕成社、2001年）

"The Witch's Vacation"（ノーマン・ブリッドウェル著、スコラスティック・ブックサービス刊、N.Y.、1973年）

"The Resident Witch"（マリアン・T・プレイス著、エイボンブックス（キャメロン）刊、N.Y.、1973年）

"The Witch Who Saved Hallowe'en"（マリアン・T・プレイス著、エイボン／キャメロン刊、N.Y.、1974年）

"Timothy and Two Witches"（マーガレット・ストーリー著、デル刊（Yearling Books）、N.Y.、1974年

"The Witch Family"（エレナー・エスティス著、ハーコート・ブレイス＆ワールド刊（Voyager Books）、N.Y.、1960年）──邦訳『魔女ファミリー』（井

レッスン 14　実践しよう

　　上富雄訳、瑞雲舎、2002年）

　ほかにも良書があるはずです。探してみてください。

　ウイッカに敵意を示し、誤解を広める本（雑誌や新聞記事も含めて）を見つけたら、躊躇せず発行元に連絡し、誤解を正してください、ここで1983年イモルグ発行の "Seax-Wica Voys"（サクソン派の正式な機関誌）に掲載された記事を、編集長の言葉とともに紹介しましょう。

スタン氏ドラゴンを殺す
あるいは「積極的な広報」

　　　　　　　　　　── リチャード・クラーク

　最近シカゴの数人の学生たちは、子どもたちが菓子をねだって家々を回ってもよいことにしようと決めた。そこでは村主催の大きなハロウィーンパーティーがおこなわれることになっている。そのうちの5つのグループが大きな焚き火で「魔女の火あぶり」を呼び物にしようとした。シカゴ・トリビューン紙の記者は、ザ・ファースト・テンプル・オブ・ザ・クラフト・オブ・ウイッカのプリースト、スタン・モジェクに電話し、それについて意見を聞いた。スタンは、もし彼らがユダヤ人やバプテスト派を火あぶりにするといったら、非常に厄介なことになるだろうと答え、ただちに5つの村、いくつかの地方紙（トリビューン紙も含め）、そして弁護士に手紙を書き、たとえ人形であっても、ウイッチを火あぶりにすることは、子どもたちにとって卑劣な見せしめであり、宗教の迫害に等しく、彼らがそれを中止しなければ、そうした活動をやめさせるため訴訟も辞さないと訴えた。焚き火はかまわないが、そこでウイッチを燃やすことは許されないというのだ。

　ひとつの村で会合が開かれ、「村の長老たち」や、地元住民、地元のいくつかのカヴンの代表者たち、そしてチャンネル7ニュース（ABC系列のローカル局）が参加した。この論争は、地元紙と同様、テレビやラジオで取り上げられ、少なくとも5つの村のうち3つが、ウイッチを火あぶりにしないことを早々と受け入れた。それ以外の2つの村が「魔女の火あぶり」を続けたのかどうかはわからない（彼らがそれらを「逸脱した教育」とも称したのは納得できる）。それでも来年は、こんなことは絶対おこらないだろう！

441

わたしは、自然崇拝のコミュニティーのメンバーはこのようなことが起こったとき、声を上げる義務があると考える。歴史は、ウイッチ、あるいは、少なくとも魔術を操るとして告発された者たちが、かつて火あぶりにされたことを物語っている。また、1940年代、大勢のユダヤ人がガス室に送られたことも。もし、市町村の展示物として「ガスで処理されるユダヤ人」をつくったら、国中のユダヤ人組織による悲鳴、ボイコット、訴訟などがおこるだろう。ユダヤ防衛同盟が現れ、必要とあれば、力づくでそうした活動をやめさせるだろう。ウイッチはそこまではできないだろうか。

私は暴力を支持しているのではない。われわれ自身が注意して、ウイッカの信仰にたいする無知に気づいたらいつでも、それと戦うべきだといいたいのだ。ウイッカの信仰を含む自然崇拝の宗教は、さまざまな形があること、これらは合法的な宗教であること、そして、ウイッチと自然崇拝者はキリスト教よりも古くからある信仰を実践しており、われわれは他の宗教団体に示すのと同等の尊敬を願い求めるということを、世界に知らしめよう。ウイッカの信仰が尊重され、認められる時代が訪れようとしている……

VOYS誌は、スタン氏の行動とリチャードの補足記事を心から賞賛しています。セミナー*は、数多くの受講生たちひとりひとりが、信仰上の権利を確立する助けとなってきました。わたしたち全員で、愛する信仰のために力を尽くしましょう。わたしたちは、テレビや映画でウイッカ信仰の事実を誤って伝えたものについての記事が掲載されたVOYS誌のバックナンバーを保管しています。放送局を扱うテレビネットワークや代理店の住所も喜んで伝えます。心に留めてほしいのは、手紙を書くときに、自分が見聞きした事例を感情的にならずに、おだやかに、明確に、伝えることです。

ABC−TV（テレビ局）：1300　Avenue of The America, New York, NY 10019

NBC−TV（テレビ局）：30　Rockfeller Plaza, New York, NY 10020

CBS−TV（テレビ局）：51　West 52nd Street, New York, NY 10019

PBS−TV　（テレビ局）：485 L'Enfant PlazaWest SW, Washinton DC 20024

---

* シークス派ウイッカのセミナー。レイモンド・バックランドによって創設され、5年間運営されている。世界中からこれまで1千人以上が受講している。とくにウイッカ信仰についての講座において、これまでは参加する機会がなかった多くの受講生にとって、多くのすばらしい講座がおこなわれた。

レッスン14 実践しよう

Action For Children's Television（ACT：子供向けテレビ番組改善のための市民運動団体）：46 Austin Street, Newtonsville, MA 02160

Federal Communications Commission（連邦通信委員会）：1919 M Street NW, Washiington DC 20554

National Citizen's Committee for Broadcasting（NCCB）：1346 Conneticut Ave NW, Washington DC 20554

National Advertising Division, Council of Better business Bureaus（商事改善協会（BBB）内の全米広告監視機構）：845 Third Avenue, New York, NY 10022

ウイッチであることを打ち明ける

　よく聞かれる質問に「ガールフレンドまたはボーイフレンドに自分がウイッチだと伝えるにはどうしたらいいのだろうか」というのがあります。「疑いもしない」パートナーが、これまで申し分のない自分の分身がウイッカン（あるいはたんにウイッカ信仰に興味がある）と知ったとたん、これ以上望めないほどうまくいっていた関係が破たんする話を聞いています。わたしたちはもちろん、ウイッチになること、あるいは、オカルトのどの分野に興味をもつことも、悪いことではないとわかっています。そういう場合、コツは（もしコツが必要なら）その事実を伝える方法にあるようです。「あのね、フランク……私、ウイッチなの！」これは得策とはいえません。かわいそうなフランクは、ポップコーンを喉に詰まらせ、それから丘に向かって走り去るでしょう。そんな伝え方ではなく、知識を増やしてもらうことが一番よい方法でしょう。

　まずはタイミングを計りましょう（相手の気分がほぐれて、話しやすい雰囲気になったら）。それから、会話の流れをオカルトに誘導します……オカルト全般です。自分の興味があることを話すのではなく、むしろパートナーが知っていることを尋ねます。必要なら、オカルトは誤解の多い分野だということを説明しましょう。深夜映画や三文小説が多くの誤解を生むもとになっていると伝えます。そして、「ウイッカの信仰（魔術）を例にあげてみよう。ところで——あなたはウイッカをどういうものだと思う？」と切り出すのです。

　これでパートナーがそのテーマについて十分理解しているかどうかわかるで

443

しょう。それは正しいかもしれないし、そうでないかもしれません。大事なのは、それをウイッカの信仰がほんとうはどのようなものか伝える出発点とすること……それがどのように発展したか、どう曲解されたか、その再生、今日でも守り実践されていることです。キリスト教をあまり非難してはいけません —— 事実だけを伝えること。そこで間違いなく、こう聞かれるはずです。「どうしてウイッカについてそんなに詳しいの？」と。これにたいして「それはわたしがウイッチだから！」と答えてはいけません。まだまだ地ならしが必要です。このテーマにとても興味があり、膨大な量の本を苦労して読んだから、とだけ伝えましょう。

　次に、パートナー自身によりためになる本を読んでもらいます。たとえば、本書で紹介した本です。２人のあいだにほんとうに「不思議な力」がはたらいているとしたら、相手はあなたが勧めた本を読んだら相当の興味を示すでしょう。もしそうした２人を結びつける力がはたらいていなければ、相手がどう思うかはそれほど問題ではないのかもしれません。

　そこから、自分がどれほどウイッカについて興味をもっているかということを詳しく伝えます。そして、ついに —— ふたたび機が熟したところで —— 自分が実はウイッカだということを打ち明けます。ちなみに、最近の傾向としては（これは好ましい傾向だと思います）、「ウイッカ」という言葉が、古くからある「ウイッチ」よりも使用されています。これは確かに、ウイッチという言葉にもともと含まれる誤解をある程度なくすことになります。

　話し合い、読むべき本を読んだ後も、相手の誤解が解けない場合、なぜそのように考えるのか、突っ込んで聞いてみましょう。議論が成り立たず、それが決まって不合理であると相手に理解させることは、それほど厄介ではないこともあります。

　とはいえ、結局のところ、パートナーが少なくともあなたの信仰の自由を認めなかったら、そのときは、真剣に２人の関係を解消することを考えるべきです。意見が異なることはかまわないのですが、誰かに他の信仰を押し付けようとすること、あるいは、個人の信仰の自由を否定することは、断じて受け入れられません。

　上記に一言付け加えれば、あなたがウイッカの信仰、またはその活動に興味があると知って誰かが近づいてきたら、最初から自分の立場を守ろうとしないことです。「ウイッチクラフト」という言葉をどういう意味で使っているか、必ず相

レッスン14　実践しよう

手に訊ねるようにしてください。ウイッチとはどのようなものと考えるか、意見
を聞いてください。これによって、相手の立ち位置を確認し、自身を正当化する
というより、彼らの認識を正すことができます。

［レッスン14］　練習問題

1. どのようにして自分のカヴンを結成しましたか、あるいは加入しましたか。その名前は何ですか。どのように自分のチャーチまたはテンプルを設立しましたか。

2. 自身のウイッカとしての活動について話したとき、その人はどんな反応をしましたか。自分の信仰についてどのように説明しましたか。

【自分自身の儀式をつくりましょう。】

［レッスン14］　理解度テスト

1. 自分なりの儀式を創作することは許されていますか。それらを書くさいに、心に留めておくべき2つの基本的要素は何ですか。儀式で重きをおくべきものは何ですか。

2. 自分の儀式では、男神と女神にどのような名前をつけましたか。

3. 信仰において参加することが重要である理由はなんですか。

4. カヴンのメンバー候補を見つけるのにうってつけの場所はどこですか。

5. ウイッカのどの宗派も自分たちが「チャーチ」として認められたいと望むのはなぜですか。それを自分で設立するさい、手始めにするべきことは何ですか。

6. ある土曜の朝、子供向けのテレビ番組を見ていたら、ウイッチがキリスト教における悪魔を崇拝する邪悪なものとされていました。あなたはどうするべきですか。

7. あなたの影の書とアサメイを義母が偶然見つけ、彼女は即刻あなたが悪魔の使いだと決めつけます。あなたは彼女に何と言いますか。

◎推薦図書

　“Seasonal Occult Rituals”（ウィリアム・グレイ著）

◎補助読本

　“The Spiral Dance”（スターホーク著）

　　── 邦訳『聖魔女術 ── スパイラル・ダンス』（鏡リュウジ・北川達夫訳、国書刊行会）

Lesson15 − レッスン15

ソロのウイッチ
Solitary Witches

　ウイッカの宗派の大多数は、個人での活動を認めていません —— カヴンのメンバーとなることが必須とされています。たいていの宗派は、フリーメーソンや他の秘密結社と似たような階級制度があります。このような制度のもとでは、ウイッチは魔法円を描くことができるようになるまでに、カヴンのなかで一定の階級に達する必要があります。だれかを入会させる儀式をおこなうためには、もっとも高い階級に昇る必要があります。ファースト・ディグリー（第一階級）のウイッチとして、彼女（彼）らはカヴンのメンバーとともに神々を崇拝し、魔術をおこなうことができますが、ひとりでは、なすすべがありません。

　このような制度は、それはそれで結構ですし、階級制度に従う人々も、かなり満足しているようです。しかし私には、大事な点を見落としているように思えます。ウイッカ信仰の「古きよき時代」にさかのぼれば、かなり人里はなれたところ、あるいは、誰一人いないところに住むウイッチが大勢いました。それでも彼女（彼）たちは、ウイッチでした。古き神々を崇拝し、自分で魔術をおこなっていたのです。当時はそうしなくてはならなかったし、今もそうあるべきでしょう。今日、１つか２つの宗派が、より忠実に古きよき時代に従っています。たとえばシークス派ウイッカでは、カヴンに所属する必要はなく、じっさい、ウイッチがひとりで活動します。

　ここで重要なことは、カヴンに属していないという理由で、ウイッカから排除されるべきではないということです。住まいの近くにカヴンが存在しないとか、まわりに同好の志がいないとか、他人といっしょにいるのを好まない個人主義者だというだけで……あなたがウイッチになってはいけない理由などないのです。

449

そこで、個人のウイッカ信仰に目を向けましょう。カヴンに所属するウイッチと、ソロのウイッチの大きな違いはなんでしょうか。

　単独で活動するウイッチが何だというのだろう。ウイッチはカヴンに所属しなければならないのだろうか。否、もちろんその必要はない。独りのウイッチは大勢いる。そして彼女（彼）たちは、ウイッカの神々を信仰し、ハーブや（または）ヒーリングの知識も豊富で、文句なしにウイッチなのだ。

"Anatomy of the Occult"

（レイモンド・バックランド著、

サミュエル・ワイザー刊、N.Y.、1977年）

1．カヴンに属する場合、儀式は集団によっておこなわれ、数人（おもにプリーストと（または）プリースティス）が役割を果たします。ソロのウイッチは、自分自身ですべてをおこないます。

2．カヴンは大きな（ふつうは直径9フィート）魔法円に集います。ソロのウイッチは、こじんまりした「コンパクトな」魔法円を描きます。

3．カヴンは宗派によって、ツールを「一揃い」使用します。ソロのウイッチは自分が必要だと思うものだけを使います。

4．カヴンの集会はある程度、大多数の都合に合わせておこなわれます。ソロのウイッチは、自分の好きなときに儀式をおこなうことができます。

5．カヴンは円錐型のパワーをつくるのにメンバー全員のパワーを利用します。ソロはそれを手に入れるのに自分自身のパワーだけを使います。

6．カヴンは広くさまざまな知識と専門を有します。ソロのウイッチは自分自身の知識と専門を有するのみです。

レッスン15　ソロのウイッチ

7．カヴンはふつう、やり方がはっきりと決まっています。ソロのウイッチは、気分で変えることができます。

8．カヴンの儀式はほとんど、「上映作品」または演劇になりがちです。ソロのウイッチは、最小限まで削ぎ落とした言葉と動作で儀式をおこなうことができます。

9．カヴンはそれ自体をひとつに調和させる必要があります。ソロのウイッチはその必要がありません。あくまでも「身一つ」です。

　もちろんほかにも多くの相違点はありますが、これらはソロのウイッチであることの長所と短所双方のポイントを十分に示しているでしょう。一般的に、ソロのウイッチのほうが、ずっと融通がききますが、知識と魔術的パワーについては、より限られたものになります。上記の点について、さらに詳しく述べましょう。

１．ソロのウイッチは、すべて、自分だけでおこなう。

　自分自身の儀式を、自分専用に創作してよいのです。とはいえ、カヴンの儀式を採用し、それを自分に合わせて作り直してもかまいません。一例として、本書の儀式をソロのウイッチ向けに部分修正し、いくつかここに取り上げます（神殿の建立、エスバット、ケーキとエール、神殿の消去）。それ以外の儀式についても、同様におこなうことができます。儀式をおこなっているのは女性のウイッチです。

神殿の建立

　ウイッカンは東を向き、ベルを3回鳴らします。彼女は祭壇のキャンドルを手に取り、次のように唱えながら、東のキャンドルに火を点します。

　　「今、東に灯と気をもたらそう。私の神殿を照らし、生命をもたらすために」

　彼女は南に移り、キャンドルに火を点します。

451

「今、南に灯と火をもたらそう。私の神殿を照らし、温もりをもたらすために」

西に向かい、

「今、西に灯と水をもたらそう。私の神殿を照らし、清めるために」

北に向かい、

「今、北に灯と土をもたらそう。私の神殿を照らし、強固にするために」

彼女は、東に進み、祭壇に戻ります。キャンドルを祭壇に戻し、アサメイを手に、ふたたび東へ向かいます。アサメイの剣先を下に向け、魔法円を描き、みずからのパワーをそこに導きます。祭壇に戻り、ベルを3回鳴らした後、剣先で塩に触れたまま、次のように唱えます。

「塩は生命、それを使うあいだずっと、私を清めたまえ。
　男神と女神をたたえるこの儀式において、みずからを捧げるとき、私の心身を清めたまえ」

彼女は塩を刃先にのせ、3回水に落とし、次のように唱えます。

「聖なる塩が、儀式のさいに使うこの水を浄化するように」

彼女は塩水をとり、東から魔法円を1周しながらそれをまきます。その後ふたたび、1周しながら、魔法円にインセンスをたきます。

祭壇に戻り、塩をひとつまみオイルに落とし、指でかきまぜます。その聖油でみずからを聖別し、次のように唱えます。

「私は男神と女神の名において、みずからを清める。そしてこの神殿にふたりを歓迎する」

次にウイッチは、アサメイを手に東に移り、祈願のペンタグラムを描きます。

「ようこそ、気のエレメント、東の守り主よ。この魔法円をつねに見守り、強固にしたまえ」

452

彼女はアサメイの刃にキスをし、南に向かいます。そして祈願のペンタグラム
を描きます。

> 「ようこそ、火のエレメント、南の守り主よ。私の魔法円をつねに見守り、
> 強固にしたまえ」

彼女はアサメイの刃にキスをし、西に向かいます。そして祈願のペンタグラム
を描きます。

> 「ようこそ、水のエレメント、西の守り主よ。私の魔法円をつねに見守り、
> 強固にしたまえ」

彼女はアサメイの刃にキスをし、北に向かいます。そして祈願のペンタグラム
を描きます。

> 「ようこそ、地のエレメント、北の守り主よ。私の魔法円をつねに見守り、
> 強固にしたまえ」

彼女はアサメイの刃にキスをし、祭壇に戻ります。そしてアサメイを高く掲げ
ます。

> 「ようこそ、四方の守り主よ、そして、ようこそ、神々よ！ 男神と女神を
> 歓迎します。私のそばにあって、神々のための儀式をともに見守ってくだ
> さるように。ようこそ！」

彼女はゴブレットを手に取り、少量のワインを地に（または、献酒用の器に）
注ぎます。そして、神々の名を唱え、ワインを口にします。

> 「今、神殿は建立された。そうあれかし！」

エスバット

> **ウイッチ**：もう一度、人生の喜びを表し、神々に抱く私の気持ちを再確認
> しよう。
> 男神と女神は私に情けをかけてくださった。

これまでの感謝を捧げるのは当然だろう。

お二人は私が必要なものを知っており、それらを求めれば、耳を傾けてくださる。

それゆえ、男神と女神が与えてくださった恵みに感謝を捧げるのです。

その後、自分なりの方法で、彼女は感謝を捧げ、そして（あるいは）助力を求めます。そしてベルを3回鳴らし、次のように唱えます。

「何者も害さない限り、汝の欲することををせよ。これがウイッカの掟。

何を望もうと、何を願おうと、何を為そうとも。

私はぜったいに誰も傷つけてはならない —— 自分自身さえも。

与えれば、その3倍報われるだろう。

自分自身を捧げれば —— 私の生命、私の愛 —— 3倍になって返ってくるだろう。

しかし悪意を放てば、その報いは3倍では済まないだろう」

ここでウイッチは、好きな歌、あるいはチャントを歌うか、楽器を演奏します。

> ウイッチ：美徳と力強さをそなえた男神と女神よ。
> 　　　　　忍耐と愛、英知と知識をそなえた神々よ。

（もしエスバットが満月または新月に行われる場合、ここでそれにふさわしい節が入ります。そうでなければ、そのままケーキとエールの儀式に進みます。）

ケーキとエールの儀式

> ウイッチ：今こそ私を養ってくださる神々に感謝を捧げるときだ。
> 　　　　　すべては神々のおかげであることを、片時も忘れないように。

彼女は左手でゴブレットを、右手にアサメイを持ちます。そしてその刃先をゆっくりとワインに浸し、次のように唱えます。

レッスン 15　ソロのウイッチ

「こうして結びついた男女は、どちらも満たされている。この愛の結晶が生
　命を育み、そして、すべてが実り多く、いたるところ豊かさで満たされま
　すように」

彼女はアサメイを下ろし、ゴブレットのワインを飲みます。それを祭壇に戻し、
アサメイの刃でケーキに触れ、次のように唱えます。

「この食物は、神々からの恵みである。私はそれを進んでいただく。それを
　持たざる者と常に分かち合うことを忘れないように」

彼女はケーキを食べ、ひと休みして、こう唱えます。

「この神々の贈り物を享受するとき、神々なくしては、何ひとつ手に入らな
　いことを思い出させてください。そうあれかし！」

神殿の消去

ウイッチ：私が親愛と友情をもって神殿に入ったときのように、それをそ
　　　　　のまま手放せますように。私が出会う人々と愛を分かち合い、
　　　　　すべての人に愛が広がりますように。

彼女はアサメイを高く掲げてあいさつし、こう唱えます。

「男神と女神よ、この時間を私と共有してくださったことに感謝します。い
　かなるときも、私を守り、導き、見守ってくださることに感謝します。愛
　は法、愛は絆。
　この場を楽しみ、楽しく離れ、ふたたび楽しくここへ来るだろう。
　神殿はいま消去された。そうあれかし！」

彼女はアサメイの刃にキスをします。

2．ソロのウイッチは、こじんまりと「コンパクトな」魔法円を描く。

独りで活動するときは、カヴン向きの大きな魔法円は不要です。自分にとって

455

十分な大きさの円と祭壇があればよいのです……おそらく直径1.5メートルもあれば十分でしょう。神殿の建立のさいは、この円に沿って歩きながら、アサメイで魔法円を「描き」、塩水をまき、インセンスを薫きます。しかし、四方の守り主に呼びかけるときは、祭壇の奥の、自分の場所から、四方に向きを変えるだけでよいのです。魔術をおこなうときは、より小さな魔法円のほうがパワーを高めやすく、ずっと「居心地がよい」でしょう。

3．ソロのウイッチは、自分が必要だと思うものだけを使う。

　独りだと、おそらくカヴンほど多くのツールは必要ないでしょう。使用するのはアサメイとつり香炉だけかもしれません。その人しだいです。自分が満足すれば、それでよいのです。本書の儀式を正確になぞる必要はまったくないし、あるいは、上記の＃1のとおりにする必要すらないのです（＃8参照、これについては後で詳述します）。

　できるだけ多くの宗派について調べましょう。どのようなツールを使用しているか、それはなぜか（宗派によっては、実は理由もわからずに使用しているツールがあるようです）。ほうきの柄、アンサタ（アンク）十字、杖、三叉のほこなどを使用している派もあります。誰も使用していないツールを加える人さえいるかもしれません——たとえばPectiWitaは（たまたまですが、ソロを受け入れる宗派です）、ほかのどの派も使用していないツールを儀式で使用します。それを手にしたい、あるいは、一風変わっているというだけでツールを選んではいけません。ほんとうに必要だと思うツールを使用するべきです。ほかのツールよりも気持ちよく受け入れられる、あるいはそれがないと落ち着かないというツールを見極め、使用しましょう。

4．ソロのウイッチは、自分の好きなときに儀式をおこなうことができる。

　カヴンはサバトとエスバットのために集まります。エスバットの日は、メンバーの大多数が都合のよい日に決められます。独りの場合は、自分の好きなときにいつでもエスバットをおこなうことができます。つづけて3、4日おこなってもよいし、新月から満月までまったくおこなわなくてもかまいません。自分しだい、気持ちしだいです。緊急事態が起こったら——おそらく、ヒーリングをおこな

456

う必要が生じたら──直ちに取りかかることができます。ヒーリングに先立ち、
必死に他のメンバーに連絡を取る必要はありません。

5．ソロのウイッチは自分自身のパワーだけが頼みである。

　魔術をおこなうさい、カヴンは大きなパワーを生じます。一致団結することで、
ひとりひとりのパワーの総量よりもずっと大きなパワーが、全体として生み出さ
れるのです。ソロのウイッチは、自分自身のパワーしか使うことができません。
これは事実であり、受け入れなくてはなりません。それは個人で活動するうえで、
数少ない難点のひとつです。だからといって、独りでは何もできないということ
ではないのです。けっしてそんなことはありません。みずからのパワーのみを頼
りに、ソロですばらしい活動をしているウイッチは大勢います。これを、ボート
レースに例えてみましょう。漕ぎ手が8人、4人、2人のチーム、あるいは漕ぎ
手が1人のレースがあります。すべての舟が同じようにうまく進みます。違いは、
漕ぎ手の人数が増えると、それによってスピードが速くなるということです。

6．ソロのウイッチは自分自身の知識と専門を有するのみである。

　カヴンには才能の蓄積があります。ヒーリングを専門にする者もいれば、占星
術、ハーバリズム、タロット占いの専門家もいます。すばらしいツールを作る者、
カリグラフィーの達人、ワインづくりと（または）裁縫の名人もいれば、サイキッ
クでありサイコメトリストである者もいます。

　先述のとおり、ソロのウイッチは、みずからの知識を活用するしかありません。
これはもうひとつの短所です。しかし、くりかえしますが、これも受け入れるべ
きです。ソロのウイッチが、（ウイッカであっても、なくても）占星術師、タロッ
ト占い師、ハーバリストなどに連絡し、必要なときに助けやアドバイスを求めて
はいけない理由はまったくないのです。そういう助っ人がつねに身近に存在し、
いつでも相談できるわけではないというだけのことです。

7．ソロのウイッチは、気分で変えることができる。

　ガードナー派はガードナー派の儀式に厳格にしたがいます。ウェールズ・ケル
ト派のカヴンは、その儀式を忠実になぞります。ディアニック派のカヴンは、そ
の派の儀式に厳格にしたがいます。これはすべて、言うまでもないことです。折

衷派のカヴンでさえ、どこの宗派であれ、気持ちよく受け入れられる儀式を選び、それを続けるのがふつうです。しかしソロのウイッチは自由に（ほとんどの折衷派よりも自由です。自分さえ満足できれば、それでよいのですから）何でも好みの儀式を試し、変化させ、選び、作り変えることができます。あるときは念入りにつくりこんだ正式の儀式をおこない、翌日は簡潔でわかりやすく、飾り気のない儀式をおこなうこともできます。ガードナー派志向の儀式を一度おこない、次いでウェールズ・ケルト派の儀式、その後ディアニック派の儀式をおこなうこともできます。

　これはソロのウイッチだけの途方もない自由で、最大限に享受するべきです。さまざまな儀式の種類や形式を試し、挑戦しましょう。まさに自分にぴったりのものを見つけてください。

8．ソロのウイッチは削ぎ落とされた最小限の言葉と動作で儀式をおこなうことができる。

　これは＃7のつづきです。希望する人は、真に簡潔な儀式をおこなうことができます。女性ウイッチの儀式の一例を紹介しましょう。

神殿の建立（代替案）

　ウイッチは祭壇のキャンドルから円の四方のキャンドルに火を点します。そしてアサメイで魔法円を「描き」、パワーを導きます。そして彼女は祭壇の前に腰を下ろすかひざまずき、四方のエレメントについて黙想します（この部分は習熟すべきです —— 一言半句たがわずに言う必要はありません —— そうすれば、難なくやりとおすことができます）。

　あなたは草原の真ん中に腰を下ろしています。辺りを見渡すと、青々と草が茂り、鮮やかな黄色のキンポウゲが一面に咲いています。振り返ると、左手に横木柵が続いており、その向こうにまた草原が広がっています。また別の柵を隔て、草原は遥かかなたの山麓の丘へと続いています。

　かすかなそよ風が草の葉先をなびかせ、あなたの頬を優しくなでます。草むらや生垣の向こうの木々でコオロギが鳴き、ときおり鳥のさえずりが聞こえてきま

す。あなたはとても満ち足りて、安らかな心持ちでいます。

　手が届くほど近くに、ツバメがさっと舞い下り、草原をすべるように飛んでいます。そして舞い上がったかと思うと、木々を越え、遥かな山々の方へ飛んでいきます。バッタが1匹、膝に飛び乗り、次の瞬間にはふたたび飛び去っていきます。

　あなたは立ち上がり、草むらをのんびりと、生垣に並行して歩き出します。踏み出すたびに、草が裸足の足裏をくすぐります。右方向に歩き、生垣のすぐ間近まで行くと、それに沿って進みます。歩きながら手を伸ばし、生垣の葉をやさしくなでます。ちょうど指先で軽く生垣に触れながら、歩いていきます。行く手にちょっとした丘があり、左に曲がります。生垣を離れ、その丘を少し登れば、周囲の美しい景色を一望できそうです。

　どうやら風は、はるか遠くの山々から吹いてくるようですが、先ほどのそよ風がいまでは、頬や腕に吹き付けています。草むらをなびかせ、キンポウゲの黄色い頭を揺らしています。あなたは小山の上で脚を広げて立ち、ゆっくりと両手を空に伸ばします。両手を上げながら、深く息を吸い込みます。少しのあいだ息を止め、両腕を肩まで下ろしながら、息をゆっくりと吐き出します。息を吐きながら、「ああ！」……「あぁぁぁぁぁぁぁぁ！」と大きな声を出しましょう。

勇猛な女神

私は勇猛な女神！
民の守護者。
力強い腕で弓をへし折り、月の斧を振るう。
私は天馬を馴らし、時の風に乗る。

私は聖なる炎の守護者、
すべての始まりである炎。
私は海の馬、母なる海から最初に生まれ、
世界の海を支配する。

私は星々の姉妹、そして月の母。

この子宮に人々の運命が宿る。

私は創造主なのだから。

私は1万の名をもつ女神の娘、

私は白馬、エポナである。

——タラ・バックランド

造物主

見よ！　私は、時の始まりでもあり、終わりでもある。

照りつける太陽の日差しのなかにも、また、吹き付ける寒風のなかにも存在する。

私のうちには生命の火が燃え、死の暗黒もまた存在する。

私は万物の創造主であり、

時の終わりを告げる門番でもある。

海に住まう造物主よ、

私が蹄を高々と鳴らし、波打ち際を駆け抜けるのを見聞きするだろう。

私の力は強大で、星星に届くほど天高く、この世界を持ち上げるだろう。

それでも心優しく、つねに私は、深い愛を示す。

定めの時がくれば、すべての者は私に直面する、

けれども私を恐れることはない、

私は兄弟であり、恋人であり、息子なのだから。

死は、生命の始まりにすぎない。

そして私はその鍵を回すのだ。

——レイモンド・バックランド

　自分の声が、草原のはるか彼方の山々にこだまします。すぐに風があなたの声に応えます。さっきよりも身のしまるような風が立ち、草原を渡ってこちらに吹き付けます。心がはずみ、深く息を吸いながら、ふたたび大きな弧を描くように両手を上げます。また少し休み、少し低めからしだいに大きく「あぁぁぁぁぁぁぁぁ！」と、声を出します。

レッスン15　ソロのウイッチ

　ふたたび、風があなたに応えます。今回は、強く風が吹き、草をうねらせ、そ
ばの生垣を揺らします。あなたの髪は吹き返しの風になびき、頬に当たると温か
く感じます。3度目は、両手を空に向かって突き出し、「あぁぁぁぁぁぁぁ！」
と叫びます。これに対して風は、強い突風を送り、草むらの葉をうねらせ、あな
たの周りを渦巻くように吹き上げて応えます。あなたの髪は強く引っぱられたよ
うに後ろになびき、ローブははためいています。

　風が止み、あなたは両腕を下ろし、頭を垂れ、温かい日差しのなかに立ちます。
規則正しく、しかし、深く呼吸しながら、青く晴れわたった空から日光が照りつ
けるとき、太陽の力強さを実感します。目を閉じたままゆっくりと顔を上げ、あ
なたを包み込む光輝を浴びます。太陽の清らかな炎がゆっくりと体に伝わり、汚
れが除かれ、浄化されていくのを感じながら、深く息を吸い込みます。呼吸しな
がら、太陽の無限の炎によって注がれた活力が、みずからのうちに湧き上がるの
を感じます。

　あなたは両手をそろえ、胸の高さまで上げ、ちょうど太陽そのものを支えるよ
うに、てのひらをカップの形にします。さらに両手を顔の高さに、そして頭上ま
で上げます。手のひらを上向きにして、両腕を広げ、日光を全身に取り込みます。
今度は手のひらから両腕を通じて取り込みます。エネルギーが波のように伝わり、
両足やつま先までずっと身体中に広がるのを感じます。みずからのうちに火のよ
うな輝きを感じます。光輝を感じます。

　両手を下ろし、生垣に戻ります。丘を後にして、草原のわきを歩き続けます。
そのうちに耳慣れない音に気づきます —— 小川が流れる音です。勢いよく流れ
る水と小石が転がる音が聞こえ、あなたはその音に向かって進みます。生垣の端
まで来ると、その奥に小さな森が見えます。木々のあいだから、泡立つように勢
いよく流れる小川が見えますが、どこまで流れているのかわかりません。それは
大きく回り込むようにカーブし、あなたがたどった生垣の向こう側で、突然視界
から消えます。

　あなたは両膝をついて、手を伸ばして水に触れます。それは冷たいけれども、
そっぽをむくほどではありません。川の流れは見慣れぬ者に不服を言うように音
を立て、泡立ち、あなたの指のあいだを急いですり抜け、川下へと流れていきま
す。あなたは微笑み、もう一方の手を、最初に入れた手の横にすべらせます。そ
して水中で指をひらひらと泳がせ、水の爽快な冷たさを楽しみます。水をはねか

461

けて顔をぬらし、冷たい水滴がゆっくりと首筋に流れていくのを感じます。すがすがしく、元気がでます。両手をカップの形にして神聖なエキスである、聖杯をくみあげます。そして川面にかがみこんで水に顔を浸し、霊と肉を浄化します。川の水は気分を一新させ、汚れを取り除き、清めます。それは、惜しげもなく喜びをもたらす贈り物です。あなたは満足の長いため息をつきます。

　ふたたび立ち上がり、川岸に沿って進みます。すると、左手が開け、人目をしのぶように、広大な耕地が広がっています。畑の土は掘り返したばかりで、あたりに土の香が強くただよっています。あなたは深呼吸し、畑の中心に向かって歩き出します。雑草のない、肥沃な土を踏みしめると、その感触が足指に伝わります。

　ついに耕地の中心にたどり着くと、身をかがめて、豊かな、濃い茶色の土を両手で2度、すくいます。いい気分で、自然との一体感に浸っています。両足を通して、自分の身体が「大地とつながり、調和している」感じがします。我が家に帰ったような、あるいは長いあいだずっと捜し求めていた所にたどり着いたような感覚です。

　目を閉じて、畑の畝間に仰向けに寝転びます。そよ風が吹き、太陽の温もりを実感します。大地のエネルギーを吸収していると、遥かかなたから小川の流れる音がかすかに聞こえます。気分が高揚し、うれしくなります。そして、そうするうちに、すべてのエレメントに触れたことになります。

　「言うこと」と「おこなうこと」が単なる空想の産物であることがわかるでしょう。儀式のすべてをこのようにおこなうことが心地よいのはもっともです。とはいえ、少なくともじっさいに魔法円を描くことを強くすすめます。

　上記の瞑想の準備として、レッスン7の瞑想の項を読み直すのもよいでしょう。そのレッスンで紹介した深呼吸のエクササイズ、そして白い光をイメージすることも、一緒におさらいしましょう。

　このような誘導瞑想をおこなうために、前もって録音し、魔法円内でそれを再生してもよいでしょう。

9．ソロのウイッチは、あくまでも「身一つ」である。

　これは長所にもなるし（本質的には、そうでしょう）、短所にもなりえます。

後者の例をあげましょう。非常に短気なウイッチが虐待を受けたとします。その
ウイッチは相手に仕返ししようと思うかもしれません。独りで活動するウイッチ
は、ウイッカの掟を忘れ、どうにかして自分の考えや感情を正当化しようとする
ことがあるかもしれません。しかし、カヴンに所属する場合、プリーストやプリー
スティスを含むカヴンのメンバー全員の賛同を取り付けないと、ウイッチは後悔
することになりそうなことは何もできないのです。カヴンがそのウイッチをなだ
め、問題を全体的にとらえようとする可能性のほうがずっと高いでしょう。これ
に対して、ソロのウイッチは、この「安全装置」を持ち合わせていません。だか
ら彼女（彼）は、ウイッカの掟に反するような魔術をおこなう前に、つねに用心
し、状況を慎重に分析し、考え抜くべきです。

　しかし反面、ソロのウイッチは、何をするにせよ、妥協する必要がありません。
独りで活動するウイッチは自分の身一つなので、周囲との不調和や混乱もなく、
おのずと考えをまとめることができます。

　だから、独りで活動するウイッチが存在するのは、ごく当たり前なことです。
カヴンに所属していないからといって、そして、誰かの入会儀式を受けていない
からといって（その誰かも誰かの入会儀式を受け、その誰かも誰かの……以下延々
と続く）、あなたが本当のウイッチではないなどと言える人は誰もいないのです。
そんなことを言われたら、歴史を学ぶように言ってやりましょう（そして、そも
そも最初のウイッチに入会儀式をおこなったのは誰なのかと問いただしましょ
う）。あなたは、まぎれもなくウイッチです。そしてウイッカ信仰のすばらしい
伝統を受け継いでいるのです。神々があなたとともにあらんことを。

今日のウイッカ
And Now?

　ついに旅の終わりにたどり着きました。読者のみなさんに、ここまで旅してきたかいがあったと思ってもらえれば本望です。ソロ、カヴンのメンバーのどちらにしても、優れたウイッカとなって実践するために必要なことをすべて伝えようとしました。本書を熱心に通読すれば、何年も実践してきた多くのウイッチよりも、じっさいには訓練を積んだことになります。正式な訓練を受けず、グループ内にある程度知識をもつメンバーがいないまま、1つの集会から次の集会まで、ただやっとのことで運営しているようなカヴンに入る人が多いのです。もちろん、本書の内容をすべて習得すれば、あなたはもうウイッカ信仰について知るべきことをすべて知ったことになるので、あなたがこの限りではないことは言うまでもありません。そして私もあなたと同様です。ウイッカ信仰を始めて四半世紀以上、そしてそれ以上の長きにわたって研究してきましたが、いまだに学び続けています。最後に、できるだけ多くの本を読み続けることをすすめます。本書の巻末に付した「推薦図書リスト」にも、新しく何冊か加えています。どうぞ本書のレッスンをときどき（1年に1回は）読み返してください。

　真理に通じる道はいくつもあることを心に留めておきましょう。それぞれが自分自身の道を選ばなくてはならないのです。だから他人にたいして寛容になりましょう。自分のやり方を人に押し付けることも、押し付けられることもないように。これまで真剣についてきてくれた読者諸君に感謝します。いつもウイッカの掟を忘れないでください。「何者も害さない限り、汝の欲することをせよ」。

　あなたがなにかに取り組むときは、いつも男神と女神がそばにいてくれるでしょう。

レイモンド・バックランド

APPENDIX A － 付録A
ウイッカの宗派
Wiccan Denominations

　本書の刊行に先立ち、ウイッカのすべての宗派のスポークスパーソンに依頼し、各派の基本情報を集めました。これを参考にすれば、ウイッカの志願者は、それぞれにふさわしい宗派を見つける（少なくとも選択肢を減らす）ことができるはずです。必要な情報を十分に開示してくれた人々に、心から感謝します。ウイッカ信仰の初心者にとって ―― そして長年信仰を実践してきた多くの人々にとっても ―― 心から満足できる宗派を見つけ出すのは難しいものです。ふつうは、ともかく初めて出会ったウイッカの宗派を手放しに受け入れ、あとになって、自分が望み、期待したものがそこにすべてあるわけではないことに気づくのです。

　ここで、ウイッカの宗派について、その信条と実践法をまとめてご紹介しましょう。これを見ると、ウイッカ志望者には、さまざまな可能性があることがわかります。グループや個人の住所は掲載していませんが、彼らの多くがウェブサイトをもっています。紹介した宗派よりさらに多くのウイッカとペイガンのグループのサイトがあるでしょう。とはいえ、ウェブ検索には細心の注意が必要です。ネット上では誰もが言いたい放題なので、サイトをもっているだけでは、そのグループが真っ当なウイッカのグループだという保証もありませんし、実在するという保証さえないのです。

アレクサンドリア派ウイッカ

　アレックス・サンダーズによってイングランドに設立された宗派。サンダーズは1962年、ガードナー派のパット・コパンスキーによってマンチェスターで入会儀式を受けたとされます（"Witches"（マイケル・ジョーダン著、カイル・キャシー

刊、ロンドン、1996年）参照）。サンダーズ自身は、祖母にウイッカの手ほどき
を受けたと主張していますが。アレクサンドリア派の儀式の大半は、ガードナー
派のものですが、多くのユダヤ教とキリスト教の伝統とセレモニアル・マジック
の要素が混然一体となっています。カヴンはふつう、何も身につけずに活動しま
す。年に8回サバトを祝い、男神と女神はともに有角神です。

　サンダーズはウイッカの世界でも特異な存在で、カヴンのメンバーに自分を「キ
ング」と呼ばせていますが、これは他宗派ではなじみのない呼称です（"King of
the Witches"（ジューン・ジョンズ著、カワード・マッキャン刊、ニューヨーク、
1970年）参照）。

　1970年代に、アレクサンドリア派とガードナー派を融合し、「アルガード」派
を結成しようとしました。しかしアレクサンドリア派は、すでにほとんどガード
ナー派のようなものだったので、あまりメリットはないようでした。現在アレク
サンドリア派は、世界中の国々に広がっています。

アメリカ・ケルト派ウイッカ

　"The American Order of the Brotherhood of the Wicca" のカヴンは、ジェシ
カ・ベル（「レディ・シバ」、自称ウイッカの女王）が創設しました。この派の儀
式は実質的にガードナー派と同様ですが、ローブを着て活動します。ガードナー
派にならい、カップル（なるべく夫婦）での実践を好みます。パンフレットには
「アメリカ・ケルト派では主としてセレモニアル・マジックが行われる。一般の、
健全な人々が入会し、訓練すれば、このもっとも強力かつ精神的な古来の方法で、
神秘的なセラピーを受けることができる」とうたわれています。

オーストラリア派ウイッカ

　ウイッカの諸派（ガードナー派、アレクサンドリア派、シークス派、スコット
ランド派、ウェールズ派、ケルト派など）は世界中に広がっていますが、地球の
反対側のオーストラリアでも、その勢力を伸ばしています。この地域のリーダー
の1人が、西オーストラリアにあるウイッカの組織のタマラ・フォン・フォース
ランです。

付録 A　ウイッカの宗派

ア・タルイス・テグ

　彼らの目的は「この世界でもっとも価値あるものを捜し求めること……すべて
の人の品格を高め、日々の営みという人間的側面と、人類にたいする最大限の貢
献……自己認識、成長、そして幸福のために、宇宙の偉大なる魂のうちに人間性
を探求する……人間性そのものと自然をふたたび結びつける」ことです。

　この派は、1967年ワシントンD.C.でビル・ホイーラーが「高貴な人々」として
組織しました。その名のとおり、もともとケルト／ウェールズの宗派です。自然
の平衡、フォークロア、神話そしてさまざまな神秘を唱導し、1977年にはジョー
ジア州の非営利（宗教）団体となっています。

　この組織は、通信教育によって学生の外郭団体と結びつき、全米に広がってい
ます。

クレセントムーン（三日月）チャーチ

「クレセントムーン・チャーチは、小規模ながら、非常に献身的なメンバーが結
束している……プリーストとプリースティスはみずからが仕える女神あるいは男
神を崇拝し、さらに神々全般を信仰する。それゆえこの組織では、神との究極的
調和をめざす人にとって、多くの選択肢があるといえる」。

　この組織の目的は、「古代アイルランドの堕落していない信仰」の永続、そして、
「女神と男神、アイルランド文化、さらにオカルト全般についての幅広い学識と
知識」を伝えることです。

　1976年、カリフォルニア州カマリロ市で設立されました。そもそもこの組織は、
「われわれは自分たちをウイッカとは呼ばない」と言明していますが、本書で紹
介することにしました。儀式は、見学者や入会希望者に公開されています。

サークル・ウイッカ

　サークル・ウイッカは、1974年にセレナ・フォックスとジム・アランによって
始まりました。ウィスコンシン州マウントホープのサークル・サンクチュアリに
本部をおいています。州南西部の起伏のゆるやかな丘陵地帯に、200エーカーの

469

自然保護区と有機栽培のハーブ園を有します。また、「ウイッカ、ネオ・ペイガン、汎神論者、女神崇拝者、シャーマン、ドルイド教徒、エコ・フェミニスト、ネイティブアメリカンのまじない師、占い師、セレモニアル・マジシャン、神秘主義者、その他関わりのあるグループの国際交流と仲介を担う」サークル・ネットワークを連携しています。彼らは毎年、"the Circle Guide to Pagan Resources" を出版しており、これはウイッカ志望者におすすめです。彼らが発行する新聞、"Circle Network News" も読んでみてください。

サークル・ウイッカは、本拠地および全米で、さまざまなセミナー、コンサート、ワークショップを後援しています。少なくとも年1回、ウイッカと他のペイガンの司祭のための特別な催しを後援し、夏至にはナショナル・ペイガン・スピリットという集会を開催します。

サークル・ウイッカは、非営利のスピリチュアル・センターであり、州と連邦政府から法的に認められたウイッカの組織団体です。他宗派と異なるのは、ウイッカの多数派である西欧のウイッカよりも、シャーマニズムやネイティブアメリカンのグループと結びつきがあることです。だからといって、彼らを軽視しているわけではまったくありません。優秀で熱心なうえ、よくまとまっており、おおいに重視すべき組織といえます。この組織はおそらく、他のグループよりも、ウイッカやペイガンの普及活動に尽力したはずです。

カヴン・オブ・ザ・フォレスト、ファー・アンド・フォーエバー

あるプリーストとプリースティス（エリブリとジセルダ）によってフロリダで設立された宗派。ディアニック派、代々のスペイン派、エジプト派、ガードナー派、そしてカバラ主義を総合しています。男女両面のバランスがとれています。この宗派は「女神と男神の像を、もっと根源的な、生命力の各段階を表す、生あるものの典型とみなし」ています。彼らの目的は「みずからをこうした生命力の媒体としてより適合させるために、彼らに祈願し、今度はみずからを調和させ、成長を遂げ、さらに本質的に宇宙に近づく」ことです。

彼らは裸で神々を崇拝します。エスバットは、満月の夜におこなわれ、彼らが重要視する影の書は、めいめいが手書きします。

付録 A　ウイッカの宗派

デボラン・ウイッチダム

「デボラ派は折衷主義である。私たちは裸で儀式をおこなうことはほとんどない。相反するものをバランスよく取りいれる（女神－男神、陰－陽）。私たちが目指すのは、ウイッカの集団が今日まで途切れることなく、火あぶりの時代などなかったかのように —— ウイッカ信仰を復興させることである。そのために研究調査、論理的な推理、そして占いをおこなう」。

　サバトはビジターに公開されますが、エスバットは非公開です。カヴンのリーダーはロビンとマリオンと称されます。サブリーダーは、メイデン（乙女）とグリーンマンです。階級制そのものはありませんが、「見習い、『秘密と誓い』、ウイッチ、エルダー」の呼称を使用します。

「私たちは、ウイッチクラフトを司祭職そして聖職として考える。ウイッチとしての重要な任務は、他者が宗教体験をし、自身のパワーを引き出すことができるよう手助けをすることだ」。デボラ派は1980年、クローディア・ホールデーンが創設し、マサチューセッツ州ヌーハントのエリンナ・ノースウィンドによって普及されました。

ディアニック・フェミニスト・ウイッカ
（ディアニック派ウイッカ）

　カリフォルニア州オークランドでアン・フォーフリーダムが創設。信仰と魔術の実践の双方をおこなう宗派です。女性と男性両方の実践者、ソロの実践者、混成カヴン、そして女性のみのカヴンも含まれます。フォーフリーダムは「レズビアン志向でも、分離主義者でもない」と言明しています。

「ディアニック・フェミニスト・ウイッカは、女性のリーダーシップを奨励し、儀式をおこなう魔法円にはプリースティスが必要だと考える。儀式を実践する者には、男女同権論者、人道主義者も含まれる」。活動は、何も身につけないでおこなうこともありますし、ローブを着ることもあります。

フロスト派ウイッカ

　ウェールズ派を基盤とする多くの宗派の１つで、1970年代、ガビン＆イボンヌ・

471

フロストによって創立されました。当時は「ザ・チャーチ・アンド・スクール・オブ・ウイッカ」として、通信教育をおこなっていました。教材は実質的に、"The Witches' Bible"（ナッシュ・パブリッシング刊、ロサンジェルス、1972年）という本の内容と同じです。もともと、女神についての言及は皆無でした（この点は現在、修正されています）。また、さまざまな性行為について詳述され、二の足を踏む人が多かったため、後にそれを取り下げています。ノース・カロライナでは、ザ・チャーチ・アンド・スクールは世界中から生徒を集め、その地位を十分に確立しています。

ガードナー派ウイッカ

　その存在をはじめて（1950年代半ば、イングランドにおいて）公にした、まさにウイッチクラフト最初の宗派です。また、アメリカ合衆国に誕生した最初の派でもあります（創始者はレイモンド＆ローズマリー・バックランド——1964年ニューヨークで、ガードナー派ハイプリースティスの入会儀式を受ける）。宗派の名前は創設者の故ジェラルド・ガードナー博士に由来し、彼自身は、1930年代終わりに生き残っていたケルトのカヴンに入会しています。ガードナー派の影の書は、ガードナーが、魔術と儀式に関する自身の幅広い知識に基づき、所属したカヴンの影の書を部分的に変更したものです。この完成には、才能豊かな作家で詩人のドリーン・バリアンテの協力がありました。個人で活動するウイッチのなかにはこの宗派に異議を唱える者もいますが、現代のウイッカの宗派の大多数は、この宗派をなぞり —— あるいは、忠実に基づいていると考えられます。

　ガードナー派は男神よりも女神を重視しています。双方の存在とその必要性は認めてはいますが。そのため、プリースティスはプリーストより優位です。昇級のための階級制度があり、最短でも「1年と1日」おかないと昇級できません。カヴンは裸で活動し、「完全なカップル」 —— 男女のペアは同数であることを目指しています。結婚していなくてもよいのですが、そのほうが望ましいとされます。カヴンはそれぞれ独立しており、「サバトのクイーン」または「ウイッチ・クイーン」は、必要に応じて、派生したカヴンとの間で貸し借りされます。神々の崇拝に重きをおき、魔術は、主としてヒーリングがおこなわれます。今日、ガードナーのカヴンは世界中に広がっています。

付録A　ウイッカの宗派

ジョージ派ウイッカ

　ジョージ派は1970年にジョージ・パワーソンによってつくられました。ユニバーサル・ライフ・チャーチにより、1972年カリフォルニア州ベーカーズフィールドのチャーチとして認可されています。1980年には、ジョージ派チャーチを設立しました。「ジョージ派は折衷主義で、ガードナー派とアレクサンドリア派に基づき、さらにイングランドの伝統主義、オリジナルの要素もある……男神、女神本位だが、より女神に重きをおく」。彼らはふつう裸で活動しますが、個々のグループ、あるいは個人は、必要に応じてそうすればよいようです。彼らは信仰と魔術の双方を実践し、8つのサバトを祝います。メンバーは、儀式を創作し、あらゆる情報源から学ぶことになります。

メイデンヒル（乙女の丘）・ウイッカ

「伝統に則った」ウイッカの宗派で、1979年ペンシルベニア州フィラデルフィアで設立されました。イングランド、マンチェスターのリアノン・カヴンと密接な関係を築いています。「私たちは偉大なる女神とその連れ合い、有角神の崇拝を中心にすえる……私たちのカヴンは、唯一の文化的、民族的「伝統」に限定して信仰することはない。そうではなく、ガードナー派の基礎を徹底的に学び、習得した後に、特定の神話群、またはみずからの信条と一致した道を見いだす」。

ノーザン・ウェイ（北欧派）

　やや趣の異なる北欧派は、初心者向けではないかもしれません。この宗派は、ローブを着て活動します。
「わたしたちは、真正の伝統的な古代スカンジナビア人のやり方を再創造し、できる限り手本とするつもりだ……われわれの神々の名は、『オールド・ノース』であり、チュートン（ゲルマン）人ではない。私たちは魔法円を描く。私たちは『四方の守り主を求める』ことはない……私たちが守るべき伝統は古代スカンジナビアである……しかし、グループのメンバーがその末裔であるということではなく、特定の種族や民族である必要もない」。

473

北欧派は1980年に創設され、1982年にシカゴで組織化されました。その信仰はときにアサトルと称されます。彼らは、古代スカンジナビア固有の信仰と同様に、4つの太陽の火祭りを祝います。

ノバ・ウイッカ

イリノイ州オークパークで2人のガードナー派、ニイメとダンカンが結成した折衷主義のグループです。エスバットとサバトはローブを身につけ、入会儀式のときは裸でおこないます。ガードナー派の神々の呼称を使用しますが、「男女一対であれば、ほかの神々でもかまわない」とされています。ノバには階級制があり、それは「見事に調整されて」います。メンバーに徹底した訓練をおこない、カヴンの判断で、希望者に公開されるクラスもあります。

ノバはみずからを「伝統的かつ混成の、教授あるいは訓練するカヴン」と位置づけています。

PectiWita

スコットランドの人里はなれたところにある派で、エイダン・ブリークによって伝えられました。彼は1989年に亡くなるまで、スコットランドのカーノナシー城の自宅でみずから生徒に手ほどきをしました（"Scottish Witchcraft"（レイモンド・バックランド著、ルウェリン刊、セントポール、1991年）参照）。

この派は太陽と月の変化に同調します。男神と女神の扱いはバランスがとれていますが、崇拝よりむしろ、魔術に重きをおいています。この宗派は、動物、植物、無機物といったあらゆる自然にみずからを調和させます。瞑想と占いは、ハーブの知識と同様に重視されています。独りでおこなうさまざまな魔術の実践法が伝授され、日々の生活で魔術を実践することを重視しています。

シークス派ウイッカ（サクソン派）

この宗派は1973年、レイモンド・バックランド、私自身が設立しました。サクソン人の信仰に基づいている部分もありますが、実は比較的新しい宗派です。も

ともとのサクソンの信仰の継続や再創造を主張するものではありません（レッスン2、神々の呼称の選択に関する記述を参照のこと）。主な特徴としては、儀式を公開し、そのすべてが出版され、自由に入手できることです。また民主的な組織で、カヴンのリーダーによる独善的行為や権力争いを排除しています。カヴンでも独りでも実践でき、カヴンによる入会儀式の代わりに、自己参入の儀式をおこなうことができます。カヴンのリーダーはプリーストそして（または）プリースティスで、ローブを着るか否かはそのカヴンがそれぞれ決定します。今日、シークス派は全米各地、そして世界中の多くの国に広がっています。詳細は私の著書 "The Tree : the Complete Book of Saxon Witchcraft"（サミュエル・ワイザー刊、ヨークビーチ、1974年）を参照してください。

今日サクソン派は全盛期で、じわじわと発展しています。

テッサリア派

テッサリア派は、1994年にルイジアナ州ホーマで、モンティ・プレザンズによって設立された古代ギリシャ志向の宗派です。基本的に古代ギリシャの魔術の実践や宗教哲学の再構成しようとしています。また、古代ギリシャの神々のすべてを認め、それぞれのメンバーが「ひいき」の男神や女神を崇拝しています。そうすることで、男女という相反するエネルギーのバランスをうまくとっています。神々は、O'Eis（「絶対者」）と称される、偉大かつ不可知の創造主が細分化されたものだと考えます。彼らの目的は、「祈願によって神聖なパワーを得て、神の理解をもって、みずからがより神性に近づくこと」です。

テッサリア派はローブをまとって活動します。重要な魔術の実践のときにのみ魔法円のなかで儀式をおこない、通常は聖別した大地を使用します。個人での崇拝を奨励し、毎月第一、第三金曜日の隔週、ニューオリンズのフレンチ・クォーター・サイトで儀式をおこなっています。

APPENDIX B – 付録 B
理解度テストの解答
Answers to Examination Questions

レッスン1

1. 狩猟の神と豊饒の女神。
2. 類似したものは、同じ効果をもたらす（類は友を呼ぶ）という考え。原始時代の人々による狩りの魔術が一例として挙げられる。獲物となる動物を粘土で作り、それを攻撃した後、「殺す」。人々は実際の狩りでも同じことが起こると信じていた。
3. ローマ教皇グレゴリウス1世は、昔からの異教徒の地にキリスト教会を建てた。彼のねらいは、人々が礼拝のためにそうした場所に行くことに馴染んでいることをうまく利用することだった。そこにあった異教徒の神殿はキリスト教の神にあらためて奉じられるか、あるいは破壊され、キリスト教会に取って代わられた。
4. 「緑のジャック」は、古代の狩猟と自然神を象徴する彫刻の呼称。「森のロビン」または、もっと一般的に「葉飾りのマスク」ともいわれた。
5. 『魔女に与える鉄槌』には、魔女を発見し、尋問する方法が詳述されている。それは「火あぶりの時代」に迫害者たちが主に参考にした本で、2人のドイツ人修道士、ハインリヒ・クラーマーとヤーコブ・シュプレンガーによって著わされた。
6. マーガレット・アリス・マレー博士。
7. 1951年。
8. （a）ジェラルド・ブロッソー・ガードナー
   （b）レイモンド・バックランド

477

9. ウイッチがキリスト教や他の宗教や主義に敵意を向けるのは、その団体が、「唯一の道」だと主張し、他者の自由を否定し、他の宗教や信条を禁じようとしたときに限られる。

10. 魔術をおこなうためにカヴンに属する必要はない。独りで活動しているウイッチは大勢いる（ソロのウイッチ）。ウイッチではないのに、魔術をおこなう者（魔術使い）もまた多い。

レッスン2

1. 首飾りのブロシンガーメンは、太陽の輝きを象徴する。だからそれを失うと、秋や冬が到来する（つまり、フレイアがドロインに下る）。首飾りを取り戻すと、春と夏が到来する。

2. （1）感情——これはもっとも重要な要素。自分が欲しいものを、全身で求めなければならない。（2）タイミング——月相と結びついた時機。（3）心身を清めること。

3. 生まれ変わりはもともと、紀元553年コンスタンチノープルでの第2回公会議で非難されるまでは、キリスト教の教義の1つだった。

4. （a）いいえ。あなたは今生でその報いを受ける。（b）必ずしもそうではない。いくつもの人生を経て、あらゆることを経験する。つまり、同様の傷をすでに前世で受けた可能性もあるし、あるいは、来世で受けることになる。

5. それは可能だ。神殿はどこにでもつくることができるし、つねにそのままにしておく必要もない。この場合、おそらく最適な場所は寝室だろう。

6. 東から（日の出の方角）。

7. 北——緑、東——黄、南——赤、西——青

8. すべて差しつかえなく使用できるが、理想をいえば、金属は避けたい。好ましい順番でいえば（d）、（c）、（b）、（a）である。

9. 何者も害さない限り、汝の欲することをせよ。

10. 使用できる。美的に好ましいとはいえないし、たぶんもっとふさわしいものが見つかるだろうが。ただし、熱で割れないように、あらかじめ砂を入れること。

付録 B　理解度テストの解答

レッスン3

1．いいえ。その持ち主に最適な長さであればよい。

2．それは可能だ。ナイフ自体は、儀式などに使う道具にすぎない。ネガティブな影響は殺人者自身に及んでいるだろう。きちんと浄化すれば、ナイフはもちろんアサメイとして使用することができる。

3．使うことはできない。持ち主は、何らかのかたちで、ナイフに手を加えるべきだ。一からそれを作ることができなくても、新たに柄を作ることができるはずだ。それもできないとすれば、最低限、それに何らかの手を加えること——名前、さらに／あるいは、魔術的な組字を彫ること。何らかの方法でそれを自分のものとすること。そしてもちろん、浄化しなければならない。

4．彫刻とエッチング。

5．カヴンで使用する剣を持つことをすすめたいが、強制ではない。アサメイはつねに剣の代わりに使用できる。

6．ビューリンは、金属に彫刻するための道具。

7．ジェシカの誕生数は9（3.15.1962　3 + 1 + 5 + 1 + 9 + 6 + 2 = 27 = 9）。ロウィーナ（ROWENA）のネームナンバーは4（R = 9、O = 6、W = 5、E = 5、N = 5、A = 1、9 + 6 + 5 + 5 + 5 + 1 + 31 = 4）。つまり、ROWENAでは彼女の誕生数と一致しないので、よい選択とはいえない。さらに、「5」のアルファベットを加えると一致する。新たに「E」を加え、ROWEENAとすることをすすめよう。ROWEENA = 9 + 6 + 5 + 5 + 5 + 5 + 1 + 36 = 9。

8．誕生数を出すときには、生まれた西暦の「19」（たとえば1946）を忘れずに加えること。

9．GALADRIEL：　ᚷᚨᛚᚨᚺᚱᛁᛗᛚ

10．魔術的な組字：　ᛗ

レッスン4

1．イニシエーションの全過程は「通過儀礼」と称されるが、重要なテーマは、生まれ変わること、再生である。

2. イニシエーションは一般的に、別れ、浄化、象徴的な死、新たな知識、再生のパターンに従う。

3. 生まれる前に、真っ暗な子宮内に閉じ込められていることを象徴する。

4. これはレッスン2のテストでも質問したが、心に刻み付けてほしい。ウイッカの掟は「何者も害さない限り、汝の欲することをせよ」である。つまり、誰かを傷つけないかぎりは、なんでも好きなことができる。この「誰か」には、あなた自身も含まれている。

5. それは一般的ではない。伝統的に、男性が女性を、女性が男性の入会儀式をおこなう。しかし、男性が男性の、女性が女性の入会儀式をおこなったとしても誤りではない。じっさい、母親が娘を、父親が息子を入会させるような場合によく見られることである。

6. この設問についてじっくりと考え、私に向けてエッセイを書いてください。その後どこか安全な場所に保管してください。1か月以内に取り出して、再読してみましょう。まだ自分の言ったことに賛同できるか、あるいは、変化したことがあるかどうか確かめてください。

レッスン5

1. 参加は可能。カヴンに所属する人数に上限はない（13人が「伝統的」人数とされるが、実は歴史的な根拠はほとんどない）。ただし、総勢15人という人数は、やや扱いにくいだろう。代案としては、（1）比較的経験の浅い者と経験を積んだ者のバランスを考え、カヴンを2つに分ける。（2）4人の新規入会者が、一から自分たちのカヴンを始める。

2. 緑色。儀式の文面をタイプで打ってはいけない。つねに手書きするべきだ。じっさい、昔の影の書の大半は、扉に「ウイッチ……（名前）……による手書きである」との記述がある。

3. すくなくとも1か月に一度。

4. 神殿の建立、エスバットの儀式、満月の儀式、ケーキとエールの儀式、神殿の消去（それが満月の日であれば、もちろん新月の儀式はおこなわれない）。

5. サーウィン、イモルグ、ベルテーン、ルーナサ。

6. もちろん許されるし、むしろおおいに奨励される。ダンスはとくに、魔術を

おこなうさいに役立つ。

7. それは生きるための糧を与えてくださる神々への感謝である。ゴブレットのワインにアサメイの切っ先を入れるのは、男女の結びつき（ペニスをヴァギナに挿入すること）を象徴する。

レッスン6

1. イモルグはサバトなので、魔術をおこなうことはできない。緊急を要するヒーリングを除いて、祝いの儀式であるサバトでは、何もおこなうべきではない。次のエスバットまで待つか、サバトの前あるいは後に、とくに魔術をおこなうために円を描く必要がある。

2. 男神と女神はすべてのサバトで礼拝される。時期によって、どちらか一方が他方より優位となる（基本的に光の半年は女神、暗黒の半年は男神が優位となる）。しかし、いかなるときも、2人がそこに在ることを忘れてはならない。どちらも「死ぬ」ことはないし、どこかに去ることもない。

3. 女神に重点が置かれている――とはいえ、テスト2の答えを心に留めておくこと、「もう一方を押しのける」ほど重要ということではない。

4. 神殿の建立、満月の儀式、サバトの儀式、ケーキとエールの儀式、祝うこと、神殿の消去。

5. （a）サーウィン　（b）ベルテーン

6. ユールは大サバトではない。小サバトの1つ――冬至、12月21日である。

レッスン7

1. 瞑想とは耳を傾けること。高次の自己（内なる自己、創造力、高次の意識、神々そのもの――自分が結びつきたいものなら何でも）に耳を傾けること。それは何かを求める祈りとは異なる。先述のとおり、瞑想は耳を傾けることである（おそらく、祈りに対する答えに耳を傾けることさえある）。

2. 背骨をまっすぐにすること。

3. 実は「最適な時間」はない。とはいえ、毎日できるだけ同じ時間に瞑想を続けるべきだ。

4. 第三の目。

5. 夢の解釈は、注意深くおこなうこと。それぞれの夢を分解してみよう。とくに色、数字、動物、暗示的な物などに注意を払うこと。あまり急いで夢を額面どおりに解釈しようとしないように。ふつう主な登場人物は、自分自身を表していることをつねに心に留めておくこと。

6. 男根を象った杖で、さまざまな豊饒の儀式に使用される。名前はギリシャ・ローマ神話の神プリアポスに由来する。

レッスン8

1. そうではない。2人の誓いは、互いに愛し合う限り続く。2人のあいだに愛がなくなったら、自由に別々の道を歩むことができる。

2. その子どもの心の準備ができたとき。年齢は決められていない。まったくその子どもしだいである。

3. 物質とメンタル（超自然力）。

4. 精神のコントロール、感情の排除、内省、所有欲の克服、愛、瞑想。

5. （1）まずは心を落ち着け、あらゆる感情を追い払う。あとは、内なる声に耳を傾け、その導きに従うのみである。（2）ペンドラムを用いて、「イエス／ノー」で答えられる質問をするか、鍵がありそうな部屋の略図で探す。

6. 忠告が相手に及ぼす影響をよく考えること。見たままを伝えてはいけない。相手の健康について尋ね、元気だと言われたら、その件には触れないこと。健康診断を受けるよう勧めるのがよいかもしれないが、これは心配するそぶりを見せずに巧妙におこなう必要がある。

レッスン9

1. タロット占いを習得しようと焦ってはいけない。カードを使いなれるほどに、その解釈ができるようになるだろう。

2. あなたの解釈 —— あなたの感情 —— それが重要なことだ。ごく一般的に、このカードは、人間関係、とくに家族や親友など、親しい人とのあいだに問題があることを示す。家庭内、職場、またはあるグループにおいて破綻があ

付録 B　理解度テストの解答

るかもしれない。カードの位置を踏まえ、それが起こりそうな時期を推定し、伝えよう。

3. 繰り返しになるが、解釈はすべて、あなたしだいだ。見通しは悲観的にも、楽観的にもなりうる。カードに描かれたシンボルのうち、何に引き付けられるかによる。カードの位置が、あなたの解釈にほんとうに特別な意味をもたらす「最終結果」という位置であることを忘れてはならない（このカードが違う位置に現れたら、ある程度柔軟に解釈することもできるが、この位置の場合、はっきりと限定される）。

4. 考えられる方法はいくつかある。コップに入れた水、拡大鏡、腕時計の文字盤を覆うガラス、鏡など、反射面があるものなら何でも使用できる。いずれにせよ最初は、反射面の背景を黒くしたほうが無難だろう。

5. 左手は、生来の性格と、状況が変化することなく進んだ場合、どんな人生を送るかということを示す。右手は、今までの人生でどんなことを成し遂げたかを示す（左利きの場合、これと逆になる）。

6. このシンボルは良い知らせ、幸運、新規事業の開始を示す（もしかすると、結婚が近いのかもしれない）。持ち手の近くに位置すれば、その人に密接に関わる。カップの底に近ければ、それはおそらくかなり遠い将来のことだろう。

7. （a）JOHN　F　KENNEDY＝１６８５６２５５５５４７＝59＝14＝5

　　　　5が優勢で（実際は、それが5つもある！）、それが姓名数そのものとなっている。このタイプは誰とでも友だちになり、ほとんどの姓名数の人とうまくやっていける。頭の回転がよく、決断も早い。

　　（b）NAPOLEON＝５１７６３５６５＝38＝11＝2

　　　　JOSEPHINE＝１６１５７８９５５＝47＝11＝2

　　　　ごらんのとおり、彼らの相性は最高だ。

8. 第一ハウスは、その人と社会との相互作用、そして容姿 —— 他人からのように見られているかを示す。双魚宮が上昇している場合、太陽のサインよりも双魚宮の特徴が目立つだろう（太陽はより内的自己を表す）。繊細で、気高く、親切で、優しい人。おそらく中背よりは小柄で、顔は青白く、頬骨が高い。髪と目の色は淡い色だろう。

483

レッスン10

1. 優れた治療者は、心理学者であり、解剖学と生理学、さらに栄養学の知識をもつべきだ。また、ヒーリングについて幅広い知識があり、人間についても深く知るべきである。

2. ラテン語の名前は変わることがない。しかし、それぞれの地方で通用するさまざまな呼称がある。そのため、ハーブの名前は、地理的位置によって異なることが多い。

3. （ a ）沸騰させていないお湯によって（時には冷水を用いて）、ハーブから抽出物を得ること。

   （ b ）ハーブを処理した後、適切な材料で溶かしたり、浮遊物をすくい取ったり、濾過することで不純物を取り除くこと。

4. 粉末にする、抽出（煮出すこと、浸出、冷浸）、パーコレーション、濾過、不純物を除く、温浸（蒸解）、圧搾

5. 肌のクレンジング、強壮剤として使用する。樹皮からは、消化器官がかなり弱った人でも消化できる特別な病人食ができる。石鹸として使うと、肌がすべすべになる。パップ剤として、炎症のあるところ、腫れた皮膚、傷を治す。直腸や膣の坐薬、浣腸剤、膣洗浄に使用されていた。緩和剤、利尿薬、皮膚軟化剤でもある。

6. （ a ）腸のガスを追い出す。

   （ b ）痰（咳）を出やすくする。

   （ c ）血行を促し、血色をよくする。

   （ d ）発汗を促す。

7. 7歳児は成人の1／3の服用量となる。この場合、成人の服用量が2ドラム（約7.76グラム）なので、この子どもの服用量は、2ドラムの1／3、つまり1ドラムの2／3（約2.58グラム）となる。

8. （ a ）P.Ae.　（ b ）Coch.j.　（ c ）Agit.vas　（ d ）P.c.

レッスン11

1. （ a ）「自分が思うような変化を起こす技、あるいは知識」。または、起こっ

付録 B　理解度テストの解答

　　　　てほしいことを実際に起こすこと。

　　（ｂ）体調を整えること。みずからの心身をともに清めること。

　　（ｃ）ほんとうにそれが必要なとき（そして緊急時を除き、サバトではなく、
　　　　エスバトでおこなう）。

2.　円錐形のパワーは、チャント、ダンス、セックス、あるいはそれ以外の方法
　　によって、聖別された魔法円で生み出される。このとき、「安全」の確保を
　　忘れないこと（誰からも何によってもじゃまされないように）。

3.　チャントがリズミカルで、一定のビートにのっているか、そして韻を踏んで
　　いるかに注意すること。例を以下に示す（キーワードは太字）。

　　（ａ）「男神と女神、私の祈りを聞き入れたまえ。判事と陪審員、**私を導きた
　　　　まえ**」

　　（ｂ）「すべてのバスケットが穀物で一杯になった。収穫期の終わりに、**あふ
　　　　れんばかりの穀物で**」

　　（ｃ）「夜に盗みを働いた泥棒よ、夜明け前に**戻ってこい**」

4.　彼女は夫がいなくても、十分豊かに暮らせるので、彼を取り戻そうとする必
　　要はない（とにかくそれは彼の自由意志に反するだろうから）。妻の目下の
　　状況……安心を確保することに専念すべきだ。まずはどの方法を選ぶか自分
　　で決めなければならない。一部始終をじっくりと考え、解決法を出す。現在
　　から最終結果まで、自分が望むように想像する。一定のリズムがあり、押韻
　　している、ふさわしいチャントを創作しよう。キーワードを決めよう――
　　おそらく「安心」またはそれに類するものとなるだろう。

5.　もう一度レッスンを参照し、覚えていることが正しいかどうか確かめよう。

6.　ポイントは、魔術をおこなうのに最適なのは、その問題にもっとも密接に関
　　わる人物ということ。この場合は、友人。だから友人に自分で魔術をおこな
　　うように伝えよう。たとえその友人がこれまで一度もそのような経験がなく
　　ても、簡単で効果的な、キャンドルの魔術などの方法を教えることができる。
　　もし、何らかの理由で、一人でそれができない場合は、あなたが魔術をおこ
　　なうべきだ（どれでも好みの方法で）。それでも、友人に手伝ってもらうこと。

485

レッスン12

1. タリスマンは人為的につくられたものに、魔力を授けたもの。幸運をもたらす、多産、お守り、お金を得るなど、さまざまな目的で使われる。タリスマンはアミュレットとは異なる。後者は、聖別された自然物である。
2. 文字を刻むことと、聖別すること。タリスマンを自分のものとし、目的を示すために文字を刻む。そして、正式にエネルギーを満たすために聖別する。
3. その人物に意識を集中しながら、彼の誕生数、太陽のサイン、月のサイン、上昇宮、支配する天体など、個人的なことを刻む。タリスマンをその人のものとするために、魔術的なアルファベットを使うことをおすすめする。

    フランク・ヒギンズの太陽のサインは巨蟹宮、支配する天体は月。彼が生まれた場所と時間は不明なので、上昇宮あるいは月のサインを刻むことはできない。彼の誕生数は4で、これも含めてよい。クラフトネームのルーン文字による表記は次のとおり。

    そして、魔術的な組字は ᛟ である。

    タリスマンをフランク・ヒギンズのものとするために、この情報をすべてタリスマンに刻もう（必ずしもルーン文字を使う必要はなく、数ある魔術的アルファベットのどれを使ってもよい）。文字などの配置は自由にできる。

4. まずは、何に働きかけるかを決めること。それはお金だけではない。彼女はお金が欲しいだけではない。もっと給料のいい地位（じっさいは収入を増やし、今とは別の／よりよい地位）を求めている。キーワードは「昇進」「出世」などだ。「望みのもの」でもいいだろう。この「望みのもの」を例にあげると、タリスマンは（できれば）錫か羊皮紙を使って、木曜日に作ること。メアリーは宝瓶宮で、天王星の支配を受ける。この前の問題と同様、彼女の上昇宮と月のサインは不明だ。彼女の誕生数は8。タリスマンの反対側には、DESIRES「望みのもの」のあらわすシジルを刻もう。

5. ヘンリーのタリスマンの片面は、太陽のサインである天秤宮、支配する惑星の金星を彫り、彼のものとする。エイミー・カーショウの情報を考慮する必要はまったくない、というのも、繰り返しになるが、他者の自由意志に介入することはできないからだ。だからこのタリスマンは、「誰か」の愛をヘンリーにもたらすためだけにつくられる。タリスマンの素材は銅で、金曜日につくるべきだ。もう一方の面は、以下のような愛のシジルを刻むとよいだろう。

6. タリスマンに文字を刻みながら意識を集中させることで、そのパワーがさらに高まる。だから、なじみのない文字を使用すれば、タリスマンをつくるあいだ確実に集中できる。

レッスン13

1. （a）まずは、浄化作用のある白い光が少年の全身を包み込んでいる様をイメージし、次第に白い光を治療効果のある緑の光に変化させる。左足にそれを集中させる。最後は小さな青い光に変え、骨がつながった後、炎症やリューマチが起こらないようにする。
   （b）緑色の宝石（貴石または半貴石、エメラルド、ジェード、ベリル、ターコイズなど）を使用する。骨折の場所に石を当てる。毎日少なくとも1時間、それ以外の時間はペンダントか指輪として身につけている姿をイメージする。
   （c）左脚が写っている少年の写真を使用する。写真に緑の光を当てる。色付のランプで照射してもいいし、あるいは、緑色のフィルターを前面に貼ったフレームに入れてもよい。
2. レッスンで紹介された方法には、さまざまなバリエーションがある。ひとつは色付の光を照射することで、これは写真だけではなく、パペットにたいしても有効である。これと合わせて、パペットの脚に緑色のオーラをイメージ

することもできる。このように、パペットを使って共感魔術をおこなうこともできる（さらにパペットにはヒーリング効果のあるハーブを詰める）。色の照射とオーラ・ヒーリングは、すべて同じ効果をもたらす。それ以外の方法も考えてみよう。

3．（a）あらゆる身体の機能の根本となる生命力。

（b）相手の身体から引き出したネガティブなものを払うため。

（c）ひとつはパペットを使用する方法。もうひとつは写真を使用する方法。

4．その女性の身体的特徴をすべて含む、身代わりのパペットをつくる。子宮摘出の傷口を忘れずにカットすること。緑の布があるとヒーリングに役立つ。パペットには彼女の名前や占星術上のサインを縫い込む。痛みを和らげ、婦人病に効果のあるカモミールをパペットに詰めよう。同様に、ペニローヤルミント、カレンデュラ、キャットニップ、タンジー、ルーなどを使用してもよい。その後パペットに女性の名前を「命名する」儀式をおこない、子宮摘出の傷口を縫い合わせ、それが癒され、傷跡がなくなるようイメージする。最後にその箇所に緑色の光を当てる。

レッスン14

1．認められるどころか、おおいに書くべきだ。儀式には、言葉と行為（所作）——「言うこと」と「おこなうこと」が含まれることを念頭に置くこと。儀式の根幹は、祝うことであれ、感謝であれ、季節的なものであれ、その目的であるべきだ。

2．これはまったく、本人しだいだ。もっとも識別しやすい、ほんとうに心地よく感じる名前を選ぼう。

3．これにはたぶん思い入れがあるだろう。クラフトは家族的な宗教で、自由に参加できることで、家族の一員だという意識が強くなる。それによって参加者が結びつき、宗教的体験を分かち合うことができる。

4．最適なのは現在のペイガン（自然崇拝者）が集まる場所。そこでウイッカ信仰とは何かを知っている（または少なくとも、その知識がある）人々に会えるだろうし、積極的にカヴンに参加しそうな人が大勢いるだろう。さまざまなペイガンやクラフトの出版物のコラムや、国中でおこなわれるイベントを

通じて、そうした人々に連絡をとることもできる。

5.（a）ウイッカは宗教であり、既存の宗教と同様の敬意をもって扱われるべきだと公言するため。また、ウイッカを信仰する者が、結婚、誕生、死にさいして合法的に儀式をおこなうことができ、我々と他宗教の多様な交流をさらに促すため。

（b）内国歳入庁のパンフレット、「団体のための免税申請法（#557）」を入手すること。

6. 番組を制作した放送局、ネットワークの本社、ACT、連邦通信委員会、NCCB、商事改善協会のNAD（全米広告監視機構）、そして番組の広告スポンサーそれぞれに手紙を書こう。その番組でのウイッチクラフトの扱い方について苦情を申し立て、ウイッチクラフトの実相を、まとめて伝えること。ウイッチクラフトについて書かれた良質の本を紹介してもよい。相手をののしることなく、冷静に、明確に異議を唱えること。

7. 彼女に何ひとつ反論してはいけない……その場では！ 彼女がウイッカ信仰についてどのように考えているか（そして必要なら、悪魔崇拝とは何かについても）尋ねてみよう。そしてそこから、レッスンで学んだとおりに進めよう。

APPENDIX C － 付録 C

音楽とチャント（歌）
Music and Chants

　昔は、サバトの集会はおおいに盛り上がりました。歌やダンス、ゲームに馬鹿騒ぎがつきものでした。今日もそうありたいものです。ビクター・アンダーソンは、ペイガンの歌集を自作し、刊行しています（"Thorns of the Blood Rose"アンダーソン刊、カリフォルニア州、1970年）。昔の歌やダンスを集めるカヴンもあれば、それらを独自につくるカヴンもあります。

　実践の手始めとして、いくつかの歌、チャント、さらにダンスを紹介します。自分でも集めていきましょう。よい曲を見つけたら、思い切って自分で歌詞を付けてみましょう。創造力を発揮し……楽しんでください。

ウイッカのハンドファスティング

作詞・作曲　レイモンド・バックランド

1. 我らはついに魔法円に立つ　結婚を望む2人に立ち会って
   2人は愛を誓う　2人の真情を知って　彼らが別れぬことを願う

2. まばゆい満月が天に輝く　降り注ぐ光は　2人の誠の愛を広める
   蒼穹をまとう我らは　みな幸福
   喜びにあふれ　塞いでいる者はいない

3. 祭壇を埋める花々は華やか　円を取り巻く花々は色鮮やか
   カヴンはみな陽気に歌い　この娘と若者を祝う

4. 「我らは神々とみなの面前で　ひとつになることを望む」
   そしてルーン文字を刻んだ銀のバンドを交換する

5. 「汝の生命をこの生命に代えて守ろう　無礼は容赦せぬ
   もし我が汝を傷つけ　別れるときには　このアサメイが我が心臓を貫くだろう」

6. 2人は互いに喜んでキスをする　もはや2人は娘でも若者でもない
   ほら　2人は1つ　我らは神と女神に言わん　「ほめたたえよ！」

付録C　音楽とチャント（歌）

魔法円のダンス

伝統的な音楽　　　　　　　　　　　　　　　作詞・作曲　レイモンド・バックランド

1.「魔法円においで　ともに踊ろう　円で踊ろう　月明かりのなかで
　　向きを変えて　妖精の小丘で」
　　　1、2、3、4　1、2、3、4　ウイッチがみな　歌い踊る
　　左に　右に　ターンして　円の周りを　跳ねる
　　始めはゆっくりと　円内を動き回ろう　円を周るとき　彼らがいる！
　　楽しんでいる　13人のウイッチ　もっと速く！　ダンスが終るまで

2.　彼らはみな駆ける　大かがり火を飛び越え　天高く
　　交し合う楽しげな笑い声

彼らは夜明けまでそこに居て
減速も　息切れも　まったくない
時計回りに　何度も回る
ゆっくり動き　素早く動く
回転し　ジャンプし　地を蹴る
ウイッチクラフトの楽しげなざわめきを聞くがよい！
腕組みして踊る乙女と若者を見よ
幸福でご機嫌なペイガンたち
ウイッカ流で踊っている

3. ダンスが終われば　楽しき思い出があまた残る
　　儀式　神聖な儀式　それが一晩中続く
　　「我らは男神を愛する！　我らは女神を愛する！」
　　ウイッチはみな　声を限りに叫ぶ
　　「我らはひとつ！　愛を分かち合おう！」
　　ウイッカン——彼らはみな誇りに思う
　　男神と女神への祈り
　　恵みを与えたもう神々への感謝
　　プリーストとプリースティス　すべてのウイッチ
　　彼らは誇りと自信に満ちて立つ

付録C　音楽とチャント（歌）

一緒に踊ろう

作詞・作曲　レイモンド・バックランド

1. 来たれ！　さあ　我らに加わろう　この楽しき一団　我らが踊るときに
   我らはみなウイッチ　人生を楽しむ　魔法円を回り　踊り跳ねる
   座り込むのは時間のむだ　魔法円は聖なる円
   来たれ！　さあ　我らに加わろう　勢ぞろいで　踊り　そして歌おう
   一緒に踊ろう　何度でも　軽やかなステップで
   のびのびと踊ろう　何度でも　一晩中踊り明かそう

2. 男神と女神への愛　すべてのウイッチへの愛
   我らは貧しいかもしれぬ　あるいは　そう見えるかもしれぬ
   しかし我らは恵まれている

495

我らが互いにいだく兄弟愛は　実に深い
妻　夫　恋人として我らは最高のカップル
我らの人生に　なにひとつ不足はない
ウイッカの掟を守るかぎり
「何者も害さない限り　汝の欲することをせよ」

3. 来たれ！　さあ　我らに加わろう　この楽しき一団に　我らが踊るときに
　　我らはみなウイッチ　人生を楽しむ　魔法円を回り　踊り跳ねる
　　座り込むのは時間のむだ　魔法円は聖なる円
　　来たれ！　さあ我らに加わろう　勢ぞろいで　踊り歌おう
　　一緒に踊ろう　何度でも　軽やかなステップで
　　のびのびと踊ろう　何度でも　一晩中踊り明かそう

付録 C　音楽とチャント（歌）

グリーンウッド（緑林）の男神

作詞・作曲　タラ・バックランド

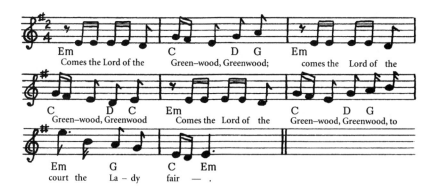

1. グリーンウッドの神がやって来る　グリーンウッドの
   グリーンウッドの神がやって来る　グリーンウッドの
   グリーンウッドの神がやって来る　グリーンウッドから
   美しい女神に求愛するために

2. 情熱の高まりに　情熱の
   情熱の高まりに　情熱の
   情熱の高まりに　情熱で
   穀物はふたたび芽を出す

3. グリーンウッドの神がやって来る　グリーンウッドの
   グリーンウッドの神がやって来る　グリーンウッドの
   グリーンウッドの神がやって来る　グリーンウッドから
   美しい女神に求愛するために

魔法の夜

作詞・作曲　レイモンド・バックランド

1. 流れる雲間から　丸顔の月が顔を出す
   嵐が低い唸り声を上げるや　稲妻が走り　雷鳴が響く
   それは魔法の夜　古くからの神秘のパワー
   真夜中に魂がさまようのは　こんな夜

2. この世に　時を超えて転がり落ちる
   古来の強固な魔法円
   古ぼけた立石から成る──それは遠い昔にさかのぼる　　（コーラス）

3. 誰か見たやも　突然起こった不可思議
   草原に現れたいくつかの白い人影　　　　　　　　　　（コーラス）

4. どこから来たのか　誰も知らない
   突然その場に現れた
   静かに歌いながら　落ち着いた足取りで

付録 C　音楽とチャント（歌）

　　　香を漂わせながら　　　　　　　　　　　　　　　（コーラス）

5．円の境界に踏み込むとき　彼らは影がなかった
　　頭巾からは顔も見えない
　　地面に足跡も残さない　　　　　　　　　　　　　　（コーラス）

6．人間ではない　何者かによって　金色に光る鎌形の刃が下ろされる
　　儀式の密議において　その一団による神秘の儀式は
　　長い時間つづく　　　　　　　　　　　　　　　　　（コーラス）

7．やがて何度となく清められたこの場から
　　白い影はゆっくりと消え去り
　　暗闇へ戻っていく　　　　　　　　　　　　　　　　（コーラス）

われらはみなウイッチ

伝統的音楽　　　　　　　　　　　　　　作詞　レイモンド・バックランド

1. 我らは歌い踊り　儀式を執り行う　われらは共に生き　愛する
いつも蒼穹をまとうが　凍えるほど寒い日は　ローブをまとう
我らは踊る　祭壇の周りを　愛する神々をたたえ
太陽と月に永遠の感謝をささげる
我らはクラフト　クラフトを愛す　我らはみなウイッチ
我らが魔法円に加わろう　我らはみなウイッチ

付録C　音楽とチャント（歌）

　　我らが円に入り　あふれんばかりの愛に触れよう
　　そしてこの円で我らを導く男神と女神にまみえよう

2．「何者も害さない限り　汝の欲することをせよ」
　　それがウイッカの掟
　　我らは何者も恐れない　信念と行為において
　　我らの愛を示すのだ
　　神々への祈りにおいて　我らは感謝の言葉である賛歌をささげよう
　　神々の美点を歌い　助力を求める
　　我らは知っている　神々がそこにおられることを　　　　　（コーラス）

501

ウイッカの歌を歌って

作曲　W・T・ライトン
作詞　レイモンド・バックランド

1. ウイッカの歌を歌って　女神の歌を　男神の歌を歌って
　キャンドルの歌を　つり香炉の　水の　塩の　アサメイの　剣の歌を
　ウイッカの歌でのみ　神々は真に賛美されるのだから

2. ウイッカの歌を歌って　月明かりの魔法円の歌を
　ステップを踏み　詩で歌い　勢いよくパワーを生む歌を歌って
　ウイッカの歌でのみ　我らはみな真に賛美できるのだから

3. ウイッカの歌を歌って　冬　夏　秋　春の歌を
　喜々として過ぎゆく季節の歌を歌って
　我らは季節を賛美し歌う
　ウイッカの歌でのみ　我らは自然とひとつになるから

4. ウイッカの歌を歌って　女神の歌を　男神の歌を歌って
　キャンドルの歌を　つり香炉の　水の　塩の　アサメイの　剣の歌を
　ウイッカの歌でのみ　神々は真に賛美されるのだから

付録 C　音楽とチャント（歌）

　チャントと輪唱は、楽しいものです。次の歌は、輪唱してもいいし、チャント
として斉唱してもかまいません。おなじみの曲 "We Wish You A Merry
Christmas" にあわせて歌いましょう。

1．さあ　皆で男神と女神を称えよう
　　そう　男神と女神を称えよう
　　我らは2人を深く愛するから

2．さあ　皆でサバトの儀式をしよう
　　一生をかけて　神々を崇拝するために

3．さあ　皆で男神と女神を称えよう
　　そう　男神と女神を称えよう
　　2人は我らを深く愛するから

ベルテーンは巡る

作曲　アーノルド
作詞　レイモンド・バックランド

1. 円を囲もう　一晩中
　　ウイッチたちは踊り　こぞって歌う
　　彼らは新たな季節　ベルテーンを迎える
　　彼らは男神と女神をも歓迎する
　　男神と女神　男神と女神
　　彼らは男神と女神をも歓迎する

付録 C 音楽とチャント（歌）

パワーを高める 6 つのチャント（詠唱）

（1）我らは夜の子どもたち
　　　穏やかな我ら —— それでいて　漲（みなぎ）る力を実感する
（2）歌いながら　踊りながら　静かに詠唱しながら
　　　パワーがつくられる —— 解き放とう！
（3）この集いの場を　何度でも回ろう
　　　儀式のためのパワーを生み出そう
（4）同信のみんな　共に歌おう
　　　我らの意志がもたらすパワーを導こう
（5）我らは巨大な時の輪のスポーク
　　　みなが感じるこのパワーを高めよう
（6）時計回りに円に沿って回ろう
　　　パワーを高め　叫びながらそれを放とう！

Earth Site　野外の儀式

タラ・バックランド

野外でおこなう
ウイッチたちの儀式
楽しく集う
今宵は喜んで！

聖なる場
新たな境界
ここにパワーが生まれる！

シンプルなチャントをいくつか紹介します。自分で曲をつくってみましょう。

エレメント

東　すなわち気！　南　すなわち火！
西　すなわち　水！　北　すなわち土！
踊りまわり　より高くジャンプしよう
この世に生まれ　生きて　死んで　再び生まれよう！

魔術を使おう

香炉を揺らし　灯を点し
星月夜に円を周ろう
ふさわしい言葉を唱え　ベルを鳴らそう
魔術を使い　まじないをかけよう

サークルの家族

私の運は大して問題ではない
いかに私の運が定められていようとも
私の家族はこのサークル
ついに私は自分の家族を得た

円錐形のパワー

地面に描かれた魔法円
蒼穹をまとう者たちが動き回る
天に昇るインセンスの煙
円錐形のパワーがいま　高められる
ダンス　歌　耳に心地よい調べ
ウイッチの魔力はあふれんばかり

推薦図書リスト

Anderson, Mary. *Color Healing*. 1975.

Barthell, Edward E., Jr. *Gods and Goddesses of Ancient Greece*. 1971.

Besterman, Theodore. *Crystal Gazing*. 1924.

Blofeld, J. *I-Ching: The Book of Changes*. 1968.

Bowra, C. M. *Primitive Song*. 1962.

Bracelin, J. L. *Gerald Gardner: Witch*. 1960.

Branston, Brian. *The Lost Gods of England*. 1957.

Breasted, J. H. *Development of Religion and Thought in Ancient Egypt*. 1910.

Buckland, Raymond. *Amazing Secrets of the Psychic World*. 1975.

——. *Color Magick*. 1983 & 2002.

——. *Gypsy Dream Dictionary*. 1999.

——. *A Pocket Guide to the Supernatural*. 1969.

——. *Practical Candleburning Rituals*. 1982.

——. *Scottish Witchcraft*. 1991.

——. *The Tree: Complete Book of Saxon Witchcraft*. 1974.（レイモンド・バックランド著
『サクソンの魔女 —— 樹の書』 楠瀬啓訳、図書刊行会）

——. *Wicca For Life*. 2001.

——. *The Witch Book: Encyclopedia of Witchcraft, Wicca and Neopaganism*. 2002.

——. *Witchcraft From the Inside*. 2001.

Budapest, Zsuzsanna. *The Holy Book of Women's Mysteries*. 1979.

Budge, Sir E. A. Wallis. *Amulets and Talismans*. 1930.

——. *Egyptian Language*. Oxford U. Press, London. 1910.

Butler, W. E. *How to Read the Aura, Practice Psychometry, Telepathy and Clairvoyance*.
1998.

Campanelli, Dan and Pauline. *Ancient Ways*. 1991.

Cerney, J. V. *Handbook of Unusual and Unorthodox Healing*. 1976.

Chancellor, Philip M. *Handbook of Bach Flower Remedies*. 1971.（フィリップ・M・チャ
ンセラー著『エドワード・バッチ フラワー・レメディー・ハンドブック』 青木多

香子訳、中央アート出版社)

Clark, Linda. *Color Therapy.* 1975.（リンダ・クラーク著『あなたを変えるカラーセラピー』林陽訳、中央アート出版社)

Crow, W. B. *Precious Stones: Their Occult Power and Hidden Significance.* 1968.

Crowther, Patricia. *Lid Off the Cauldron.* 1981.

——. *The Witches Speak Athol.* 1965.

Culpeper, Nicholas. *Complete Herbal.* n.d.（ニコラス・カルペパー著『カルペパー　ハーブ事典』　戸坂藤子訳、パンローリング)

Cunningham, Scott. *Earth Power.* 1983.（スコット・カニンガム著『アースパワー──大自然から贈られた神秘の力』　桜井伸子訳、心交社)

——. *Living Wicca.* 1993.

——. *Magical Herbalism.* 1982 and 2002.

Dennings, Melita and Osborne Phillips. *Practical Guide to Astral Projection.* 1979 and 2002.

Eastcott, Michael. *The Silent Path.* 1969.

Eliade, Mircea. *Patterns in Comparative Religion.* 1958.（ミルチャ・エリアーデ著『大地・農耕・女性──比較宗教類型論』　堀一郎訳、未来社〔ただし部分訳。なお1968年刊行のフランス語版の全訳が、『エリアーデ著作集』（久米博訳、せりか書房）の第一巻～第三巻に収録されている。〕)

——. *Rites and Symbols of Initiation-Birth and Rebirth.* 1958.（ミルチャ・エリアーデ著『生と再生──イニシェーションの宗教的意義』　堀一郎訳、東京大学出版会)

Faraday, Ann. *The Dream Game.* 1976.

Farrar, Janet and Stewart. *What Witches Do.* 1971.

——. *Eight Sabbats For Witches.* 1981.（ジャネット＆スチュワート・ファーラー著『サバトの秘儀』　秋端勉監修・ヘイズ中村訳、図書刊行会)

——. *The Witches' Way.* 1985.

Fitch, Ed. *Magical Rites From the Crystal Well.* 1983.

Frazer, Sir James G. *The Golden Bough.* 1951.（ジェイムズ・G・フレイザー著『初版 金枝篇〈上・下〉』　吉川信訳、ちくま学芸文庫──他にも岩波文庫（全5冊セット）などの邦訳あり)

Freke, Timothy, and Peter Gandy. *The Wisdom of the Pagan Philosophers.* 1998.

推薦図書リスト

Freud, Sigmund. *Totem and Taboo*. 1952.（ジークムント・フロイト著『フロイト全集〈12〉1912 - 1913年 —— トーテムとタブー』　須藤訓任・門脇健訳、岩波書店）

Gardner, Gerald. *Witchcraft Today*. 1954.

——. *The Meaning of Witchcraft*. 1959.

——. *High Magic's Aid*. 1949.

——. *A Goddess Arrives*. 1939.

Gerard, John. *Complete Herbal*. 1985.

Gibbons, Euell. *Stalking the Healthful Herbs*. 1966.

Glass, Justine. *Witchcraft, the Sixth Sense, and Us*. 1965.

Gray, William. *Seasonal Occult Rituals*. 1970.

Guiley, Rosemary Ellen. *The Encyclopedia of Witches and Witchcraft*. 1999.

Harrison, Jane E. *Ancient Art and Ritual Kessinger*. 1913.（ジェーン・E・ハリソン著『古代芸術と祭式』　佐々木理訳、ちくま学芸文庫）

Hipskind, Judith. *Palmistry, the Whole View*. 1988.

Hooke, S. H. *Myth and Ritual*. 1933.

Horne, Fiona. *Witch: A Magickal Journey*. 2000.

Howard, Michael. *The Runes and Other Magical Alphabets*. 1978.

Hughes, Penethorne. *Witchcraft*. 1952.

Jung, Carl G. *Memories, Dreams and Reflections*. 1963.

Leland, Charles Godfrey. *Aradia, Gospel of the Witches of Italy*. 1899.

Lethbridge, T. C. *Witches: Investigating an Ancient Religion*. 1962.

——. *Gogmagog-the Buried Gods*. 1962.

Loomis, E., and J. Paulson. *Healing For Everyone*. 1979.

Lopez, Vincent. *Numerology*. 1961.

Lucas, Richard. *Common and Uncommon Uses of Herbs for Healthful Living*. 1969.

Lust, John. *The Herb Book*. 1974.

Madden, Kristin. *Pagan Parenting*. 2000.

McCoy, Edain. *Witta: An Irish Pagan Tradition*. 1998.

Mermet, Abbé. *The Principles and Practice of Radiesthesia*. 1975.

Meyer, J. E. *The Herbalist*. 1960.

Morrison, Dorothy. *The Craft*. St. Paul, 2001.

Moura, Ann (Aoumiel). *Green Witchcraft series.* 1996-2000.

Mumford, Jonn. *Sexual Occultism.* 1975.

O'Gaea, Ashleen. *The Family Wicca Book.* 1998.

Plaisance, Monte. *Reclaim the Power of the Witch.* 2001.

Potter, R. C. *Potter's New Cyclopaedia of Botanical Drugs and Preparations.* 1988

Regardie, Israel. *How to Make and Use Talismans.* 1972.

—— . *The Art of True Healing.* 1932.

Roberts, Kenneth. *The Seventh Sense.* 1953.

Scire (G. B. Gardner). *High Magic's Aid.* 1949.

Sepharial. *The Book of Charms and Talismans.* 1969

Starhawk (Miriam Simos). *The Spiral Dance.* 1979.（スターホーク著『聖魔女術──ス
パイラル・ダンス』 鏡リュウジ・北川達夫訳、国書刊行会）

Starkey, Marion L. *The Devil In Massachusetts.* 1949.

Steinbach, Marten. *Medical Palmistry.* 1975.

Thommen, George S. *Is This Your Day?* 1964.

Thompson, C. J. S. *Magic and Healing.* 1946.

Valiente, Doreen. *Where Witchcraft Lives.* 1962.

—— . *An ABC of Witchcraft Past and Present.* 1973.

—— . *Witchcraft For Tomorrow.* 1978.

Van Gennep, Arnold. *The Rites of Passage.* n.d.（アルノルト・ファン・ヘネップ著『通
過儀礼』 綾部恒雄ほか訳、岩波文庫）

Ward, H. *Herbal Manual.* 1969.

Wilhelm, R. *The I-Ching.* 1950.

Wilken, Robert L. *The Christians As the Romans Saw Them.* 1984.（ロバート・L・ウィル
ケン著『ローマ人が見たキリスト教』 三小田敏雄ほか訳、ヨルダン社）

Zimmermann, Denise and Katherine A. Gleason. *The Complete Idiot's Guide to Wicca and
Witchcraft.* 2000.

■著者紹介
レイモンド・バックランド（Raymond Buckland）
1934年、ロンドン生まれ。現代のウイッチクラフトの父とされるジェラルド・ガードナーのもとで、英国の伝統的なウイッチクラフトを学んだ。米国にウイッカを紹介したのは、彼である。20世紀におけるウイッチクラフト復興の中心人物として、60冊以上の著作を上梓し、ウイッチクラフトあるいはそれに関連したテーマで著したうちの何冊かは、ベストセラーになっている。また、米国中でセミナーやワークショップを行う一方で、米国内、海外を問わず、有名なテレビ番組、ラジオ番組にも登場している。邦訳本に『サクソンの魔女─樹の書』（国書刊行会）がある。Webサイト：http://www.raybuckland.com

■監修者紹介（※ハーブ一般名称、学名、別名・解説）
木村正典（きむら・まさのり）
NPOジャパンハーブソサエティー専務理事。カリス成城ハーブ研究所主席研究員。NHK「趣味の園芸やさいの時間」元講師。博士（農学）。ハーブの栽培や精油分泌組織の研究に長く携わる。著書に『ハーブの教科書』（草土出版）、『日本の伝統野菜』（GB）、『有機栽培もOK!プランター菜園のすべて』（NHK出版）、『木村式ラクラク家庭菜園』（家の光協会）、『園芸学』（文永堂出版）、監修に『願いを叶える魔法のハーブ辞典』『カルペパー ハーブ辞典』（いずれもパンローリング）など。

■訳者紹介
佐藤美保（さとう・みほ）
清泉女子大学文学部英米文学科卒。岳舎・翻訳ラボラトリー所属。訳書に『ハーブの魔術』（共訳、作品社）、『ささいなことでカッ！となる男たち』（共訳、廣済堂出版）、『エジソンに学ぶ「ビジネス思考」』（廣済堂出版）、『オーラ・パワー獲得法』『過去世への旅』『体外離脱実践法』『風水術の実践』『西洋手相術の習得』（心交社）、『陰謀説の嘘』（PHP研究所）、『魔女の教科書』（パンローリング）ほか。

2016年 8 月 3 日 初版第 1 刷発行

フェニックスシリーズ㉟

バックランドのウイッチクラフト完全ガイド
──魔女力を高める15のレッスン

著　者　レイモンド・バックランド
訳　者　佐藤美保
発行者　後藤康徳
発行所　パンローリング株式会社
　　　　〒160-0023　東京都新宿区西新宿7-9-18-6F
　　　　TEL 03-5386-7391　FAX 03-5386-7393
　　　　http://www.panrolling.com/
　　　　E-mail　info@panrolling.com
装　丁　パンローリング装丁室
印刷・製本　株式会社シナノ

ISBN978-4-7759-4154-6
落丁・乱丁本はお取り替えします。
また、本書の全部、または一部を複写・複製・転訳載、および磁気・光記録媒体に
入力することなどは、著作権法上の例外を除き禁じられています。

©Miho Sato 2016　Printed in Japan